Stadtmarketing Handbuch
für Städte und Gemeinden

Michael Konken

Stadtmarketing Handbuch

für Städte und Gemeinden

FBV Medien-Verlags GmbH

Die Deutsche Bibliothek — CIP-Einheitsaufnahme

Konken, Michael:
Stadtmarketing Handbuch für Städte und Gemeinden
/ Michael Konken
Limburgerhof : FBV-Medien-Verl.-GmbH, 2000.

ISBN 3-929469-26-X

© FBV Medien-Verlags GmbH, D-67117 Limburgerhof, 2000
Alle Rechte vorbehalten. Nachdruck und elektronische Speicherung, auch
auszugsweise, nur mit Genehmigung des Verlags.

Druck: Druck Partner Rübelmann GmbH, Hemsbach
Printed in Germany

ISBN 3-929469-26-X

Inhaltsverzeichnis

Vorwort 15

I. Ausgangsbetrachtungen 17
I.1. Stadtmarketing ist Aufbruch 19
I.2. Die Stadt oder Gemeinde im Spannungsfeld 20

II. Image 23
II.1. Attraktivitätskriterien 27
II.2. Imagekriterien 28
II.3. Imagebegriff 31
II.4. Imagefaktoren 33
II.5. Imagetransport 34
II.6. Imagefunktionen 34
II.7. Regionaler Image-Einfluss 36
II.8. Stadtidentität 36
II.9. Städte oder Gemeinden haben Gesichter 40
II.9.1. Gesichtsprobleme 41
II.9.2. Nahbild 43
II.9.3. Fernbild 43

III. Grundlagen des Stadtmarketings 46
III.1. Umfrageergebnisse 46
III.2. Stadtmarketingidee 48
III.3. Koordination 49
III.4. Zieldefinition 51
III.5. Stadtmarketing-Philosophie 54
III.6. Beteiligte 56
III.7. Positionierung 56
III.8. Einzigartigkeit 61

IV. Begriffsdefinitionen 64
IV.1. Stadtmarketing 64
IV.2. Standortmarketing 67
IV.3. Stadtmarketing für Gemeinden 67
IV.4. Regionalmarketing 68
IV.4.1. Regionalmarketing Ruhrgebiet 70
IV.4.2. Voraussetzungen für erfolgreiches Regionalmarketing 71
IV.4.3. Regionalmarketing und Stadtmarketing 73

V. Bedarfsdeckung und Absatzpolitik **74**
V.1. Bedarfsdeckung 75
V.2. Absatzförderung 76
V.3. Beteiligungskreislauf 77

VI. Der Stadtmarketingprozess **79**
VI.1. Auftaktveranstaltung 82
VI.2. Bildung der Steuergruppe 83
VI.2.1. Organisation 84
VI.2.2. Agentur und Hochschule 84
VI.2.3. Beteiligung von Politikern 85
VI.3. Weiterer Verlauf 86

VII. Voranalyse **89**
VII.1. Modifizierte Public Awareness Analyse 91
VII.2. Fragebogen 97
VII.3. Bewertung der einzelnen Filter 97
VII.3.1. Basisanalyse 97
VII.3.2. Modifizierte Basisanalyse 100
VII.3.3. Basis-Differenzanalyse 102
VII.3.4. Positionsanalyse 102
VII.3.5. Handlungsfeld-Positionierung 103

VIII. Analyse **105**
VIII.1. Meinungsforschung 105
VIII.1.1. Sekundärforschung 106
VIII.1.2. Primärforschung 106
VIII.1.3. Analysearten 108
VIII.1.4. Berechnung 109
VIII.1.5. Fragetypen 109
VIII.1.6. Fragestellung 110
VIII.2. Analysebegriff 112
VIII.3. Analysierende 112
VIII.3.1. Erste Alternative 114
VIII.3.2. Zweite Alternative 114
VIII.3.3. Dritte Alternative 114
VIII.4. Analyseziel 116
VIII.5. Basisanalyse 116
VIII.5.1. Historie 117
VIII.5.2. Geographische Lage 118
VIII.5.3. Bevölkerungsstruktur 118
VIII.6. Analyseformen 119
VIII.6.1. Situationsanalyse 119
VIII.6.2. SWOT-Analyse 122
VIII.6.2.1. Globale Trends 123
VIII.6.2.2. Besondere Situation des Ortes 124

VIII.6.2.3. Rechtliche Einschränkungen 124
VIII.6.3. Imageanalyse 124
VIII.6.3.1. Imagemessung 127
VIII.6.4. Konkurrenzanalyse 129
VIII.6.4.1. Stellung in der Region 130
VIII.6.4.2. Finanzpolitik 131
VIII.6.5. Institutionsanalyse 132
VIII.6.6. Zielsetzungsanalyse 132
VIII.6.7. Umfeldanalyse 133

IX. Analysefelder 134
IX.1. Analysefeld Wirtschaft 134
IX.2. Analysefeld Tourismus 136
IX.3. Analysefeld Innenstadt/Ortszentrum 139
IX.4. Analysefeld Kultur 143
IX.5. Analysefeld Sport 145
IX.6. Analysefeld Militär 146
IX.7. Analysefeld Bildung 147
IX.8. Analysefeld Wissenschaft 147
IX.9. Analysefeld Freizeit 148
IX.10. Analysefeld Infrastruktur 149
IX.11. Analysefeld Wohnen 150
IX.12. Analysefeld Verwaltungen 150

X. Vision – Leitbild – Konzeption 152
X.1. Leitbild 154
X.1.1. Vorhandene politische Leitbilder 161
X.2. Konzeption 162
X.2.1. Vorhandene Konzeptionen 164
X.2.2. Detailkonzeptionen 164
X.3. Markt 166
X.3.1. Marktsegmentierung 167
X.3.2. Marktformen 168
X.4. Strategien 168
X.4.1. Grundsatzstrategie 170
X.4.2. Wachstumsstrategie 170
X.4. Potentiale 172

XI. Verfahren 173
XI.1. Ablauf 173
XI.2. Bildung von Arbeitsgruppen 173
XI.3. Vorhandene organisatorische Strukturen 176
XI.4. Kommunikationsprozess 177
XI.5. Gruppensteuerung und Teamarbeit 178
XI.5.1. Phasen der Kommunikation 179
XI.6. Moderation 181

XI.7. Struktur der Sitzungen 186
XI.7.1. Technische Voraussetzungen 187
XI.7.2. Metaplan-Technik 187
XI.7.3. Sitzordnung 188

XII. Kommunikation 189
XII.1. Kreativität 189
XII.2. Kreativitätsblocker 192
XII.3. Kreativitätstechniken 193
XII.4. Einsatz der Kreativitätstechniken 193
XII.5. Assoziationstechniken 195
XII.5.1. Brainstorming 197
XII.5.2. Brainwriting 198
XII.5.3. Mind Mapping 199
XII.6. Die Drei Stühle des Walt Disney 200
XII.7. Open Space 200
XII.8. Positiv-/Negativ-Abwägung 201
XII.9. Zukunftswerkstatt 202

XIII. Konzeptionen der Handlungsfelder 203
XIII.1. Handlungsfeld Basis 205
XIII.2. Handlungsfeld Wirtschaft 207
XIII.2.1. Harte und weiche Standortfaktoren 209
XIII.2.2. Maßnahmen 211
XIII.2.3. Organisationsform 213
XIII.3. Handlungsfeld Kultur 213
XIII.3.1. Industriekultur 214
XIII.3.2. Kulturtourismus 216
XIII.4. Handlungsfeld Freizeit 216
XIII.5. Handlungsfeld Veranstaltungen 218
XIII.6. Handlungsfeld Gastronomie 220
XIII.7. Handlungsfeld Tourismus 220
XIII.7.1. Maßnahmen 224
XIII.7.2. Sporttourismus 225
XIII.7.3. Wertschöpfung 226
XIII.8. Handlungsfeld Einzelhandel/Innenstadt/Ortszentrum 229
XIII.8.1. Innenstadtverkehr 239
XIII.9. Handlungsfeld Bildung 240
XIII.10. Handlungsfeld Wissenschaft und Forschung 240
XIII.11. Handlungsfeld Gesundheit 241
XIII.12. Handlungsfeld Soziales 241
XIII.13. Handlungsfeld Planung und Entwicklung 242
XIII.14. Handlungsfeld Ökologie 243
XIII.15. Handlungsfeld Verkehr 244
XIII.16. Handlungsfeld Wohnen 245
XIII.17. Handlungsfeld Verwaltungen 246

XIII.17.1. Kommunalverwaltung 247
XIII.17.2. Einwohnernähe 247
XIII.18. Handlungsfeld Einwohner 249
XIII.19. Maßnahmenkatalog 250

XIV. Zielgruppen 252
XIV.1. Zielgruppenmerkmale 254
XIV.2. Zielgruppenbotschaft 256
XIV.3. Zielgruppenarten 257
XIV.3.1. Meinungsbildner 257
XIV.3.2. Einwohner 257
XIV.3.3. Neue Einwohner 258
XIV.3.4. Heimische Wirtschaft 258
XIV.3.5. Dienstleistende 259
XIV.3.6. Militärangehörige 259
XIV.3.7. Studierende 259
XIV.3.8. Medien 260
XIV.3.9. Regionale Zielgruppen 260
XIV.3.10. Überregionale Zielgruppen 260

XV. Stadtmarketing-Mix 263
XV.1. Produktpolitik 265
XV.1.1. Primäre Stadtprodukte 270
XV.1.2. Sekundäre Stadtprodukte 270
XV.2. Stadtmarke 271
XV.2.1. Markeneigenschaften 271
XV.2.2. Bewertung einer Marke 272
XV.2.3. Markenpolitik 272
XV.2.4. Markenmodifizierung 274
XV.3. Preispolitik (Kontrahierung) 274
XV.3.1. Preiseinflussfaktoren 275
XV.3.1.1. Marktpreis 276
XV.3.1.2. Nutzenpreis 276
XV.3.1.3. Preisdifferenzierung 277
XV.4. Distributionspolitik 277
XV.4.1. Kooperationen 278
XV.5. Kommunikationspolitik 280
XV.5.1. Klassische Kommunikationsinstrumente 281
XV.5.1.1. Botschaft 283
XV.5.2. Public Relations (PR) 284
XV.5.2.1. Krisen-PR 288
XV.5.2.1.2. Faktoren bei der Krisenbewältigung 290
XV.5.2.1.3. Organisation während der Krise 290
XV.5.2.2. Messen 291
XV.5.3. Pressearbeit 295
XV.5.3.1. Kontinuierliche Pressearbeit 299

XV.5.3.2. Stadtmarketing und Pressearbeit 300
XV.5.3.3. Medienkontakte 300
XV.5.4. Werbung 301
XV.5.4.1. Werbeziele 303
XV.5.4.2. Werbebudget 305
XV.5.4.3. Werbestrategie 306
XV.5.4.4. Angebotsorientierte Perspektiven 308
XV.5.4.5. Nachfrageorientierte Perspektiven 308
XV.5.4.6. Werbekonzeption 310
XV.3.5.4.7. Mediaplan 312
XV.3.5.4.7.1. Verfahren 313
XV.3.5.7.2. Printmedien 313
XV.3.5.7.3. Hörfunk und Fernsehen 316
XV.3.5.7.4. Richtlinien für das Fernsehen 317
XV.5.5. Stadt-Identität 323
XV.5.5.1. Stadt-Design 325
XV.5.5.2. Logo 327
XV.5.5.3. Positionierung 331
XV.5.5.4. Wappen 335
XV.5.5.5. Gestaltungshandbuch (Design Manual) 336
XV.5.5.6. Sympathieträger 339
XV.5.5.7. Neunkirchen – ein Logo mit künstlerischem Ansatz 339
XV.5.5.8. Ludwigsburg – ein Logo entsteht 341
XV.5.5.9. Slogan 342
XV.5.5.10. Stadt-Behavior 344
XV.5.5.11. Stadt-Kommunikation 345
XV.5.5.12. Kommunikationsziele 346
XV.5.5.13. Kommunikationsebenen 346
XV.5.5.14. Kommunikationsfehler 347
XV.5.6. Event-Marketing 348
XV.5.7. Synergieeffekte 349
XV.5.8. Neue Kommunikationsinstrumente 350
XV.5.8.1. Sponsoring 350
XV.5.8.2. Direktmarketing 354
XV.5.8.3. Verkaufsförderung 355
XV.5.8.4. Neue Medien 356
XV.5.8.4.1. Internet 359
XV.5.8.5. Realisationsteams 360

XVI. Realisation 361
XVI.1. Präsentation der Gesamtkonzeption 361
XVI.2. Organisation 364
XVI.2.1. Koordination in der Realisationsphase 366
XVI.3. Agentur Stadt 367
XVI.4. Die Steuergruppe in der Realisationsphase 368
XVI.5. Realisationsteams 371

XVI.5.1. Vorteile und Nachteile von Realisationsteams 372
XVI. 6. Kleine Aktiengesellschaft 372
XVI.7. Kommunalverwaltung 374
XVI.8. Eingetragener Verein (e.V.) 375
XVI.9. Loser Arbeitskreis 375
XVI.10. Gesellschaft des bürgerlichen Rechts (GbR) 376
XVI.11. Gesellschaft mit beschränkter Haftung (GmbH) 376
XVI.12. Finanzierung 377
XVI.13. Controlling 381
XVI.13.1. Controlling der Konzeptionen der Handlungsfelder 381
XVI.13.2. Controlling der Konzeptionen im operativen Bereich 383
XVI.13.2.1. Controlling der Pressearbeit 383
XVI.13.2.2. Controlling der Public Relations 386
XVI.13.2.3. Controlling von Veranstaltungen 387
XVI.13.3. Gesamtcontrolling 388

XVII. Probleme 389
XVII.1. Beteiligte 389
XVII.2. Grundverständnis von Stadtmarketing 389
XVII.3. Akteure im Stadtmarketing 390
XVII.4. Ungeduld 390
XVII.5. Finanzen 390
XVII.6. Beteiligung 391
XVII.7. Primäre Problempunkte 392

XVIII. Ausblick 393

IXX. Beispiel einer Modifizierten Public Awareness Analyse 394

XX. Literaturhinweise 405

Der Autor 407

Stichwortverzeichnis 408

Wer an den Dingen seiner Stadt keinen Anteil nimmt, ist nicht ein stiller Bürger, sondern ein schlechter.

Perikles, 430 v. Chr.

Vorwort

Stadtmarketing hat in den vergangenen Jahren kontinuierlich an Relevanz gewonnen, wurde für viele Kommunen von grundlegender Bedeutung. Die Gründe dafür sind die immer stärker werdenden Spannungsfelder verschiedenartiger Interessen zwischen den Städten. Primär sind dies die Veränderungen der Rahmenbedingungen in einem Europa des Umbruchs sowie die größer werdende Konkurrenz zwischen den einzelnen Kommunen. Dazu gehören unter anderem das verstärkte Streben um Unternehmensansiedlungen, um Touristen, das bessere Kulturprogramm oder die Ausweisung von Neubaugebieten mit dem Ziel, Bevölkerung aus Nachbarkommunen in der eigenen Gemeinde anzusiedeln. Die Intention, mehr Einnahmen zu erzielen – sei es durch Steuern, Gebühren oder Beiträge oder auch durch höhere Bundes- oder Landeszuweisungen –, prägt darüber hinaus zunehmend das Denken in allen Bereichen einer Stadt.

Stadtmarketing hat das Ziel, in einer Kommune eine optimistisch zu beurteilende Zukunft zu projektieren und wahrnehmbare, gemeinsame Anstrengungen zu unternehmen. Stadtmarketing ist nicht mehr, aber auch nicht weniger als eine Kommunikationsklammer zwischen allen Bereichen, den Handlungsfeldern einer Kommune. In dieser Funktion ist es der Moderator für eine kooperative Entwicklung. Stadtmarketing ist z.B. **keine** kommunale Öffentlichkeitsarbeit oder Standortwerbung, **keine** Public Relations oder Werbung. Stadtmarketing ist vielmehr ein umfassendes Konzept auf der Grundlage eines ganzheitlichen Leitbilds für die Entwicklung einer Kommune sowie ihrer Leistungen für Bürger, Wirtschaft, Kultur usw.

Stadtmarketing ist mittlerweile zu einem zukunftsweisenden Thema in vielen Kommunen geworden. Die Gründe dafür sind offensichtlich: Der Wettbewerb der Kommunen um Kapital, Kaufkraft und Arbeitsplätze wird immer härter. Kein Ort kann sich dauerhaft dem Konkurrenzdruck entziehen. Eine Kommune ist nur dann attraktiv, wenn u.a. das Ortsbild und Ambiente, das Wohn-, Einkaufs-, Bildungs-, Wirtschafts-, Kultur-, Sport- und Freizeitangebot Qualität haben.

Stadtmarketing ist ein Kommunikations- und Entwicklungsprozess, an dem sich **alle** Einwohner, Institutionen, Organisationen, Verbände, Unternehmen usw. beteiligen sollen. Ziel ist es, **gemeinsam Leitbilder** für alle Bereiche der Kommune zu entwickeln und umzusetzen. Sollte sich eine wichtige Organisation in einer Kommune diesem Prozess entziehen, dann ist Stadtmarketing bereits in der Anfangsphase schwierig.

Wir leben in einer Zeit besonders schneller globaler Entwicklungen. Die Kommunen müssen im neuen Jahrtausend ihren Platz und ihre Ausrichtung neu definieren sowie einen neuen Kurs gehen in der Stadt- und Gemeindeentwicklung. Dieser neue Kurs kann aber nur definiert werden, wenn die derzeitige Situation exakt bestimmt wird.

Städte und Gemeinden müssen eine zukunftsorientierte Identität finden, müssen sich etablieren im Wettbewerb um neue und alte Einwohner, Investoren, Käufer, Touristen und Besucher. Ein ganzheitlicher Stadtmarketingprozess, an dessen Ende eine von der Mehrzahl der Bevölkerung getragene Konzeption mit eine Umsetzung der beschlossenen Maßnahmen steht, führt zum Ziel. Alle Bereiche der Kommune müssen einbezogen werden, wie z.B. Wirtschaft und Kultur, Sport, Innenstadt/Ortszentrum, Tourismus und Wissenschaft. Ziel ist es, die verschiedenartigen Bereiche einer Kommune miteinander zu verknüpfen, ein Netzwerk zu schaffen, in dessen Mitte Stadtmarketing die Koordination übernimmt. Stadtmarketing will die Gemeinsamkeit künftiger Planungen und Entwicklungen koordinieren, will die Einwohner (auch Denker, Visionäre, Macher usw.) an einem Tisch vereinen. Koordinieren, nicht mehr, aber auch nicht weniger ist die primäre Aufgabe des Stadtmarketings.

Stadtmarketing will eine Kommune ergänzend zur Politik entwickeln. Die Einwohner, Vertreter von Organisationen, Institutionen oder Vereinen sollen an der konzeptionellen Entwicklung der Kommune beteiligt werden. Kein anderes Instrument kann sich in die Zukunft einer Kommune derart einbringen wie Stadtmarketing. Keine noch so engagierte parteipolitische Arbeit kann die Intensität der Beteiligung an einem Stadtmarketingprozess über alle Parteigrenzen hinweg ersetzen.

In den Kommunen kennzeichnen festgefahrene politische Standpunkte oft das Bild der Entwicklung. Die Bürgergesellschaft, losgelöst von parteipolitischem Engagement, hat in den vergangenen Jahren immer weniger Einfluss auf die Entwicklungen in den Städten/Gemeinden gehabt. Es besteht die offen sichtliche Gefahr, dass sich künftig die Kommunen abgekoppelt von den Interessen ihrer Einwohner entwickeln und dass politische Minderheitsparlamente bei sinkender Wahlbeteiligung an den Wünschen und Interessen der Einwohner vorbei regieren. Oft sind in den Städten nur ca. zwei Prozent[1] der Bevölkerung politisch in Parteien organisiert. Höchstens 0,2 Prozent beteiligen sich mehr oder weniger regelmäßig aktiv am politischen Geschehen. Diese Zahlen zeigen, wie wichtig ein Instrument ist, das den politisch nicht organisierten Teil der Bevölkerung in die Entwicklung der Kommune einbringt. Berücksichtigt man die Wahlbeteiligung bei Kommunalwahlen in den vergangenen Jahren, die teilweise nur bei knapp vierzig Prozent und maximal bei knapp über sechzig Prozent lag, dann wird deutlich, dass die Zahl der Nichtwähler mehr und mehr zur stummen Mehrheit in einer Kommune wird. Stadtmarketing will diesem Trend gegensteuern. Es versucht, möglichst viele Interessierte einzubeziehen, ohne allerdings ein Nebenparlament zu etablieren.

---

[1] Vorsichtige Schätzungen, die um wenige Prozentpunkte abweichen können.

I. Ausgangsbetrachtungen

Stadtmarketing ist mittlerweile in vielen Kommunen ein erprobtes Instrument für eine kooperative Zusammenarbeit. Stadtmarketing allein ist allerdings noch kein Garant für die positivere Entwicklung einer Kommune. Erst wenn alle in einem Ort lebenden und arbeitenden Vertreter von Interessengruppen, Organisationen, Institutionen und vor allem die Einwohner erkannt haben, dass jeder Einzelne sich in die Zukunft seiner Kommune einbringen kann – und sei es nur durch die Weitergabe von positiven Fakten und Eindrücken – wird Stadtmarketing erfolgreich sein.

Stadtmarketing ist die **Bündelung aller Kräfte** einer Kommune, die gemeinsam und Partei übergreifend an einem Ziel arbeiten, nämlich der positiven Entwicklung des Gesamtgebildes Stadt bzw. Gemeinde mit all seinen unterschiedlichen Facetten. Stadtmarketing stellt sich die Aufgabe, Zukunftsperspektiven in konkretes Handeln umzusetzen. Stadtmarketing löst die zentrale Aufgabenzuständigkeit von der Verwaltung, besonders der Kommunalverwaltung.

Die Hansestadt Hamburg stellte in einem Prospekt die Frage: Braucht eine Weltstadt Marketing? Sie beantwortete diese Frage wie folgt:

> Die Eigenschaften einer Stadt, die Ansiedlung von Industrie, Dienstleistungsbetrieben und Handel zu fördern, erschöpft sich nicht in der realen Qualität ihrer Standortbedingungen. Wesentlich dafür ist der Faktor Image, der ganz entscheidend von 'weichen' Größen wie Bekanntheit, Ruf, Ansehen oder Flair abhängt. Wer Investoren anziehen will, muss auch ihren Arbeitskräften etwas zu bieten haben.

Wenn auch diese Aussage nicht die gesamte Anspruchsebene des Stadtmarketings wiedergibt, so enthält sie doch einige wichtige Gesichtspunkte.

Fast 3,5 Millionen Mark gab die Hansestadt Hamburg allein 1991 für Stadtmarketingziele im Bereich der Imageverbesserung aus. Und die Imageverbesserung ist nur ein Bereich im Stadtmarketing, einer unter vielen. Aber nicht nur Metropolen wie Hamburg oder Frankfurt am Main, sondern zunehmend auch andere große und mittlere Städte, ja kleine Kommunen investieren mittlerweile in ein kooperatives Stadtmarketing.

Neben der klassischen Öffentlichkeitsarbeit, den Werbe- und Pressekonzepten stehen zu Beginn eines Stadtmarketingprozesses die Analyse, die Leitbilderstellung und die Erarbeitung einer Konzeption im Vordergrund. Im Stadtmarketing geht es nicht primär um traditionelle Themen wie Wirtschaftsansiedlung, höheres Steueraufkommen oder Arbeitsplätze. Stadtmarketing stellt alle Bereiche einer Kommune als Handlungsfelder gleichrangig nebeneinander, entwickelt sie in eine Richtung, erkennt und schafft Synergien.

Hamburg ist ein Musterbeispiel für erfolgreiches Stadtmarketing. Zweifellos wirkte sich die Öffnung zum Osten wie ein Glücksfall zusätzlich positiv aus. Doch grundlegend für den Erfolg der Stadt war und ist der ganzheitliche Ansatz.

Noch vor einigen Jahren prägten Hamburg nicht wirtschaftliche Superlative, sondern rote Zahlen. Fakten waren der Niedergang der Hafenwirtschaft, Arbeitslosigkeit und das Image der berüchtigten Hafenstraße sowie das Aushängeschild Reeperbahn. Kaum zu glauben, dass sich die Stadt einmal zum *shooting star* unter den deutschen Großstädten entwickeln würde. Doch ein geschicktes Stadtmarketing, das zu einem grundlegenden Imagewandel führte, war die Voraussetzung für die Weiterentwicklung der Stadt zu einer europäischen Wirtschafts- und Kulturmetropole.

Hamburg ist heute stolz darauf, dass jede zweite Mark, die beispielsweise in seinen Bewirtungsbetrieben ausgegeben wird, von auswärtigen Besuchern stammt. Wertschöpfung also, die für viele Bereiche zusätzliche Verdienstmöglichkeiten schafft. Auch die Übernachtungszahlen sprechen für sich. Verzeichnete man 1988 noch 3,4 Millionen Übernachtungen, so stieg die Zahl nach dem Beginn der Marketingphase und spürbaren, nachvollziehbaren Veränderungen aktuell auf über 4 Millionen im Jahr.

Zur Frage "Warum Stadtmarketing?" sagt Ulrich Pfeifle, Oberbürgermeister von Aalen und ehemaliger Vorsitzender im Presseausschuss des Deutschen Städtetages, im Vorwort zum Stadtleitbild Aalen:

> Unsere Zeit des Umbruchs erfordert ganzheitliches Denken und eine Gesamtkonzeption auch für Städte. Unsere Stadtkonzeption ist keine zu einem bestimmten Zeitpunkt abgeschlossene Angelegenheit, sondern ein spannender, fortlaufender Prozess zur positiven Entwicklung unserer Stadt.

Der fließende Stadtmarketingprozess der vergangenen Jahre zeichnete mittlerweile feste Konturen hinsichtlich der Ziele, Vorgehensweisen, Inhalte und Realisation. Ein im Jahr 1991 durchgeführtes Stadtmarketing-Symposium in Kassel verabschiedete Grundsätze für ein erfolgreiches Stadtmarketing, ohne eine genaue Definition vorzunehmen. Diese Grundsätze sind geeignet, den Begriff auch heute noch einzugrenzen:

- Strategien und Maßnahmen lassen sich nur zielgerichtet entwickeln und umsetzen, wenn die Ansprüche und die Ist-Situation klar analysiert wurden.
- Stadtmarketing muss genauso professionell geplant und durchgeführt werden wie unternehmensbezogenes Marketing.
- Ziel ist eine strategische Positionierung möglichst mit Alleinstellungsmerkmalen.
- Stadtmarketing muss seinen Ausdruck in einer Stadtidentität nach innen und außen finden.
- Stadtmarketing ist als Begriff und Inhalt den Einwohnern in einer frühen Phase zu verdeutlichen.

- Stadtmarketing muss alle wichtigen Gruppen der Bevölkerung berücksichtigen, noch besser einbeziehen.
- Stadt-Management ist ein wesentlicher Bestandteil eines umfassenden Stadtmarketingkonzeptes.

Den in der Gründerzeit des Stadtmarketings entstandenen Erklärungen sind folgende zum besseren Verständnis hinzufügen:

- Stadtmarketing wird nicht im Rathaus gemacht.
- Die politische Szene ist nur am Rande beteiligt.
- Es soll ein Konsens über alle Parteigrenzen hinweg erzielt werden

I.1. Stadtmarketing ist Aufbruch

Stadtmarketing steht für Neues schaffen und Altes beleben. Es signalisiert Aufbruch, soll einen positiven Ruck in der Kommune erzeugen, die Aufbruchstimmung. Aufbruch bedeutet für einen Ort, eine optimistisch zu beurteilende Zukunft zu projektieren und wahrnehmbare Anstrengungen in einer zeitlichen und räumlichen Begrenzung mit allen Kräften zu unternehmen.

Oft verlaufen verschiedenartige Prozesse in einer Kommune unkoordiniert oder zumindest nur teilkoordiniert. Ein gemeinsames Handeln ist nicht möglich, einzelne Bereiche arbeiten mit unterschiedlichen Zielen aneinander vorbei. Stadtmarketing hat das Ziel, alle Abläufe in einer Kommune zu koordinieren.

Dabei geht es darum, sich bietende Chancen zu nutzen, wie z.B. im ökonomischen, kulturellen, ökologischen, freizeitlichen, verkehrlichen und baulichen Bereich. Offenheit für neue Gedanken und Ideen, für Tüftler und Querdenker sowie überregionales, nicht provinzielles Denken sind wichtige Grundlagen für erfolgreiche Stadtmarketingschritte. Je mehr Menschen derartige Ziele in den verschiedensten Bereichen einer Kommune verfolgen, andere nach und nach mitreißen und zum Handeln bewegen, umso eher treten die ersten Erfolge ein. Überall wird es aber auch 'Bremser' geben, Menschen, die mit dem Vorhandenen zufrieden sind und Änderungen ablehnen. Auch diese gilt es in den Stadtmarketingprozess einzubeziehen.

Wenn es gelingt Stadtmarketing in die Tat umzusetzen, zahlt sich die Investition in unsere Zukunft aus. "Stadtmarketing ist eine Chance für Städte – wenn sie bereit sind, diese Chance konsequent zu nutzen." (Schweinfurt Marketing).

Abb. 1: Koordinierte Abläufe durch Stadtmarketing

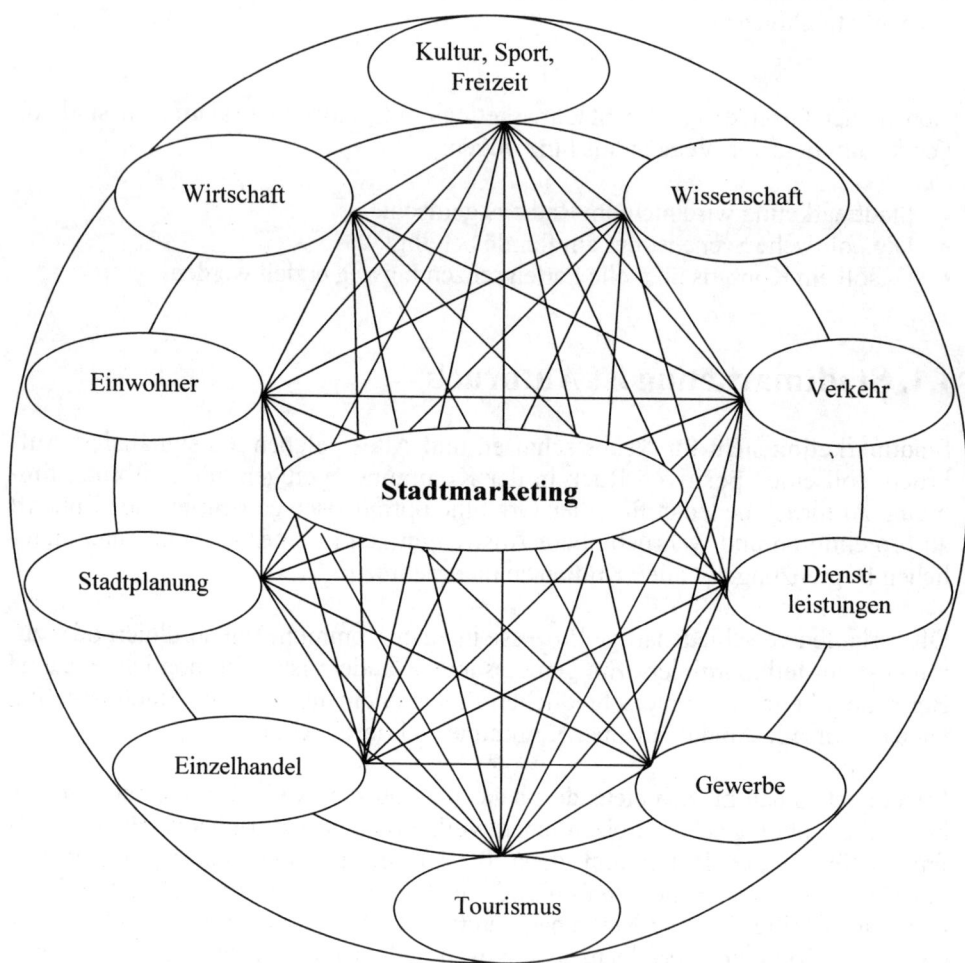

Quelle: eigene Darstellung

I.2. Die Stadt oder Gemeinde im Spannungsfeld

Auch wenn das Modewort in der Zusammenarbeit von Kommunen und Landkreisen "Gemeinsamkeit" heißt, – wenn es um die regionale und überregionale Zusammenarbeit in den verschiedensten Bereichen geht, so werden auch weiterhin Regionen und Städte sowie Gemeinden miteinander in Konkurrenz stehen.

Diejenige Kommune ist erfolgreich, der es z.B. gelingt, Wirtschaftsunternehmen anzusiedeln, bedeutende Sport- oder Kulturveranstaltungen im Programm zu haben oder als Tourismusort einen besonderen Ruf zu genießen. Jede Kommune wird versuchen, zum eigenen Vorteil, also zum Wohl ihrer Einwohner, besser zu sein als andere Städte oder Gemeinden. Genau wie privatwirtschaftliche Unternehmen miteinander in Konkurrenz stehen, so stehen auch Kommunen miteinander in Konkurrenz.

Diese Wettbewerbssituation untersuchte die Forschungsgruppe Management + Marketing aus Kassel unter der Leitung von Prof. Dr. Armin Töpfer und Dipl.-Oec. Andreas Mann. An der Befragung nahmen 1993/94 alle 361 ost- und westdeutschen Kommunen über 20.000 Einwohner teil. Die Rücklaufquote lag bei 63 Prozent. Auf die Frage, wie die gegenwärtige und künftige Wettbewerbssituation der Kommunen eingeschätzt wird, bezeichneten 57 Prozent der befragten Städte die Wettbewerbsintensität als stark oder sehr stark. Lediglich 4 Prozent der Kommunen spürten keinen oder nur einen geringen Konkurrenzdruck.

> **57 Prozent der Städte bewerten die Wettbewerbsintensität unter den Städten als stark oder sehr stark.**

78 Prozent der Städte, so die Studie, gehen auch künftig von einer weiteren Wettbewerbszunahme aus. Lediglich 5 Prozent rechnen mit einer Abnahme der Konkurrenzintensität. Als Gründe für die zu erwartende Wettbewerbsverschärfung wurden Veränderungen durch den Europäischen Binnenmarkt (14 Prozent) sowie die weiterhin angespannte wirtschaftliche Lage der Kommunen (13 Prozent) und damit eine Verschlechterung der Finanzsituation angegeben.

Es stellt sich die Frage, ob auch kleine Kommunen sich diesem Wettbewerb stellen oder ob erst eine gewisse Größenordnung für eine Wettbewerbssituation erreicht werden muss. Die Untersuchung der Forschungsgruppe Management + Marketing bezog Städte ab 20.000 Einwohner ein. Dabei wurde deutlich, dass bereits in dieser Größe eine Wettbewerbssituation vorhanden war. Doch auch noch kleinere Kommunen können in eine Wettbewerbssituation geraten, wenn sie über eine gewisse Bedeutung verfügen oder sich eigene Ziel gesetzt haben. Gerade kleinere Kommunen haben oft spezifische Vorteile, die einen Wettbewerb mit anderen Kommunen erforderlich machen. Die vergangenen Jahre haben gezeigt, dass auch Gemeinden unter 20.000 Einwohnern erfolgreich Marketingprozesse umsetzten.

In kleinen Kommunen gibt es hinsichtlich des Stadtmarketingprozesses Vorteile, denn je kleiner eine Kommune ist, umso einfacher wird es sein, den Marketinggedanken umzusetzen, also ein größtmögliches gemeinsames Handeln zu erreichen. Umgekehrt bedeutet dies: Je größer eine Kommune, umso schwieriger ist es, die Stadtmarketingidee zu installieren.

Abb. 2: Die Stadt im Spannungsfeld

Quelle: eigene Darstellung

II. Image

Es ist leichter ein Atom zu teilen, als eine vorgefasste Meinung zu ändern.

Albert Einstein

Jede Stadt bzw. Gemeinde hat eine Identität, die sie in eine bestimmte Kategorie einordnet. Eine Kommune ist schön oder hässlich, lebhaft oder langweilig, attraktiv oder nicht attraktiv, hat Sehenswürdigkeiten oder keine, Wirtschaftskraft oder nicht, ist beliebt bei Urlaubern oder kein Urlaubsort, kann auf eine interessante Historie verweisen usw. Das Image einer Kommune kann subjektiv empfunden werden, es kann aber auch auf objektiven Tatsachen beruhen. Jede Stadt oder Gemeinde hat eine andere Identität, für deren Einordnung Imagefaktoren verantwortlich sind. Die Identität einer Kommune soll durch den Stadtmarketingprozess transparenter werden, aufbauend auf vorhandenen und neuen Imagefaktoren. Der Stadtmarketingprozess geht einher mit dem Wort Image, will im Laufe des Verfahrens das vorhandene Image positiv verändern. Daher muss die Analyse auch eine Untersuchung des derzeitigen Images beinhalten.

> **Die Identität einer Kommune soll durch einen Stadtmarketingprozess transparenter werden, aufbauend auf vorhandenen und neuen Imagefaktoren.**

Das Wort Image kommt aus dem Englischen und bedeutet wörtlich übersetzt Bild. Das Bild also, das sich Menschen von einer Person oder einer Sache machen. Eine Kommune in ihrer Gesamtheit stellt ein solches Bild dar. Das Bild, das andere von weitem oder nahem sehen, kann schlecht oder gut sein. Ist es schlecht, müssen Verantwortliche in der Stadt/Gemeinde versuchen, dieses Bild positiv zu verändern. Unternehmer, Touristen, Kulturschaffende oder -suchende und Käufer aus dem Umland lassen sich von dem Image in ihren Absichten negativ oder positiv beeinflussen. Das Image einer Kommune entscheidet über Beurteilungen, macht für Menschen und Unternehmensführungen Orte interessant oder uninteressant. Image beeinflusst z.B. die Entscheidung, ob Menschen eine Stadt oder Gemeinde besuchen oder ob Unternehmer sich dort ansiedeln. An einem positiven Image müssen alle, also **die gesamte Bevölkerung**, stetig arbeiten. Folgende Gedanken zu dem Thema Image von Elke Heidenreich spiegeln Ansatzpunkte wider, die in der täglichen Bewertung immer wieder anklingen:

Welche Stadt man warum liebt

Von mir weiß ich, dass ich Berlin nicht ausstehen kann, und natürlich ist das eine lange persönliche Geschichte, und natürlich ist das auch nicht so ganz wahr. Aber die Kriterien, warum wir eine Stadt mögen und die andere nicht, sind sowieso mehr als sonderbar – schließlich, wie spricht der Dichter F. K. Waechter: "Blöde gibt es viele/am Rhein und auch am Nile", will sagen: Überall sind nette und weniger nette Menschen, überall sind langweilige und gute Lokale, schöne und schreckliche Geschäfte, angenehme und scheußliche Wohngegenden. Es ist Ansichtssache, mehr als das: es ist Erlebnissache. [...]

Ich bin sicher, dass es über Bad Oldesloe, Winsen an der Luhe oder Osnabrück ähnlich ergreifende Geschichten gibt, und es soll Menschen geben, die in Karlsruhe, Dortmund oder Düsseldorf leben und glücklich sind, wohingegen sie in einer Kölner Kneipe den Namen „Düsseldorf" nur aussprechen müssen, um Lokalverbot zu riskieren. Und so geht's weiter – vom subjektiven Stadt- zum objektiven Landempfinden.[2]

Antonoff bezeichnet das Image einer Stadt als „ihr Vorstellungsbild, das durch die Aussendung von Informationen entsteht und von dessen Existenz man nur durch indirekte Meinungsäußerungen erfährt."[3] Ein Image ist also unsichtbar, unfühlbar und unhörbar. Lalli[4] stellt dagegen die Dynamik des Images aus der Verarbeitung von Informationen in den Vordergrund. Geht man grundsätzlich davon aus, dass sich ein Image aus der Verarbeitung von Informationen bildet, die in einem Kommunikationsprozess übermittelt, vom Empfänger bewertet, interpretiert und in den persönlichen Erfahrungsschatz eingeordnet werden, so wird deutlich, dass sich ein Image bewusst aufbauen und verändern lässt.

Beim Stadtimage treten die Kommune bzw. die am Stadtmarketing Beteiligten als Sender von Informationen auf. Empfänger sind die jeweiligen Zielgruppen. Stadtmarketing will erreichen, dass auch die Einwohner der Kommune zu Sendern eines positiven Images werden. Je nach der Gestaltung der Sendeinformationen ist das Image einer Kommune über Kommunikationsinstrumente zu bilden, zu lenken und zu korrigieren. Vor allem bauliche Veränderungen oder große Veranstaltungen (Events) sowie besondere Aktivitäten können ein Image kurzfristig positiv (aber auch negativ) verändern.

Das Image-Know-how bildet den Hintergrund für die im Stadtmarketing verfolgte Strategie der Imageprofilierung. Das Image von Städten und Gemeinden entsteht bei

---

[2] Heidenreich, Elke, in Brigitte, 8/1997.
[3] Antonoff, R., Wie man seine Stadt verkauft – kommunale Werbung und Öffentlichkeitsarbeit, Düsseldorf 1971, S. 126.
[4] Lalli, M./Plöger, W., Corporate Identity für Städte – Ergebnisse einer bundesweiten Gesamterhebung, in Marketing, 4/1991, S. 240 ff.

ihren Einwohnern durch persönliche Erfahrungen, Erlebnisse und Anschauungen. Bei externen Zielgruppen spielen hingegen Berichte Dritter sowie Berichterstattungen in den (Massen-)Medien eine wichtige Rolle. Hinzu kommt, dass die Wahrnehmung des Images immer subjektiven Kriterien wie Launen, Moden und Stimmungen unterliegt. Das Image wird auch von politischen, gesellschaftlichen, kulturellen oder wirtschaftlichen Trends beeinflusst.

Das Stadtimage lässt sich über Stadtmarketing beeinflussen und sogar planen. Dies geschieht durch Kommunikationsmaßnahmen wie z.B. Pressearbeit, Public Relations, Werbung, Events, sowie durch die reale Absicherung des kommunizierten Zielimages und durch die Gestaltung der Facetten des Produktes Stadt, um das angepeilte Image auf nachweisbare Fundamente zu stellen.[5] Neben diesen beiden Instrumenten hat die von den internen und externen Zielgruppen wahrgenommene Leistungskompetenz einer Kommune eine zentrale Bedeutung. Die Transaktionsparameter der am Prozess Beteiligten, der Medien sowie sonstiger Meinungsmultiplikatoren prägen ebenfalls nicht unerheblich das Image in direkter Weise.

Die Imageprofilierung sollte auf einen konkreten Teilmarkt, eine bestimmte Zielgruppe hin ausgerichtet sein. Hat eine Kommune z.B. das Ziel, sich für einen bestimmten Bereich ein neues Image aufzubauen, eignen sich für die Initiation des Profilierungsprozesses vor allem Veranstaltungen (Events), Kongresse u.ä. So kann eine Stadt ein neues Image für den Freizeitbereich z.B. über eine Bundes- oder Landesgartenschau (Cottbus, Lünen, Gelsenkirchen) aufbauen.

Für die Imageprofilierung gilt die Drei-Komponenten-Theorie. Danach ist Image immer ein System von Teildimensionen, bestehend aus

1. dem subjektiven Wissen einer Person über die Kommune, das Produkt usw.;
2. aus den Gefühlen der Person;
3. ihren Handlungsabsichten (der Ort wird wegen einer bestimmten Veranstaltung besucht).

Wichtig ist die Komplexität des Images, das heißt eine möglichst große Personenzahl aus vielen Bereichen (z.B. Kultur, Sport, Wirtschaft) muss positiv dazu beitragen, um so eine möglichst große Spannweite zu erzielen.

Besondere Vorsicht ist geboten, wenn es um die Erfüllung des Imageanspruches geht. So kann z.B. ein durch alle Instrumente des Kommunikationsprozesses und mit hohem finanziellem Aufwand vermitteltes Image als „Ort der erlebbaren Historie" ins Gegenteil umschlagen, wenn die Ansprüche in dem Ort nicht erfüllt werden, sobald Besucher den Imageanspruch live erleben wollen. Die Kommunikation eines falschen oder nicht erfüllbaren Images kann so nachhaltige Schäden für die Kommune verursachen, dass eine Korrektur nur schwer und nur sehr langfristig

---

[5] In Anlehnung an Lalli/Plöger, a.a.O., S. 240 ff.

möglich ist. Der entstandene Imageschaden dürfte einen Stadtmarketingprozess fast zum Scheitern bringen.

Mit dem Image werden synonyme Verwendungen in Verbindung gebracht. Dazu gehören:

das **Ansehen** einer Stadt bzw. Gemeinde, also der Ruf
das **Charakterbild** (stereotyp usw.)
der **Nimbus**, also das Vorstellungsbild
das **Renommee** (negativ z.B. Katastrophen, Ausschreitungen u.ä.; positiv z.B. wohlhabende Bevölkerung u.ä.)
der **Ruf**, also das Markenbild
die **Reputation**, also der Markenstil
das **Bild**, also das Markenprofil
das **Prestige**, also das Markengesicht
das **Leitbild**, also der Markencharakter
das **Vorurteil**, also die Markenpersönlichkeit
der **Typ**, also das Markenerlebnis.

Die Stadt Köln hat in den vergangenen Jahren eine sehr aufwendige Imagekampagne gestartet, die unter dem Motto "**Stadt-Image ist Firmenimage**" steht. Dabei handelt es sich um eine vorbildliche Imageoffensive im Sinne von Stadtmarketing. Gemeinsam setzen Unternehmen und die Stadt Köln positive Signale. Sie wollen dazu beitragen, Köln als progressiven Wirtschaftsraum zu profilieren. Einige Beispiele:[6]

Köln macht Zukunft ...
als Wirtschaftsfaktor mit erprobter Lebensart. Die Kölner Image-Initiative – ein Profil vitaler Wirtschaftskraft mit engagierten Unternehmen und Institutionen.

Köln ist offen ...
Deutschland wäre ohne Köln nicht dasselbe. Eine Stadt der Weltoffenheit, der Toleranz, der Kontaktfreude – das Tor zum europäischen Westen: Eigenschaften, die wir, wie die Geschichte zeigt, auch heute brauchen. Dies gilt gleichermaßen für den Medienstandort Köln.

Köln tut besser ...
denn diese alte, hoch lebendige Stadt am Rhein heißt Handel und Wandel seit ihrer Gründung. Wir vom Kaufhof sind seit über 100 Jahren in Köln. Von hier aus steuern wir 134 Warenhäuser, 30.000 Beschäftigte und 10 Milliarden Umsatz in ganz Deutschland.

---

[6] Aus Köln macht Zukunft, Arbeitskreis der Kölner Image-Initiative.

Köln macht Zukunft ...
Die Ford Werke AG ist seit 1930 in Köln zu Hause. Mit über 20.000 Mitarbeitern sind wir heute einer der größten Arbeitgeber der Region. Und wir investieren weiter in unseren Standort.

Köln ist wertvoll ...
Für gute Produkte war Köln immer ein erstklassiger Nährboden. Deutschlands berühmtestes Naturarzneimittel – Klosterfrau Melissengeist – ist hier geboren und groß geworden.

II.1. Attraktivitätskriterien

Der Wiener Stadtplaner und Urbanist Camillo Sitte, der im 19. Jahrhundert lebte, näherte sich einer Stadt, die er noch nicht kannte, immer auf die gleiche Weise. Kam er in eine Stadt, so ließ er sich zunächst vom Bahnhof zum größten Platz der Stadt fahren. Dort besuchte er die beste Buchhandlung, stieg auf den höchsten Turm, aß und übernachtete im besten Hotel. Danach konnte sich Sitte ein erstes Bild der Stadt machen, ein Bild, das ihm wichtige Aufschlüsse über die Stadt gab. Im Einzelnen: Der Bahnhof einer Stadt ist als Visitenkarte genauso wichtig wie die Einfallstraßen einer Stadt. Der erste Eindruck bestimmt das Handeln und Denken in der nächsten Zeit. Ein schlechter erster Eindruck ist nur schwer und langwierig zu korrigieren. Städte, die etwas auf sich halten – denken wir an Baden-Baden, Leipzig oder Berlin –, bauen in ihren Gründerjahren prunkvolle Bahnhöfe, erkannten bewusst oder unbewusst, dass der erste Eindruck bei neuen Besuchern einer Stadt wichtig ist für das weitere Verhalten.

Besucher einer fremden Stadt/Gemeinde fühlen sich wohl, wenn sie in einem angenehmen Ambiente empfangen werden. So ist beispielsweise ein Taxifahrer, der einen fremden Gast vom Bahnhof zum gewünschten Ziel bringt, der erste wichtige Multiplikator. Er hat eine kaum nachvollziehbare Verantwortung dafür, ob er dem Gast vom ersten Moment seines Besuches an den Ort positiv näher bringt und durch sein Verhalten und seine Freundlichkeit dafür sorgt, dass Gäste den Ort positiv kennen lernen. Eine negative Verhaltensweise sorgt dafür, dass die Annäherung an die Stadt/Gemeinde vertan wird und nur langsam korrigiert bzw. nicht mehr korrigiert werden kann.

Beispiel

Der für Marketing Verantwortliche der Stadt S., einer Stadt mit 140.000 Einwohnern, holte seine wichtigen Gäste, darunter auch ansiedlungswillige Unternehmer, nie vom eigenen Bahnhof ab. Denn der DB-Bahnhof machte einen sehr verwahrlosten Eindruck. Deshalb holte er seine Besucher aus der nächsten größeren Stadt mit dem Pkw ab. So vermied er erste negative Eindrücke, die seines Erachtens die Entscheidung der Besucher für Ansiedlungen oder Aktivitäten stark beeinträchtigt hätten.

Ein Ort erschließt sich Besuchern zuerst in der Mitte. Dies erkannte auch Camillo Sitte. Der größte Platz im Stadt- oder Ortszentrum ist zugleich der Mittelpunkt, hier treffen sich die Menschen, spiegelt sich das Leben am Ort wider. Stadtplaner sehen nach wie vor den zentralen Schwerpunkt der Stadt in deren Mitte. Dort entstanden und entstehen Rathäuser, Kirchen, Geschäfte, Restaurants und Hotels, Einkaufsstraßen und Kommunikationszentren. Ausgestorbene Innenstädte und Ortszentren stoßen ab, signalisieren fehlendes Leben. Die Innenstädte sind erste Anzeichen für eine gesellige oder zurückhaltende Stadtbevölkerung. Eine Innenstadt wie die in Freiburg strahlt Gemütlichkeit und Wohlgefühl aus, weil sie zum Treffpunkt von Einheimischen und Besuchern wurde und weil sich die Stadt erst aus einer kommunikativen Zentralität entwickelte.

Doch zurück zu Camillo Sitte. Die Bücher in der besten Buchhandlung am Platz gaben ihm erste Aufschlüsse über das Bildungsniveau der Stadt. Welche Bücher wurden gelesen? Sie lagen in der Buchhandlung aus. Umfangreiche Fachliteratur ließ Rückschlüsse auf Studenten zu, aber auch das Niveau der Allgemeinliteratur gab Hinweise zum Bildungsgrad der Bevölkerung. Der Blick vom höchsten Aussichtsturm der Stadt verschaffte Sitte einen Überblick über Grünflächen, also über Freizeitmöglichkeiten, gab ihm visuelle Hinweise auf Gewerbe, Industrie oder eine eher landwirtschaftliche Ausrichtung. Er erkannte Möglichkeiten für den Tourismus und die Erholung, erkannte die Infrastruktur und die Lage der Stadt.

An der Ausstattung des besten Hotels erkannte er, wie hoch die Ansprüche der Besucher waren. Dies ließ wiederum Rückschlüsse auf die Zahlungskraft zu. Gleiches galt für die Anzahl sehr guter, guter oder mittelmäßiger Restaurants, denn die Qualität des Essens gab Hinweise auf die Ansprüche und damit zur Zahlungskraft der Bevölkerung.

Selbst wenn wir diese Rituale nicht bewusst wahrnehmen, so zeigen wir selbst ein ähnliches Verhalten, wenn wir eine unbekannte Stadt besuchen oder neu entdecken. Aus unseren Wahrnehmungen ziehen wir Rückschlüsse auf den Ort und seine Bewohner. Nach und nach, wie in einem Mosaik, lernen wir eine Stadt oder Gemeinde näher kennen, können uns ein Bild von der Kultur, vom Wohnen, der Wirtschaft, Freizeit, Wissenschaft oder vom Sportangebot machen. Je näher und länger wir einen Ort kennen, umso intensiver wird sich das Bild entwickeln. Dieser Prozess bewirkt eine Verdichtung vom Fern- zum Nahbild.

II.2. Imagekriterien

Das Image beinhaltet folgende Kriterien:

- Es ist das Vorstellungsbild von Individuen oder Gruppen.
- Es wirkt verhaltenssteuernd im sozialen Feld.
- Es weckt positive und negative Erwartungshaltungen.

- Es hat kognitive Komponenten, die auf das Erfassen, Erkennen und Wahrnehmen von Gegebenheiten bezogen sind.
- Image ordnet wenig Bekanntes zu, schätzt ein, erspart die mühsame Auseinandersetzung mit fremder, schwer überschaubarer Wirklichkeit, erleichtert den Zugang zu Fremdem oder die Ablehnung.
- Image ist ein mehrdimensionales, verfestigtes System, stellt sich als ganzheitlich dar.
- Image durchläuft verschiedene Entwicklungsstufen bis hin zu einer stereotypen Verfestigung.
- Image besteht aus objektiven und subjektiven, aus "richtigen" und "wahren", aber häufig auch aus "falschen" Vorstellungen und Erfahrungen.
- Image bildet Vorurteile.

Oft verfügen Städte und Gemeinden nur über ein monostrukturiertes Image. Dies kann sich aus der Historie, aber auch zufällig oder bewusst entwickelt haben. Ergänzende Imagefaktoren sind nicht dazu gekommen, haben somit das Bild einer Kommune nach außen nicht verändert. Meppen, Wattenscheid, Neubrandenburg (Leichtathletikhochburg in der ehemaligen DDR) oder Rosenheim wären kaum bekannt, wenn diese Städte nicht durch sportliche Leistungen (Fußball oder Eishockey) auf sich aufmerksam gemacht hätten. Ein solches Image geht aber einher mit den Erfolgen oder Misserfolgen des sportlichen Aushängeschildes. Aufstieg, Meisterschaft, Weiterkommen im Pokal sorgen für Öffentlichkeit und positives Image. Niederlagen, Abstieg oder das Ausscheiden aus Wettbewerben für negatives Image.

Positive Imagefaktoren müssen von den Kommunen für Entwicklungswellen genutzt werden, mit denen andere, noch nicht so bekannte Imagefaktoren transportiert und in der Öffentlichkeit bekannter gemacht werden. Gerade der Profisport ist oft ein erster Schritt für Gemeinsamkeiten in einem Ort. Sponsoren finden sich, um gemeinsam sportliche Erfolge herbeizuführen und zu sichern. In der Phase des Erfolges gilt es, andere Faktoren des Ortes herauszustellen, die Öffentlichkeit in Form des „stolz Seins" auf sportliche Erfolge zu nutzen, dadurch ein Wir-Gefühl zu forcieren und in einen Stadtmarketingprozess einzubinden.

In einem Stadtmarketingprozess muss die Frage gestellt werden, wie aus sportlichen Erfolgen z.B. Synergien für den Wirtschafts-, Kultur- oder Tourismusbereich abgeleitet werden. Warum den anreisenden Fans anderer Vereine nicht die Möglichkeit eines Stadt- und Einkaufsbummels oder eines Kurzaufenthalts offerieren? Dies ist allerdings nur dann möglich, wenn Vereine, Wirtschaft, Einzelhandel, Hotellerie, Gastronomie und kommunale Stellen eng zusammenarbeiten. Das Stadtmarketing kann so auf bereits vorhandene oder entstehende Imagefaktoren zurückgreifen.

Die Historie von Heidelberg, die Lage Grindelwalds oder die Ausstrahlung Gstaads wären als Imagefaktoren für die Entwicklung dieser Orte ohne wirtschaftliche Bedeutung, wenn nicht die Synergien in vielen Bereichen genutzt worden wären. Aus vorhandenen einzelnen Faktoren entwickelten sich weitere, die heute fast oder ganz gleichberechtigt sind. Heidelberg hat seinen Ruf nicht nur aufgrund seines Schlosses und seiner Innenstadt. Heidelberg steht auch für seine Universität, seine Lage und den Wohnwert. „Heidelberg hat viele Seiten". Der aktuelle Slogan belegt eindeutig eine breit angelegte Ausrichtung, basiert aber auch auf vorhandenen bekannten Faktoren.

Wie schwer es ist, den Verlust von Imagefaktoren zu verkraften, zeigt z.B. die Stadt Neunkirchen im Saarland. Bis in die 70er Jahre ein Begriff für Wirtschaftskraft, ließ dieses Image nach der Schließung der Grube König im Jahr 1968, der letzten im Stadtgebiet, langsam nach. Heute versucht die Stadt, sich auf vielen anderen Gebieten ein neues Image zu erarbeiten.

Aber auch kurzfristig, meist zeitlich in der Deutung des Images abnehmend, können plötzliche Ereignisse ein Stadtimage beeinflussen. Städte wie Lübeck oder Solingen, bisher bekannt durch ein starkes Image im wirtschaftlichen Bereich (Solingen) oder durch ein interessantes Stadtbild und Sehenswürdigkeiten (Lübeck), können schnell durch Einflüsse von außen Image-Einbußen hinnehmen bzw. ein negatives Image erhalten. Die rechtsradikalen Anschläge in Lübeck und Solingen haben lange Zeit das Image dieser Städte belastet. Während Solingen offensiv mit der Ausländerfeindlichkeit umging und somit das Thema kritisch aufarbeitete, sorgten die starken Imagewerte Lübecks dafür, dass dieses Thema schneller vergessen wurde als in Solingen. Die Gemeinde Eschede dagegen wird wohl noch über Jahre das Synonym für einen der schwärzesten Tage der deutschen Eisenbahngeschichte sein.

Je größer eine Kommune und umso reichhaltiger verschiedene positive Imagefaktoren sind, umso schneller können plötzliche negative Imagefaktoren verarbeitet werden. Das tragische Bahnunglück in London im Jahr 1999 sorgte nur für wenige Wochen für eine negative Berichterstattung. Das Image Londons und die damit verbundenen Entwicklungsziele der Stadt wurden in keiner Weise beeinträchtigt. Eschede dagegen wird in den kommenden Jahren wohl genau abwägen müssen, ob geplante Ziele der Ortsentwicklung realisierbar sind, ohne dass dabei das Empfinden der Menschen schmerzlich berührt wird.

In einer Selbstdarstellung geht die Gemeinde Eschede in der Rubrik „Kleines Kommunalbild" bereits im ersten Satz auf das Unglück ein mit den Worten: „Seit dem tragischen 2. Juni 1998 kennt ganz Deutschland den Ortsnamen Eschede. Das Heidedorf zwischen Hannover und Hamburg wurde durch das ICE-Unglück aus allen Träumen gerissen. Noch lange Zeit werden sich 'harte' Bilder der zerstörten Brücke in denkwürdigen Kontrast zu 'weichen' Erinnerungen an die 'Helfer von Eschede' bewegen."[7]

---

[7] Schwartzsche Vakanzen-Zeitung, 11. November 1999.

II.3. Imagebegriff

Anfang der 50er Jahre erschien der Begriff Image zum ersten Mal in der Diskussion und in Untersuchungsberichten der amerikanischen Absatzforschung. Eine grundlegende Veröffentlichung zu dem Thema erfolgte 1955 mit einer Abhandlung von Gardener/Levy, die zu der Auffassung kommen, dass Image "ein komplexes Symbol ist, das eine Vielzahl von Ideen und Attributen repräsentiert."[8]

Kropf betrachtet das Image "als die Summe aller Vorstellungen, Gefühle, Einstellungen und Vorbehalte."[9] Boulding spricht bei Image von einem subjektiven Wissen, in dem eine starke emotionale Komponente bei der Imagebildung zum Ausdruck kommt. Er sagt, dass subjektives Wissen durch Raum, Zeit, persönliche Beziehungen, Wertmaßstäbe etc. determiniert ist und verschiedene Dimensionen des Bewusstseins bzw. Unterbewusstseins aufweist.[10]

In diesem Zusammenhang hat das psychologische Marktmodell Spiegels eine besondere Bedeutung. Spiegel erläutert, dass Image entscheidend ist für das Verhalten des Individuums im sozialen Feld. "Das Individuum", schreibt Spiegel, "richtet seine Entscheidungen gegenüber einem Meinungsgegenstand nicht danach, wie dieser ist, sondern wie es glaubt, dass er wäre."[11] Er sieht Images als komplexe Vorstellungen, die von ähnlich vielschichtiger Art sind wie Phantasiegebilde oder stark emotional fundierte Sachverhalte (Vorurteile, Gerüchte etc.), was auch der Auffassung anderer Autoren über den starken emotionalen Gehalt von Images entspricht.

Einen wichtigen Beitrag zur Erfassung des Imagebegriffes leistet die Psychologie. Wellek[12] beschreibt relevante psychologische Komponenten der Imagebildung und Entstehung. Er unterscheidet nach:

- einer kognitiven Komponente; dieses ist die Tendenz in der Wahrnehmung und Vorstellung von Individuen, die zur Vereinfachung, Verallgemeinerung, Klassifizierung und Typisierung drängt, wobei auf diese Weise versucht wird, komplizierte, unüberschaubare Zusammenhänge, Gebilde und Meinungsgegenstände zu bewältigen;
- einer affektiven Komponente, die den Einfluss meint, den starke persönliche Bedürfnisse, Motivationen und wertende Gefühle auf Wahrnehmung und Verhalten haben, wobei die psychische Begründung u. a. in der von Struktur und Biographie geprägten Persönlichkeit liegt;
- einer konativen Komponente, die besagt, dass Image meinungs-, verhaltens-, und handlungsbestimmend im sozialen Feld wirkt, wobei dem Einfluss der Gesellschaft und Gemeinschaft auf Erleben, Denken und Handeln des Individuums ein

---

[8] Gardener/Levy, The Product and the Brand, in Harvard Review, 1955.
[9] Kropf, H. J., Konkrete und abstrakte Bilder in der Werbung, Berlin 1960, S. 297.
[10] Boulding, K., Die neuen Leitbilder, Düsseldorf 1958, S. 9 ff.
[11] Spiegel, B., Die Struktur der Meinungsbildung im sozialen Feld, Bern 1961, S. 21 ff.
[12] Wellek, A., Ganzheitspsychologie und Strukturtheorie, Bern 1995, S. 94 ff.

wesentlicher Stellenwert zukommt. Ein weiterer Aspekt in diesem Zusammenhang ist die Sozialisationsforschung, die das Erleben gesellschaftlich sozialen Verhaltens in den Mittelpunkt stellt.[13]

Abb. 3: Image, Stadtidentität, Fernbild und Nahbild

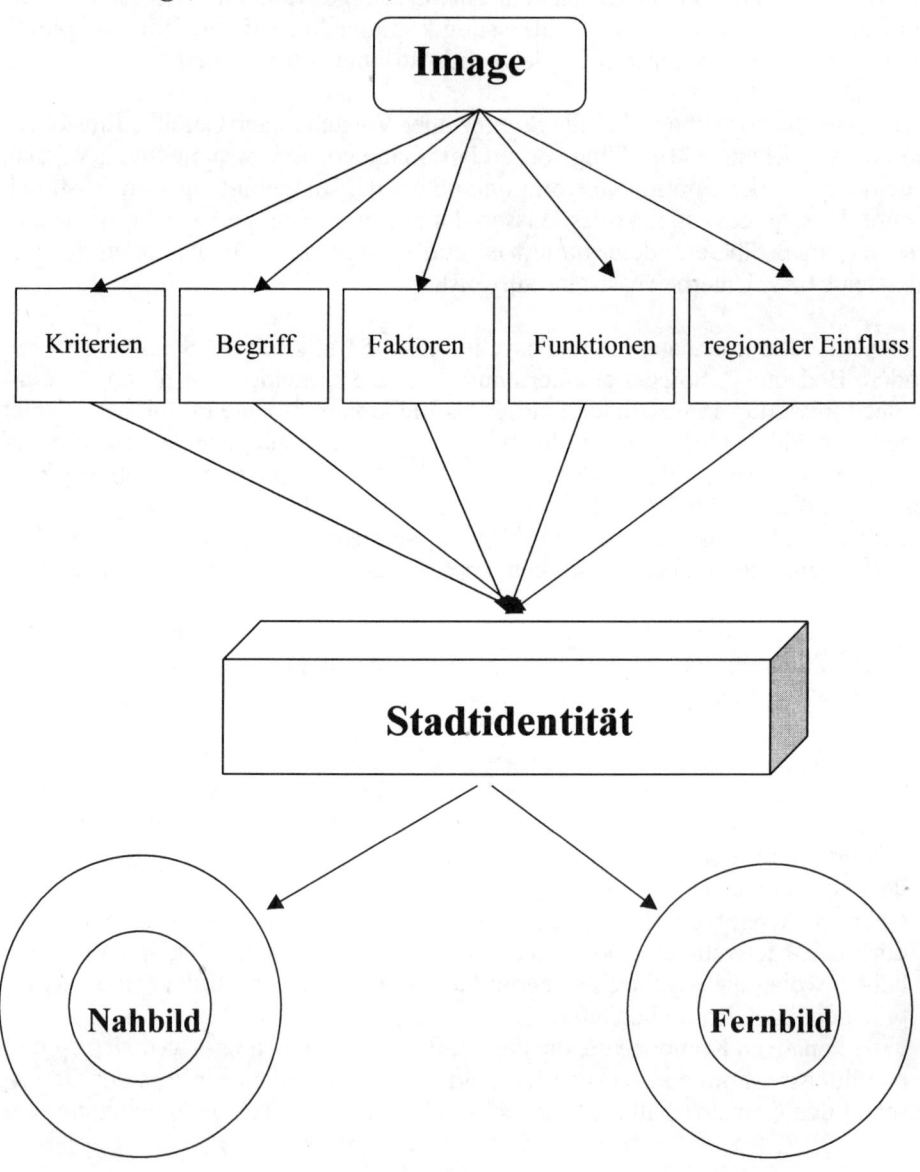

Quelle: eigene Darstellung

---

[13] Wöhrle, M., Imagebildung als Ziel von PR-Prozessen, in pr-magazin, 8/1997.

II.4. Imagefaktoren

Das Image wird von natürlichen und künstlichen Faktoren bestimmt. Zu den **natürlichen**, von Menschen nicht veränderbaren oder sich nur im Lauf von Jahrhunderten ändernden Faktoren gehören:

- Klima
- geographische Lage
- hydrologische Gegebenheiten
- Volkstum
- Religion
- Sitten
- Bräuche.

Zu den künstlichen, von Menschen geschaffenen und veränderbaren Faktoren zählen:

- Sehenswürdigkeiten (Vergangenheit/Gegenwart)
- kulturelle, sportliche und sonstige Veranstaltungen mit überregionaler Ausstrahlung
- Vergnügungen
- Events.

Zum Imagefaktor Event sind zusätzliche Ausführungen nötig, da gerade über diesen Weg kurzfristig ein positives Image aufgebaut werden kann (Musicals, Open Air-Veranstaltungen, Sportveranstaltungen usw.)

Ein Event (englisch "Ereignis", "Veranstaltung") ist **natürlichen** oder **künstlichen** Ursprungs. Sein Hauptmerkmal ist, dass es entweder willentlich geschaffen wird oder ein (Natur-)Ereignis ist. Aus dem Blickwinkel des Besuchers oder Veranstalters, bzw. beider, sind Events einmalig, haben eine begrenzte Dauer von mehreren Tagen bis zu Wochen (z.B. Open Air-Festivals, Olympische Spiele). Events haben Auswirkungen auf andere Bereiche, wie z.B. die Hotellerie, Gastronomie und den Einzelhandel.

Arten von Events

a) künstliche Events
- gesellschaftliche (Gipfeltreffen/Eröffnungsfeiern)
- Hochkultur (Theater/Musikfestivals)
- kommerzialisierte Kultur (Medienveranstaltungen)
- kommerzielle/wirtschaftliche (Messen/Promotion/Verkaufsausstellungen)

- kulturelle
  (Bräuche/Folklore/kulinarische Veranstaltungen)
- Kunstkultur
  (Ausstellungen/Literatur)
- religiöse
  (Papstbesuch/Pilgerfahrten)
- Sport
  (Olympische Spiele/ATP-Tournee/Breitensport)

b) natürliche Events
- regelmäßig wiederkehrend oder einmalig
  (z.B. Heideblüte, Vulkanausbruch, Sonnenfinsternis)

II.5. Imagetransport

Der wichtigste Transporteur des Image ist der Mensch. Das Image wird direkt oder indirekt über Freunde, Mitarbeiter, Nachbarn, Meinungsbildner usw. in einer Kommune weitergegeben. Bezeichnet wird dieses Verfahren als **Input/Output-System**. Der wichtigste Transporteur, besonders für das Fernbild, sind die (Massen-)Medien, die je nach Art ihrer Seriosität glaubhaft oder nicht glaubhaft sind. Untersuchungen haben ergeben, dass negative Eindrücke zehnmal, dagegen positive nur dreimal weitergegeben werden. Bei einer Haushaltsgröße von drei Personen und einem Bekanntenkreis von zehn Personen pro Haushaltsmitglied ergibt sich im Bundesdurchschnitt rechnerisch eine Input-Chance von dreißig Menschen.

Diese Werte sind besonders für die Beurteilung des Images und damit auch für den Verlauf des Stadtmarketingprozesses von großer Bedeutung. Für das Handlungsfeld Einzelhandel kann z.B. die negative Weitergabe von Erfahrungen mit der Freundlichkeit des Verkaufspersonals, dem Service oder der Qualität von Waren schnell zu erheblichen Umsatzeinbußen führen.

Durchschnittliche Weitergabe von Meinungen

Negative Meinungen: 10 x
Positive Meinungen: 3 x

II.6. Imagefunktionen

Im Stadtmarketing muss das Image einer Kommune als eine der entscheidenden Varianten für die Wahrnehmung des primären Stadtproduktes angesehen werden

(Annahme von Angeboten, Dienstleistungen und Service, Attraktivität etc.). Der Konsument richtet seine Entscheidung für oder gegen ein Angebot nicht danach, wie dieses ist, sondern danach, wie er glaubt, dass es sei.[14] Images haben die Funktion von:

- Umweltbewältigung
- Selbstbestätigung
- Wertausdruck
- Anpassung
- Produktpersönlichkeit.

Die Funktion der **Umweltbewältigung** bedeutet, dass Image die Umweltsituation (Marktsituation) strukturiert und eine Orientierung bei der Bewertung von Alternativen gibt. Images ersetzen fehlendes oder unvollständiges Wissen.

Die **Selbstbestätigungsfunktion** eines Images wird dadurch deutlich, dass Interessenten die Facetten eines Stadtproduktes wahrnehmen (buchen, kaufen usw.), die zur Stützung des eigenen Selbstbildes beitragen. In diesem Fall hat das Stadtprodukt ein besonders positives, teures Image. Beispiel: ein Winterurlaub in St. Moritz oder ein Sommerurlaub in St. Tropez. In diesem Fall wird das Produkt zum Statussymbol.

Mit der **Wertausdrucksfunktion** des Images will man mit dem Konsum eines bestimmten Stadtprodukts der Umgebung zeigen, wer man ist. Insofern gibt es Parallelen zur Selbstbestätigungsfunktion. Dies gilt z.B. wiederum für die Urlaubswahl und wird deutlich am Aufenthalt in mondänen Urlaubsorten. Eine Kombination von Selbstbestätigungsfunktion und Wertausdrucksfunktion ist möglich, oft sogar die Regel.

Die **Anpassungsfunktion** des Images signalisiert das Bemühen um Akzeptanz durch die Umwelt. Dazu gehört die Zugehörigkeit zu bestimmten Gruppen, wie im Handlungsfeld Tourismus z.B. Spanienurlauber, Wintersporturlauber, alpine Skiläufer. Auch in diesem Fall sind Kombinationen möglich.

Produktpersönlichkeit heißt, dass „der Wert eines Markenartikels auf dem 'Vertrautsein' des Verbrauchers mit dem Gesicht des Markenartikels beruht.". Image wird in diesem Fall mit der Persönlichkeit gleichgesetzt, welche die Produkte haben. Dies bedeutet, dass sich Marken vor allem durch ihre Unterschiede zu anderen Marken spezifizieren. Eine Markenpersönlichkeit ist dann erreicht, wenn es einer Marke gelungen ist, im Wettbewerb eine Alleinstellung zu erreichen. Durch diese kann sie sich deutlich von anderen Marken abheben.

---

[14] Spiegel, a.a.O., S. 29.

II.7. Regionaler Image-Einfluss

Das Image von Städten und Gemeinden wird beeinflusst durch deren regionale Zugehörigkeit. In diesem Fall wird das Image einer Region für das Image einer Kommune genutzt. Insofern wird ein Imagetransfer vollzogen. Viele Regionen rufen pauschale Assoziationen hervor, sowohl im negativen als auch im positiven Sinn.[15]

Für viele ist z.B. das Ruhrgebiet keine Urlaubsregion, dafür aber ein Garant für wirtschaftliche Stärke. Der norddeutsche Raum steht für eine weniger wirkungsvolle Wirtschaftskraft, Schleswig-Holstein und/oder die Nordseeküste für Tourismus, genauso wie Oberbayern. Die Schweiz steht für viele Menschen für Zuverlässigkeit, Uhren, Berge, Banken und Reichtum, Italien für Unzuverlässigkeit, Lebensfreude und Unsicherheit, das Rheinland für Lebensfreude und Lockerheit, Schwaben für Sparsamkeit, Franken für guten Wein usw.

Das Image einer Kommune wird also auch von den regionalen Gegebenheiten, vom regionalen Image stark oder weniger stark beeinflusst. Je größer eine Stadt ist, umso mehr kann sie sich aus dieser imagemäßigen Umklammerung lösen, da sie über eine Vielzahl eigener Imagefaktoren verfügt (z.B. München in Relation zu Oberbayern). Die Imagelehre unterscheidet verschiedene Faktoren:[16]

- Eigenschaften der Bevölkerung
- landschaftliche Gegebenheiten
- kulturelle Aspekte
- Wahrzeichen
- Essen und Trinken
- berühmte Persönlichkeiten
- Kompetenz des Landes/der Region als Hersteller von Produkten[17]
- für das Land repräsentative Produkte.

II.8. Stadtidentität

> **Identität** ist ein Phänomen auf **drei Ebenen**: der **logischen**, der **psychologischen** und der **parapsychologischen**.[...] Menschen entwickeln am meisten Identitätsenergie, wenn eine Sache religiöse Dimensionen hat. Mit anderen Worten: wenn man auf der parapsychologischen Ebene operiert. Hier ist nicht nur das Wissen, hier ist vor allem der Glaube gefragt.
>
> Roman Antonoff

---

[15] In Anlehnung an Dettmer, H./Hausmann, T./Kloss, I./Meisl, H./Weithöner, U., Tourismus Marketing Management, München/Wien 1999.
[16] Mayerhofer, W., Imagetransfer, Wien 1995.
[17] Anmerkung des Autors: Regionalprodukt.

Als vor einigen Jahren eine Stadt eine Konzeption zur Öffentlichkeitsarbeit – von Stadtmarketing war damals noch keine Rede – vorlegte, war die Ausgangslage mehr als deprimierend. Die Studie stellte fest, dass sich viele Einwohner ihrer Stadt schämten. Auf die Frage nach ihrem Wohnort hatten die Einwohner oftmals geantwortet: "In der Nähe von X und Y". Die selbstbewusste Aussage "aus der Stadt A" wurde, so jedenfalls die Studie, in sehr wenigen Fällen genannt.

Festzustellen war, dass Auswärtige die Stadt positiver sahen als die Einheimischen. In vielen Kommunen sehen die Bewohner ihren Ort negativer als die Besucher, Touristen oder Geschäftsreisende. Dieses Beispiel zeigt, dass eine Imageverbesserung bei den Einwohnern am Ort ansetzen muss.

Die Aussage der Einwohner bergen mehr an Glaubwürdigkeit als der schönste Imageprospekt. Während ein noch so bunter Prospekt die Vorteile eines Orts in den schönsten Farben anpreist, wird die Aussage einer Einwohnerin diesen überflüssig machen, wenn sie behauptet: "Hier ist überhaupt nichts los, und Urlaub würde ich hier nie machen". Die Einwohner sind die glaubwürdigsten und wichtigsten Imageträger des Orts. Wenn die Bevölkerung von ihrer Stadt bzw. Gemeinde überzeugt ist und diese Überzeugung nach außen trägt, dann wird sich das Image der Kommune schnell positiv verändern.

Allerdings wird sich eine Imageänderung nicht von heute auf morgen vollziehen. Es dauert Jahre, bis sich ein schlechtes Image in ein gutes oder weniger schlechtes wandelt. Auch an einem positiven Image muss kontinuierlich gearbeitet werden, denn Ereignisse der Vergangenheit zeigen, wie schnell sich ein positives Image negativ verändern kann.

Die Identität einer Stadt bzw. Gemeinde besteht aus folgenden Faktoren:

- Eigenart,
- Einmaligkeit,
- relevanten Aspekten.

Die Faktoren einer Stadt- bzw. Gemeinde-Identität ermöglichen eine Identifizierung, also ein Erkennen bzw. Wiedererkennen der Kommune, – kurz: sie befreien die Stadt oder Gemeinde aus ihrer neutralen Anonymität.[18]

> Identität wird im Kopf derjenigen gebildet, welche die Stadt wahrnehmen, und ist – wenn man so will – ein spezifisches Muster bestimmter Merkmale. Das Stadtbild ist also die Gesamtheit einzelner Bildsequenzen und Assoziationsmuster. Das heißt: Jede Stadtidentität ist zunächst völlig subjektiv und nicht repräsentativ, abhängig von äußeren Faktoren. Nur durch die Überschneidung mit anderen Erfahrungsmustern ergibt sich ein nahezu objektives Bild einer

---

[18] M. Beyrow, Mut zum Profil, Stuttgart 1998, S. 29.

Stadtidentität. Stadtidentität beschreibt sowohl das Vermögen, eine Stadt **als eine bestimmte** zu identifizieren, als auch die Möglichkeit, sich **mit einer Stadt** zu identifizieren.[19]

In jeder gewachsenen und persönlichen Stadtidentität steckt für die Menschen ein verlässlicher Kern.

Eine begonnene Kampagne, die zum Ziel hat, eine Imageveränderung herbeizuführen, ist nicht der steile und unangefochtene Weg zum Ziel. Immer wieder werden Rückschläge die Verantwortlichen zu neuen konzentrierten Maßnahmen zwingen. Rückschläge sind nicht planbar und treten auch dann ein, wenn Erfolge den Weg zum Ziel weisen. Der Konkurs einer großen Firma, die schlechte Haushaltslage einer Kommune oder andere Negativmeldungen sind Rückschritte bzw. Verzögerungen auf dem Weg zum Ziel. Jede negative Beeinflussung erfordert mehrere positive Meldungen, um den eingeschlagenen Kurs zielstrebig weiterzugehen.

Am Beispiel einer Stadt in Norddeutschland wird deutlich, wie eine stetige Imageverbesserung, basierend auf nachvollziehbaren Maßnahmen in Form von baulichen Veränderungen und einer Erweiterung im Veranstaltungsangebot, jäh unterbrochen wurde, als vor den Toren der Stadt ein großes Unternehmen schloss. Obwohl dieses Werk nicht zur Stadt gehörte – hier wird auch die Wirkungsweise der Region deutlich – begann jede bundesweite Medienberichterstattung mit dem Namen der Stadt.

Trotz der Neugründung eines Technologiezentrums in den alten Firmengebäuden, das nach kurzer Zeit fast zwei Drittel der Beschäftigtenzahl des geschlossenen Unternehmens erreichte, hat der Name der alten Firma immer noch Einfluss auf die wirtschaftliche Bewertung der Region. Zahlreiche positive wirtschaftliche Entwicklungen und ein Investitionsvolumen wie seit Jahrzehnten nicht mehr vermögen nur langsam, das Negativimage dieser Werksschließung zu verdrängen.

Ein weiteres Beispiel zeigt, wie die Medienberichterstattung einen laufenden positiven Prozess beeinflusst. In den 90er Jahren berichtete das ARD-Magazin Monitor über eine Häufung von Fehlbildungen bei Neugeborenen in einer bestimmten Region. Die von Monitor genannte Zahl und auch der genannte Grund konnten durch intensivste Recherche von Wissenschaftlern und anderen Medien nicht bestätigt werden. Obwohl die Berichterstattung keine nachvollziehbaren Fakten enthielt und andere Medien die Monitor-Darstellungen als nicht belegbar darstellten, führte sie zu erheblichen Einbußen im Tourismus. Spontane Stornierungen und Nichtbuchungen brachten einen Einbruch in der sich bis dahin stetig nach oben entwickelnden Tourismuswirtschaft. Erst ein Jahr später konnte dieser Abwärtstrend gebremst werden. Ein Beweis dafür, wie intensiv und nachhaltig Medien als Imagemultiplikatoren auftreten und Menschen subjektiv beeinflussen können.

---

[19] Ebenda.

Abb. 4: Stadtidentität, dargestellt in Anlehnung an die Identität eines Unternehmens

```
                    Stadtidentität[20]
                           |
                           v
              Corporate Personality
                  (Soll-Zustand)
              /          |          \
             v           v           v
       Corporate    Corporate    Corporate
       Behavior    Communication   Design
             \          |          /
              v         v         v
                   Corporate
                     Image
```

Quelle: eigene Darstellung

Das Stadt- bzw. Gemeinde-Image geht einher mit dem Begriff der Stadt- und Gemeinde-Identität. Ist das Image gut oder wird es besser, identifizieren sich die Einwohner mit ihrem Ort und tragen das positive Image nach außen. Daher ist es wichtig, langfristige Entwicklungsstrategien und perspektivische Leitbilder zu entwickeln, die Rückschläge einbeziehen. Um das Image zu verändern, muss sich in der Kommune etwas sichtbar ändern. Krane signalisieren Bautätigkeit und Bewegung in einem

---

[20] In Anlehnung an M. Beyrow, a.a.O.

Ort. Sie dokumentieren eindrucksvoll, dass etwas geschieht. Auch große neue Veranstaltungen verbessern den Imagewert einer Kommune.

Das Image einer Kommune kann nicht allein durch Werbeaktionen und andere Maßnahmen verändert werden. Das positive Image entwickelt sich in dem Ort. **Imagearbeit** ist ein **dauernder, nie endender Prozess**, der als Auftrag an alle Einwohner zu verstehen ist.

Nur wenn das Leben in einem Ort und der Ort selbst attraktiver und interessanter werden, erhöht sich der Bekanntheitsgrad auch überregional, prägt das positive Image die Werte einer Kommune nach innen und außen.

II.9. Städte und Gemeinden haben Gesichter

Positiv- und Negativwerte liegen in den Kommunen oft nah beieinander und bestimmen das Image. Diese Bilder einer Stadt oder Gemeinde werden als **Nah- und Fernbilder** bezeichnet. Ein Stadtmarketingprozess muss die positiven Faktoren besonders herausarbeiten, muss negative reduzieren, wenn möglich negieren.

Das positive Image der Kommune muss so stark gewichtet werden, dass negative Faktoren untergehen. Zum Bild eines Ortes gehört es aber auch, mit allen Imagefaktoren zu arbeiten. Es gibt Faktoren, die nicht abgewertet werden können bzw. auch nicht abgewertet werden sollen.

Standen z.B. für Köln vor einigen Jahren nur Faktoren wie Dom, Karneval und Fröhlichkeit, so hat sich dieses Image mittlerweile stark gewandelt. Zwar ist auch heute noch die Mentalität der dort lebenden Menschen ein wichtiger positiver Faktor, aber neben den bisherigen Imagefaktoren werden heute immer mehr Begriffe wie Medienstadt, Kulturhochburg oder attraktive Einkaufsstadt genannt. In der Summe aller einzelnen Faktoren wird Köln, genau wie Freiburg oder Hamburg, als überaus positiv und liebenswert gesehen.

Abb. 5: Gesicht einer Stadt oder Gemeinde

```
                    ┌─────────────────┐
                    │      Image      │
                    └─────────────────┘
                             ▲
                             │
              ┌──────────────────────────────┐
              │  Gesicht einer Stadt/Gemeinde │
              └──────────────────────────────┘
                      ▲            ▲
                     /              \
   ┌──────────────────────┐   ┌──────────────────────────┐
   │       Nahbild        │   │         Fernbild         │
   │                      │   │                          │
   │ – eigene, nicht nur  │   │ – geprägt durch Medien-  │
   │   oberflächliche     │   │   berichte               │
   │   Erfahrungen mit    │   │                          │
   │   der Stadt/Ge-      │   │ – Meinungen und Urteile  │
   │   meinde             │   │                          │
   │                      │   │ – Bewertungen einzelner  │
   │ – detaillierte       │   │   Bevölkerungsgruppen    │
   │   Kenntnisse der     │   │                          │
   │   Stadt/Gemeinde     │   │                          │
   └──────────────────────┘   └──────────────────────────┘
```

Quelle: eigene Darstellung

II.9.1. Gesichtsprobleme

Positiv- und Negativwerte liegen oft nahe zusammen. Die richtige Akzentuierung verschiebt das Bild in die gewünschte Richtung.

Es gibt Städte/Gemeinden, die mit dem Image ihrer Vergangenheit leben müssen. Dieses zu negieren, wäre eine Imageverfälschung, die nicht akzeptiert wird. Die Stadt Dachau wird das Konzentrationslager nicht aus ihrer Geschichte streichen können. Sie muss daher aktiv mit diesem Faktor umgehen, da der Name der Stadt für ein unrühmliches Kapitel der Vergangenheit steht, der auch für die Zukunft Mahnung sein muss. Schon in dem Editorial ihrer Internetpräsentation macht die Stadt darauf aufmerksam und geht offensiv damit um. Dort heißt es:

> Die Jahre 1933 bis 1945 haben dann allerdings genügt, um aus dem rechtschaffenen Dachau einen Schauplatz grausamer Verbrechen und es damit zum Inbegriff aller KZ-Verbrechen in der ganzen Welt zu machen. Auch 50 Jahre danach ist das Leben in der Stadt geprägt von der zeitgeschichtlichen Erinnerung und der Erhaltung derselben. Ein Unterschied zu den ersten Jahrzehnten nach dem Krieg zeigt sich allerdings immer deutlicher. Die Dachauer Bevölkerung hat mittlerweile ein anderes Verständnis für diese Problematik entwickelt. Mit Ernsthaftigkeit, aber auch Aufgeschlossenheit und Selbstvertrauen bekennt sich Dachau heute zur Geschichte der KZ-Gedenkstätte, werden Austausch und Begegnung mit Gleichgesinnten offensiv gesucht. Vorbei ist die Zeit des Verdrängens und der Resignation ob der jahrelangen Isolation. Dachau versteht sich heute als Ort der Begegnung, Versöhnung und des Austausches untereinander, der die Stadt und ihre Bevölkerung mit ihren Gästen aus aller Welt eint.
>
> Das begangene Unrecht insbesondere auch den nachfolgenden Generationen wahrheitsgemäß darzustellen, zu vermitteln und die Erinnerung an die Leiden der Opfer lebendig zu erhalten, ist eine fortwirkende Verpflichtung für Dachau. Aus diesem Grund wurde zusammen mit dem Freistaat Bayern und dem Landkreis Dachau ein Jugendgästehaus errichtet, welches in erster Linie als Ort der Begegnung Jugendlicher aus aller Welt, die sich mit der Gedenkstätte und seiner Thematik beschäftigen möchten, zur Verfügung steht.

In diesen Zusammenhang passt auch die Anfrage an die Pressestelle einer anderen Stadt, warum es denn in der Internetpräsentation keinen Hinweis auf ein ehemaliges KZ-Außenlager gebe. Dies, schrieb die Besucherin der Internetseite, gehöre zu der Stadtdarstellung, weil es Teil ihrer Geschichte sei.

Anfang der 90er Jahre machten zwei Studierende eine Imageuntersuchung der Stadt Bautzen. Das Image Bautzens war und ist geprägt durch das wohl bekannteste Gefängnis der ehemaligen DDR. Der Name der Stadt ging mit einem ebenfalls unrühmlichen Kapitel der Geschichte einher. Auf der Basis der Imageuntersuchung entwickelten die Studierenden eine Konzeption, die vorsah, die mittlerweile nicht mehr genutzte Gefängnisanlage als Gedenkstätte in Verbindung mit einem Gefängnismuseum zu nutzen. Entsprechende kulturelle Veranstaltungen sollten die Anlage einer neuen, aber der Vergangenheit gedenkender Nutzung zuführen. Als den Stadtverantwortlichen das Konzept präsentiert wurde, stieß es auf großes Unverständnis. Es war nicht gewünscht, das Gefängnis aktiv in die Entwicklung der Stadt einzubeziehen. Die Vergangenheit sollte negiert werden. Der Versuch schlug fehl. Einige Jahre später, vielleicht auch mit dem nötigen Abstand zu den Ereignissen, wurde ein Gefängnismuseum geschaffen. Die Verantwortlichen gehen aktiv mit der Geschichte um.

Diese Beispiele zeigen, dass das Image einer Kommune sich aus vielen Faktoren bestimmt. Positive und negative gewichten dabei das Gesamtimage. Auch wenn es das Ziel sein muss, ein möglichst positives Image zu schaffen, wird es immer wieder Faktoren geben, die nicht positiv zu überlagern sind und auch nicht überlagert werden dürfen. In diesen Fällen muss das negative Image in einer Konzeption aufbereitet und dargestellt werden.

II.9.2. Nahbild

Das Nahbild einer Stadt/Gemeinde wird bestimmt von konkreten Erfahrungen, die man mit dem Ort gemacht hat. Hierbei verfügt man über detaillierte Kenntnisse und gewichtete Urteile zu einzelnen Fakten, wie z.B. Wohnen, Kultur und Verkehr. Eine öffentliche Meinung, entstanden durch das Fernbild, ist vorhanden, wird aber korrigiert durch die persönlichen Erfahrungen mit dem Ort. Dazu ist es notwendig, eine Kommune intensiv zu kennen. Längere, intensive Aufenthalte sind notwendig, um sich selbst ein umfassendes Bild des Ortes, seiner Menschen, Einrichtungen und Angebote zu machen. Ist bereits ein Fernbild der Stadt oder Gemeinde vorhanden, so wird sich dies mit der Intensität des Kennens positiv oder negativ verändern.

Das Fern- und Nahbild unterscheidet sich aber auch aus der Sicht des Alters. Junge Menschen haben eine andere Erwartungshaltung an eine Stadt bzw. Gemeinde als ältere Menschen. Junge sehen Positives oft da, wo Ältere dies nie erkennen würden. Junge Menschen lieben u. a. Betriebsamkeit und Unterhaltung, für ältere Menschen bietet der Idealort dagegen Ruhe und gute Nachbarschaft.

II.9.3. Fernbild

Das Fernbild einer Stadt oder Gemeinde wird bestimmt vom 'Hörensagen', von Meinungen und Urteilen anderer Menschen, vor allem von Berichten in den Medien. Ein Fernbild gibt es dann, wenn eigene Erfahrungen mit einem bestimmten Ort nicht vorhanden sind oder lediglich durch kurze Besuche (Durchreise oder wenige Tage Aufenthalt) geprägt werden. Ein Fernbild verwandelt sich in ein Nahbild, sobald umfangreiche Kenntnisse über den Ort vorhanden sind.

Zum Fernbild gehören auch grundsätzliche Bewertungen einzelner Bevölkerungsgruppen nach deren Mentalität. Berliner werden in der Mentalität anders bewertet als Bayern, Schweizer anders als Franzosen, Hessen anders als Norddeutsche. Diese Unterscheidung wirkt sich bereits grundlegend auf das Fernbild aus. Fernbilder haben einen bestimmten Schwerpunkt, wie z.B. Universitäts-, Dom-, Hafen- und Kulturstadt oder Feriendorf, Kurort und Heilbad. Grundsätzlich gilt: Wer sich als Stadt/

Gemeinde gut "verkauft", verfügt über ein positives Fernbild und somit meist über ein positives Image, hat gute Chancen in der Bewertung Außenstehender, die in diesem Ort z.B. wirtschaftlich, kulturell oder touristisch etwas unternehmen wollen.

Wer noch nicht in der Region Bitterfeld war, wird diese meiden, weil das Fernbild eine trostlose Landschaft vermuten lässt, das durch die Berichterstattung in den Medien immer wieder publiziert wurde. Dieses Bild ändert sich nach einem Besuch der Region. Natürlich sieht man Industrieruinen und Industrielandschaften. Die Region Bitterfeld hat aber auch attraktive Grünlandschaften und alte sehenswerte Städte. Das Fernbild korrigiert sich nach dem Besuch in eine positiv Richtung.

Das Image der Stadt Gorleben ist geprägt durch Atommülltransporte und eine Atommüll-Lagerstätte. Die Folge ist ein negatives Image. Ein Besuch wird dieses Image korrigieren: Eine schöne Landschaft, ein Erholungsgebiet ist das, was sich dem Besucher zeigt. Die Atommüll-Lagerstätte befindet sich weit außerhalb der Stadt, inmitten eines Waldes. Trotzdem wird es wohl kaum möglich sein, Gorleben das Image eines Urlaubsorts zu geben.

Ein drittes Beispiel: Wer an Essen denkt, denkt an Bergbau, graue Häuser, Industrie, an eine Stadt, die gemieden werden sollte. Dieses Fernbild ändert sich, nicht zuletzt durch eine intensive Imagearbeit, in eine immer positivere Richtung. Die Spuren von Kohlegewinnung und Stahlproduktion verschwinden auch im Norden der Stadt immer mehr, so dass geschichtsbewusste Essener inzwischen bemüht sind, die letzten Zechen und Maschinenhallen, zum Teil industrie-architektonische Kleinodien, zu erhalten. Die südliche Stadthälfte hingegen präsentiert den staunenden Besuchern eine landschaftliche Harmonie, die in Großstädten und Ballungsregionen ihresgleichen sucht. Das Ruhrstaubecken Baldeneysee und seine reich bewaldeten Uferhöhen sind ein Freizeitparadies für Wassersportler und Wanderer. Die weit gefächerten Ruhrauen haben sich ihre anmutige Natürlichkeit bewahrt und bieten zahlreichen seltenen Tierarten Schutz und Lebensraum.

Von dieser Attraktivität, die sich aus Brüchen und Kontrasten, aus dem Nebeneinander scheinbarer Gegensätze speist, wissen viele Gäste Essens nicht viel, wenn sie die Ruhrstadt besuchen. Das Essener Hotelgewerbe zählt mittlerweile fast 800.000 Übernachtungen jährlich. Ereignisses wie Wirtschaftskongresse, Messen oder bedeutende Kunstausstellungen haben das Image mittlerweile positiv beeinflusst. Essen ist eine Stadt im Grünen mit einem erstklassigen Bildungs-, Kultur- und Freizeitangebot. Die Universität mit 13 Fachbereichen, die Folkwang-Hochschule für Musik, Theater und Tanz, das Aalto-Theater (Oper), das Grillo-Theater (Schauspiel), das Museum Folkwang, das Deutsche Plakatmuseum, das Design-Zentrum NRW, die Alte Synagoge (Dokumentationsforum und Gedenkstätte), die Villa Hügel, das Naherholungsgebiet Baldeneysee, der Grugapark als einer der schönsten und weitläufigsten deutschen Stadtgärten sowie eine attraktive Innenstadt mit guten Einkaufsmöglichkeiten beeindrucken die Besucher. Die Abtei Werden und auch ehemalige Zechenanlagen, die heute als Industriedenkmäler Scharen von Besuchern anlocken, beweisen den positiven Stellenwert Essens, der nichts mehr vom Negativen einer Ruhrkohlemetropole besitzt. Das Beispiel Essen zeigt, wie erfolgreich das Image verbessert werden kann und wie sich dies positiv auf alle Bereiche einer Stadt auswirkt.

Hatte früher das Fernbild meist nur einen bestimmten Schwerpunkt, so versuchen die Orte heute mehrere Schwerpunkte zu transportieren. So will eine Universitätsstadt vielleicht auch Festspielstadt sein, die Sportstadt möchte nicht nur Sportstadt sein. In der Mulifunktionalität der Stadt/Gemeinde liegt die Stärke für die künftige erfolgreiche Entwicklung. Mehr dann je gilt es, alle Chancen zu nutzen, die sich in einer Kommune bieten. Bezogen auf die Idee des Stadtmarketings, muss eine möglichst große Produktpalette vorhanden sein. Je größer sie ist, umso interessanter entwickelt sich das Fernbild. Dies bedeutet aber auch, das Bild der Stadt bzw. Gemeinde professionell nach außen zu multiplizieren. Ein wichtiger Faktor sind immer historische Bezüge, Freizeitmöglichkeiten, überregional wirkende Kulturangebote und Wirtschaftsunternehmen, Events sowie Menschen (z.B. die Geselligkeit der Rheinländer). Zur vermittelbaren Palette gehören auch die Landschaft (z.B. Alpen, Nord- oder Ostsee) und/oder die Ortsgestalt (z.B. mittelalterliche Städte bzw. Gemeinden).

Ein neuer Trend ist die Schaffung von Attraktionen mit überregionaler Ausstrahlung. Dies sind Sehenswürdigkeiten in einem Ort und/oder einer Region, die dauerhaft angelegt sind und deren Auswirkungen auf lange Sicht die Attraktivität der Stadt oder Gemeinde erhöhen. Diese genannten Faktoren müssen in ihrer Breite herausgehoben und der Öffentlichkeit vermittelt werden. Voraussetzung dafür ist die Kenntnis des Eigenprodukts, also der eigenen Kommune.

III. Grundlagen des Stadtmarketings

Stadtmarketingaktivitäten haben in den vergangenen Jahren eine stetig steigende Tendenz. Das Deutsche Institut für Urbanistik (DIfU) stellte im Herbst 1995 fest, dass von 323 befragten Städten (von denen 155 antworteten), immerhin 24,1 Prozent einen Stadtmarketingprozess planten, 19,9 Prozent in der Konzeptionsphase und 51,8 Prozent in der Realisationsphase waren.

Problematisch bei der Umfrage ist, dass nicht alles, was als Stadtmarketing angesehen und bezeichnet wird, auch Stadtmarketing ist. Zu oft ist die Definition von Stadtmarketing – dies beweist immer wieder die Praxis – falsch. Trotzdem kann das Ergebnis im Trend als aufschlussreich gewertet werden. Stadtmarketing wurde in Städten unterschiedlicher Größe als wichtiges Instrument gesehen. In Städten bis 20.000 Einwohner beschäftigten sich ca. 50 Prozent der befragten Kommunen mit dem Thema, in Städten zwischen 20.000 bis 49.999 Einwohnern 80 Prozent, von 50.000 bis 99.999 Einwohner über 90 Prozent, in Städten von 100.000 bis 199.999 Einwohner fast 100 Prozent, bei 200.000 bis 499.999 Einwohner 90 Prozent und in Städten über 500.000 Einwohner etwas über 80 Prozent. Insgesamt muss davon ausgegangen werden, dass rund 80 Prozent der Städte in Deutschland mehr oder weniger intensive Stadtmarketinginitiativen verfolgen.

III.1. Umfrageergebnisse

Stadtmarketing wurde in allen befragten Städten zu einem Erfolg. Dieses Resümee kann nach der Auswertung der Befragung gezogen werden. Wichtige Ziele des Stadtmarketingprozesses, wie die Verbesserung der Kommunikation in der Stadt, die Entwicklung realisierbarer Maßnahmen und die Entwicklung neuer Ideen sowie die Einbeziehung der Bürger wurden erreicht.

Eindeutig war bei den Befragten auch das primäre Ziel des Stadtmarketingprozesses. 75 Prozent der Befragten nannten als Ziel, die Stadt im Städtewettbewerb zu profilieren. Mit über 90 Prozent wurden als wichtigste Zielgruppe die örtliche Wirtschaft angesehen, fast gleich mit den eigenen Bürgern der Stadt. Erst danach folgten andere Zielgruppen, wie potentielle Besucher mit ca. 70 Prozent, die auswärtige Wirtschaft mit ca. 60 Prozent und zum Schluss die Mitarbeiter der Kommunalverwaltung mit 40 Prozent. Die folgende Aufstellung gibt einige Ergebnisse der Umfrage wieder:

Abb. 6: Umfrageergebnisse zum Stadtmarketing[21]

	trifft zu	teilweise zu	nein
Das Projekt wird in unserer Kommune auf Dauer weiterlaufen	75 %	15 %	10 %
Die Kommunikation zwischen den Gruppen wurde gefördert	70 %	28 %	2 %
Es wurden/werden realisierbare Maßnahmen entwickelt	60 %	38 %	2 %
Zentrale Maßnahmen wurden realisiert	50 %	30 %	20 %
Das Klima in der Stadt hat sich verbessert	35 %	45 %	20 %
Neue Ideen für die Stadtentwicklung	30 %	60 %	10 %
Die Bürger konnten motiviert werden	20 %	60 %	20 %

Eine Umfrage in Kommunen[22] zu den Erfahrungen mit Stadtmarketing unterstreicht die Bedeutung eines ganzheitlichen Ansatzes. Eine Diplomarbeit an der Fachhochschule für Druck in Stuttgart untersuchte die Initialphase von Stadtmarketingprojekten. 28 Städte in Deutschland und Österreich, die bereits Stadtmarketing durchführen, wurden hierfür zu ihren Erfahrungen befragt. Wichtigstes Ergebnis: 92 % der befragten Städte verstehen Stadtmarketing in erster Linie als ganzheitliches Instrument der Stadtentwicklung. Weit weniger (32 %) sehen darin auch ein Werbekonzept.

Der Auslöser für das Stadtmarketingprojekt waren in den befragten Städten vor allem strukturelle Defizite, der Wunsch nach einer Erhöhung des Bekanntheitsgrades und einer besseren Identifikation der Bürger mit der Stadt. Gerade in der Anfangsphase mussten sich die Initiatoren der Projekte aber auch Kritik gefallen lassen. Doch mittlerweile können sich die meisten einer breiten Unterstützung sicher sein. Einzelhandel und Stadtverwaltung sind in allen befragten Projekten integriert. Und vielfach engagieren sich auch Handwerk, Industrie, Gastronomie, Kammern, Vereine und Banken im Stadtmarketing. Eine öffentlich-private Kooperation, nicht zuletzt was die Finanzierung der Projekte betrifft, ist für die meisten Befragten (88 %) wichtig oder gar elementar für die Durchführung des Stadtmarketing. Völlig ohne professionelle Unterstützung führen nur wenige der befragten Städte Stadtmarketing durch. In 71 % der Städte werden die Projekte von spezialisierten Beratern betreut.

---

[21] B. Grabow/B. Hollbach-Grömig, Stadtmarketing – eine kritische Zwischenbilanz, Deutsches Institut für Urbanistik, Berlin 1998. Zahlen aus der Grafik „Einschätzung des Erfolgs von Stadtmarketing-Projekten". Es handelt sich um interpretierte Cirka-Werte.

[22] Veröffentlicht in Cimadirekt, 1/1995.

III.2. Die Stadtmarketingidee

Ob Marketing auf Städte und Gemeinden übertragen werden kann, hängt primär von der Definition und von dem auf Stadtmarketing übertragenen Verständnis des Begriffs Marketing ab. Im deutschsprachigen Raum begann Marketing in den 50er Jahren mit der Profilierung von Markenartikeln und ersten Segmentierungsmethoden im Bereich der Massenproduktion. Zu Beginn wurde Marketing als Distributionsfunktion definiert. In den weiteren Entwicklungsstufen wurden die Anwendungsgebiete und Definitionsbereiche immer mehr ausgeweitet.

Seit sich in den 70er Jahren der Wandel vom Verkäufer- zum Käufermarkt vollzog und sich der Nachfrage- in einen Angebotsüberhang verwandelte, bedeutet Marketing nicht nur Werbung und Verkauf (sowie die Einrichtung einer speziellen Organisationseinheit für die Absatzaktivitäten), sondern Marketingdenken beinhaltet einen ganzheitlichen, speziell nach außen orientierten Ansatz. Dies bedeutet, dass sich eine Organisation bzw. Institution in allen ihren Aktivitäten auf die Markt-, Absatz und damit konkret auf die Abnehmerbedürfnisse ausrichtet.[23]

Im Vergleich zum Stadtmarketing ist festzustellen, das sich das Angebot von Städten und Gemeinden, also das Stadt- und Gemeindeprodukt, in all seinen Facetten ebenfalls zum Käufermarkt entwickelt hat. Stadtmarketing ist nach außen orientiert, muss aber vorher **primär** einen nach **innen gerichteten Ansatz** verfolgen.

Marketing ist zugleich Mittel, Methode und Maxime. Marketingmittel sind diejenigen Maßnahmen, durch die sich Wettbewerbsvorteile erreichen lassen, d.h., die Produkt-, die Preis-, die Distributions- und Kommunikationspolitik. Marketing als Methode umschreibt die modernen Techniken, die der Entscheidungsfindung für Marketingmaßnahmen dienen. Marketing als Maxime heißt: Der Käufer oder Kunde soll Ausgangspunkt und Ziel der Management-Philosophie der Unternehmung sein.[24]

Im Stadtmarketing kommt dem internen Kommunikationsprozess eine besondere Bedeutung zu. Das gemeinsame Produkt Stadt ist erst dann Basis für einen ganzheitlichen Ansatz, wenn **alle** Institutionen, Organisationen etc. einer Kommune die gemeinsame Zielrichtung als Stärke verstehen und sich selbst als wichtiges Zahnrad in einem komplizierten Getriebe erkennen. Dabei ist Stadtmarketing wesentlich komplexer und vielschichtiger als das Marketing für einzelne Produkte oder Dienstleistungen.

---

[23] Braun, G.E./Töpfer, A., Marketing im kommunalen Bereich – Der Bürger als 'Kunde' seiner Gemeinde, Stuttgart 1989, S. 9.
[24] Nieschlag, R./Dichtl, E./Hörschgen, H., Marketing, 16. Auflage, Berlin 1991, S. 8.

III.3. Koordination

In vielen Kommunen verlaufen Analyse-, Planungs- und Realisationsprozesse zwischen den einzelnen Handlungsfeldern unkoordiniert. Die kommunale Entwicklungspolitik ist oft problematisiert in Detailproblemen. Häufig fehlen Konzepte für die gesamte Stadt, die diesen Bereich ganzheitlich umfassen, d.h., es fehlt der rote Faden, der für professionelle organisatorische Abläufe steht. Darüber hinaus wird die Partizipation von Einwohnern, Organisationen, Institutionen, Vereinen usw. oft nicht berücksichtigt.

Stadtmarketing will alle Handlungsfelder koordinieren, will alle künftigen Planungen und Maßnahmen in einem Gesamtkonzept zusammenzufassen. So sollen künftig z.B. die Bereiche Wirtschaft, Einzelhandel, Tourismus, Wissenschaft usw. quasi unter einem Dach gemeinsam in die Entwicklung einbezogen werden.

Die Vorteile von Stadtmarketing als marktorientierte kommunale Entwicklungspolitik liegen in der präzisen Definition der Handlungsfelder. Sie schaffen sozial verträgliche Lösungen, also Lösungen, welche die Entwicklung, Lasten und Verhältnisse der Gemeinschaft berücksichtigen. Stadtmarketing will eine breite Zustimmung aus allen Bevölkerungskreisen und lässt eine realistische Rendite aus getätigten Investitionen erwarten.

Stadtmarketing ist eine eindeutige und anhaltende Abgrenzung der gesamten Kommune mit all ihren Funktionen (wie Infrastruktur, Einkaufen, Kultur, Sport, Arbeiten, Gewerbe usw.) im Vergleich zu anderen Kommunen. Werden diese Einzelaspekte berücksichtigt, so werden aus unkoordinierten Aktivitäten koordinierte Handlungsfelder mit dem Ergebnis, dass alle an einem Strang ziehen. Stadtmarketing bedeutet jedoch nicht die Abkapselung vom Umland. Es muss Regionalmarketingkonzepte berücksichtigen, also auch eine Kooperation mit dem Umland in Gang setzen. Im Umkehrschluss müssen Regionalmarketinginitiativen auf vorhandene Stadtmarketingkonzepte Rücksicht nehmen.

Abb. 7: Stadtmarketing ist marktorientierte Stadtentwicklungspolitik

- präzise Definition der Handlungsfelder
- sozial verträgliche Lösungen
- **Stadtmarketing ist marktorientierte Stadtentwicklungspolitik**
- breite Zustimmung
- realistische Rendite

Quelle: eigene Darstellung

III.4. Zieldefinition

> **Stadtmarketing** umfasst die **Analyse** sowie die auf der **Grundlage eines Leitbildes** erarbeitete **Konzeption** für alle Bereiche einer Stadt und schließlich die **Realisation** eines Maßnahmenkataloges. Stadtmarketing orientiert sich an den Bedürfnissen und Wünschen der **Zielgruppen**. Durch den Einsatz effektiver Produkt-, Preisbildungs-, Distributions- und Kommunikationsmaßnahmen (= der Stadtmarketing-Mix), wird Stadtmarketing effektiv und zielgruppenorientiert umgesetzt.

Stadtmarketing will eine optimistisch zu beurteilende Zukunft projektieren und wahrnehmbare gemeinsame Anstrengungen möglichst vieler Einwohner, Organisationen und Institutionen ermöglichen. Stadtmarketing ist kooperative Entwicklung in allen Bereichen einer Kommune, welche die Gesamtheit aller Einzelmerkmale berücksichtigt und dadurch das Wesen und das Wesentliche einer Stadt bzw. Gemeinde definiert. Im Stadtmarketing wird eine umfassende Konzeption auf der Grundlage eines Leitbildes erarbeitet, dem eine genaue Analyse vorausgegangen ist.

> **Stadt im Sinne von Stadtmarketing sind Städte unterschiedlicher Größe.**

Stadtmarketing ist Ausdruck eines konzept- und zielorientierten Denkstils. Eine Kommune in ihrer Gesamtheit soll nicht mehr auf Entwicklungen reagieren, sondern selbst aktiv werden, um Märkte zu schaffen, zu beeinflussen und zu sichern.

Stadtmarketing ist eine Denkweise, die zu einer Philosophie der kommunalen Entwicklung im Hinblick auf alle Handlungsbereiche einer Stadt bzw. Gemeinde geworden ist. Berücksichtigt werden alle gegenwärtigen und künftigen Erfordernisse der Märkte, Umweltbedingungen, Wettbewerber und Zielgruppen. Die Zielgruppen (in unternehmerischer Definition die Kunden) einer Stadt bzw. Gemeinde sind z.B. Touristen, Investoren, Konsumenten für verschiedene Angebote in den Bereichen Kultur, Sport, Soziales, Freizeit usw.

Stadtmarketing will ein markt- bzw. kundenorientiertes Handeln strategisch vorbereiten und umsetzen. Es hat den Anspruch, eine Kommune in allen Bereichen in die Lage zu versetzen, in einem durch verschiedene Interessengruppen und Märkte geprägten Umfeld zu überleben und zu wachsen. Ziel es, dieses Umfeld nicht nur zu analysieren, sondern auch zu konzipieren und zu beeinflussen sowie Entwicklungstendenzen zu prognostizieren und in Gang zu setzen.

Nach Raffee ist Marketing eine „Managementkonzeption zur zielorientierten Gestaltung von Austauschprozessen mit betriebsinternen und -externen Partnern, insbesondere mit Partnern auf Absatz- und Beschaffungsmärkten sowie im Bereich der allgemeinen Öffentlichkeit".[25] Diese Definition lässt sich auch auf die unterschiedlichen Transaktionen des Stadtmarketings übertragen. In Anbetracht der Tatsache, dass sich das Gesamtprodukt Stadt aus einer Vielzahl von Produktfacetten (wie z.B. Infra-, Wirtschafts-, Einwohner-, Wissenschafts-, Kultur-, Sport- und Bildungsstruktur) zusammensetzt, wird der „ganze Kosmos unterschiedlicher Transaktionen"[26] deutlich. Dem Stadtmarketing kommt in besonderer Weise die gestalterische und innovative Aufgabe zu, die verschiedenen Produktfacetten in Abhängigkeit von den Bedürfnissen spezifischer Zielgruppen anzubieten und dadurch die einzelnen Abnehmer zu konkreten Reaktionen und Transaktionen zu veranlassen.

---

[25] Raffee, H./Fritz, W./Wiedemann, P., Marketing für öffentliche Betriebe, Stuttgart 1994, S. 45.
[26] Meffert, H., Städtemarketing – Pflicht oder Kür?, in Planung und Analyse, 8/1989, S. 275.

Abb. 8: Bedürfnisse und Güter

Bedürfnisse
Die Summe ist der **Bedarf**, der auf dem Wirtschaftsmarkt als **Nachfrage** deutlich wird

Primärbedürfnisse
Bei Menschen aller Altersstufen, Bildung, Nationalität weitgehend gleich

Sekundärbedürfnisse
Luxusbedürfnisse. Richten sich nach
☐ Entwicklungsstufe
☐ Umwelt
☐ Fortschritt
☐ wirtschaftspolitischen Verhältnissen

Deckung durch Güter

freie Güter (z.B. Luft)   wirtschaftliche Güter

materielle Güter   Dienstleistungen

Güter 1. Ordnung (z.B. Lebensmittel, Textilien)

Güter 2. Ordnung (z.B. Rohstoffe)

Quelle: eigene Darstellung

III.5. Stadtmarketing-Philosophie

> Wenn Du ein Schiff bauen willst, dann trommle nicht Männer zusammen, um Holz zu beschaffen, Aufgaben zu vergeben oder die Arbeit einzuteilen, sondern lehre sie die Sehnsucht nach dem weiten, endlosen Meer.
>
> Antoine de Saint-Exupéry

Stadtmarketing soll in Städten das gemeinsame Arbeitsprinzip aller sein. Stadtmarketing ist die Einsicht, dass eine Kommune von ihrer Bevölkerung, der Wirtschaft, der Kultur, dem Tourismus usw. lebt. Die Einwohner sind die Existenzberechtigung einer Kommune. Stadtmarketing ist nach innen und außen zu orientieren, für jede Maßnahme und jedes Projekt.

Stadtmarketing ist nicht nur ein erwägenswertes, sondern heutzutage ein grundlegendes, auf die Entwicklung einer Kommune ausgerichtetes, erforderliches Arbeitsprinzip aller Einwohner. Städte und Gemeinden müssen in einer Zeit globaler Veränderungen ihren Platz neu bestimmen. Stadtmarketing ist ganzheitlich, partnerschaftlich und prozessorientiert angelegt.

Stadtmarketing will eine optimistisch zu beurteilende Zukunft projizieren und wahrnehmbare gemeinsame Anstrengungen unternehmen. Stadtmarketing ist kooperative Entwicklung in allen Bereichen. Es ist ein umfassendes Konzept auf der Grundlage eines Leitbildes für die Entwicklung einer Kommune und ihrer Leistungen für Bürger, Wirtschaft, Kultur usw.

> Stadtmarketing ist ein **Analyse-, Planungs-, und Realisationsprozess** im Hinblick auf die Schaffung von Angeboten, Gütern, Dienstleistungen und Attraktivität. Es beinhaltet die Kommunikation, Gestaltung und Zielfestschreibung aller relevanten Handlungsfelder einer Stadt, mit der Prämisse, möglichst große Teile der Bevölkerung an der künftigen Entwicklung zu beteiligen. Im Ergebnis muss Stadtmarketing zu einem Austauschprozess zwischen Individuen und Organisationen führen, der eine gemeinsame Gestaltung des Lebensraumes Stadt in partizipativer und kooperativer Zusammenarbeit ermöglicht.

Aufgaben des Stadtmarketings sind:

- Die z.T. deutlichen Identifikationsdefizite der Einwohner des jeweiligen Ortes müssen abgebaut werden.
- Die Vorstellung der Einwohner von der Situation der Stadt bzw. Gemeinde muss mit der Realität in Einklang gebracht werden.
- Das Selbstbewusstsein der Bevölkerung muss gestärkt werden.
- Eine intensive Aufklärungs- und Motivationsarbeit muss geleistet werden.
- Erforderlich ist eine umfassende Kommunikation mit den Meinungsführern am Ort (Innenmarketing).

Die konkreten Aufgaben und Zielvorstellungen werden kurzfristig, mittelfristig oder langfristig definiert. Ebenso werden die relevanten Zielgruppen bestimmt und konkrete Maßnahmen festgelegt.

Die Stadtmarketing-Philosophie ist:

- Offenheit und eine aktiv innovative Haltung gegenüber neuen Entwicklungen und Weltbildern; prinzipielle Bereitschaft, neue und evtl. auch unorthodoxe Wege zu gehen;
- verantwortungsethische Grundhaltung und neues Fortschrittsdenken vom quantitativen zum qualitativen Wachstumsdenken und der Wille, einen Fortschritt in der Befriedigung der Bedürfnisse aller von den planerischen Entscheidungen betroffenen Partner zu erzielen;
- Problemsensibilität und Komplexitätsbejahung statt Problemverdrängung oder überzogener Problemvereinfachung;
- Konflikt bejahendes Demokratieverständnis mit dem "Grundrecht auf Dissens", pluralistische Interessen- und Wertorientierung sowie prinzipielle Dialog- und Kompromissbereitschaft;
- ganzheitliches und langfristiges Denken;
- Aufgeschlossenheit gegenüber dem Wandel sowie Gespür für Folgewirkungen, weg vom statischen Strukturdenken und hin zum dynamischen Prozessdenken;
- Lernbesessenheit und Bereitschaft zur Selbstkritik bis hin zu einer "Fundamentalkritik", die auch vor traditionsbeladenen "heiligen Kühen" nicht halt macht;
- Gespür für erforderliche Gratwanderungen. Dazu gehören Risikobereitschaft zwischen Experimentierfreude und Orientierung am Vorsichtsprinzip sowie der Wandel vom Entweder-oder- zum Sowohl-als-auch-Denken;
- Abkehr vom Rationalitätsmythos, der Macher- und Beherrschbarkeitsideologie, Relativierung des kurzsichtigen Zahlen- bzw. Faktendenkens zugunsten der Beachtung "weicher Daten" bzw. so genannter "schwacher Signale", die Förderung intuitiver Fähigkeiten und die Aufwertung "weicher" Führungssysteme.

III.6. Beteiligte

Die am Stadtmarketing Beteiligten sind Einwohner, Vertreter von Interessenverbänden, Organisationen u.ä. Das heißt: Alle in einer Stadt oder Gemeinde wohnenden und/oder arbeitenden Menschen sind verantwortlich für einen erfolgreichen Prozessverlauf. Wahrscheinlich können nicht **alle** Interessierten bereits in der Analyse- und Konzeptionsphase aktiv beteiligt werden. Sie können sich aber in verschiedener Weise von Fall zu Fall, oder aber kontinuierlich einbringen.

Über den Erfolg des Stadtmarketings entscheidet letztlich die Beteiligung an der Realisation der beschlossenen Maßnahmen. In dieser Phase können alle zum Erfolg des Stadtprodukts beitragen, sei es z.B. in der Freundlichkeit gegenüber Gästen, dem Erscheinungsbild und der Sauberkeit von Privateigentum (evtl. auch öffentlichem Eigentum) oder als Multiplikator von positiven Aussagen über die Stadt bzw. Gemeinde.

Nicht der Fingerzeig in Richtung Kommunalverwaltung ist die gewünschte Handlungsweise im Stadtmarketing, sondern die Eigeninitiative, selbst dann, wenn Verwaltungen primär zuständig wären. Eigeninitiative in allen Bereich zur Verbesserung des Stadtprodukts muss das Credo im Stadtmarketing sein. Die Mitarbeit in der Analyse- und Konzeptionsphase allein genügt nicht. Besonders in der Realisationsphase sind **alle**, sowohl initiativ als auch finanziell gefordert.

III.7. Positionierung

Die Positionierung des Ortes ist ein entscheidender Arbeitsschritt im Rahmen des Stadtmarketingprozesses. Die Positionierung geht in das Leitbild der Kommune ein und ist somit die strategische Grundlage für alle weiteren Schritte. Die Positionierung hat das Ziel, den weitgehend austauschbaren Produkten eine Eigenständigkeit zu verleihen. Die Positionierung des Produkts soll dessen Vorteile oder den Nutzen für die Zielgruppen herausarbeiten und darstellen. Eine Kommune kann grundsätzlich nur eine einzige *unique selling proposition* (USP) haben.

Jedes Stadt und Gemeindeprodukt lässt sich subjektiv und objektiv beschreiben, das heißt, jedes Produkt hat sowohl eine rationale als auch eine emotionale Dimension.[27] Bei der Positionierung geht es darum, solche Erlebnisse zu vermitteln, die konkurrierende Orte nicht bieten. Die Positionierung will die subjektive Wahrnehmung der Zielgruppen beeinflussen. Da ein Stadt- und Gemeindeprodukt ein sehr komplexes Leistungsangebot ist, muss es in der Positionierung ganzheitlich betrachtet werden. Eine Kommune muss versuchen, mit ihrem Produkt eine Position im Reigen der Kommunen untereinander zu bestimmen.

---

[27] Kroeber-Riehl, W., Strategie und Technik der Werbung, Stuttgart 1993, S. 123.

Mit der Positionierung wird angestrebt, die Kompetenz einer Stadt oder Gemeindemarke so zu gestalten, dass sie für die Zielgruppen bessere Lösungen bietet als konkurrierende Kommunen. Das Stadt- oder Gemeindeprodukt wird folglich in die Gedankenwelt der Zielgruppen hinein positioniert.[28]

Die Positionierung muss folgende Regeln beachten:[29]

1. die Besonderheit des Produktes herausstellen
Diese können sowohl in den objektiven und funktionalen Eigenschaften liegen, wobei selbst Nebensächlichkeiten Unterschiede verdeutlichen können. Besteht keine Möglichkeit zu einer rationalen Argumentation, so ist auf subjektive, emotionale Werte abzuheben, die im Wege einer emotionalen Konditionierung mit dem Produkt in Verbindung stehen.

2. für die Zielgruppen attraktiv sein
„Der Köder muss dem Fisch schmecken und nicht dem Angler."[30] Die Zielgruppen nehmen keine Eigenschaft des Produktes an, sondern den Nutzen, den sie davon haben. Da die Nutzungserwartungen der Zielgruppen Trends unterworfen sind, muss eine Positionierung immer zukunftsorientiert sein und versuchen, die künftigen Werte der Zielgruppen zu erkennen.

3. sich von konkurrierenden Kommunen abheben
Hierbei geht es darum, verbraucherrelevante Positionen zu finden, welche Konkurrenzkommunen nicht besetzen. Das eigene Produkt muss als eine eigenständige Alternative gesehen werden.

4. langfristige Positionen aufbauen
Kurzfristig wechselnde Positionierungen haben es schwerer, sich im Verbraucherbewusstsein festzusetzen, da sie immer wieder neu erlernt werden müssen. Eine langfristige Positionierung bedeutet Kontinuität.

Die Positionierung der Kommune muss schriftlich fixiert werden. Besonders der operative Bereich muss die Positionierung aufbauen und sichern. Eigene Positionierungsüberlegungen orientieren sich immer an den Positionen der Konkurrenzorte. Dies ist die Voraussetzung, um eine eigene Positionierung zu finden. Das klassische Positionierungsmodell geht davon aus, dass in den Vorstellungen der Zielgruppen auf jedem Markt eine Idealposition existiert (z.B. die beste Ansiedlungsmöglichkeit, die beste Urlaubsmöglichkeit, das beste Kulturangebot). Die Positionierung hat das Ziel, dieser Idealposition möglichst nahe zu kommen.[31]

---

[28] Ries, A./Trout, J., Positioning, Hamburg 1986.
[29] In Anlehnung an Kroeber-Riehl, a.a.O., S. 46 f.
[30] Ebenda, S. 47.
[31] In Anlehnung an Kroeber-Riehl, a.a.O., S. 45.

Abb. 9: Positionierung gegenüber Konkurrenzorten

```
┌─────────────────────────────────┐
│      Eigene Positionierung      │
├─────────────────────────────────┤
│  ▪ Attraktivität                │
│  ▪ Einzigartigkeit              │
│  ▪ Klarheit                     │
│  ▪ leichte Einprägsamkeit       │
└─────────────────────────────────┘
                 │
                 ▼
┌─────────────────────────────────┐
│         Positionierung          │
│           gegenüber             │
│         Konkurrenzorten         │
└─────────────────────────────────┘
        ↙                ↘
┌──────────────────────┐  ┌──────────────────────────┐
│ Abgrenzungsstrategien│  │ Nachahmungsstrategien    │
├──────────────────────┤  ├──────────────────────────┤
│  ▪ Leistung          │  │ Kopie eines erfolgreichen│
│  ▪ Qualität          │  │ Modells                  │
│  ▪ Preis             │  │                          │
└──────────────────────┘  └──────────────────────────┘
```

Quelle: eigene Darstellung

Bei den klassischen Positionierungsmodellen wird

- die Position der eigenen Stadt- bzw. Gemeindemarke relativ zu den
- Positionen der Marken der Konkurrenzorte und relativ zu den
- Positionen der idealen Stadt- und Gemeindeprodukte
- aus der Sicht der Zielgruppe
- in einem mehrdimensionalen Eigenschaftsraum

eingetragen.

Abb. 10: Positionierung des Stadtprodukts der Stadt X (Beispiel)

```
                          preiswert
          ┌─────────────────┬─────────────────┐
          │                 │                 │
          │  (I)            │                 │
          │                 │                 │
          │                 │                 │
          ├─────────────────┼─────────────────┤
          │                 │                 │
 jung     │                 │           alt   │
          │                 │                 │
          │                 │         (I)     │
          │                 │                 │
          └─────────────────┴─────────────────┘
                           teuer
```

Quelle: Kloss, I., Tourismus – Marketing – Management, S. 121.

Dieses Beispiel zeigt ein einfaches Positionierungsmodell, das Zielgruppen nach dem sozio-demographischen Kriterium 'Alter' und als konsumrelevantes Kriterium den 'Preis' definiert. Die beiden mit "I" bezeichneten Idealpositionen unterstellen, dass der ältere Teil der Zielgruppe über eine höhere Kaufkraft verfügt und in der Lage ist, hohe Preise zu zahlen. In dieser Überlegung würden die Quadranten preiswert/alt und teuer/jung keine Idealposition einnehmen.[32] Für die Positionierung der Kommune als Urlaubsort würde folglich die Idealpositionierung Angebote für ältere Urlauber beinhalten, die sich teure Angebote leisten können.

Beispiel

Die österreichische Stadt Bruck an der Mur positionierte sich als „Kulturstadt im Obersteirischen Raum". Im Einzelnen beinhaltete die Positionierung folgende Aussagen:[33]

Kulturelle Alleinstellung der obersteirischen Stadt Bruck an der Mur.
Die Positionierung ist der wichtigste Arbeitsschritt im Rahmen einer Stadtentwicklungsstrategie. Unter Positionierung versteht man den auf eine kurze Formel gebrachten differenzierenden und alleinstehenden Inhalt der Marketingkommunikation,[34] der bei der Zielgruppe durchgesetzt werden soll. Diesen gestrafften Inhalt nennt man USP (unique selling proposition).

---

[32] Dettmer u.a., a.a. O.
[33] Horny, Inga, Positionierung der Stadt Bruck, Bruck an der Mur 1999.
[34] Anmerkung des Autors: gemeint ist die Stadtmarketingkommunikation.

Eine Stadt kann grundsätzlich nur einen einzigen USP produzieren. Die Strategie zur Positionierung der Stadt Bruck an der Mur als Kulturstadt lautet also: sechs Inhalte gemeinsam gewährleisten den Alleinstellungscharakter in der Obersteiermark (= USP). Sechs Bereiche bestimmen also die Bandbreite des kulturellen Angebotes der Stadt. Die Positionierung der Stadt in kultureller Hinsicht erfolgt über diese Schienen, wobei Qualität und Vielfalt des Dargebotenen das Erreichen der relevanten Zielgruppen bestimmt.

- **Bereich I**: Die Stadt bietet den BürgerInnen ein vielfältiges Kunst- und Kulturprogramm an den verschiedensten Veranstaltungsorten der Stadt.

- **Bereich II**: Die Stadt ist Nährboden für verschiedene kulturelle und künstlerische Aktivitäten. Die Stadt unterstützt heimische KünstlerInnen durch Austausch- oder Kooperationsprojekte und durch gezielten Kunstankauf. Die Stadt stellt Probenräumlichkeiten für Bands und Theatergruppen im neuen Theater im Stadtbad zur Verfügung.

- **Bereich III**: Die Stadt ist Veranstaltungsort großer kultureller Events mit nationaler und internationaler Bedeutung und trägt auf diese Weise dem Trend nach „zielgruppenorientierten Erlebnisinhalten" Rechnung. Die Stadt zeichnet sich durch attraktive Programmgestaltung und professionelle Organisation aus. Sie bietet den nationalen und internationalen KünstlerInnen ein einzigartiges Auftrittsklima (im Bereich der professionellen Organisation und im einzigartigen Künstlerservice liegt der deutliche Wettbewerbsvorteil der Stadt Bruck an der Mur). KulturtouristInnen nützen diese Angebote und besuchen die Stadt in organisierten Gruppen oder als Individualreisende und verweilen in der Stadt entweder einen Tag als sogenannte Tagestouristen oder mehrere Tage als Kurzurlauber.

- **Bereich IV**: Die Stadt ist Veranstalterin verschiedener Workshops, Seminare, Sommerakademien und Kongresse. Sie bietet für Kongressveranstalter interessante Rahmenbedingungen, und den KongressteilnehmerInnen entscheidende Vorteile wie z.B. die zentrale verkehrsgünstige Lage, ein ausgezeichnetes Hotel- und Gastronomieangebot sowie angenehme und moderne Seminar- und Kongressräumlichkeiten im neu gestalteten Kulturhaus usw.

Weitere Bereiche der Positionierung der Stadt Bruck an der Mur beinhalten die Themen Kulturmanagement als Mittel zur Kulturpositionierung, der Kulturbetrieb, kulturelle Handlungsfelder der Kommune, der/die kommunale Kulturmanager/in und die Organisationsform des Kulturmanagements.

III.8. Einzigartigkeit

> Die Idee, die eine Stadt **einzigartig** macht, die Visionen, die sie von anderen Städten unterscheidet, die großen Vorhaben, das alles prägt die Identität in hohem Maße.
>
> Roman Antonoff

Stadtmarketing will eine **einzigartige, unverwechselbare** Kommune schaffen. Um dieses Ziel zu erreichen und dabei auf eine bereits bestehende, bisher aber vielleicht nicht genügend beachtete Individualität der Kommune zurückzugreifen, muss auch in den einzelnen Handlungsfeldern die Zielrichtung "einzigartig" verfolgt werden. Zur Einzigartigkeit gehört der Charakter des Ortes, welcher Gemeinsamkeiten, aber auch Trennendes beinhaltet.

Die Schaffung einer einzigartigen, unverwechselbaren Stadt oder Gemeinde aus der Sicht der jeweiligen Zielgruppe muss bestehende Potentiale, aber auch ehemals vorhandene berücksichtigen. Ziel muss es sein, eine langfristige Sicherung der Attraktivität des Ortes zu erreichen.

Die Einzigartigkeit der Stadt/Gemeinde muss jeder Zielgruppe verdeutlicht werden. Dabei ist es erforderlich, eine spezifische Einzigartigkeit für unterschiedliche Zielgruppen zu finden. Einige Städte bezeichnen diesen Ansatz als „Nutzen aller sich ergebenden Chancen". Sie verfolgen damit Aktivitäten sowohl im Tourismus wie auch in der Wirtschaft wie auch im Forschungsbereich. Dies kann in der Abgrenzung untereinander zu Problemen führen. Die Stadtmarketingkonzeption muss in diesen Fällen sehr genau differenzieren, um eine Unverträglichkeit zwischen den einzelnen Bereichen zu verhindern. Von grundlegender Bedeutung für die Einzigartigkeit ist die Orientierung an vorhandenen oder zu reaktivierenden Potentialen.

Einzigartigkeit kann zum Beispiel erreicht werden durch die Entwicklung einer Stadt zum Medienzentrum oder zum Zentrum für spezielle Forschungsgebiete. Dabei dürfen aber nie andere Handlungsfelder der Kommune unberücksichtigt bleiben, auch wenn nicht alle Handlungsfelder Ansatzpunkte für die Einzigartigkeit bieten.

Bayreuth und Bad Hersfeld profitieren von ihrer Einzigartigkeit als Festspielstädte; Köln ist einzigartig durch seinen Stadtkern, die Lebensart der Bevölkerung und durch die Konzentration der Medien. Berlin ist einzigartig als Bundeshauptstadt und durch die Bezüge zur deutschen Geschichte.

Abb. 11: Projektierung einer einzigartigen, unverwechselbaren Stadt

Projektierung der Einzigartigkeit

↓

unter Berücksichtigung

| bestehender Potentiale | ehemals vorhandener Potentiale |

↓

**Ziel:
langfristige Sicherung der Attraktivität der Stadt**

Quelle: eigene Darstellung

Die Einzigartigkeit beruht jedoch nicht auf **einer** Sehenswürdigkeit (wie dem Kölner Dom, der Gedächtniskirche in Berlin oder der Frauenkirche in Dresden). Die Einzigartigkeit muss vielmehr in einer direkten Verbindung zu dem daraus entstehenden Nutzen eines Handlungsfeldes (also der langfristigen Sicherung der Attraktivität und eines sich daraus ergebenden wirtschaftlichen Nutzens) stehen. Dies heißt zum Beispiel, dass die Dresdener Frauenkirche und die Altstadt so einzigartig sein müssen, dass dadurch u.a. die Handlungsfelder Tourismus und Kultur wirtschaftlich profitieren. Touristen müssen also in großer Zahl Dresden besuchen und wenn möglich noch die Kulturszene und den Einkaufsbereich wirtschaftlich beleben, d.h. Synergien in anderen Handlungsfeldern bewirken.

Die Hansestadt Hamburg wurde innerhalb kurzer Zeit zu einer einzigartigen Musicalstadt. Als Musicalstadt belebte Hamburg seine Tourismusszene, und dies wiederum zahlte sich in klingender Münze aus. Aus ganz Deutschland reisen täglich Menschen an, um ein Musical zu sehen. Neben dem Besuch gehören u.a. Übernachtungen, Restaurantbesuche und Einkaufstouren zu den positiven Auswirkungen. Davon profitieren die Hotellerie und Gastronomie, der Einzelhandel sowie andere kulturelle Einrichtungen. Diese Ausrichtung – vor Jahren noch eine Vision – hat sich wirtschaftlich bereits ausgezahlt. Auch wenn viele andere Städte diesen Ansatz nachzuahmen versuchen, so gilt Hamburg auch heute noch in diesem Bereich als einzigartig.

IV. Begriffsdefinitionen

Stadtmarketing will für das Stadtprodukt einen Markt für die verschiedensten Handlungsfelder der Kommune aufbauen und im Hinblick auf ein nachhaltiges Wachstum neue Märkte erschließen.

IV.1. Stadtmarketing

Der Begriff Stadtmarketing kommt aus den USA und wurde dort Anfang der 80er Jahre populär.[35] Unter **Stadtmarketing** ist ein auf den gesamten Stadtbereich gerichteter Kommunikationsprozess zu verstehen, der mit der Analyse beginnt und über die Erstellung des Leitbilds und der Gesamtkonzeption bis hin zur Realisation führt. Alle Bereiche einer Stadt, d.h. alle Organisationen, Institutionen, Einwohner etc., sollen in ihrer täglichen Arbeit in erster Linie an die Bedürfnisse der verschiedenartigen Zielgruppen denken. Die Funktion des Stadtmarketings liegt im operativen Bereich, also im Einsatz des Stadtmarketing-Mix. Dieser Mix betrifft die Festlegung von Preisen für die einzelnen Bereiche des Stadtproduktes, die Distribution und den Einsatz aller notwendigen Kommunikationsinstrumente.

International wird dieser Vorgang als **City Marketing** bezeichnet, d.h. City Marketing ist die international gültige Bezeichnung für **Stadtmarketing**. Da auch in anderen Staaten (wie z.B. Dänemark, den Niederlanden, Frankreich, Großbritannien und der Schweiz) Stadtmarketing zum festen Begriff für ein die gesamte Stadt umfassendes Marketing geworden ist, sollte der Begriff City Marketing nur in seiner internationalen Bedeutung benutzt werden.

Stadtmarketing hat das Ziel, in einer Stadt eine optimistisch zu beurteilende Zukunft zu projektieren und wahrnehmbare gemeinsame Anstrengungen zu unternehmen. Stadtmarketing ist nicht mehr, aber auch nicht weniger als eine Kommunikationsklammer zwischen allen Bereichen einer Stadt. In dieser Funktion ist Stadtmarketing der Moderator für die kooperative Entwicklung der Stadt. Stadtmarketing ist **keine** kommunale Öffentlichkeitsarbeit oder Standortwerbung, **keine** Public Relations oder Werbung. Alle diese genannten Bereiche sind aber Teile des Stadtmarketings.

Da *city* im Englischen "(Groß-)Stadt" bedeutet, im Deutschen jedoch als "Innenstadt" oder "Stadtzentrum" verstanden wird, kommt es immer wieder zu Missverständnissen und zu einem falschen Gebrauch des Begriffs City Marketing. Deutschsprachige Benutzer dieses Begriffs bezeichnen damit in der Regel nur **Innenstadtaktivitäten**, ja oft nur die Werbung für den Innenstadtbereich. Unter City Marketing

---

[35] Wagner, D., City-Marketing, S. 15.

versteht man international jedoch ein ganzheitliches Stadtmarketing. Ein **City Manager** ist international gesehen eine Person, die für die gesamte Koordination aller Interessen in einer Stadt verantwortlich ist, d.h. Stadtmarketing praktiziert. In Deutschland versteht sich ein City Manager dagegen oft nur als ein Werbestratege für die Innenstadt, was mit Stadtmarketing nur am Rande zu tun hat.

Weitere falsche Definitionen von Stadtmarketing

Stadtmarketing missverstanden als Standortmarketing:
In einer größeren Stadt in der Nähe Wuppertals wurde das Amt für Wirtschaftsförderung umbenannt in Amt für Wirtschaftsförderung und Stadtmarketing. Was dort aber geplant wurde, war nur ein Teilbereich des Stadtmarketings, nämlich Standortmarketing, also etwas, was lediglich für das Handlungsfeld Wirtschaft Bedeutung hat.

Stadtmarketing missverstanden als Corporate Identity-Prozess.
Während der Auftaktveranstaltung zu einem Stadtmarketingprozess in einer mittelgroßen Stadt in der Nähe Hannovers definierte die Mitarbeiterin einer Stadtmarketing-Agentur, so jedenfalls hatte sie sich vorgestellt, Stadtmarketing als Corporate Identity-Prozess. Kurz, sie wollte ein Logo entwerfen. Zweifellos ist dies auch ein Aspekt in einem Stadtmarketingprozess, aber nur ein kleiner, visueller. Dass sie sich dabei als Stadtmarketing-Agentur anbot, war bei der Ausrichtung ihrer Dienstleistung ein unverzeihlicher Fehler.

Diese Bespiele beweisen, dass Stadtmarketing oftmals falsch definiert wird. Die sich daraus ergebende falsche Anwendung des Stadtmarketings in der Praxis ist auf Dauer gesehen für die Entwicklung einer Stadt schädlich und kann so große negative Folgen haben, dass es zu irreparablen Schäden kommt.

Auch eine andere Stadt benutzt den Begriff Stadtmarketing, obwohl sie einen beispielhaften Analyse- und Konzeptionsprozess vollzogen hat, leider nicht richtig. Auf der Internetseite dieser Stadt heißt es sinngemäß:

> Der Verein 'Marketing e.V.' versteht sich als Motor, Interessenvertretung, Koordinator und Standortförderer. Er fördert Einzelhandel, Gastronomie, Handwerk, Industrie, Gewerbe und Kultur. Einige Aufgaben:
> - Stadtführungen
> - Stadtmarketing
> - Verkauf von Informationsmaterial etc.
> - Veranstaltungen.

Hier wird Stadtmarketing fälschlicherweise als eine Aufgabe neben Stadtführungen und Veranstaltungen aufgeführt. So erhält Stadtmarketing einen Stellenwert wie der Verkauf von Infomaterial etc. und verliert seine übergeordnete Bedeutung für den gesamten Stadtprozess. Richtig in der Aufzählung wäre der Begriff Stadtwerbung anstelle von Stadtmarketing.

Verwunderlich ist auch, dass selbst die Hauptstadt eines bedeutenden deutschen Bundeslandes eine falsche Vorstellungen von dem, was Stadtmarketing ist und leisten kann. Nicht ein umfassender Kommunikationsprozess mit Analyse, Leitbilderstellung und anschließender Realisation ist in dieser Landeshauptstadt das Verständnis von Stadtmarketing, sondern nur der Einsatz von operativen Mitteln für Veranstaltungen. Stadtmarketing erschöpft sich in dieser bedeutenden Landeshauptstadt in grotesker Weise lediglich in den Aufgaben einer Veranstaltungs-GmbH.

Das **gesellschaftliche Engagement** und die **professionelle Interessenwahrnehmung**: dies wären Idealvorstellungen für die Akteure in einem Stadtmarketingprozess. Doch manchmal werden diese Erwartungen nicht erfüllt, denn persönliches Statusinteresse, der Drang nach Anerkennung und Aufmerksamkeit sowie ökonomische Interessen können den Prozessverlauf beeinträchtigen. Die Partizipierenden an einem Stadtmarketingprozess sind gleichberechtigt und gleich gewichtet. Die Dominanz einer Interessengruppe schadet dem Erfolg. Stadtmarketing will alle Strömungen in einer Stadt deutlich machen, will ein Netzwerk aufbauen, in dem jeder Verständnis – oder besser gesagt: ein großes Maß an Verständnis – für die Anderen entwickelt.

Ein nur auf die **Innenstadt** gerichtetes Marketing, z.B. um die Aktivitäten in der Einkaufszone zu koordinieren, ist demzufolge nicht als Stadtmarketing, sondern nur als **Innenstadtmarketing**, international als **City Center Marketing** (oder **Shopping Center Marketing**) bezeichnet werden.

Für **Stadtteile** mit einer besonderen Bedeutung (wie z.B. St. Pauli in Hamburg, Schwabing in München oder Sachsenhausen in Frankfurt am Main) ist es möglich, zusätzlich zu dem ganzheitlichen Stadtmarketing ein Teilmarketing zu initiieren, das als **Stadtteilmarketing**, international **City Quarter Marketing**, bezeichnet wird.

Sowohl das Innenstadtmarketing (das seinen konzeptionellen Ansatz in dem Handlungsfeld Innenstadt findet) als auch das Stadtteilmarketing sind Bereiche in dem umfassenden Stadtmarketing. Entweder werden diese Teilbereiche in einem Stadtmarketingprozess als Handlungsfelder neben anderen (Kultur, Wirtschaft, Tourismus usw.) gesehen oder eine spätere analytische und konzeptionelle Aufbereitung dieser Teilbereiche orientiert sich an der verabschiedeten Stadtmarketingkonzeption. Ist für diese Teilbereiche bereits eine Konzeption vorhanden, so sollten Aspekte in dem Stadtmarketingprozess berücksichtigt werden, sofern sie in die Gesamtrichtung passen.

IV.2. Standortmarketing

Standortmarketing beschäftigt sich mit den Möglichkeiten von Ansiedlungen sowie der Bestandspflege von Unternehmen. Es ist fachlich Teil des ganzheitlichen Stadtmarketings im Handlungsfeld Wirtschaft.

Standortmarketing ist die Ausrichtung eines Standortanbieters am Standortmarkt zur Gewinnung neuer und zur Sicherung bestehender Betriebsstätten durch ein systematisches Vorgehen mit den Schritten Planung, Durchführung und Kontrolle.[36] Im engeren Sinn lässt sich Standortmarketing danach als kommunale Wirtschaftsförderung verstehen, da es primär um die Sicherung von Arbeitsplätzen, die Kaufkraft der Bevölkerung und die Einnahmen aus der Gewerbesteuer geht. Diese drei Argumente sind stets an die Erhaltung bestehender Firmen oder an die Ansiedlung neuer Betriebe gekoppelt. Hervorzuheben sind die speziellen Marketinginstrumente, die im Standortmarketing eingesetzt werden können. Hierzu zählen:

- die Standortqualität (Angebotsqualität),
- die Förderung (Preispolitik),
- der persönlicher Einsatz der Wirtschaftsförderer,
- die Information (Distributions- und Kommunikationspolitik).

IV.3. Stadtmarketing für Gemeinden

Wie bei Städten handelt es sich auch bei Gemeinden um Einheiten, die – anders als manche Regionen – klar definiert und von ihren Bewohnern als historisch gewachsene Orte erlebt werden. Die Größe dieser Kommunen reicht zahlenmäßig von der Kleinstadtgröße bis hinunter zu Dörfern. Auch in diesen Orten hat sich vielfach der Stadtmarketingansatz bewährt und zu einer Verbesserung der Konkurrenzsituation gegenüber anderen Orten geführt. Zu denken ist hierbei insbesondere an Orte, die bereits ein spezifisches Produkt vermarkten (z.B. Winzerorte, Wintersportorte, Ferienorte und Kurorte), aber auch an Gemeinden, die sich aufgrund der zurückgehenden Landwirtschaft neue Handlungsfelder erschließen müssen.

Auch kleine Gemeinden geraten zunehmend in eine Konkurrenzsituation. Oft haben sie spezifische Vorteile, die einen Wettbewerb mit anderen Kommunen erforderlich machen. Erinnert sei hier zum Beispiel daran, dass in den letzten Jahrzehnten viele Menschen die Großstädte verlassen haben und "auf das Land" gezogen sind. Auch ist unbestritten, das manche kleinen Gemeinden oft über lange Zeiträume durch Spitzensportleistungen oder auch Veranstaltungen international bekannt sind. Manchmal genügt sogar eine einzige Einrichtung (wie z.B. ein großer Erlebnispark), um eine kleine Gemeinde bekannt zu machen.

---

[36] Kolz, H./Essling, H., Standort-Marketing – Ein Konzept zur kommunalen Wirtschaftsförderung, in Der Städtetag, 10/1986, S. 677.

Die vergangenen Jahren haben gezeigt, dass auch Gemeinden unter 20.000 Einwohnern durchaus erfolgreich Stadtmarketingprozesse verwirklichen können. In kleinen Orten gibt es sogar Vorteile gegenüber großen Städten. Denn je kleiner eine Kommune ist, umso einfacher wird es sein, den Stadtmarketinggedanken umzusetzen, also ein größtmögliches gemeinsames Handeln zu erreichen. Begünstigt wird dies durch verschiedene Faktoren. Oft gibt es in kleinen Gemeinden eine starke Identifikation mit dem Ort, die u.a. durch eine lange Ansässigkeit (oft über mehrere Generationen) bedingt ist. Hinzu kommt die Überschaubarkeit und die exakte Kenntnis des Ortes.

Diese besonderen Vorteile können jedoch gleichzeitig Nachteile in einem Stadtmarketingprozess sein. Die enge Bindung an den Ort kann zu einer Kritiklosigkeit führen, wie sie in Unternehmen schon lange als Betriebsblindheit bekannt ist. Deshalb ist hier eine Beratung von außerhalb besonders wichtig. Hinzu kommt, daß in kleinen Gemeinden die Zahl der Imagefaktoren begrenzt ist und oft bei Fremden weder ein Fernbild noch ein Nahbild des Ortes vorhanden ist. Auch kann der Einfluss benachbarter Städte übergroß sein. Eine Einbindung der Stadtmarketingaktivitäten in das umgebende Gebiet, d.h. in das Regionalmarketing, ist deshalb in vielen Fällen unabdingbar.

Sollte der Begriff Stadtmarketing für Gemeinden als überzogen angesehen werden, so kann ein solcher Prozess auch als Gemeinde-, Orts- oder Dorfmarketing bezeichnet werden, wenn er die Kriterien des Stadtmarketings erfüllt.

IV.4. Regionalmarketing

Der Terminus **Regionalmarketing** bezeichnet einen Prozess, der in einem genau abgegrenzten Raum mehrere Kommunen und Landkreise umfasst.

Regional, von lateinisch *regionalis* stammend, bedeutet hier das Vertreten eigener Interessen einer bestimmten Region innerhalb eines Staates. Wie im Stadtmarketing liegt dem Regionalmarketing der Grundsatz "Gemeinsam sind wir stark" zugrunde, wenn es um die Wahrnehmung der Interessen gegenüber anderen geht.

> **Erfolgreiches Regionalmarketing muss ganzheitlich sein.**

Regionalmarketinginitiativen entwickeln sich in vielen Regionen. Sie sollen helfen, regionale Probleme zu lösen und sich in dem Europa der Regionen zu positionieren. Daher ist es erforderlich, die Abgrenzung zum Stadtmarketing aufzuzeigen bzw. den Sinn von Regionalmarketingbemühungen zu erläutern.

Ein Ergebnis vorweg: Bisher ist es nicht gelungen, in irgend einer Region Deutschlands ein ganzheitliches Regionalmarketing zu praktizieren. Eine Ausnahme (allerdings mit Einschränkungen) ist das Regionalmarketing des Ruhrgebiets. Einzelne Bereiche können allerdings durch Kooperationen ein spezielles Handlungsfeld-Regionalmarketing verwirklichen.

> Regionalmarketing **funktioniert** nur in **einzelnen Handlungsfeldern**. Denkbar und oft erfolgreich praktiziert ist das Regionalmarketing in der Verknüpfung einzelner Handlungsfelder.

Beispiele für gemeinsame Handlungsfelder im Regionalmarketing

Kooperation im Tourismus
Eine Region kooperiert im touristischen Bereich und erarbeitet aufgrund einer Analyse der touristischen Infrastruktur eine gemeinsame Konzeption, die durch eine zentrale Stelle verwirklicht wird.

Kooperation im kulturellen Bereich
Die kulturelle Situation einer Region wird analysiert und eine Konzeption erarbeitet. Synergien sind für den touristischen Bereich nutzbar. Dazu können die Handlungsfelder Sport und Freizeit Ergänzungen liefern.

Kooperation im Verkehrs-, Wirtschafts- und Wissenschaftsbereich
Nutzbar sind z.B. einzelne regionale Handlungsfelder wie Verkehr, Wirtschaft oder Wissenschaft bzw. Synergien erzeugende Kombinationen wie:
– Wirtschaft/Wissenschaft
– Wirtschaft/Kultur
– Wirtschaft/Kultur/Wissenschaft.

Regionalmarketing hat die gleichen Ansprüche und Voraussetzungen wie Stadtmarketing, allerdings auf Teilbereiche bezogen. Regionalmarketing muss alle bestehenden Stadtmarketingkonzeptionen in der Region einbeziehen, d.h., es darf sich nicht gegen vorhandene Stadtmarketingkonzeptionen richten bzw. sie negieren.

In der Praxis wird Regionalmarketing jedoch anders verwirklicht. Im Rahmen der Europäischen Union gewinnen die Regionen immer mehr an Bedeutung. Der Grund hierfür liegt vor allem in der Strukturförderung verschiedener Gebiete. Einzelne Städte haben in diesem Ensemble eine zu geringe Bedeutung. Die Einteilung in Regionen hilft, finanzielle Ressourcen gerecht für ein bestimmtes Gebiet zu verteilen. Da es Gelder nur für regionale Aktivitäten gibt, müssen gemeinsame Projekte gestartet werden, deren Voraussetzung die Förderfähigkeit ist. Auch einzelne Bundesländer, wie z.B. Niedersachsen, sind diesen Weg bereits gegangen. So genannte Strukturkonferenzen verfolgen das Ziel eines Regionalmarketings, sind allerdings oft nicht mehr als dezentrale Geldverteilungsstellen für einzelne Handlungsfelder.

IV.4.1. Regionalmarketing Ruhrgebiet

Eine in Deutschland einigermaßen erfolgreich funktionierende Regionalmarketinginitiative ist die Initiative des Kommunalverbandes Ruhrgebiet. Dieses Beispiel für Regionalmarketing zeigt aber auch, welche Voraussetzungen erfüllt sein müssen, um zu einer Erfolg versprechenden Ausrichtung zu kommen.

Das Ziel des Kommunalverbands Ruhrgebiet ist, die regionalen Potentiale für eine nachhaltige, sozial, wirtschaftlich und ökologisch ausgewogene Entwicklung des Ruhrgebietes zu koordinieren und optimal zu nutzen.

Dies geschieht z.B. im Bereich der Freiflächensicherung und der Entwicklung der Landschaft nach dem Prinzip des Ausgleichs ökonomischer und ökologischer Interessen. Das Regionalmarketing Ruhrgebiet will erreichen, dass Menschen als Individuen sowie die Unternehmen die Potentiale, die das Ruhrgebiet als Wirtschafts- und Lebensraum bietet, erkennen und nutzen. Hieraus ergeben sich folgende Hauptzielgruppen:

a) Bürger des Ruhrgebietes allgemein
Regionen sind heute nicht mehr ausschließlich über wirtschaftsstrukturelle Verflechtungen definiert. Sie existieren in den Köpfen ihrer Bewohner, gewachsen aus gemeinsamer Geschichte, gemeinsamen Problemlagen und enger räumlicher Nachbarschaft. Das Ruhrgebiet, in welcher genauen Abgrenzung auch immer, gilt als eine Region sowohl im Bewusstsein seiner Bürger als auch in der Sicht von außen.

5,5 Millionen Menschen auf 4.400 qkm steht ein außerordentlich vielfältiges und hochwertiges Bildungs-, Kultur-, Freizeit-, Sport- und ein durch Strukturwandel qualifiziertes Arbeitsplatzangebot zur Verfügung. Regionales Handeln bedeutet, die Angebote der Region zu kennen und sie zu nutzen. Nur eine Region, in der regionales Denken, Empfinden und Handeln selbstverständlich sind, bleibt auf Dauer als Region im Bewusstsein ihrer Bürger. Die Region im Bewusstsein ihrer Bürger zu erhalten und zu stärken, ist ein wichtiges Ziel regionaler Öffentlichkeitsarbeit, denn nur als Gesamtregion hat das Ruhrgebiet die Dimension, die es zu einer der wichtigsten europäischen Metropolregionen macht.

Informationen über die Möglichkeiten, die das Ruhrgebiet in den verschiedensten Gebieten bietet (und für die Zielgruppe "regionalinterne Öffentlichkeitsarbeit" aufbereitet), stärken das regionale Bewusstsein und führen zur "Botschafterfunktion" und damit zu zielkonformem Verhalten und Handeln in der Multiplikation der Öffentlichkeitsarbeit.

b) Multiplikatoren und Entscheider im Ruhrgebiet

Für Unternehmer im Ruhrgebiet, insbesondere überregional kooperierende, gilt, dass auch sie oft von unzeitgemäßen Vorurteilen und Fehlkenntnissen über die Möglichkeiten der Region tangiert werden.

Gleichzeitig sind sie mit ihren Unternehmen und Produkten Träger des regionalen Image, d.h. "Botschafter für das Ruhrgebiet". Aufgabe ist es, möglichst viele regionale Akteure in ein regionales Marketing einzubeziehen, um Solidarität und Synergien zu schaffen und zu bündeln.

c) Multiplikatoren und Entscheider außerhalb des Ruhrgebietes

Die Entwicklung der Region kann durch Impulse von außen enorm beschleunigt werden. Impulse im großen wie im kleinen werden auch durch Menschen gesetzt, die in diese Region kommen, um hier zu leben, zu arbeiten und Ideen zu realisieren. Eine gezielte Ansprache, die Fehlurteile beseitigt und über Chancen informiert, kann diesen Prozess auslösen und unterstützen.

Nationale Kampagnen müssen sich daher an Entscheider, Meinungsbildner und Multiplikatoren wenden. Durch die Wahl der Medien wird darüber hinaus eine breite Öffentlichkeit im deutschsprachigen Raum angesprochen.

Investierende Unternehmen schaffen in der Region Arbeitsplätze. Arbeitsplätze sind nicht nur die Erwerbsgrundlage für die hier lebenden Menschen, sondern auch die finanzielle Basis für die verwaltungstechnische, wirtschaftliche, soziale und kulturelle Entwicklung der Region. Die spezielle Ansprache von Unternehmen außerhalb, aber auch innerhalb des Ruhrgebietes kann neue Arbeitsplätze schaffen und bestehende sichern.

IV.4.2. Voraussetzungen für erfolgreiches Regionalmarketing

Die Voraussetzungen für ein erfolgreiches Regionalmarketing lassen sich folgendermaßen zusammenfassen:

Voraussetzungen für Regionalmarketing:

- konkrete Abgrenzung der Region
- gleiche oder ähnliche Mentalität der Menschen
- gemeinsame Geschichte
- gemeinsame Problemlagen
- enger räumlicher Verbund
- Zusammengehörigkeitsgefühl der Bewohner

Gibt es nur in einem Punkt keine Übereinstimmung, so kann Regionalmarketing nicht erfolgreich sein.

Ideale Voraussetzungen für Regionalmarketing sind Menschen, die fast alle die 'gleiche Sprache' sprechen, eine Bevölkerung, die keine großen unterschiedlichen gebietsspezifischen Eigenarten aufweist und zudem mobil ist. Dies bedeutet, dass auch bei einem Arbeitsplatzwechsel Entfernungen in einer Region keine Rolle spielen, kulturelle und sportliche Veranstaltungen auch in anderen Städten der Region besucht und dort Einkäufe gemacht werden. Die Region wird von den dort lebenden Menschen folglich als Einheit gesehen und gelebt.

Oft gehören unterschiedliche Landstriche zu einer Region. Oder aber Städte gehören zu verschiedenen Regionen. Das Beispiel der Stadt Wilhelmshaven zeigt, dass eine Stadt sogar zu vier verschiedenen Regionalmarketing-Initiativen gehören kann. Ein Scheitern derartiger Initiativen ist die Folge. Eine vom Land Niedersachsen betriebene Gliederung des Landes in Regionen hatte zur Folge, dass die Stadt der "Strukturkonferenz Ost-Friesland/Wilhelmshaven" zugeschlagen wurde, die, wie sich später zeigte, in einzelnen Handlungsfeldern Elemente des Regionalmarketings entwickelte. Für Wilhelmshaven bedeutete diese Zuordnung durch das Land Niedersachsen eine Ausrichtung nach Westen, obwohl alle bisherigen Zielrichtungen eher in Richtung Süden verliefen, da die Stadt näher an Bremen als an Emden, der westlichsten Begrenzung dieser Initiative, liegt. So schloss sich die Stadt zusätzlich der Regionalkonferenz "Oldenburger Land" an, die einen Raum vertritt, der bisher für die Stadt von elementarer Bedeutung war.

Die Strukturkonferenzen, ursprünglich als Geldverteilungseinrichtungen des Landes ins Leben gerufen, sollten u.a. die Aufgabe wahrnehmen, einen Gesamtraum gemeinschaftlich zu vertreten und eigene Aktionen zu starten. Gemeinsame Wirtschafts- und Tourismusausrichtungen sollten ebenso wenig fehlen wie die Verbesserung des Personennahverkehrs oder Maßnahmen in den Bereichen Kultur, Wissenschaft, Bildung usw. Bemerkenswert war dabei, dass alle Schritte ohne Analyse und Konzeption gestartet wurden, also auch aus diesen Gründen zum Scheitern verurteilt waren. Mittlerweile kann resümiert werden, dass die Strukturkonferenzen die Ebene der Geldverteilung nicht verließen und es darüber hinaus nicht zu einer gerechten Verteilung kam, da personelle regionale Gewichtungen bzw. innere Verbünde einige Bereiche besser oder schlechter versorgten.

Zu den Strukturkonferenzen kam noch die Regionalmarketing-Initiative Weser-Ems. Mitglieder waren alle Landkreise und kreisfreien Städte sowie die Initiatoren dieser Regionalmarketing-Initiative: die Industrie- und Handelskammern der Region. Genauso wie ein spezielles Wirtschaftsförderungsmarketing für die Stadt Wilhelmshaven und den angrenzenden Landkreis Friesland wurde die Regionalmarketing-Initiative nach kurzer Zeit wieder eingestellt, da die kurzfristigen Ziele nicht erreicht wurden bzw. die gemeinsame Finanzierung scheiterte.

Diese Beispiele zeigen, dass es zu einem Übersteuern im Regionalmarketing kommen kann, wenn der Regionalmarketinggedanke konzeptionslos umgesetzt wird. Eine Kooperation ist nicht möglich, da verschiedenartige Ziele angestrebt werden.

IV.4.3. Regionalmarketing und Stadtmarketing

Stadtmarketing muss sich, ungeachtet einer Regionalmarketingkonfusion, eigenständig entwickeln. Grundsätzlich gilt, dass Kommunen sich selbst ausrichten müssen, um ihre spezifischen Eigenarten darzustellen. Dies ist nur durch ein umfassendes Stadtmarketing möglich. Regionalmarketing kann nur der Versuch einer Koordination sein, dem, wenn dieser Schritt erfolgreich ist, weitere gemeinsame Schritte folgen können.

Leicht vorzustellen sind die Folgen, wenn das von Städten und Landkreisen ideell und vor allem **finanziell** unterstützte Regionalmarketing im Detailbereich Wirtschaft zu der Ansiedlung eines größeren Unternehmens führt. Ein solches Unternehmen kann gebietsmäßig nur zentral angesiedelt werden, damit alle Mitgliedskörperschaften in puncto Arbeitsplätze davon profitieren. Von der höheren Gewerbesteuer und der Schaffung neuer Arbeitsplätze wird jedoch nur der Nahbereich profitieren. Da eine Verteilungsmöglichkeit der höheren Steuereinnahmen an alle im Regionalmarketing Beteiligten gesetzlich nicht gegeben ist, wird letztlich nur eine Kommune aus der Ansiedlung den Nutzen ziehen.

V. Bedarfsdeckung und Absatzpolitik

Bedarfsdeckung und Absatzpolitik sind seit Jahrzehnten feste Bestandteile der Unternehmensführung. Jedes funktionierende, auf Erfolg ausgerichtete Unternehmen richtet sein Marketing auf diese Ansprüche aus.

Ein Unternehmen muss, will es Bestand haben, aktiv sein. Dies gilt mehr denn je auch für eine Stadt. Auch eine Kommune muss fortwährend bestrebt sein, z.B. ihre Infrastruktur zu verbessern und zu modernisieren, muss Einrichtungen schaffen, damit sich die Menschen in ihr wohl fühlen, Arbeit finden und die Freizeit gestalten können. Eine Stadt ist aber mehr als ein Unternehmen. Sie ist darüber hinaus Heimat der Einwohner und muss zudem ein funktionierendes Gemeinwesen sein, das die Bedürfnisse der Einwohner erfüllt.

Ähnlich wie ein Unternehmen muss die Stadt handeln, um wettbewerbsfähig zu werden oder zu bleiben. Privatwirtschaftliche Instrumente sind daher anzuwenden, soweit dies möglich ist. Auch Stadtmarketing stellt sich dem Wettbewerb. Unter Berücksichtigung der Konkurrenzsituation zu anderen Städten müssen Angebote, Güter, Dienstleistungen und die Attraktivität der einzelnen Bereiche geplant, herausgestellt und vermarktet werden. Ein Stadtmarketingprozess will ein modernes Leistungsangebot schaffen, das attraktiv ist, ja sogar Kriterien der Einzigartigkeit enthält.

Auf den ersten Blick erscheint es schwer verständlich, wie die Marketingbegriffe "Bedarfsdeckung" und "Absatzförderung" auf eine Stadt anwendbar sind. Die Auslegung dieser Begriffe im Sinne eines Unternehmens muss Parallelen in der Kommune finden. Es gibt PR-Fachleute – dies sollte nicht unerwähnt bleiben –, die diese Begriffe für eine Stadt grundsätzlich ablehnen, da ein derartiger Prozess mit Bedarfsdeckung und Absatzförderung nichts zu tun habe. Eine intensive Auseinandersetzung mit den Abläufen in einer Stadt wird die Übertragbarkeit auf eine Kommune jedoch verdeutlichen.

Betriebswirtschaftlich ist Marketing die ökonomische Haltung eines Unternehmers in Bezug zum Markt des Unternehmens. Wirtschaftlich gesehen ist es die Ausrichtung eines Unternehmens auf die Förderung des Absatzes. Kotler versteht unter Marketing

> die Analyse, Planung, Durchführung und Kontrolle sorgfältig ausgearbeiteter Programme, deren Zweck es ist, freiwillige Austauschvorgänge in spezifischen Märkten zu erzielen und somit das Erreichen der Organisationsziele zu ermöglichen. Dabei stützt sich Marketing in starkem Maße auf die Gestaltung des Organisationsangebotes mit Rücksicht auf die Bedürfnisse und Wünsche der Zielgruppen sowie auf effektive Preisbildungs-, Kommunikations- und Distributions-

maßnahmen, durch deren Einsatz die Zielgruppen auf wirksame Weise informiert, motiviert und versorgt werden.[37]

Bezogen auf die Ziele aller Individuen und Interessengruppen einer Stadt, heißt dies, primäre und sekundäre Angebote, Produkte Dienstleistungen auf den Markt zu bringen sowie die Attraktivität herauszustellen.

V.1. Bedarfsdeckung

Die vielfältigen Aufgaben einer Stadt oder Gemeinde sind nichts anderes als die Deckung von Bedürfnissen der Einwohner, Gäste, möglicher Investoren und Konsumenten. In den letzten Jahren haben sich viele Kommunalverwaltungen nach und nach aus finanziellen und personellen Gründen verschiedener Aufgaben entledigt. Viele Aufgaben wurden privatisiert. Der Bau und der Betrieb von Gewerbe-, Technologie- oder Einkaufszentren, die Versorgung mit Gas und Strom, Sportanlagen, Frei- und Hallenbäder, Kommunikationszentren, Stadthallen, kulturelle Einrichtungen oder Krankenhäuser – früher originäre Aufgaben der Kommunalverwaltungen – sind mittlerweile in der Mehrzahl in private Trägerschaft übergegangen. Auch Bereiche wie die Straßenreinigung und Müllabfuhr, der Betrieb von Mülldeponien und -verbrennungsanlagen werden heute kostengünstiger und Gewinn bringend durch Firmen wahrgenommen. Viele Städte trennen sich von Wohn- und Grundeigentum, verkaufen Anteile an GmbHs.

Die Bedarfsdeckung bezieht sich aber nicht nur auf kommunale oder ehemals kommunale Träger. Bedarfsdeckung ist auch die durch Firmen mögliche Schaffung von Arbeitsplätzen und Wohnraum, sind Kulturangebote, Einkaufsmöglichkeiten, Hotels und Restaurants usw. Die Beispiele zeigen, dass Bedarfsansprüche in allen Bereichen einer Stadt bestehen, die nur gemeinsam erfüllt werden können. Die Summe der Bedarfsdeckung in einer Kommune ist demzufolge nur in einer gemeinsamen Ausrichtung und Absprache zu erreichen.

Zu einem öffentlichen Engagement in einer Stadt gehört in einem partnerschaftlichen Neben- und Füreinander auch ein privatwirtschaftliches Engagement.

---

[37] Kotler, P., Grundlagen des Marketings, 2. Auflage, München 1999.

Abb. 12: Zielgruppenorientierte Phase des Stadtmarketings

Zielgruppenorientierte Phase

Zielgruppenbedürfnisse ←—Stadtmarketing/—→ zufriedene Zielgruppen

**Ziel:
langfristige Befriedigung von
Zielgruppenbedürfnissen**

Quelle: eigene Darstellung

V.2. Absatzförderung

Etwas schwieriger ist die Verbindung zum Stadtmarketing bei dem Begriff Absatzförderung. Auf dem Absatzmarkt werden Produkte veräußert und Einnahmen (Erlöse) erzielt. Bei dem Absatz entscheidet die Nachfrage, ob Produkte der Stadt zu Gewinn bringenden Konditionen ihre Käufer oder Nutzer finden. Die Stellung einer Stadt auf dem Absatzmarkt kann recht unterschiedlich sein. Im freien Leistungswettbewerb muss sich die Kommune in ihrer Gesamtheit laufend bemühen, durch günstige Angebote (wie z.B. Ansiedlungsflächen, touristische Einrichtungen oder Veranstaltungen) im Konkurrenzkampf mit anderen Kommunen zu bestehen. Das Stadtprodukt ist danach das Anbieten und Bekanntmachen aller Güter, Dienstleistungen usw., die in einer Stadt erbracht werden.

So kann beispielsweise eine besondere Wohnqualität dazu führen, dass mehr Menschen in die Stadt oder Gemeinde ziehen und sich die Einwohnerzahl erhöht. Davon profitieren u.a. Bauunternehmen, der Einzelhandel, das Handwerk, der kulturelle und sportliche Bereich. Dadurch werden Wertschöpfungen möglich, die viele Bereiche der Kommune erfassen. Die Wohnqualität ist in diesem Fall folglich nicht nur die Bedarfsdeckung im Handlungsfeld Wohnen, sondern impliziert auch eine steigende Kaufkraft sowie von der Einwohnerzahl abhängige höhere Landeszuschüsse. Eine Attraktivitätsverbesserung des Zentrums wird neue Kaufkraft nach sich ziehen. Ebenfalls ist das kulturelle Angebot ein Teil des Stadtprodukts und gehört zur Absatzförderung. Die touristische Ausrichtung muss die Auslastung von Hotels, Restaurants, kulturellen und touristischen Einrichtungen zur Folge haben und damit den Absatz dieser Produkte forcieren.

Das heißt: Die Schaffung attraktiver Rahmenbedingungen für den Wirtschaftsstandort wird neue Betriebe in die Stadt ziehen, die wiederum die Einnahmesituation der Kommune und das Arbeitsplatzniveau verbessern.

Diese Beispiele zeigen, dass alle Bereiche einer Stadt – so verschiedenartig sie auch sind – ein gemeinsames Stadtprodukt ergeben, das nach den Regeln der Wirtschaft den Absatz steigert.

V.3. Beteiligungskreislauf

Die am Stadtmarketing beteiligten Unternehmen, Institutionen oder Organisationen können hinsichtlich der finanziellen Beteiligung zweifellos den Standpunkt vertreten, sie würden bereits durch kommunale Pflichtzahlungen (wie Steuern, Gebühren oder Abgaben) genügend finanzielle Mittel erbringen, für die auch Gegenleistungen zu erwarten seien. Tatsache ist allerdings, dass diese Mittel in der heutigen Zeit nur noch für die Erhaltung bzw. Schaffung der Basisvoraussetzungen ausreichen. Für zusätzliche, in die Zukunft gerichtete Maßnahmen sind keine Mittel mehr vorhanden.

Ein Stadtmarketingprozess ist deshalb nicht mit der gemeinsamen Analyse und dem Erarbeiten einer Konzeption abgeschlossen, sondern setzt auch die finanzielle Beteiligung an der Realisation der beschlossenen Maßnahmen voraus. Eine finanzielle Beteiligung geht davon aus, dass jeder Beteiligte eine entsprechende Rendite erzielt, dass also gemeinsam beschlossene und finanzierte Maßnahmen erfolgreich sind und im Endeffekt die Einnahmen in den verschiedensten Bereichen des Ortes erhöhen. Eine Public Private Partnership bedeutet folglich die Umlegung **aller** Kosten auf **alle** am Stadtmarketing Beteiligten. Die prozentuale Höhe der Beteiligung kann pauschal im voraus, im Lauf des Verfahrens oder punktuell für jede Maßnahme erfolgen.

Abb. 13: Ausgaben der am Stadtmarketing beteiligten Unternehmen, Organisationen und Institutionen

Ausgaben beteiligter Unternehmen, Organisationen und Institutionen

Rendite

Gesetzliche Pflichtzahlungen (Steuern, Beiträge, Gebühren, Abgaben)

Freiwillige Zahlungen (Maßnahmen im Stadtmarketing)

Erhaltung und Schaffung der Basisvoraussetzungen

Zusätzliche Aktivitäten und Investitionen

Quelle: eigene Darstellung

VI. Der Stadtmarketingprozess

Der Stadtmarketingprozess vollzieht sich in drei Phasen. Diese sind

1. **die Analyse,**
2. **die Konzeption und**
3. **die Realisation.**

Jede Phase hat die gleiche Wertigkeit und bedarf einer sorgfältigen Betrachtung. Da jede Phase bei präziser und gründlicher Vorbereitung einer erfolgsorientierten Arbeit einen gewissen Zeitraum in Anspruch nimmt, ist Stadtmarketing nicht von heute auf morgen zu realisieren.

Abb. 14: Die drei Phasen des Stadtmarketings

Quelle: eigene Darstellung

Von der ersten Idee eines Stadtmarketingprozesses bis zu der Präsentation der fertigen Gesamtkonzeption ist es ein langer Weg. Ein Stadtmarketingprozess ist nicht in wenigen Monaten möglich. Die folgenden Zeiträume sollten eingeplant werden:

- Prozessvorbereitung bis zu 3 Monate
- Analyse der Handlungsfelder 12 bis 18 Monate
- Entwicklung des Leitbildes bis zu 6 Monate
- Erarbeitung der Konzeption bis zu 6 Monate
- Schlussmaßnahmen bis zu 3 Monate.

Im widrigsten Fall vergehen ca. drei Jahre bis zu der Präsentation der Gesamtkonzeption. Diese Zeitvorgaben sollten jedoch nicht abschrecken, denn es ist durchaus möglich, innerhalb von zwei Jahren einen erfolgreichen Prozess abzuwickeln.

Diese Zeiträume müssen den Beteiligten, darunter evtl. auch den Vertretern politischer Gremien, vermittelt werden. Gerade Kommunalpolitiker erwarten bei anteilig bereitgestellte kommunalen Mitteln auch baldige Erfolge. Sie denken fast ausnahmslos in Wahlperioden und wollen angefangene Maßnahmen noch in der laufenden Amtsperiode verwirklichen. Aus diesem Grund muss die Kommunalpolitik über ihre Vertreter in der Steuergruppe kontinuierlich über die Schritte und den Stand des Stadtmarketingprozesses informiert werden. Dies gilt im übrigen auch für die anderen beteiligten Gruppierungen, wie z.B. Wirtschaft, Einzelhandel, Kultur und Wissenschaft.

Geht man davon aus, dass eine gründliche Analyse kaum unter einem Jahr vorgenommen werden kann, so muss für die Erstellung des Leitbildes und der Konzeption für die einzelnen Handlungsfelder ebenfalls ein Zeitraum von mindestens einem Jahr angesetzt werden. Erste Schritte in der Realisationsphase werden ca. zwei Jahren umfassen. Spürbare Erfolge dürften sich nach frühestens weiteren zwei bis drei Jahren zeigen. Kurzfristig ist jedoch die Realisation von Veranstaltungen und die Schaffung von Organisationseinheiten für den Prozess möglich. Gerade die beiden ersten Möglichkeiten können sehr schnell eine Aufbruchstimmung in dem Ort bewirken.

Erfahrungen aus Kommunen, die sich bereits mit Stadtmarketing beschäftigen, zeigen, dass positive Auswirkungen sich frühestens nach fünf Jahren einstellen.

Abb. 15: Die Schritte des Stadtmarketingprozesses

```
          Beginn des
         Stadtmarketings
                │
                ▼
   Analyse aller Bereiche der Kommune
                │
                ▼
       Erstellung des Leitbildes
                │
                ▼
          Erarbeitung der
   Konzeptionen für alle Handlungsfelder
                │
                ▼
          Festlegung des
        Stadtmarketing-Mix
                mit
          ↓     ↓     ↓
   Konzeptionen für den operativen Bereich
                │
                ▼
            Realisation
```

Quelle: eigene Darstellung

VI.1. Auftaktveranstaltung

In den meisten Fällen sind die Initiatoren des Stadtmarketingprozesses Gruppen, die in einer Kommune etwas verändern möchten. Oft sind es Vertreter der Wirtschaft oder der Kommunalverwaltung, manchmal auch Einwohner, die ihren Ort voranbringen wollen. Die Keimzellen des Stadtmarketings sind in den verschiedenen Orten unterschiedlich. Wichtig ist, dass die Initiatoren das Vorhaben genau planen, alle wichtigen Gruppierungen in die Planungen einbeziehen und besonders zu Beginn keine Fehler durch übertriebene Aktionen machen.

Eine Auftaktveranstaltung sollte in jedem Fall der Startschuss zu dem Stadtmarketing sein. Sie hilft, eine erste Basis zu finden und den Interessierten die Ziele und den Ablauf zu erläutern. Es empfiehlt sich, zu der öffentlichen Auftaktveranstaltung viele Interessengruppen einzuladen, um so einen Querschnitt der Einwohner zu rekrutieren. In einzelnen Gesprächen mit verschiedenen Gruppierungen (wie z.B. Wirtschaft, Verwaltung, Einzelhandel, Tourismus, Hotellerie und Gastronomie) sollten vorher bereits die Weichen gestellt werden. Je mehr dieser Gruppierungen Interesse zeigen und ihre Teilnahme zusichern, umso einfacher wird der Einstieg in den Stadtmarketingprozess sein.

In der Auftaktveranstaltung sollten mindestens zwei unabhängige, nicht aus der eigenen Stadt stammenden Fachleute in einem Referat einerseits den wissenschaftlichen Ansatz (also das wissenschaftliche Verfahren) verdeutlichen und andererseits den praktischen Ablauf erläutern. Ideal hierfür sind Referenten, die bereits Stadtmarketingprozesse in anderen Kommunen begleitet oder geleitet haben. So wird den Besuchern der Auftaktveranstaltung schnell ein umfassender Einblick in die Thematik gegeben. Für eine entsprechende Motivation kann bereits in dieser frühen Phase ein Vertreter der Praxis sorgen, wenn er über Erfolge eines Stadtmarketings berichtet. In der sich an die Vorträge anschließenden Diskussion garantiert eine professionelle Moderation einen reibungslosen und informativen Ablauf.

Die Auftaktveranstaltung sollte die Möglichkeit geben, dass auch Einzelpersonen aus der Bevölkerung teilnehmen. Oft finden sich Einwohner, die bereit sind, intensiv mitzuarbeiten. Um eine breite Öffentlichkeit zu erreichen, ist die Anwesenheit der Presse dringend erforderlich. Sie muss ebenfalls in den Prozess integriert werden und in der Folge intensiv über den Verfahrensablauf, die Tätigkeit der Arbeitsgruppen und die Ergebnisse informiert werden.

Zweckmäßig ist es, vor der Auftaktveranstaltung mit den Vertretern der Presse intensive Gespräche zu führen, um ihnen im Detail den Zweck und das Ziel zu erläutern. Kein Pressevertreter wird sich verschließen, wenn er den Sinn und Nutzen für den gesamten Ort erkennt. Oft sind auch Verlage bereit, durch Sonderveröffentlichungen regelmäßig umfangreich zu berichten. Auch für die Medien vor Ort hat ein Stadtmarketingprozess positive Auswirkungen. Eine wirtschaftliche Belebung in allen Bereichen bringt höhere Einnahmen durch Anzeigen sowie mehr Abonnenten und sichert Arbeitsplätze in den Redaktionen.

Das Ende der Auftaktveranstaltung muss den eindeutigen Willen der Teilnehmenden erkennen lassen, den Stadtmarketingprozess zu beginnen. Der Wille ist zugleich der Handlungsauftrag, eine Steuergruppe zu bilden, die für das weitere Verfahren alle Vollmachten besitzt.

VI.2. Bildung der Steuergruppe

Der Begriff Steuergruppe wird bewusst gewählt, weil die Mitglieder dieser Gruppe den gesamten Stadtmarketingprozess kooperativ steuern sollen. Die manchmal benutzten Namen 'Projektgruppe' oder 'Beirat' entsprechen in ihrer inhaltlichen Bedeutung nicht der Aufgabe, welche diese Gruppe erfüllen soll. Die Steuergruppe muss den nach der Auftaktveranstaltung beschlossenen Stadtmarketingprozess organisatorisch umsetzen und inhaltlich begleiten. Die Gruppe, der maximal 12 Mitglieder angehören sollten, muss ein einigermaßen repräsentativer Querschnitt der verschiedenen Gruppierungen des Ortes sein. Sie ist dafür verantwortlich, dass die Analyse gemacht und das Leitbild sowie die Konzeptionen für die einzelnen Handlungsfelder gemeinschaftlich erarbeitet und umgesetzt werden.

Der Steuergruppe obliegt die Steuerung des gesamten Stadtmarketingprozesses. Auch in der Realisation ist die Steuergruppe für den erfolgreichen Prozess verantwortlich. Ihre Mitglieder sollten deshalb in den jeweiligen Handlungsfeldern Einfluss haben und gehört werden.

Je nach der Ausrichtung oder der Größe des Ortes wird es zu einer unterschiedlichen Besetzung kommen. Zu berücksichtigen ist dabei, dass Personen ausgesucht werden, die schon in der Vergangenheit sich engagiert für die Belange des Ortes eingesetzt oder aufgrund ihrer Funktion bereits Verantwortung getragen haben. Der/die Leiter/in der Steuergruppe sollte eine von allen Seiten anerkannte Persönlichkeit sein.

Je ein/e Vertreter/in der nachstehend genannten Gruppierungen ist in die engere Wahl zu ziehen. Dabei sind Interessengruppen, Organisationen oder Institutionen wie IHK, Handwerkskammer, Einzelhandelsverband, Sportbund, Sportverein, Kulturverein usw. zu berücksichtigen, da sie bereits eine große Anzahl von Interessierten vertreten. Vertreter aus den folgenden Bereichen, nach der jeweiligen Struktur des Ortes, sollten sich in der Steuergruppe engagieren:

- Banken
- Einzelhandel
- Gewerbe
- Handwerk
- Hochschule
- Industrie
- Institutionen
- Kirche

- Kommunalverwaltung
- Kultur
- Militär
- Sport
- wichtige Verbände
- wichtige Vereine
- Wirtschaft
- Wissenschaft.

VI.2.1. Organisation

Bis zur Realisation sollte auf eine feste Organisationsform (wie z.B. einen eingetragenen Verein oder eine GmbH) verzichtet werden. Die Steuergruppe und die Arbeitsgruppen sind als lose Zusammenschlüsse die ideale Grundlage für einen Stadtmarketingprozess. Feste Organisationsformen haben den Nachteil, dass sich die Mitwirkenden nach und nach aus der Verantwortung zurückziehen können, da es ja eine Organisationseinheit gibt, die (mit Finanzen und Personal ausgestattet) die Arbeit erledigen soll. Eine solche Denkweise ist nicht erfolgskonform. Stadtmarketing hat das Ziel, dass jeder Einzelne intensiv an der Gestaltung des eigenen Lebensraums mitwirkt.

In der Planungs-, Analyse-, und Konzeptionsphase bedarf es jedoch einer Geschäftsstelle, die für den organisatorischen Ablauf des Verfahrens verantwortlich ist. Dazu gehören die Vorbereitung der Steuer- und Arbeitsgruppensitzungen, die Koordination von Terminen und die Zusammenfassung der Ergebnisse. Eine Koordinationsstelle kann bis zur Realisationsphase in bestehenden kommunalen oder privatwirtschaftlichen Einrichtungen untergebracht werden. Das heißt, dass bestehende Funktionseinheiten genutzt werden können, die keine zu enge Bindung an die Handlungsfelder haben. Nicht in Frage kommen daher die IHK, der Einzelhandelsverband oder die Kultur- und Tourismusorganisation. Denn damit würde eine Richtung vorbestimmt, die schädlich für die weiteren Stadtmarketingschritte wäre. Eine so vorgenommene Gewichtung würde andere Handlungsfelder erheblich benachteiligen und einen objektiv und breit angelegten Stadtmarketingprozess behindern. Als erste Möglichkeit wäre zu prüfen, ob eine Dienststelle in der Kommunalverwaltung (nicht das Amt für Wirtschaftsförderung) mit dieser Aufgabe betraut werden kann. Möglich ist es aber auch, eine Agentur mit der Koordination dieser Aufgabe zu beauftragen.

VI.2.2. Agentur und Hochschule

Ein Stadtmarketingprozess kann **nicht allein** durch die **Steuergruppe** geleitet werden. Die Mitglieder dieser Gruppe kommen aus der Stadt und verfolgen häufig subjektive Interessen. Oft fehlt daher der Blick für die objektiven Belange der Kommune, was dazu führen kann, dass einzelne Punkte geschönt oder aber auch zu kritisch gesehen werden.

Mittlerweile bieten viele Agenturen ihre Arbeit im Bereich des Stadtmarketings an. Bei der Auswahl ist allerdings große Vorsicht geboten. Viele dieser Agenturen arbeiten nur werblich mit dem Begriff und sind nicht in der Lage, Stadtmarketing sowohl prozessbegleitend als auch praktisch umzusetzen. Agenturen sollten bereits mehrfach Stadtmarketingaktivitäten in Kommunen erfolgreich betreut und realisiert haben, bevor sie einen entsprechenden Auftrag erhalten.

Auch eine in dem Ort oder der Region ansässige Agentur wird nicht frei von subjektiven Betrachtungsweisen sein. Wie weit muss deshalb eine Agentur räumlich von der Kommune entfernt sein, um eine objektive Analyse zu gewährleisten? Hier eine generelle Faustformel zu geben, ist nicht möglich. Die Agentur sollte aber auf jeden Fall so weit entfernt sein, dass sie nicht täglich mit der betreffenden Kommune konfrontiert wird und somit die größtmögliche Objektivität gegeben ist.

Möglich ist es aber auch, eine Hochschule zu beauftragen, die über entsprechende Studiengänge verfügt. Dieses Verfahren bietet zusätzlich den Vorteil, dass neueste wissenschaftliche Erkenntnisse und Ergebnisse in den Stadtmarketingprozess eingebracht werden.

Eine Agentur oder Hochschule muss vertrauensvoll und aktiv mit der Steuergruppe zusammenarbeiten. Die folgenden fachlichen Voraussetzungen müssen erfüllt sein:

- Erfahrungen mit bereits betreuten Stadtmarketingprozessen,
- Kenntnisse von Analyseverfahren,
- Kenntnisse bei der Erstellung von Konzeptionen und Maßnahmenkatalogen,
- Kenntnisse und Anwendung von Assoziationsinstrumenten,
- Mitarbeiter, die über Moderatorenfähigkeiten verfügen,
- Kenntnisse des Stadtmarketing-Mix (bzw. Marketingmix).

Um eine möglichst große Objektivität zu gewährleisten, müssen während der Analyse- und Konzeptionsphase Moderatoren (Agentur/Hochschule) die Leitung der Steuergruppe und Arbeitsgruppe übernehmen. Sie bestimmen im Einvernehmen mit den Mitgliedern der Gruppen das Verfahren.

VI.2.3. Beteiligung von Politikern

Es stellt sich die Frage, ob auch die politischen Parteien beteiligt werden sollten. Während der in der Vergangenheit projektierten Vorhaben wurden Steuer- und Arbeitsgruppen sowohl mit als auch ohne Politiker gebildet. **Stadtmarketing** soll in seiner Zielrichtung ein Prozess sein, der sich **außerhalb der Kommunalpolitik** konstituiert und arbeitet. Dabei wird man aber nicht umhin kommen, die Politik immer wieder einzubinden. Stadtmarketing erzeugt neue Ideen für die Entwicklung, die aber oft erst durch politische Beschlüsse realisiert werden können. Auch eine finanzielle Beteiligung der Kommune an verschiedenen Maßnahmen ist erst durch entsprechende politische Beschlüsse möglich. Darüber hinaus bedarf Stadtmarketing der Rückendeckung durch die Kommunalpolitik.

Welche Lösungen bieten sich an? Falsch wäre es, den (Ober-)Bürgermeister zum Leiter der Steuergruppe zu machen. Dadurch würde nur die Gremienarbeit des Stadtrates (oder Gemeinderates) auf einer anderen Ebene multipliziert. Nicht falsch wäre es, ihn als Mitglied in die Steuergruppe zu berufen. In den Arbeitsgruppen besteht die Möglichkeit, je einen Vertreter der Politik einzubinden, allerdings in einer nicht dominanten Rolle. Auf keinen Fall darf es zu einem politischen Proporz gemäß den Ergebnissen der vergangenen Kommunalwahl kommen. Je Arbeitsgruppe sollte nur ein kommunalpolitischer Vertreter teilnehmen.

Stadtmarketing ist ein Prozess, der außerhalb der Parteipolitik abläuft und die Arbeit der Politik durch neue Ideen ergänzt sowie eine konfliktfreie Kommunikation ermöglicht. Die Politik kann sich zusätzlich bei verschiedenen Möglichkeiten einbringen, sei es bereits während der Auftaktveranstaltung, der Vorstellung des Leitbildes oder bei der Schlusspräsentation. Denkbar ist auch eine Diskussion in politischen Gremien. Die Beschlüsse politischer Gremien können allerdings nur Empfehlungen sein, die keinerlei Anspruch auf Übernahme in das Leitbild oder in die Konzeption haben. Eine Diskussion der politischen Anregungen in der Steuergruppe bzw. den Arbeitsgruppen ist zu empfehlen.

Stadtmarketing will sich der Kommunalpolitik nicht entgegenstellen. Es ist ein innovativer und kommunikativer Partner der Kommunalpolitik, der gerade die Entscheidungsträger und engagierten Personen einer Kommune einbezieht, die außerhalb der Parteipolitik stehen und sich für den Ort engagieren wollen.

VI.3. Weiterer Verlauf

Nach der Auftaktveranstaltung und der Bildung der Steuergruppe empfiehlt sich eine Modifizierte Public Awareness Analyse, um das Bewusstsein der Bevölkerung hinsichtlich des Stadtmarketingprozesses zu beurteilen. Danach folgen weitere Analyseverfahren, um eine detaillierte Beurteilung des Ortes in den einzelnen Handlungsfeldern zu erhalten. Das Image, aber auch Stärken und Schwächen müssen analysiert und die sich daraus ergebenden Chancen und Risiken abgewogen werden. Die Steuergruppe entwickelt aus den Ergebnissen ein Leitbild für die Entwicklung des Ortes in den nächsten mindestens zehn Jahren. Das Leitbild wird öffentlich präsentiert und diskutiert. Anregungen und Kritik werden in der Diskussion aufgenommen und anschließend in der Steuergruppe beraten. Dazu gehören auch Anregungen und Änderungswünsche der Kommunalpolitik. Danach wird das Leitbild modifiziert.

Der nächste Schritt ist die konkrete Benennung der einzelnen Handlungsfelder und die Gründung von entsprechenden Arbeitsgruppen mit Benennung von Moderatoren. Die Arbeitsgruppen entwickeln Konzeptionen für ihren Bereich. Dazu gehören auch Handlungskataloge. Sie legen fest, welche Maßnahmen umgesetzt werden sollen, ob dies kurz-, mittel- (5 Jahre) oder langfristig (10 Jahre und mehr) geschehen soll. Auch die Verantwortung für die Realisation und Vorgaben für die Finanzierung werden festgelegt.

Anschließend kommt es zu einer Abstimmung aller Konzeptionen in der Steuergruppe, um Überschneidungen und Konkurrenzsituationen zwischen den einzelnen Handlungsfeldern zu vermeiden. Gegebenenfalls muss eine sehr präzise Abstimmung der Konzeptionen vorgenommen werden.

Sind diese Schritte gemacht, folgt die Schlussredaktion, welche die einzelnen Konzeptionen der Handlungsfelder zu einer Gesamtkonzeption zusammenfasst. Der Steuergruppe obliegt auch die Beschlussfassung über die Realisationsorganisation und den weiteren zeitlichen Ablauf. Den Abschluss des Analyse- und Konzeptionsverfahrens bildet die öffentliche Präsentation der Gesamtkonzeption, die eine breite Öffentlichkeit erreichen muss. Die Steuergruppe übernimmt danach die Aufgabe des Controllings, die Arbeitsgruppen arbeiten weiter an der Umsetzung der Konzeption in den einzelnen Bereichen.

Abb. 16: Von der Auftaktveranstaltung bis zur Realisation

```
┌─────────────────────────────────────────────────────────┐
│                  Auftaktveranstaltung                   │
│  mit breiter Öffentlichkeit und möglichst vielen        │
│                   Interessengruppen                     │
└─────────────────────────────────────────────────────────┘
                            │
                            ▼
         ┌──────────────────────────────────┐
         │  Konstituierung der Steuergruppe │
         │         (max. 12 Personen)       │
         └──────────────────────────────────┘
              │                        │
              ▼                        ▼
   ┌──────────────────────┐  ┌──────────────────────┐
   │ Analyse von Bereichen│  │   Analysebegleitung  │
   └──────────────────────┘  └──────────────────────┘
              │                        │
              ▼                        ▼
         ┌──────────────────────────────────┐
         │    Erstellung des Leitbildes     │
         │       (in der Steuergruppe)      │
         └──────────────────────────────────┘
                            │
                            ▼
   ┌─────────────────────────────────────────────────┐
   │   Öffentliche Präsentation des Leitbildes       │
   │   (mit Diskussion und evtl. Modifizierung)      │
   └─────────────────────────────────────────────────┘
                            │
                            ▼
         ┌──────────────────────────────────┐
         │    Erarbeitung der Konzeption    │
         └──────────────────────────────────┘
              │                        │
              ▼                        ▼
   ┌──────────────────────┐  ┌──────────────────────┐
   │  Konzeptionen für    │  │  Konzeptionen für    │
   │  die Handlungsfelder │  │ den operativen Bereich│
   └──────────────────────┘  └──────────────────────┘
              │
              ▼
   ┌─────────────────────────────────┐
   │ evtl. Detailkonzeptionen für    │
   │ Schwerpunkte in den Handlungsfeldern │
   └─────────────────────────────────┘
              │                        │
              ▼                        ▼
   ┌─────────────────────────────────────────────────┐
   │ Öffentliche Präsentation der Gesamtkonzeption   │
   └─────────────────────────────────────────────────┘
                            │
                            ▼
                   ┌──────────────────┐
                   │    Realisation   │
                   └──────────────────┘
```

Quelle: eigene Darstellung

VII. Voranalyse

Bevor ein umfangreicher Stadtmarketingprozess eingeleitet wird, sollte geklärt werden, inwieweit die Bevölkerung ein solches Vorhaben befürwortet.

Es sollte analysiert werden, ob in der Bevölkerung die Bereitschaft für Stadtmarketing gegeben ist und inwieweit ein Wir-Gefühl oder egoistische Interessen vorhanden sind. Ein derartiges Verfahren ist nicht zwingend vorgeschrieben, es kann durch den direkten Einstieg in die weiteren Analysearten übergangen werden.

Für die Bewertung eines Stadtmarketingvorhabens gibt die Voranalyse aber interessante Anhaltspunkte, die für die Beteiligten und die Auftragnehmer (sofern eine Agentur oder Hochschule herangezogen wird) von großem Interesse sind. Auch die Mitglieder der Steuergruppe können mit dem Vorverfahren abschätzen, wie leicht oder schwer, kurz oder lang der Stadtmarketingprozess sein wird. Aus den Ergebnissen ist zu erkennen, ob ein Stadtmarketing von einem Großteil der Einwohner getragen wird, wie lange er ungefähr dauert und wie groß die Erfolgsaussichten sind. Das Vorverfahren gibt zudem erste Einblicke in die Stärken und Schwächen der einzelnen Handlungsfelder.

Aufschluss über das Bewusstsein der Bevölkerung für einen Stadtmarketingprozess gibt das bereits seit Jahren angewandte Public Awareness Verfahren (PAW).[38] Es untersucht in fünf Ebenen in jedem Handlungsfeld die Einstellung der Bevölkerung. Das aussagekräftige Verfahren ist allerdings eine sehr umfangreiche Untersuchung, die sämtliche Ergebnisse aller Handlungsfelder in einem Gesamtvergleich erfasst. Da dieses Verfahren sehr zeitaufwendig ist, wird es in den meisten Fällen in der Praxis nicht angewandt.

Praktikabler ist die Modifizierte Public Awareness Analyse (MPAA),[39] bei der alle Handlungsfelder in einer Untersuchung zusammengefasst werden. Das heißt: Im Gegensatz zum PAW werden die Handlungsfelder gemeinsam und nicht einzeln untersucht. Schwerpunkt der Untersuchung ist die Feststellung des Grades der altruistischen Einstellung der Bevölkerung, da die Stärke des Gemeinsinns für den Ablauf und die Umsetzung eines Stadtmarketingprozesses entscheidend ist.

---

[38] Vgl. A. Töpfer, Stadtmarketing – Herausforderung für Kommunen, Baden-Baden 1993, S. 155.
[39] Nach dem Autor dieses Buches.

Abb. 17: Steuergruppe, Analysen und Leitbild

Bildung der Steuergruppe
alle wichtigen Interessengruppen

- Banken
- Einzelhandel
- Hochschule
- IHK
- Kultur
- Militär
- Sport
- Stadtverwaltung
- Tourismus
- Wirtschaftsverband
- Wissenschaft

Ziel: möglichst große Zustimmung und breite Basis

Modifizierte Public Awareness-Analyse
Imageanalyse
Analyse der Stärken/Schwächen
SWOT-Analyse
zum Beispiel
- Bevölkerungsstruktur
- Wirtschaftsstruktur
- Infrastruktur
- Konkurrenzsituation
- Einzelhandelssituation
- Kultur- und Freizeitangebot
- Sportangebot
- Arbeitsplatzangebot

Ziel: kritische Erfassung des Ist-Zustands

Ergebnisse

Leitbild

Quelle: eigene Darstellung

VII.1. Die Modifizierte Public Awareness Analyse (MPAA)

Die Modifizierte Public Awareness Analyse umfasst **vier Filter**, die nacheinander eingesetzt werden. Diese vier Filter sind:

1. **Bewertung des Ortes**
   anhand von konkreten, nachvollziehbaren Fakten
2. **Erwartung für den Ort**
   in den nächsten vier Jahren anhand von konkreten, nachvollziehbaren Fakten
3. **Altruismus**
   nur wenn Vor- oder Nachteile für die Allgemeinheit gesehen werden
4. **Swing**
   Beurteilung nur durch das Gefühl, keine Fakten.

Befragt werden in der Modifizierten Public Awareness Analyse nur Einwohner der zu analysierenden Stadt bzw. Gemeinde, die seit mindestens vier Jahre dort leben. Die Analyse kann als repräsentative Stichprobenerhebung vorgenommen werden. Die Grundbewertung zeigt, ob Aktivitäten in der Vergangenheit und in der Zukunft einer Kommune grundsätzlich positiv oder negativ gesehen werden. Hat der/die Befragte sich für eine der Alternativen entschieden, erfolgt eine Spezifizierung in den vier Filtern, die nacheinander zum Einsatz kommen.

Sofern Befragte in der **Basisanalyse**, d.h. in den ersten drei Filtern, keine konkreten Angaben machen, so verbleiben sie in dem letzten Filter, dem „Swing". Die Basisanalyse hat den Nachteil, dass jemand, der bereits in der ersten Stufe (Bewertung) heraus gefiltert wurde, keine weiteren Angaben in den folgenden Filtern (Erwartung und Altruismus) machen kann.

Daher werden in einer **modifizierten Basisanalyse** diejenigen Personen einer weiteren Befragung unterzogen, die bereits in den Stufen Bewertung und Erwartung heraus gefiltert wurden. Es ist durchaus möglich, dass diejenigen, die in der Stufe Bewertung heraus gefiltert wurden, auch konkrete Angaben zu den Filtern Erwartungen und Altruismus machen. Insofern besteht die Möglichkeit, in Ergänzung der Basisanalyse, d.h. in der zweiten Befragung auch Mehrfachmeinungen zu erfragen. Besonders im Hinblick auf die altruistische Einstellung der Befragten ergeben sich durch die Zweitbefragung wichtige Verschiebungen.

Abb. 18: Meinungstrichter bei der Modifizierten Public Awareness Analyse

Meinungstrichter

Positiv   Negativ

Begründete Bewertung der vergangenen 4 Jahre

Begründete Erwartungen für die nächsten 4 Jahre

Vor- bzw. Nachteile für die Allgemeinheit

**Swing
Positive oder negative Meinung „aus dem Bauch"**

Quelle: eigene Darstellung

1. Filter „Bewertung"

Der Filter Bewertung fragt nach konkreten, nachvollziehbaren Fakten für eine Beurteilung der Situation der Kommune in den vergangenen vier Jahren.

Beispiel

Positiv: neues Theaterfestival, Wirtschaftsansiedlungen, Verringerung der Arbeitslosenzahl, sportliche Großveranstaltungen, Attraktivitätsverbesserung der Innenstadt durch neue Bauten oder Eröffnung von neuen Geschäften usw.

Negativ: keine neuen kulturellen Veranstaltungen, keine bedeutenden Wirtschaftsansiedlungen, Steigerung der Arbeitslosenzahl, keine sportlichen Großveranstaltungen, Attraktivitätsverschlechterung der Innenstadt durch den Abriss von Bauten oder die Schließung von Geschäften usw.

Durch die verwertbaren Antworten wird die Zahl der ursprünglich Befragten verringert. Das heißt: Haben z.B. 40 Prozent der Befragten die Kommune grundsätzlich positiv bewertet und davon 5 Prozent konkrete Fakten für die Bewertung der vergangenen vier Jahre genannt, so bleiben 35 Prozent der Befragten (40 Prozent minus 5 Prozent) übrig, die noch Bewertungen in den folgenden Filtern abgeben können.

2. Filter „Erwartung"

Der Filter Erwartung analysiert die Aussichten der Kommune in den nächsten vier Jahren. Auch in diesem Filter müssen konkrete, nachvollziehbare Fakten genannt werden.

Beispiel

Positiv: Planungen für Bau einer neuen Oper sind verabschiedet, definitiver Baubeginn in einem Jahr; die Ansiedlung eines großen Industrieunternehmens steht kurz bevor; die Innenstadt- oder Ortskernsanierung beginnt konkret in einem Jahr usw.

Negativ: Planungen für Bau einer neuen Oper wurden eingestellt, definitiver Baubeginn gestrichen; die Ansiedlung eines großen Industrieunternehmens, die für das kommende Jahr feststand, ist gescheitert; die Innenstadtsanierung oder Ortskernsanierung, begonnen vor einem Jahr, wurde wegen fehlender finanziellen Ressourcen eingestellt.

Wird die im Filter „Bewertung" begonnene Rechnung (siehe oben) fortgesetzt, so bleiben, falls in dem Filter „Erwartung" 10 Prozent der Befragten konkrete Angaben machen, noch 25 Prozent (35 Prozent minus 10 Prozent) für den nächsten Filter „Altruismus" übrig.

Abb. 19: Basisanalyse mit den Filtern Bewertung, Erwartung, Altruismus und Swing in der Modifizierten Public Awareness Analyse

Basisanalyse

```
        ┌─────────────────────────────┐
        │                             │      nein
        │        Bewertung            │──────────────►
    ja  │                             │
        └─────────────────────────────┘
              │
              ▼
        ┌─────────────────────────────┐
        │   ○                         │
        │        Erwartung         ○  │◄─────
        │                             │      nein
    ja       nein                     │──────────────►
        └─────────────────────────────┘
              │       │
              ▼       ▼
        ┌─────────────────────────────┐
        │                          ○  │◄─────
        │        Altruismus           │      nein
        │                             │──────────────►
        └─────────────────────────────┘

        ┌─────────────────────────────┐
        │                             │
        │          Swing              │◄─────
        │                             │
        └─────────────────────────────┘
```

───────────────── = primäre Befragung

·············▶ = sekundäre Befragung

Quelle: eigene Darstellung

3. Filter "Altruismus"

Im Filter Altruismus wird von den verbliebenen Befragten nur eine Wertung abgegeben, wenn die Entwicklung der Kommune aus der Sicht der Befragten Vor- oder Nachteile für die Allgemeinheit bringt. Dieser Filter ist im modifizierten Verfahren besonders wichtig für den Stadtmarketingprozess, da alle Entwicklungen und Maßnahmen für die gesamte Kommune, also die Gemeinschaft, gesehen werden. Stadtmarketing hat primär keine subjektiven Interessen zum Ziel, sondern eine für alle Einwohner positive Veränderung aller Bereiche. Egoistische Interessen wären aus diesem Grund abträglich für den Stadtmarketingprozess. Die Entwicklung des Ortes wird im Bereich der Ebene Altruismus positiv bewertet, wenn sie für die Allgemeinheit nützlich ist, dagegen negativ, wenn sie für die Allgemeinheit nicht nützlich ist.

4. Filter „Swing"

Befragte, die in keiner der vorhergehenden Filter eine Meinung abgegeben haben außer der Grundmeinung positiv oder negativ, verbleiben im letzten Filter, dem Swing. Der Swing ist eine Beurteilung der Situation „aus dem Bauch". Für eine derartige Beurteilung ist nur das Gefühl, sind keine Fakten entscheidend. Das Ergebnis des Swing kann sich schnell verändern, da schon kleine positive oder negative Veränderungen in dem Ort auch die Meinung der Befragten von positiv nach negativ oder umgekehrt verändern.

Abb. 20: Basisanalyse und Gesamt-Swing in der Modifizierten Public Awareness Analyse

Basisanalyse

Positiv　　　　　　　　**Negativ**

Bewertung

Erwartung

Altruismus

positiver Swing　　　negativer Swing

begründete　　　**Gesamt-Swing**　　　begründete
positive Meinungen　　　　　　　　　negative Meinungen

Quelle: eigene Darstellung

VII.2. Fragebogen

Der Fragebogen enthält neben statistischen Angaben zu den befragten Personen **alle** in dem Ort vorhandenen Handlungsfelder. Zu jedem Handlungsfeld muss **eine** nachvollziehbare, durch Fakten belegbare Antwort gegeben werden. Es dürfen keine geschlossenen Antwortgruppen vorgegeben werden, da sie das Verfahren verfälschen würden. Der Analysepunkt ist als erfüllt anzusehen, wenn mindestens 50 Prozent aller aufgeführten Handlungsfelder mit je einer faktisch nachvollziehbaren Antwort versehen wurden. Antworten müssen in den Filtern Bewertung, Erwartung und Altruismus gegeben werden. Neben einer allgemeinen Auswertung ist auch eine Auswertung u.a. nach Altersgruppen und Geschlecht bei Bedarf möglich.

VII.3. Bewertung der einzelnen Filter

Die Ergebnisse der Analyse der einzelnen Filter geben Hinweise auf den kommenden Stadtmarketingprozess. Die Bewertung der Ergebnisse kann Rückschlüsse zulassen, die im Folgenden dargestellt werden.

VII.3.1. Basisanalyse

Hoher prozentualer Anteil positiver Meinungen

Dies belegt, dass eine große Grundzufriedenheit in der Bevölkerung vorhanden ist. Fundamentiert wird eine derartige Einstellung durch einen hohen Prozentanteil nachvollziehbarer Fakten in den Bereichen Bewertungen und Erwartungen. Je höher die positiven Zahlen sind (ab 40 Prozent aufwärts), umso einfacher sollte es sein, einen Stadtmarketingprozess zu gestalten, der zudem kurzfristig realisierbar sein dürfte. Möglich ist aber auch, dass die Zahlen der Ausdruck einer großen Selbstgefälligkeit sind, da subjektive Erwägungen dazu führen, dass alles gut sei und eigentlich nichts mehr verbessert werden kann.

In den Filtern Bewertung und Erwartung werden meist subjektive Vorteile genannt. Daher lassen diese Prozentzahlen keinen Rückschluss auf einen vorhandenen Gemeinsinn zu. Eine Aussage (oder zusätzliche Aussage) zu einem vorhandenen Gemeinsinn geben die Prozentanteile im Filter Altruismus.

Geringer prozentualer Anteil positiver Meinungen

Dies belegt, dass nicht viele nachvollziehbare positive Fakten belegbar sind. Es ist keine übergroße Zufriedenheit in der Bevölkerung vorhanden.

Abb. 21: **Musterfragebogen bei der Modifizierten Public Awareness Analyse**

Musterfragebogen

1. Frage: Können Sie für die vergangenen vier Jahren nachvollziehbare Fakten nennen, die Ihre Beurteilung belegen?

○ **Ja**   ○ **nein**

▼ Je Handlungsfeld **ein** nachvollziehbares Beispiel:

Kultur:	Wirtschaft:	Tourismus:
___	___	___

Einzelhandel:	Wissenschaft:	Sport:
___	___	___

2. Frage: Können Sie für die nächsten vier Jahren nachvollziehbare Fakten nennen, die Ihre Beurteilung belegen?

○ **Ja**   ○ **nein**

Quelle: eigene Darstellung

Hoher prozentualer Anteil negativer Meinungen

Dies belegt, dass eine große Unzufriedenheit in der Bevölkerung besteht. Fundamentiert wird eine derartige Einstellung durch einen hohen Prozentanteil nachvollziehbarer Fakten in den Bereichen Bewertungen und Erwartungen. Je höher die negativen Zahlen sind (ab 40 Prozent aufwärts), umso schwieriger wird es sein, einen Stadtmarketingprozess zu gestalten oder schnell zu realisieren.

In den Minusfiltern Bewertung und Erwartung werden meist subjektive Nachteile genannt. Daher lassen diese Prozentzahlen keinen Rückschluss auf einen vorhandenen Gemeinsinn zu. Eine Aussage (oder zusätzliche Aussage) zu einem vorhandenen Gemeinsinn geben die Prozentanteile im Filter Altruismus. Ein hoher prozentualer Anteil „Nachteile" für die Bevölkerung ist, obwohl er negativ ist, dennoch mit Abstrichen positiv zu sehen, da im Sinne eines Stadtmarketings zumindest eine altruistische Wertung vorhanden ist, d.h., dass sich die Befragten Gedanken zu der Bevölkerung gemacht haben.

Geringer prozentualer Anteil negativer Meinungen

Er belegt, dass nicht viele nachvollziehbaren negativen Fakten belegbar sind. Es ist keine übergroße Unzufriedenheit in der Bevölkerung vorhanden.

Hoher/niedriger Wert im Filter Altruismus

Für den Stadtmarketingprozess ist der Filter Altruismus von großer Bedeutung. Ein prozentual hoher positiver Anteil lässt Rückschlüsse auf einen vorhandenen Gemeinsinn zu, der zugleich auch erkennen lässt, dass die Bereitschaft für einen Stadtmarketingprozess von dem Ziel geleitet wird, auch Verbesserungen für die Bevölkerung zu schaffen. Ein negativer Wert ist zwar nicht erfreulich, zeigt aber, dass ein ausgeprägter Gemeinsinn vorhanden ist, der Nachteile befürchtet und daraus resultierend wieder die Hoffnung zulässt, dass Nachteile verhindert und beseitigt werden können, wenn z.B. ein Stadtmarketingprozess eingeleitet wird. In diesem Fall wird es zwar kritische bis sehr kritische Beteiligte geben, die aber in einem gut organisierten und erfolgreichen Prozess langsam zu einer positiven Grundeinstellung kommen können.

Bewertungen im „Swing"

Im Swing sind Meinungen gesammelt, die „aus dem Bauch" heraus gemacht, also nicht begründet werden. Ein hoher positiver Anteil belegt eine gute Grundstimmung für die Zustimmung zu einem Stadtmarketingprozess. Ein hoher negativer Swing signalisiert Ablehnung. Gleichgültig ob die Werte positiv oder negativ sind, können sie sich schnell verändern. Ein negatives Erlebnis kann unmittelbar zu einer

Verschiebung der positiven Einstellungen führen. Positive Ereignisse können wiederum vorhandene negative Einstellungen positiv beeinflussen. Maßnahmen wie neue Veranstaltungen, Feste, Neubauten oder auch positive Berichterstattungen in den Medien, können den Swing schnell positiv beeinflussen bzw. zu einer fundamentierten positiven Grundeinstellung (Erwartung) führen.

VII.3.2. Modifizierte Basisanalyse

Die modifizierte Basisanalyse errechnet die Mehrfachnennungen. Primäres Ziel ist es dabei, eine Verschiebung in den Bereich Altruismus zu analysieren. Es werden aber auch Verschiebungen vom Filter Bewertung in den Filter Erwartungen deutlich. Befragte im Filter Bewertungen können sowohl eine Mehrfachnennung für die Filter Erwartungen **oder** Altruismus, aber auch Erwartungen **und** Altruismus abgeben. So wird deutlich, ob in dem Ort eine große Zahl der Befragten eine altruistische oder/und egoistische Einstellung haben. Stadtmarketing will das Wir-Gefühl stärken. Daher ist eine große altruistische Einstellung eine wichtige Vorbedingung für einen erfolgreichen Stadtmarketingprozess.

Abb. 22: Modifizierte Basisanalyse: Bewertung, Erwartung und Altruismus

Quelle: eigene Darstellung

VII.3.3. Basis-Differenzanalyse

Die Basis-Differenzanalyse stellt die Minus- und Pluswerte der Basisuntersuchungen gegenüber. Multipliziert werden die Zahlen der Basisanalyse und der modifizierten Basisanalyse. So wird rechnerisch deutlich, wie die Situation für die Vergangenheit und Zukunft im altruistischen und im Swing-Bereich zu werten ist.

Abb. 23: Basis-Differenzanalyse

Dimensionen:	POSITIV	NEGATIV	DIFFERENZ
Bewertung			
Erwartung			
Altruistisch			
Swing			
Gesamt			

Quelle: eigene Darstellung

VII.3.4. Positionsanalyse

Die Positionsanalyse bewertet alle Meinungen, also auch die Mehrfachmeinungen, und stellt ein Gesamtergebnis fest. Multipliziert ergeben sich für die einzelnen Filter insgesamt eindeutige Zahlen zu den Meinungen für die Vergangenheit und die Zukunft sowie zur altruistischen Einstellung.

Dadurch wird deutlich, in welchen Bereichen Schwerpunkte zu sehen sind, d.h., ob besonders in der Vergangenheit insgesamt viel Positives oder Negatives in dem Ort geschehen ist, oder ob es gerade aufgrund eingeleiteter oder nicht eingeleiteter Schritte positive oder negative Perspektiven für die kommenden Jahre gibt.

Abb. 24: Positionsanalyse

	Bewertung	Erwartung	Altruismus*
Basisanalyse	☐	☐	☐
Altruismus-Analyse		☐	☐
	☐	☐	☐

* nur Ergebnis der Altruismus-Analyse

Quelle: eigene Darstellung

VII.3.5. Handlungsfeld-Positionierung

Die Handlungsfeld-Positionierung soll, basierend auf den konkreten Nennungen der 1. und 2. Stufe der Basisanalyse bzw. modifizierten Basisanalyse erste Hinweise auf verwertbare Fakten in den einzelnen Handlungsfeldern geben. In dieser Bewertung wird durch die konkrete Nennung von Fakten deutlich, welche Maßnahmen in der Vergangenheit bzw. in der Weichenstellung für die Zukunft oder im altruistischen Bereich positiv oder negativ in der Bevölkerung registriert wurden.

Möglich ist sowohl eine Gesamtanalyse der Filter Bewertung, Erwartung und Altruismus (positiv und negativ) als auch eine getrennte Analyse der Filter.

Die Beurteilung der Handlungsfelder-Analyse gibt Hinweise, wie intensiv einzelne Bereiche bearbeitet werden müssen bzw. wo bereits gute Voraussetzungen für einen Stadtmarketingprozess gegeben sind. Sie gibt erste Hinweise auf besondere Stärken und Schwächen der Handlungsfelder.

Abb. 25: Schwächen und Stärken der Handlungsfelder*

Handlungsfelder:	Positiv	Negativ	Gesamt	Rang
Einzelhandel				
Freizeit				
Infrastruktur				
Kultur				
Tourismus				
Veranstaltungen				
Wirtschaft				
Wissenschaft				
Wohnen				

* Die Handlungsfelder sind in diesem Beispiel willkürlich gewählt.

Quelle: eigene Darstellung

VIII. Analyse

Die Analyse, die 1. Phase des Stadtmarketings, beschäftigt sich mit der Ist-Situation des Ortes. Voraussetzung für eine grundlegende Untersuchung der Kommune ist:

- Begleitung durch das Steuerteam unter fachlicher Moderation;
- Ermittlung bestehender Stärken und Schwächen des Ortes sowie erste vorsichtige Hinweise hinsichtlich der Chancen und Risiken, die sich daraus ergeben;
- Ermittlung des Images;
- Berücksichtigung der eigenen und der Rahmenbedingungen benachbarter Kommunen und Regionen.

> Die Analyse ist die Basis für eine fundierte konzeptionelle Planung. Spezifische Stärken und Wettbewerbsvorteile des Ortes werden im Einklang mit den Marktchancen und Trends herausgearbeitet, Schwächen können beseitigt werden.

VIII.1. Meinungsforschung

Analyse ist in diesem Kontext weitgehend Meinungsforschung. Kaum ein Wissenszweig ist in den vergangenen Jahren so viel und so anhaltend in der Öffentlichkeit diskutiert worden wie die Meinungsforschung. Wohl kein anderer Wissenszweig dringt so tief in die Lebenssphäre des Menschen, bis hinunter in seine privatesten Bereiche ein. Die Haltung, die gegenüber Meinungsforschern eingenommen wird, geht von begeisterter Zustimmung über gedämpften Optimismus bis zu schroffer Ablehnung. Der Name Meinungsforschung ist eigentlich unglücklich gewählt. Das Wort „meinen", das streng genommen „für wahr halten" bedeutet – ohne dass dabei der Meinende von der Richtigkeit seiner Meinung überzeugt sein muss –, ist durch den täglichen Gebrauch in der Umgangssprache so abgegriffen und in seiner Bedeutung so blass geworden, dass es als präziser Begriff nicht mehr benutzt werden kann.

Die Meinungsforschung untersucht nicht nur Meinungen im engeren oder weiteren Sinn des Wortes. Ihre Antworten werden die Befragten nicht als bloßes "meinen", sondern als Ausfluss eines Wissens aufgefasst haben wollen. Andere Fragen zielen auf die Abgabe eines Urteils. Oder die Antwort soll den Willen der Befragten zum Ausdruck bringen, etwas zu tun oder zu unterlassen. Die Analyse in einem Stadtmarketingprozess muss diese Möglichkeiten berücksichtigen und durch eine eindeutige Fragestellung versuchen, zu verwertbaren Ergebnissen zu kommen.

VIII.1.1. Sekundärforschung

Die Sekundärforschung (*desk research*), bezieht sich auf die Auswertung von bereits vorhandenen und ursprünglich für andere Zwecke gesammelten Informationen, z.B. statistische Daten und Unterlagen. Dies sind zum Beispiel betriebsinterne Statistiken, die selbst erstellt wurden, oder Daten aus externen Quellen (amtliche Statistiken etc.).

Die Sekundärforschung ist in der Regel günstiger und einfacher als die Primärforschung, denn Sekundärinformationen sind schneller und einfacher zu beschaffen. Sie ermöglicht einen Einblick in das Untersuchungsgebiet und können bei der konkreten Problemdefinition hilfreich sein oder sogar weitere Untersuchungen ersetzen.

Oft sind allerdings die in der Sekundärforschung erhobenen Daten nicht aussagekräftig und detailliert genug, da sie nicht für den zu untersuchenden Zweck erhoben wurden. Auch ist es häufig nicht möglich, Daten miteinander zu vergleichen, da sie von verschiedenen Institutionen erarbeitet wurden.

Auf Grund der unterschiedlichen Fragestellungen, Vorgehensweisen und Befragungszielen bei der Erhebung von Daten, kann es zu voneinander abweichenden und sich widersprechenden Ergebnissen kommen.

VIII.1.2. Primärforschung

Die Primärforschung (*field research*) ist erforderlich, wenn entsprechendes Sekundärmaterial nicht vorhanden, zu alt oder unzulänglich ist. Ist dies der Fall, müssen neue, bisher noch nicht verfügbare Marktdaten erhoben werden. Primärerhebungen können in Form von **Experimenten**, **Beobachtungen** oder **Befragungen** ermittelt werden. Die verschiedenen Möglichkeiten werden in der Folge kurz erläutert, wobei der Befragung, insbesondere der schriftlichen Form, eine besondere Bedeutung zukommt.

Abb. 26: Sekundär- und Primärforschung

```
┌─────────────────────┐     ┌─────────────────────┐
│  Sekundärforschung  │     │   Primärforschung   │
└─────────────────────┘     └─────────────────────┘
                               ↓         ↓        ↓
                         ┌──────────┬──────────┬──────────┐
                         │Experiment│Beobachtung│ Befragung│
                         └──────────┴──────────┴──────────┘
```

Quelle: eigene Darstellung

Durch ein **Experiment**, auch als Test bezeichnet, wird versucht „durch Veränderung der Wirkung und Größe oder mehrerer Größen die Auswirkungen aus diesem Veränderungen auf andere Größen aufzuzeigen."[40] Mit diesem Verfahren können z.B. Produktkombinationen getestet oder die Preisakzeptanz überprüft oder die Werbewirkung kontrolliert werden.

Die **Beobachtung** kann als individuelle oder ergänzende Methode der Datengewinnung angewandt werden. Sie zielt auf die Erfassung von sinnlich wahrnehmbaren Verhaltensweisen und Gegebenheiten ab, die nicht durch eine Frage ausgelöst werden.[41] Einsatzgebiete der Beobachtung sind z.B. die Erforschung des Verkaufsverhaltens, des Kaufverhaltens oder die Analyse von Aufmerksamkeitswirkungen. Der Vorteil der Beobachtung ist u.a. die Möglichkeit der Geheimhaltung, d.h., der Beobachtete weiß nicht, dass er beobachtet wird und reagiert deshalb "normal". Dem gegenüber stehen neben den hohen Durchführungskosten auch Schwierigkeiten bei der Ergebnisauswertung. Oft lassen sich nicht alle relevanten Sachverhalte gleichzeitig beobachten, und auch der Grund für eine bestimmte Verhaltensweise seitens der beobachteten Person bleibt ungeklärt.[42]

Eine weitere Form der Datenerhebung im Rahmen der Primärforschung ist die **Befragung**. Diese kann entweder **mündlich** (persönlich oder telefonisch) oder **schriftlich** vorgenommen werden. Die **persönliche Befragung** hat den Vorteil, dass über den Befragungsgegenstand hinaus durch die Beobachtung der befragten Person weitere Informationen gewonnen werden können. Andererseits kann sich die befragte Person bei der Beantwortung der Fragen vom Interviewer beeinflussen lassen, was zu einer Verzerrung der Ergebnisse führen kann. Die Organisation der persönlichen

---

[40] Weis, H. C., Marketing, 8. Auflage, Ludwigshafen 1993, S. 114.
[41] Ebenda, S. 112.
[42] Ebenda.

Befragung bedarf eines hohen Zeitaufwands und ist dadurch besonders kostenintensiv.[43] Weniger zeitaufwendig ist dagegen die Telefonbefragung. Sie erlaubt eine kostengünstige und schnelle Befragung, da keine Feldorganisation notwendig ist. Dafür können über Telefon aber nur kürzere und einfachere Fragen gestellt werden, die keiner ausführlichen Erklärung bedürfen oder durch Gegenstände bzw. Vorlagen ergänzt werden müssen.[44]

Die **schriftliche Befragung** richtet sich an im Vorfeld der Untersuchung ausgewählte Personen, die einen Fragebogen erhalten. Problematisch ist, dass Fragestellungen nicht näher erläutert werden können und der mögliche Einfluss von Dritten nicht ausgeschlossen werden kann. Des weiteren wird mit schriftlichen Antworten häufig eine endgültige Aussage verbunden, und die Angst vor "falschen" Antworten führt häufig dazu, dass die belangloseste oder einfachste Antwortmöglichkeit gewählt wird.[45] Die schriftliche Befragung ermöglicht jedoch eine zielgruppenorientierte systematische Auswahl der zu befragenden Personen und ist besonders dann vorteilhaft, wenn die Befragten räumlich weit voneinander entfernt leben oder persönlich nur schwer erreichbar sind. Durch den Verzicht auf Interviewkosten ist die schriftliche Befragung eine verhältnismäßig preisgünstige Befragungsvariante.

VIII.1.3. Analysearten

Die empirische Forschung geht mittlerweile davon aus, dass es nicht auf die Anzahl der Informationen ankommt, die gesammelt werden sollen, sondern auf deren repräsentative Verteilung, also die Stichprobenbefragung. Ein immer wieder zitiertes Beispiel aus den USA beweist dies. Im Vorfeld der Präsidentenwahlen im Jahre 1936 wurde eine Quotenstichprobe unter 1.500 Befragten durch George Gallup berühmt, weil parallel dazu eine Probeabstimmung unter rund 10 Millionen Wählern vorgenommen wurde, von denen sich 2,4 Millionen aktiv beteiligten. Die simulierte Abstimmung erbrachte für den Gegenkandidaten von Roosevelt einen großen Vorsprung. Doch es siegte schließlich Roosevelt, so wie es Gallup mit seiner Stichprobe ermittelt hatte.

Nach Gallups Verfahren wurden die Wähler nach mehreren Kriterien wie Alter, Religion, Geschlecht und sozialer Status eingeteilt. So wurde die Stichprobe zu einem Abbild der Gesamtheit der Wähler. Stichproben können methodisch als *face to face*, telefonisch oder per Fragebogen gemacht werden. Ideal sind die beiden ersten Alternativen. Gerade die *face to face*-Befragung bzw. das mündliche Interview zählen zu den wichtigsten und am häufigsten angewandten Erhebungsmethoden der Informationsbeschaffung. Der direkte Kontakt zu den Befragten, die Genauigkeit in der Beantwortung sowie mögliche Hilfestellungen bei Verständigungsschwierigkeiten sind eindeutige Vorteile dieser Befragungsart.

---

[43] Meffert, H., Marketing, Einführung in die Absatzpolitik, 6. Auflage, Wiesbaden 1982, S. 165.
[44] Seitz, E./Meyer, W., Tourismusmarktforschung, S. 75.
[45] Gutjahr, G., Psychologie des Interviews in Praxis und Theorie, Heidelberg 1985, S. 42 ff.

Die Basis der Befragung muss sein, dass eine prozentual gleiche Anzahl von Geschlechtsgruppen und je fünf Altersgruppen befragt werden. Ein verlässlicher Trend sollte sich, bedenkt man die Zahl der Befragten im obigen Beispiel, an der Gesamtzahl der Möglichen orientieren. Gallup befragte im Verhältnis zur Probeabstimmung nur 0,015 Prozent der 10 Millionen Probewähler. In einer Stadt mit 300.000 Einwohner würden nach dieser Berechnung 45 Befragte ausreichen, um Gallups Ergebnisse – vorausgesetzt die gleiche spezifizierte Auswahl unter den Betroffenen wird getroffen – zu erreichen. Je geringer die Zahl der Befragten allerdings ist, umso grösser ist der Abweichquotient. In der Praxis wird davon ausgegangen, dass abhängig von der Größe des Ortes mindestens etwa 100 bis 200 Personen befragt

VIII.1.4. Berechnung

Die Grundgesamtheit bilden alle Personen, die befragt werden könnten, d.h. im Stadtmarketing alle Einwohner bzw. Besucher, Touristen, Investoren usw. Bei einer Vollerhebung müssten alle befragt werden. Da dies aber einen zu hohen Aufwand bedeuten würde, wird eine Teilerhebung (Stichprobe) vorgenommen. Um hierbei ein repräsentatives Ergebnis zu erhalten, muss die Grundgesamtheit genau studiert werden, d.h. es ist wichtig die Prozentzahlen von Männern und Frauen festzustellen, welche die Grundgesamtheit ausmachen (Beispiel: die Stadt X hat 47 Prozent weibliche und 53 Prozent männliche Einwohner). Außerdem muss festgestellt werden, wie hoch die Prozentzahlen sind, die der jeweiligen Geschlechtsgruppe z.B. bis zwanzig, dreißig, vierzig etc. Jahre angehören. Entsprechend diesen Prozentzahlen ist die Stichprobe vorzunehmen. Die so errechneten Quoten sind die faktischen Grundlagen der Stichprobenerhebung. Errechnen sich in dem Ort aus der Grundgesamtheit fünfzehn Prozent der Einwohner zwischen zwanzig bis dreißig Jahren, so müssen in der Stichprobe auch fünfzehn Prozent Zwanzig- bis Dreißigjährige enthalten sein. Die Interviewer sind verpflichtet, die vorgeschriebenen Prozentsätze einzuhalten (Quotenanweisung).

VIII.1.5. Fragetypen

Ein **Fragebogen** sollte in diesem Fall **hauptsächlich geschlossene Fragen** beinhalten, um so die Auswertung zu erleichtern. Bei geschlossenen Fragen handelt es sich um Fragen, bei denen eine Auswahl an Antworten schon vorgegeben ist. Dies heißt aber nicht, dass auf offene Fragen verzichtet werden muss.

Die offenen Fragen lassen zwar umfassende Erkenntnisse zu, erschweren jedoch die Auswertung. Offene Fragen können frei, ohne Vorgaben beantwortet werden, d.h. im Extremfall gibt jeder Befragte eine andere Antwort. Dies wiederum erschwert die Auswertung einer Tendenz.

Beispiel für die Kombination von geschlossenen und offenen Fragen

1. Wie gefällt Ihnen das kulturelle Angebot?

	sehr gut	gut	befriedigend	ausreichend
Theater				
Konzerte				
Kleinkunst				

2. Welches Kulturangebot vermissen Sie?

....

3: Welches Kulturangebot finden Sie besonders gut?

....

Die vorgegebenen Antworten bei geschlossenen Bewertungsfragen sollten in der Summe immer eine gerade Zahl ergeben. Wird eine ungerade Zahl für die möglichen Antworten zur Auswahl vorgegeben, wählen in diesem Fall viele Befragte den Mittelwert. Bei vier Antworten muss der Befragte sich entscheiden, die Auswertung ergibt später ein eindeutigeres Ergebnis.

Die Auswertung der Fragebögen kann mit SPSS (Statistical Package for Social Science) erfolgen, einem Statistikprogramm für Sozialwissenschaften. Bei diesem Programm handelt es sich um ein spezielles Auswertungssystem für die Marktforschung, das u.a. auch die Korrelation von Fragen zulässt.

VIII.1.6. Fragestellung

Die Fragestellung ist, gleichgültig welche Art der Erhebung gemacht wird, die wichtigste Voraussetzung, um zu verwertbaren Antworten zu kommen. Im Folgenden wird kurz auf verschiedene Möglichkeiten eingegangen, welche die empirische Sozialforschung vorschlägt. Es geht insbesondere darum, durch die richtige Fragestellung die für die Analyse nutzbarste Antwort zu erhalten. Der Forscher bzw. Interviewer muss sein Problem in Fragen umsetzen, die dem Bezugsrahmen des Befragten angemessen sind.[46]

1 Wie ist die Frage zu formulieren?
2. Welche Art von Frage (und Antwortvorgabe) ist angemessen?
3. Warum wird die Frage gestellt?

Die drei Fragen werden in dieser Reihenfolge gestellt. Ausnahmen gibt es bei einem Forschungsvorhaben, wo in der umgekehrten Reihenfolge vorgegangen wird. Unter-

---

[46] Vgl. Cannell & Kahn, 1968, Maccoby & Maccoby, 1956.

schieden wird nach geschlossenen (die Antworten werden vorgegeben) und offenen Fragestellungen. Während die grundsätzliche Fragestellung nach Möglichkeit geschlossen sein sollte – unkomplizierte Auswertung und Schnelligkeit –, dürften bei Fragen nach Gründen genaueste Antworten erforderlich sein, die nur durch eine offene Beantwortung erreicht werden kann.

Problematisch ist dabei auch die Wahl der Wörter, da eine Fachsprache des Interviewers nicht immer vom Befragten richtig verstanden wird. Auch die Allgemeinsprache[47] kann je nach Alters- und Sozialstruktur falsch interpretiert wird. Es bestehen verschiedene Möglichkeiten der sprachlichen Ausdrucksweise. Dazu gehören die unterschiedlichen **Fachsprachen** (wie z.B. in Wirtschaftsunternehmen, Behörden oder wissenschaftlichen Instituten), die sich grundlegend voneinander unterscheiden.

Eine weitere Sprachart ist die **Bildungssprache**. Wird ohne weitere Erklärungen vom „fünften Gebot" oder vom „Artikel 1 des Grundgesetzes" geschrieben, so werden nur wenige den Inhalt dieser Begriffe verstehen, es sei denn eine entsprechende Fachbildung ist vorhanden.

Die dritte Sprachart ist die **Umgangssprache**, eine Sprache, die im täglichen Leben vorkommt. Dazu gehören zum Beispiel „Ich bin auf Hundert", „Er hat die Kurve nicht bekommen" oder auch neudeutsche Begriffe wie geil und heiß.

Derartige Sprachformen dürfen bei Frageformulierung im Hinblick auf die Analyse nicht benutzt werden.

Abb. 27: Spracharten

```
                    Spracharten
                   /     |     \
                  /      |      \
         Fachsprache  Bildungssprache  Umgangssprache
                  \      |      /
                   \     |     /
                   Normalsprache
```

Quelle: eigene Darstellung

---

[47] Vgl. M. Konken, Pressearbeit, FBV Medien-Verlags GmbH, Limburgerhof 1998, S. 160 ff.

Die einzelnen Fragen müssen in der Gesamtheit aller Fragen gesehen werden. Den allgemeinen Fragen folgen die besonderen. Gallup spricht in diesem Zusammenhang von einem Trichter, der sich an einem fünfdimensionalen Frageplan ausrichtet.

1. Bewusstheit:
<u>Offene</u> Wissensfrage: „Was verstehen Sie unter Mitbestimmung?"

2. Unbeeinflusste Einstellung:
<u>Offene</u> Frage: „Was sollten die Gewerkschaften hinsichtlich der Mitbestimmung tun?"

3. Spezifische Einstellung:
<u>Geschlossene</u> Frage: „Einige sagen, die Arbeitgeber sollten im Aufsichtsrat eines Betriebes die Mehrheit haben, andere sagen, dass Arbeitgeber und Arbeitnehmer gleich stark vertreten sein sollten. Was meinen Sie?"

4. Gründe:
<u>Offene</u> Warum-Frage: „Warum meinen Sie das?"

6. Intensität:
<u>Geschlossene</u> Intensitätsfrage: „Wie sicher sind Sie Ihrer Ansicht? Sehr sicher, sicher, unsicher, sehr unsicher?"

VIII.2. Analysebegriff

Wörtlich übersetzt ist die Analyse eine Zergliederung des Ganzen in seine einzelnen Teile, verbunden mit der genauen Untersuchung dieser Teile. Die Untersuchung muss exakt, detailliert, ausführlich, umfassend und gründlich erfolgen. Wird die Analyse halbherzig, oberflächlich oder sogar falsch durchgeführt, kann Stadtmarketing nicht erfolgreich sein, da die objektive Grundlage fehlt.

VIII.3. Analysierende

Die Analyse im Stadtmarketingprozess ist ohne finanzielle Mittel nicht möglich. In vielen Kommunen, besonders in kleineren, fehlt es aber oft an ausreichenden Geldern, die eine repräsentative Stichprobenanalyse durch ein Meinungsforschungsinstitut ermöglichen Daher erfolgt die Finanzierung der Analyse bereits gemeinsam durch die am Prozess Beteiligten.

Für die Umsetzung der Analyse bieten sich drei Möglichkeiten an. Grundsätzlich ist zu diesem Zeitpunkt bereits die Steuergruppe gebildet und hat ihre Arbeit aufgenommen. Sie wird beschließen, welcher Weg zu wählen ist und wie umfangreich die Analyse gemacht werden muss.

Abb. 28: Analysen im Stadtmarketingprozess

```
┌─────────────────────┐
│   Voruntersuchung   │
└─────────────────────┘
           │
           ▼
Modifizierte Public Awareness Analyse (MPAA)

┌─────────────────────┐
│  Hauptuntersuchung  │
└─────────────────────┘
```

Situationsanalyse:
- Stärken/Schwächen
- Imageanalyse
- Wettbewerbsvorteile/-nachteile

SWOT-Analyse:
- Gegenüberstellung der Stärken/Schwächen mit den möglichen Chancen/Risiken

Institutionsanalyse:
- (Dienst-)Leistungen (Grundnutzen)
- Service/Bürgerfreundlichkeit (Zusatznutzen)
- Leistungspotential

Zielsetzungsanalyse:
- Zielvorgaben (Politik und Verwaltung)
- Leistungsziele (Sach- und Formziele)
- Marketingziele (strategisch/operativ)

Quelle: eigene Darstellung

Für einen Stadtmarketingprozess ist eine Voruntersuchung zu empfehlen. Als Basis sind unabdingbar die Situationsanalyse sowie die SWOT-Analyse. Die Institutions- und Zielsetzungsanalyse ist zu empfehlen.

VIII.3.1. Erste Alternative

Großen Städten ist **grundsätzlich** zu empfehlen, ein Meinungsforschungsinstitut zu beauftragen oder die Analyse komplett durch Institute einer mit dem entsprechenden Fachwissen ausgestatteten Hochschule machen zu lassen. In größeren Städten dürften die nötigen finanziellen Mittel vorhanden sein. Die 1. Alternative geht von dem eben erläuterten Vorgehen aus. Die Ergebnisse gehen anschließend der Steuergruppe zu, in der sie von den Meinungsforschern erläutert und mit ihnen diskutiert werden. Die Ergebnisse werden als Ist-Zustand festgehalten.

VIII.3.2. Zweite Alternative

Die 2. Alternative wählt einen finanziell günstigeren Weg. Die Steuergruppe muss zu Beginn dieses Weges Arbeitsgruppen installieren, die sich an vorhandenen und künftig möglichen Handlungsfeldern orientieren. Nach Bildung dieser Arbeitsgruppen, in denen auch mehrere Handlungsfelder zusammengefasst werden können (z.B. „Tourismus, Freizeit und Kultur", oder „Wirtschaft und Wissenschaft") nehmen die Arbeitsgruppen unter einer professionellen Moderation die Arbeit auf. Es ist unbedingt erforderlich, dass durch eine wissenschaftliche Anleitung (Moderator) gewährleistet wird, dass es zu einem objektiven Ergebnis kommt. Die 2. Alternative geht davon aus, dass Studierende entsprechender Studiengänge an den Hochschulen die Analyse übernehmen. Die Beteiligung der Studierenden in dieser Stufe ist abgeschwächt zur 1. Alternative zu sehen, da sie nicht unter wirtschaftlichen Interessen gesehen wird. Dies kann z.B. im Rahmen von Diplomarbeiten geschehen.

Denkbar ist auch, Teilbereiche (z.B. die Imageanalyse) durch Meinungsforschungsinstitute untersuchen zu lassen. Dieses Vorgehen würde im Vergleich zur 1. Alternative zu einer Kostenreduzierung führen.

VIII.3.3. Dritte Alternative

Die 3. Alternative geht davon aus, dass weder Meinungsforschungsinstitute noch Hochschulen beteiligt werden. Diese Alternative ist eine denkbar schlechte Lösung, da kein wissenschaftlicher Ansatz vorhanden ist. Die Analyse wird kaum Ergebnisse bringen, die eine ideale Grundlage für den weiteren Prozess sind. Sollte es an diesem Punkt bereits an finanziellen Mitteln fehlen, stellt sich die Frage, ob für andere Schritte im Stadtmarketing überhaupt Gelder vorhanden sind. Die Verantwortlichen in einem Stadtmarketingprozess sollten genau überlegen, ob dieser Weg die erwarteten Erfolge bringen kann.

Abb. 29: Alternativen für die Ausführung der Analyse

Alternative 1:

Die Steuergruppe beauftragt:

- Meinungsforschungsinstitut
- Hochschule

mit der Analyse

Alternative 2:

Die Steuergruppe bildet Arbeitsgruppen:

- Analyse durch Arbeitsgruppen mit professioneller Moderation
- Analyseunterstützung durch Hochschule, Meinungsforschungsinstitut

Alternative 3:

Die Steuergruppe bildet Arbeitsgruppen:

Analyse durch Arbeitsgruppen mit professioneller Moderation

Steuergruppe
erhält die Ergebnisse der Analysen

Quelle: eigene Darstellung

VIII.4. Analyseziel

Aufgabe und Zweck der Analyse ist es, alle in der Kommune vorhandenen Stärken und Schwächen offen zu legen sowie anschließend Chancen und Risiken abzuwägen. Neben den Stärken und Schwächen muss auch analysiert werden, wie das Image des Orts ist. Eine Imageanalyse macht deutlich, wie die Einwohner ihre Kommune sehen und welche Meinung von Umlandbewohnern und Menschen in verschiedenen Teilen des Landes zu dem Ort besteht. Nach einem bestimmten Zeitraum, nicht unter fünf Jahren, kann eine erneute Imageanalyse aufzeigen, ob es in einzelnen Bereichen zu einer Verbesserung gekommen ist. Die Stärken-/Schwächen-Analyse besitzt Priorität. Auf die Imageanalyse sollte aber nach Möglichkeit nicht verzichtet werden. Andere Analysen unterliegen der Zielabwägung.

Die Analyse ist ein kompromissloses Offenlegen des augenblicklichen Zustandes der Kommune. Sie muss so kritisch wie möglich vorgenommen werden, denn ein Schönrechnen von Fakten hilft der Entwicklung einem Ort nicht weiter. Basierend hierauf wird eine Vision erarbeitet, die einen Soll-Zustand vorgibt, auf den alle Beteiligten künftig hinarbeiten sollen.

Die Analyse will auch eventuelle Krankheitssymptome in einer Kommune aufdecken und erkennen, sie will Wege und Möglichkeiten für eine erfolgreichere – oder zumindest nicht schlechtere – Zukunft aufzeigen. Da eine Stadt oder Gemeinde verschiedene miteinander verknüpfte Abläufe umfasst, muss einer ganzheitlichen Gesundung eine gründliche Analyse vorausgehen.

Beispiel

Für das Handlungsfeld Wirtschaft muss u.a. die Arbeitsplatz- und Gewerbesteuersituation geprüft werden, d.h. welche Unternehmen sich angesiedelt haben bzw. sich ansiedeln wollen und wollten. Weiter ist festzustellen, welche größeren Unternehmen nicht mehr am Standort vorhanden sind, warum sie den Standort gewechselt haben oder nicht mehr existieren.

VIII.5. Basisanalyse

Die Analyse und Bewertung der Historie, der Bevölkerungsstruktur und der geographischen Lage sind für alle Handlungsfelder von grundlegender Bedeutung. Diese Analyse ist als Grundlage zu sehen. Eine Bestandsaufnahme kann durch folgende Maßnahmen unterstützt werden:

- vorhandene statistische Unterlagen
- Sekundärmaterial
- Expertengespräche
- Archive.

VIII.5.1. Historie

Zusammenschlüsse mehrerer kleiner Kommunen zu einer großen Kommune und das damit verbundene Zusammentreffen unterschiedlicher Strukturen sind genauso wichtig wie Rückblicke in die Geschichte des Ortes. Sie bringen unter anderem Antworten zu Traditionen, namhaften Persönlichkeiten, Brauchtum und Bevölkerungsentwicklungen.

Als die Stadt Wittenberg nach der Wende im Jahr 1990 die Chancen für die Zukunft analysierte, musste sie den Namen des Reformators Martin Luther berücksichtigen. Kein anderer hatte die Geschichte dieser Stadt so entscheidend geprägt. So war es unabdinglich, Luther zu einem zentralen Faktor in den künftigen Planungen zu machen. Dass sich die Stadt heute Lutherstadt Wittenberg nennt, verdeutlicht diesen Ansatz.

Untersuchungen zur früheren wirtschaftlichen Ausrichtung gehören ebenso dazu wie Einflüsse auf den Ort z.B. durch Kriege. Fragen sind zu stellen wie: „Wurde nach dem Krieg versucht, zerschlagene Strukturen wieder aufzubauen?" oder „Warum ist dies nicht geschehen?".

Schwierig wird es bei negativen Vergangenheitswerten. Kann die Stadt Bautzen, geprägt durch eine der berüchtigtsten Gefängnisanlagen der ehemaligen DDR, diese Vergangenheit verschweigen? Muss sie nicht sogar mit dieser Vergangenheit arbeiten, sie Teil für Teil positiv wandeln, auch wenn dies Jahrzehnte dauern sollte?

Fragen stellen sich nach den Fakten, durch die ein Ort bekannt wurde und einen überregionalen Ruf erlangte. Auch Entwicklungen und Erfindungen von nationaler und internationaler Bedeutung gehören dazu gleichermaßen wie namhafte Persönlichkeiten, die den Ruf der Stadt oder Gemeinde in der Vergangenheit prägten.

Die kulturelle Entwicklung einer Kommune verdeutlicht die Bereitschaft ihrer Einwohner zu Initiativen und Veränderungen, signalisiert die geistige Beweglichkeit der Bevölkerung und die Chance, neue Ideen in der Ortsentwicklung umzusetzen.

Aber auch früh entstandene soziale Einrichtungen beeinflussen das Bild eines Ortes und zeigen die Verantwortung der Einwohner im Bereich des sozialen Engagements. Die politische Grundhaltung ist für die Bewertung und die darauf folgende Veränderung wichtig. War die Bevölkerung konservativ oder liberal geprägt und wie ist dies heute?

Die Bevölkerungszahlen verdeutlichen, ob der Ort früher größer oder kleiner, bedeutender oder unbedeutender war, lassen aber auch Fragen zu, warum die Bevölkerungszahl stieg oder sank.

VIII.5.2. Geographische Lage

Berücksichtigt werden muss in der Analyse auch die geographische Lage. Denn wer will schon Wintersport in einer Region anbieten, in der es kaum klimatische Voraussetzungen dafür gibt? Die unterschiedlichen geographischen Standorte sind ausschlaggebend für bestimmte planerische Ausrichtungen.

Die Lage am Meer bietet Möglichkeiten für den Hafenumschlag und/oder den Tourismus. Die Lage an einem großen Fluss oder Kanal bietet Voraussetzungen für den Handel über Binnengewässer und somit auch hafenwirtschaftliche Ausrichtungen. Die Lage in den Alpen eröffnet Chancen für den Sommer- und Winterurlaub sowie für Erholung und Freizeit und ggf. den Kurbetrieb.

Ballungszentren wie das Ruhrgebiet oder der Rhein-Main-Bereich bieten ideale Voraussetzungen für wirtschaftliche Aktivitäten. Die zentrale Lage in der Europäischen Union, die Grenznähe oder die Lage an wichtigen Verkehrswegen können in der Analyse sowohl positive als auch negative Ergebnisse bringen. Gebiete, deren Bewohner eine akzentfreie Aussprache haben, bieten z.B. ideale Voraussetzungen für Call Center. So konnten in den vergangenen Jahren im Norden Deutschlands verschiedene wirtschaftlich schwache Region von diesem Zweig der neuen Medien profitieren.

VIII.5.3. Bevölkerungsstruktur

Ein Ort lebt nicht von den vorhandenen Gebäuden und Anlagen, eine Kommune lebt von den Menschen, die in ihrem Gebiet wohnen und arbeiten. Die Einwohner möchten liebenswerte, interessante und attraktive Lebensbedingungen haben. Einen hohen Stellenwert haben saubere Luft, sauberes Wasser, wenig Lärm, ein breites Kultur- und Sportangebot, Einkaufs- und Erholungsmöglichkeiten, also eine gute Lebensqualität.

Der Kultur- und Freizeitbereich ist von erheblicher gesellschaftlicher Bedeutung, da hier Kontakte zwischen den Menschen geschaffen und das Ambiente sowie die Lebensweise beeinflusst werden.

Aus der Bevölkerungsstruktur ergeben sich Fragen zur Erwerbsquote, zu den Arbeitsplätzen im Dienstleistungs- oder Industriebereich, zu den berufsbedingten Ein- und Auspendlern sowie zur Erwerbsquote der Frauen. Vergleiche zu anderen Städten und Gemeinden müssen aufgezeigt werden.

Das Durchschnittsalter der Bevölkerung, die prozentuale Aufteilung nach Lebensalter und Geschlecht erlauben Rückschlüsse z.B. für spezifische öffentliche oder private Einrichtungen. Die Zahl der Studierenden, Soldaten oder Touristen gibt Aufschlüsse für künftige Planungen; eine "Urbevölkerung" oder eine gewachsene Bevölkerung lässt Deutungen im Imageverhalten zu.

Die Zusammensetzung der Bevölkerung beantwortet Fragen zum langsamen oder schnellen Gelingen eines Stadtmarketingprozesses. Handelt es sich in dem jeweiligen Ort um eine "Urbevölkerung", also um Menschen, die in der Mehrzahl bereits seit Generationen in dem Ort leben? Oder ist die Bevölkerung durchmischt und die Kommune vielleicht nur vorübergehender Wohnort für eine große Zahl der dort lebenden Menschen?

Eine gewachsene Bevölkerung wird sich schneller mit ihrer Kommune identifizieren, wird positiv an neuen Zielen arbeiten und selbst initiativ werden. Dies alles wird fehlen, wenn für viele Einwohner der Ort nur Durchgangsstation ist. In einer Garnisonstadt, in der ein Großteil der Bevölkerung dem Militär angehört und somit nur für einen bestimmten Zeitraum dort wohnt, wird sich dieser Teil der Bevölkerung nur langsam eingewöhnen und ein kommunales Wir-Gefühl entwickeln.

VIII.6. Analyseformen

Es gibt verschiedene Möglichkeiten, eine Kommune in den unterschiedlichsten Bereichen zu untersuchen. Auf der Grundlage aller gewonnenen Informationen werden im Zusammenhang mit den Auswertungen der Situationsanalyse im Verlauf der Konzeption Maßnahmen bzw. Handlungsempfehlungen erarbeitet. Je nach Intensität, Geldmitteln und Zeit muss festgelegt werden, welche Analysen wichtig für den Stadtmarketingprozess sind. Natürlich ist die Analyse umso besser, je intensiver und breiter sie angelegt ist. In den seltensten Fällen werden aber alle Formen zur Anwendung kommen. Verschiedene Möglichkeiten werden im Folgenden dargestellt.

> Die **wichtigsten** Analysen in einem Stadtmarketingprozess sind die **Situations-, SWOT- und Imageanalyse**.

VIII.6.1. Situationsanalyse

Die Planungsgrundlage für die Konzeption ist ein klares Verständnis der Ausgangslage der Stadt oder Gemeinde. Im Rahmen einer Situationsanalyse müssen die Stärken und Schwächen ermittelt werden.

Die Situationsanalyse ist ein aufwendiger, aber **unverzichtbarer** Bestandteil der Planung. Zu einer gründlichen Beurteilung der Ausgangslage sollten nachfolgende Fragen im Rahmen der kommunalen Analysen beantwortet werden. Diese Fragen erheben keinen Anspruch auf Vollständigkeit und können selbstverständlich erweitert werden:

- In welchem Ausmaß besteht bereits eine Stadtmarketing-Orientierung in Aktivitätsbereichen der Kommune und in welchem Umfang soll eine verstärkte Implementierung des Stadtmarketingkonzepts angestrebt werden?
  ➢ Soll-/Ist-Profil zur Ermittlung des Stadtmarketingdefizits.

- Welches Image hat der Ort bei Einwohnern, Pendlern, Geschäftsleuten, Touristen, Meinungsbildern aus den verschiedensten Bereichen (z.B. Politik, Kultur, Medien, Sport)?
  ➢ Imageanalyse.

- Welche Qualität und Attraktivität weisen der kommunale Lebens-, Arbeits- und Wohnraum, die Einkaufsmöglichkeiten, die Verkehrssituation, das Freizeit und Erholungsangebot usw. auf?
  ➢ Qualitätsanalyse.

- Welche Stärken und Schwächen weisen die einzelnen Handlungsfelder des Stadtmarketings auf?
  ➢ Stärken-/Schwächen-Profil.

- Inwieweit werden die Unternehmen und Dienstleistungsbetriebe den erwerbswirtschaftlichen Anforderungen einerseits und dem Versorgungsauftrag andererseits gerecht?
  ➢ Bedarfsdeckung (Bedarfsdeckungsgrad)
  ➢ kollektive und öffentliche Individualgüter.

- Wie erfüllen die vor Ort ansässigen Behörden, insbesondere die Kommunalverwaltung, ihre Aufgaben? – Eigene Einschätzung des Leistungsvermögens im Vergleich zur Beurteilung der Einwohner.
  ➢ Potentialanalyse der Behörden, besonders der Kommunalverwaltung.

- Wie sieht die wirtschaftliche und sonstige Verflechtung (also die Bedeutung als Arbeitsmarkt-, Tourismus-, Kulturregion usw.), die Struktur der Wertschöpfung, die regionale Güterverflechtung usw. der Kommune mit ihrem größeren Umfeld aus?
  ➢ Regionale Analyse.

Zu den externen Analysen gehören Umwelt- und Konkurrenzanalysen. Da eine Stadt als „offenstes" System[48] wie kaum ein privatwirtschaftliches Unternehmen mit allen Bereichen der allgemeinen Umwelt vernetzt ist, ist es besonders wichtig, einen Blick auf die wirtschaftlichen und gesellschaftlichen Entwicklungen in den einzelnen Bereichen zu werfen, um rechtzeitig, d.h. vor den Konkurrenzstädten und -gemeinden, Initiativen ergreifen zu können. Die möglichen Chancen und Risiken

---

[48] Töpfer, A./Müller, R., Marketing im kommunalen Bereich – Sinn oder Unsinn?, in Der Städtetag, 11/1988, S. 741-746.

ergeben sich aus den unternehmensexternen Einflussfaktoren der ökologischen, technologischen, politisch-rechtlichen, gesellschaftlichen und marktbezogenen Umweltsphären.

Aus den gewonnenen internen und externen Informationen lässt sich für die weiteren Schritte des Stadtmarketingprozesses eine fundierte Planungsgrundlage erstellen, in der die spezifischen Stärken und Wettbewerbsvorteile des Ortes im Einklang mit den Marktchancen und Trends herausgearbeitet werden.

Basierend auf der realistischen Einschätzung der Ausgangssituation, ist zu untersuchen, ob es Faktoren gibt, die nicht veränderbar sind und somit hingenommen werden müssen. Die Stärken müssen weiter entwickelt werden, während die Schwächen abzubauen sind. Interessant ist dabei die Grauzone. In diesem Bereich befinden sich in Vergessenheit geratene Stärken, aber auch Schwächen. Besonders diese Stärken können herausgearbeitet werden. Aber auch die Schwächen dürfen nicht unberücksichtigt bleiben, da sie bei einer Nichtbeachtung später zu einem Problem werden können.

Beispiel für eine Grauzone

In einer mittelgroßen Stadt wurde während der Analyse im Handlungsfeld Innenstadt versucht, die Gründe für den Kaufkraftrückgang in den vergangenen zwanzig Jahren zu finden. Dabei stellte sich heraus, dass bis vor zwanzig Jahren zweimal in der Woche ein Wochenmarkt veranstaltet wurde, der zahlreiche Besucher aus dem Umland anlockte. Die Besucher nutzten den Aufenthalt in der Stadt, um in den Geschäften weitere Einkäufe zu machen, sie besuchten Restaurants und Cafés, gingen zum Frisör oder erledigten ihre Bankgeschäfte. Was war naheliegender, als in den Handlungskatalog Innenstadt die Wiedereinführung eines Wochenmarktes vorzusehen?

Dieses Beispiel verdeutlicht nicht nur eine untergegangene Stärke, es macht auch Synergien sichtbar, die sich in viele Bereiche eines Ortes erstrecken. Sie zeigen auch, dass nicht nur Marktbeschickern neue Verdienstmöglichkeiten geboten werden. Warum sollten also die anderen in diesem Beispiel erwähnten Geschäftsinhaber kein Interesse an einem Stadtmarketingprozess haben? Müssten sie nicht erkennen, dass neben einer aktiven auch eine finanzielle Teilnahme am Prozess eine entsprechende Rendite verspricht?

Mehrere Bereiche können sich je nach Art und bisheriger Ausrichtung der Kommune anbieten. Einzelne, so genannte Handlungsfelder, können zusammengefasst werden, wenn Synergien vermutet werden, bzw. schon Verknüpfungen vorhanden sind oder Artverwandtheit bestehen. Handlungsfelder können u.a. sein: Arbeitsmarkt, Bildung, Dienstleistungen, Einzelhandel, Forschung, Freizeit, Gastronomie, Gewerbe, Handwerk, Hotellerie, Industrie, Infrastruktur, Innenstadt, Kultur, Soziales, Sport, Stadtplanung, Tourismus, Umwelt, Verkehr, Wirtschaft und Wissenschaft.

Abb. 30: Wahrnehmung der Stärken und Schwächen

Stärken

nicht wahrgenommen

Schwächen

Quelle: eigene Darstellung

VIII.6.2. SWOT-Analyse

Die Situationsanalyse allein sagt noch wenig über die zukünftige Positionierung und/oder das zukünftige Potential des Ortes aus. Zusätzlich müssen die zukünftigen Chancen und Risiken abgeschätzt werden. Aus der Beurteilung und Abstimmung beider Analyseteile ergeben sich die Wettbewerbsvor- und -nachteile, die wiederum als Basis für den Zielfindungsprozess und als Eckpfeiler für Überlegungen der normativen Ebene wie Stadt- oder Gemeindevision und Leitbild dienen.[49]

Die Auswertung gibt Aufschlüsse über eventuell eingetretene und/oder erwartete Standortveränderungen und damit verbundene Probleme sowie über die Zielsetzung,

---

[49] Meffert, H., Städtemarketing – Pflicht oder Kür?, a.a.O., S. 273-280.

Pläne, Strategien und Handlungsansätze der lokalen Zielgruppen und der regionalen Konkurrenzstädte. Durch eine SWOT-Analyse, also der Gegenüberstellung der Stärken und Schwächen (englisch *strengths and weaknesses*) mit den jeweiligen Chancen und Risiken (englisch *opportunities and threats*), können zukünftig schwerpunktartig zu entwickelnde Handlungsfelder herausgearbeitet werden.

Abb. 31: SWOT-Analyse

	Chancen	Risiken
Stärken	Ermittlung von Stärken, die durch zukünftige Chancen ausgebaut werden können.	Ermittlung von Stärken, die durch zukünftige Risiken bedroht sind oder die durch zukünftige Risiken abgeschwächt werden können.
Schwächen	Ermittlung von Schwächen, durch die zukünftige Chancen nicht wahrgenommen werden können.	Ermittlung von Schwächen, die durch zukünftige Risiken noch verstärkt werden können.

VIII.6.2.1. Globale Trends

Aktuelle globale Trends müssen ebenfalls berücksichtigt werden. Die Frage muss beantwortet werden, wohin sich die einzelnen Handlungsfelder entwickeln und welche Chancen ihnen der Gesamtrahmen bietet.

Die eventuell bestehende Chance, eine Stadt zum Kongresszentrum zu entwickeln, wird nur dann gelingen, wenn noch nicht ausreichend Kongresszentren in anderen Städten bestehen, vorhandene evtl. nicht mehr den modernen Ansprüchen genügen und ein Trend zu Kongressen auch in den nächsten Jahrzehnten besteht, der zudem ausbaufähig ist.

Der Trend zu Freizeit- und Ferienparks ist nur dann umsetzbar, wenn in diesem Bereich auch künftig Zuwachsraten zu erwarten sind. Wer immer noch im Handlungsfeld Tourismus ausschließlich auf den sanften Tourismus setzt, hat den globalen Trend nicht erkannt und somit die Risiken nicht beachtet.

Wer im Hafenumschlag neue Schiffsgrößen und Techniken, wie z.B. Schiffe der neuen Containergeneration, außer Acht lässt, geht am globalen Trend vorbei. So sind zum Beispiel die Öffnung zum Osten und die neuen Märkte in Asien globale Trends, die beachtet werden müssen, wenn es um wirtschaftliche Handlungsfelder geht.

VIII.6.2.2. Besondere Situation des Ortes

Die besondere Situation, in der sich Städte und Gemeinden befinden, wird deutlich im Kontrast der Kommunen in den alten und neuen Bundesländern. In den neuen Bundesländern sind die Chancen, aber auch die Risiken in fast allen Bereichen ungleich anders, da hier die Kommunen mehr Veränderungen zu bewältigen haben als vergleichbare Orte in den alten Bundesländern. Die Vielfalt der Chancen wird allerdings von Jahr zu Jahr geringer, denn mit der planerischen Entwicklung werden bestimmte Richtungen verfolgt, die andere Möglichkeiten einengen oder ausschließen.

Die Entwicklungsmöglichkeiten der Kommunen in den neuen Bundesländern ist begründet in einem fast völligen Neuanfang. Alte Strukturen und Ausrichtungen waren nach der Vereinigung nicht mehr vorhanden oder konnten nicht mehr weiter verfolgt werden. Dies trifft auch für einige Städte in den alten Bundesländern zu. Wo gestern z.B. noch das Militär über große Standorte verfügte, welche Arbeitsplätze für eine Region garantierten, brach nach dessen Abzug das wirtschaftliche Gefüge fast vollständig zusammen. Neue Entwicklungsziele, teilweise politisch verordnet, brachten wenig Fortschritt. Ein gründlicher Stadtmarketingprozess hätte in diesen Fällen wohl mehr Erfolg gehabt.

VIII.6.2.3. Rechtliche Einschränkungen

Alle planerischen Maßnahmen in einer Kommune unterliegen rechtlichen Voraussetzungen, die Planungen einschränken oder sogar verhindern können. So sind z.B. in einem Nationalparkgebiet Ausrichtungen auf den Massentourismus nicht möglich. Entsprechende Gesetze stehen dagegen, schränken also in rechtlicher Hinsicht die Chancen ein.

Bebauungspläne oder Landschaftsrahmenpläne können Gewerbeansiedlungen verhindern, den Aufbau einer touristischen Ausrichtung behindern bzw. sogar völlig ausschließen. Umgekehrt können touristische Aktivitäten die Ausrichtung auf Industrie oder Gewerbe verbieten.

VIII.6.3. Imageanalyse

Ein Imagevergleich stellt das Image der Kommune, sowohl das Eigenimage als auch das Fremdimage, dar. Das Eigenimage ist das Image, das die Einwohner von ihrer Stadt oder Gemeinde haben. Es setzt sich aus drei Komponenten zusammen:

1. aus kognitiven Komponenten, die sich aus den Besonderheiten des Ortes begründen. Diese lösen bestimmte Assoziationen aus;
2. aus einer affektiven Komponente, die durch Gefühle, Bedürfnisse und Werterhaltungen geprägt wird;
3. aus einer konativen Komponente, die durch das verhalten gesteuert wird.

Das Fremdimage bestimmen Auswärtige. Das Fremdimage wird bestimmt durch das Fern- und Nahbild. Eine Imageuntersuchung zieht vergleichbare Städte und Gemeinden in die demoskopische Bewertung ein und schafft Vergleiche mit in der Zielrichtung und den Grundvoraussetzungen ähnlichen Kommunen. Städte und Gemeinden sind miteinander vergleichbar, aber nur dann, wenn die Einwohnerzahl und die strukturellen Gegebenheiten ungefähr gleich sind.

Meinungsumfragen zu den genannten Aspekten, in die vergleichbare Orte einbezogen werden sollten, positionieren die untersuchte Kommune im Vergleich zu anderen, ähnlichen Kommunen. Die Imageanalyse wird im Ergebnis den Ist-Zustand einzelner Bereiche besser oder aber auch schlechter bewerten.

In der Praxis bedeutet dies, dass das in einer Meinungsumfrage festgestellte schlechte Ergebnis in einem Teilbereich – obwohl die Stärken-/Schwächen-Analyse einen besseren Wert feststellte – dazu führen muss, künftig diesen Bereich mit geeigneten operativen Maßnahmen besser zu "verkaufen", um eine imagemäßige Annäherung an die Realität herzustellen.

Möglich ist es aber auch, dass ein Image besser ist als der Ist-Zustand. So kann eine kulturelle Einrichtung der Stadt, z.B. ein Theater, einen so guten Ruf haben, dass dieser die ansonsten völlig desolate Kulturszene überstrahlt. Abhilfe schaffen in diesem Fall keine operativen Maßnahmen, sondern die Verbesserung der Qualität in den anderen kulturellen Einrichtungen.

Die Imageuntersuchung muss sowohl die eigene Bevölkerung als auch die Bewohner des Umlandes und Personen aus dem gesamten Land einbeziehen. Das Ziel dieser, auf spezielle Bereiche fixierten Untersuchung ist, zu erkennen, wie das Image zu den einzelnen Themen in dem Ort, im Umland oder überregional ist.

In einer Imageanalyse wird primär der Bekanntheitsgrad der Stadt oder Gemeinde, sekundär das Leistungsangebot, also die Einzelaspekte, untersucht. Es empfiehlt sich, allgemeine Fragen zu dem Ort zu stellen, aber auch festzustellen, wie der Ort gesehen wird bzw. wie und wofür er überregional bekannt ist. Wichtig sind auch spontane Äußerungen zu einzelnen Bereichen, wie Lage, Kultur, Freizeit, Wirtschaft, Einkaufen, Politik, Atmosphäre. Einzelaspekte einer Imageuntersuchung sind z.B. Fragen zu den folgenden Bereichen:

- Angebotsstrukturen im Ortszentrum/in den Nebeneinkaufszentren
- Arbeitsplatz- und Beschäftigungssituation
- Atmosphäre
- Attraktivität allgemein
- Attraktivität für einzelne Handlungsfelder
- berufliche Möglichkeiten
- Bevölkerung (gastfreundlich etc.)
- Bildungsmöglichkeiten
- Dienstleistungen

- Einkaufsmöglichkeiten
- Einkaufsstadt/-ort
- Einzugsgebiet
- Familienfreundlichkeit
- Fahrradwegenetz
- Freizeit
- Gesundheitswesen
- Individualverkehr
- Infrastruktur
- Kaufkraft bzw. Kaufkraftabwanderung
- Kindergartenplätze
- Kultur-, Sport-, Freizeit- und Erholungsangebot
- Landschaft und Grün
- Lebensqualität
- Luftqualität
- Menschen
- Preise
- Sauberkeit
- Schulangebot
- Sehenswürdigkeiten
- soziale Einrichtungen
- Stadtbild bzw. Gemeindebild
- bauliche Entwicklungsmöglichkeiten am Ort
- Technologie
- Umland
- Umweltschutz
- Veranstaltungen
- Verkehrsanbindung und Verkehrsauslastung
- Verwaltungen
- Verwaltungsservice
- Wasserqualität von Fluss, See oder Meer, an denen der Ort ggf. liegt
- Wirtschaftsstruktur
- Wohnmöglichkeiten
- Zu- und Wegzüge der Bevölkerung.

Gefragt wird aber auch nach allgemeinen Kriterien, und zwar jeweils in der positiven und negativen Wertung:

- aktiv/passiv
- attraktiv/unattraktiv
- ausländerfreundlich/ausländerfeindlich
- Besuchshäufigkeit und Gründe
    ➢ täglich
    ➢ wöchentlich
    ➢ monatlich
    ➢ unregelmäßig

➢ gar nicht
- beweglich/träge
- expandierend/stagnierend
- fortschrittlich/rückständig
- freundlich/unfreundlich
- gastlich/nicht gastlich
- hektisch/ruhig
- interessant/trist
- lebendig/langweilig
- liebenswert/nicht liebenswert
- neu/alt
- persönlich/unpersönlich
- sauber/schmutzig
- sympathisch/unsympathisch
- traditionsverbunden/traditionslos
- übersichtlich/unübersichtlich
- weltoffen/provinziell
- zukunftsorientiert/konservativ.

VIII.6.3.1. Imagemessung[50]

Als Standardverfahren zur Imagemessung wird das Semantische Differential (Polaritätenprofil) angesehen. Grundlage hierbei ist die Assoziation. Es wird allerdings keine freie Assoziation zugelassen, sondern vielmehr werden den Befragten Begriffspaare vorgegeben. Zur Messung der Assoziationsstärke werden die Assoziationen mit einer Wertskala verknüpft.

Beispiel: „Wie schätzen Sie das Kulturangebot ein?" [51]

Sehr gut	+ 3	(1)
Gut	+ 2	(2)
Weniger gut	+ 1	(3)
Mittelmäßig	0	(4)
Eher schlecht	- 1	(5)
Schlecht	- 2	(6)
Sehr schlecht	- 3	(7)

Das Semantische Differential besteht aus einer Menge von Eigenschaftsaussagen, die polar gefasst und semantisch abgestuft werden können. Die Abstufung erfolgt

---

[50] Vgl. Dettmer u.a., a.a. O.
[51] Hammann, P./Erichson, B., Marktforschung, Stuttgart 1994, S. 274.

entweder durch die Vorgabe von semantischen Skalen oder durch eine numerische Skala. In der Regel wird eine 7er-Skala verwendet.[52]

Das Semantische Differential hat den Vorteil, dass es in der Konstruktion, Anwendung und Auswertung sehr einfach ist. Die konzeptionellen Mängel sollten allerdings nicht verschwiegen werden:[53]

- Der **Nachsichtseffekt**:
  Die Befragten schätzen ihnen bekannte Gegenstände tendenziell günstiger als unbekannte ein.

- Der **Zentralitätseffekt**:
- Die Befragten neigen dazu, extreme Beurteilungen zu vermeiden.

- Der **Halo-Effekt**:
  Die Befragten lassen sich bei ihren Einschätzungen von übergeordneten Sachverhalten leiten (bayerisches Bier wird mit der Einstellung zu Bayern verknüpft). Im Englischen bedeutet *halo* "Lichtschein", "Heiligenschein".

Abb. 32: Beispiel für ein Prioritätenprofil

Prioritätenprofil (Beispiel)

		+3	+2	+1	0	-1	-2	-3	
Atmosphäre	entspannend								nicht entspannend
	gemütlich								ungemütlich
Ruhe	ruhig								laut
	gelöst								hektisch
Freizeit	vielfältig								begrenzt
	attraktiv								langweilig
(weitere Aspekte)	.....								.....
	.....								.....
Gesamturteil:									
Mir hat die Stadt/ Gemeinde gefallen									nicht gut gefallen
Ich würde wiederkommen									nicht wiederkommen
Ich werde die Stadt/ Gemeinde empfehlen									nicht weiterempfehlen

---

[52] Ebenda, S. 281 f.
[53] Ebenda, S. 274 f.

VIII.6.4. Konkurrenzanalyse

Zur Hauptuntersuchung gehört neben den bereits erörterten Analysearten auch die Untersuchung von Wettbewerbsvor- und -nachteilen. Diese werden nach einer genauen Untersuchung der einzelnen Handlungsfelder deutlich. Die Untersuchung muss auch deutlich machen, in welchem Bereich die Kommune eine Einzigartigkeit besitzt, die künftig als besondere Stärke herausgestellt werden soll. Dazu gehört auch die Kernpositionierung, die sich auf besondere Stärken konzentriert.

Die Analyse basiert auf eigenen Erhebungen und/oder Berechnungen nach Angaben der Laufenden Raumbeobachtung. Dies sind aktuelle Daten zur Entwicklung der Städte, Kreise und Gemeinden. Es können einzelne Erhebungen für die zu analysierende Stadt oder Gemeinde gemacht werden, aber auch Daten der Vergleichskommunen gegenüber gestellt werden.

Die Konkurrenzsituation zwischen den Kommunen hat eine besondere Bedeutung, da sich jede Stadt/Gemeinde von der anderen positiv unterscheiden will und jeder Ort z.B. mehr Unternehmen, Touristen, Kaufkraft, Kulturbesucher haben möchte. Stadtmarketing will daher besonders die Einzigartigkeit herausarbeiten, mit der sich der Ort von anderen Kommunen abheben kann. Ziel muss es sein, festzustellen, welchen Stellenwert die zu untersuchende Kommune im Vergleich zu anderen Orten hat und warum dies der Fall ist. Um dies zu beurteilen, müssen Fragen nach Arbeitsplätzen und Ausrichtungen der Nachbarorte, nach kulturellen, sportlichen und freizeitlichen Einrichtungen gestellt und beantwortet werden. Plant die Stadt z.B. eine neue wissenschaftliche Ausrichtung, so ist zu prüfen, ob eine derartige Ausrichtung bereits in anderen Konkurrenzstädten verfolgt wird.

Die Analyse muss darüber Aufschlüsse geben, welche Zielrichtungen in anderen Kommunen bereits verwirklicht wurden und somit für den eigenen Ort kaum oder nur schwer zu realisieren sind. Die Konkurrenzanalyse berücksichtigt immer gleichartige Kommunen oder Kommunen gleicher Größe und gleicher Ausrichtung (Hafen-, Industrie-, Universitätsstädte, Kurorte, Fremdenverkehrsorte usw.).

Abb. 33: Konkurrenzanalyse (Beispiel)

Beispiel im Handlungsfeld Wirtschaft

	Stadt A	Stadt B	Stadt C	Stadt D
Strom	20, 1 Pf	19,8 Pf	23,5 Pf	15,6 Pf
Müll (Tonne)	500 DM	350 DM	450 DM	420 DM
Gewerbesteuer	440 %	380 %	390 %	500 %
Wasser	20 DM	22 DM	19 DM	28 DM

Die Konkurrenzanalyse gibt auch die Möglichkeit, die verschiedenen Werte in einem Ranking zu vergleichen, wie z.B. im Handlungsfeld Wirtschaft mit einem Indikatorenvergleich von

- Lohn-/Gehaltsstruktur
- Technologietransfer[54]
- Bevölkerung mit Hochschulreife
- Umwelt[55]
- Gesamtindex Wohnen/Umwelt.[56]

Wenn das Konkurrenzdenken gegenüber anderen Kommunen auch nicht in das Bild von immer stärker werdenden Regionalmarketingbemühungen passt, so gehört es grundlegend zum Umfang der Stadtmarketinganalyse. Um sich erfolgsorientiert abgrenzen zu können, muss die Wettbewerbssituation zu den Nachbarorten durchleuchtet werden. Dies heißt aber nicht, dass Stadtmarketing einen Regionalmarketingprozess ausschließt. Im Gegenteil: Eine deutliche Abgrenzung zu anderen Städten, Gemeinden oder Kreisen schafft die Voraussetzung für eine klare Ausrichtung im Regionalmarketing.

VIII.6.4.1. Stellung in der Region

Für künftige Planungen und Ausrichtungen ist es wichtig, ob eine Kommune in einem Ballungsraum, wie z.B. dem Ruhrgebiet, liegt oder ob sich der Ort in einer Randlage befindet. Die Region, in die ein Ort eingebunden ist, lässt Rückschlüsse auf Kaufkraftsteigerungen, Arbeitsplatzpotentiale, die verkehrliche Anbindung etc. zu.

Berücksichtigt werden muss auch die Stellung der Europäischen Union, des Bundes und des Landes für die Stadt oder Gemeinde. Hat das jeweilige Bundesland der Kommune eine besondere Bedeutung zugemessen, die auch eine hilfreiche Unterstützung in der Zukunft erwarten lässt? Oder war der Ort noch nie von besonderer Bedeutung für das Land? Wie ist die Lobby in Bund und Land? Gibt es einflussreiche Abgeordnete oder sogar Regierungsmitglieder, die neue Ideen flankieren können? Ist finanzielle oder individuelle Hilfe von anderen möglich?

Die Bedeutung einer Stadt geht zuweilen über die wirtschaftliche Stellung in der Region hinaus. Der Erholungsbereich eines Ortes kann positive Auswirkungen auf die gesamte Region haben. Sportliche und kulturelle Aktivitäten können Bewohner einer gesamten Region anziehen. Dies kann die Grundlage für anspruchsvollere Planungen sein, wenn sicher ist, dass entsprechende Anstrengungen durch steigende Besucherzahlen belohnt werden. So gesehen, lassen sich anspruchsvolle kul-

---

[54] Kriterien: öffentliche Forschungsinfrastruktur, institutionelle Forschungsförderung, finanzielle Technologieförderung, moderne Telekommunikation.
[55] Luft, Lärm, Gewässer, Boden, Abfall, Naturschutz.
[56] Kriterien: Versorgung mit Dienstleistungen, Wohnkosten, Umweltgüter.

turelle Veranstaltungen, aber auch Spitzensportaktivitäten in Gebieten verwirklichen, die nicht zu den Ballungsräumen gehören.

Von Bedeutung ist auch die Arbeitsmarktsituation in der Region. Eine hohe Arbeitslosenquote in der Region wirkt sich immer negativ auf die Stadt oder Gemeinde aus. Hiervon betroffen sind die Kaufkraft wie auch künftige Planungen. Geplante und schließlich realisierte Neuansiedlungen werden nicht nur die Arbeitslosenquote vor Ort beeinflussen, sie werden sich auch auf die Region auswirken.

Vom Umland abhängig ist auch die Wohnsituation. Einfamilienhäuser im Grünen lassen sich oftmals nur außerhalb der Stadt verwirklichen und führen dadurch zu einem Einwohnerschwund. Um Abwanderungen zu verhindern, müssen Baugebiete in der Stadt ausgewiesen werden. Bauplanerische Fehler führten in den 60er und 70er Jahren zu Umzügen in die umliegenden Gebiete und damit zu, von der Einwohnerzahl abhängigen, sinkenden Landeszuweisungen.

Es stellen sich Fragen, welche die künftige Eigenständigkeit der Kommune oder die stärkere Zugehörigkeit zu einer Region betreffen. Die Folge könnte eine teilweise Aufgabe der Eigenständigkeit und somit eine Verlagerung von Aufgaben und Angeboten in andere Kommunen sein.

VIII.6.4.2. Finanzpolitik

Gute finanzielle Rahmenbedingungen erleichtern die Stadtmarketingziele in vielen Bereichen. Mit der Gestaltung von Steuern, Gebühren, Beiträgen und Preisen haben Politik und Kommunalverwaltung Steuerungsinstrumente, die, richtig eingesetzt, viele Vorhaben effektiv unterstützen können.

Weitere Chancen und Risiken sind in der Finanzierung zu finden. Sind alle Planungen auch finanziell gesichert? Stehen entsprechende Zuschüsse Dritter wie z.B. Zuweisungen von Bund und Land zur Verfügung? Gibt es bestimmte Zielgebiete, die Zuschüsse der Europäischen Union ermöglichen, und passen die Zielsetzungen, ergänzt durch konkrete Planungen, in die Fördermöglichkeiten?

Durch die Höhe der Steuerhebesätze einer Kommune ist es z.B. bedingt möglich, Anreize für ansiedlungswillige Unternehmen zu schaffen. So kann ein im Vergleich zu den Konkurrenzorten günstigerer Gewerbesteuerhebesatz die Ansiedlungschancen erhöhen. Niedrige Grundsteuern und Grundstückspreise können Bauwillige aus dem Umland in den Ort ziehen.

Ziele, die von privater Seite realisiert werden müssen, stellen Fragen nach entsprechenden Investoren. Schlechte Aussichten in kommunalen Haushalten und in diesem Zusammenhang die finanziellen Planungen und Aussichten für die nächsten Jahre engen Realisationsmöglichkeiten ein oder verhindern sie.

VIII.6.5. Institutionsanalyse

Zur Institutionsanalyse gehört die Untersuchung der vor Ort angebotenen Dienstleistungen. Dazu gehören vor allem alle öffentlichen Verwaltungen, also nicht nur die Kommunalverwaltung, sondern z.B. auch Finanzverwaltungen, Post, Polizei, Arbeitsämter, TÜV, Dekra usw. Untersucht werden die Quantität und Qualität der angebotenen Dienstleistungen, aber auch der Service und die Bürgerfreundlichkeit. Die Leistungsfähigkeit der Institutionen (z.B. im Handlungsfeld Wirtschaft) spielt eine besondere Rolle, wenn es darum geht, Ansiedlungen von Unternehmen schnell und unbürokratisch umzusetzen. Aber auch die Mitwirkung von Institutionen bei der Planung von Veranstaltungen zeigt sehr schnell, wie leistungsstark die behördlichen Partner sind.

Die Institutionsanalyse untersucht die Dienstleistungen der Verwaltungen einer Kommune, den so genannten Grundnutzen. Berücksichtigt wird auch der Zusatznutzen, der im Service und der Bürgerfreundlichkeit der Verwaltungen sichtbar wird. Dazu gehört auch das Leistungspotential der Verwaltungen.

Einfach dürfte es sein, eine Institutionsanalyse in der Kommunalverwaltung zu realisieren. Eine große Kommune hat aber in der Regel neben den kommunalen Behörden eine Vielzahl von Bundes-, Landes- oder sogar EU-Behörden. Gerade in diesem Bereich wird es schwierig sein, derartige Behörden in den Stadtmarketingprozess einzubinden, um die o.a. Kriterien zu analysieren und evtl. Schwachpunkte abzubauen. Die Einwohner oder Gäste unterscheiden aber kaum, in der überwiegenden Mehrzahl überhaupt nicht, ob es sich um eine Verwaltung der Kommune, des Landes, des Bundes oder der Europäischen Union handelt. Die Ergebnisse der Institutionsanalyse sind die Grundlagen für die Konzeption im Handlungsfeld Verwaltung, sollten aber bereits im Leitbild berücksichtigt werden.

VIII.6.6. Zielsetzungsanalyse

Untersucht werden hierbei die Zielvorgaben, die sich Politik und Verwaltung in der Vergangenheit gemacht haben. Diese Vorgaben könnten Einschränkungen für einen Stadtmarketingprozess bedeuten und sollten in einem derartigem Fall im Rahmen der Leitbilderstellung mit Politik und Verwaltung diskutiert und modifiziert werden.

Die Zielsetzungsanalyse untersucht die Leistungsziele, aber auch die von der Kommune bereits gesetzten Stadtmarketingziele sowohl strategisch als auch operativ. So kann z.B. eine bereits beschlossene und in einzelnen Bereichen umgesetzte Entwicklung der Kommune zum Industriestandort nicht ohne weiteres durch eine neue Vision mit der Zielsetzung Tourismusort geändert werden. Ergibt die Analyse bessere Voraussetzungen für neue Zielrichtungen, so können die alten Ziele nicht abrupt beendet und durch neue Stadtmarketingmaßnahmen verändert werden. In einem derartigen Fall ist zu überlegen, wie dies durch behutsame Maßnahmen am Markt geschehen kann, ohne dass es zu einer völligen Desorientierung der Zielgruppen kommt.

VIII.6.7. Umfeldanalyse

Eine Umfeldanalyse macht deutlich, welche Bedürfnisse in der Stadt oder Gemeinde vorhanden sind, die bisher nicht befriedigt werden konnten. Sie untersucht aber auch, welche Zielgruppen in den einzelnen Handlungsfeldern bisher erreicht wurden, und stellt dabei fest, welche Zielgruppen in der Vergangenheit nicht berücksichtigt wurden und berücksichtigt werden konnten.

IX. Analysefelder

Die Analyse im Stadtmarketingprozess muss alle möglichen Handlungsfelder der Kommune berücksichtigen. Nachfolgend werden **Anhaltspunkte** für die Analyse verschiedener Handlungsfelder gegeben. Es handelt sich dabei um Denkansätze, die keinen Anspruch auf Vollständigkeit erheben.

IX.1. Analysefeld Wirtschaft

Zur Sicherung der Wettbewerbsfähigkeit müssen Städte und Gemeinden in der Wirtschaftsentwicklung neue Wege gehen und durch gezielte Strukturpolitik versuchen, ihren Standort optimal zu entwickeln. In diesen Profilierungsprozess fließen zahlreiche Faktoren ein. Neben der wachsenden Bedeutung weicher Standortfaktoren sind nach wie vor die harten Standortfaktoren für die Ansiedlung von Unternehmen ausschlaggebend.

Unter den **harten Standortfaktoren** versteht man den wirtschaftlichen Vorteil, der sich durch die Ansiedlung an einem bestimmten Ort ergibt. Zu diesen gehören z.B. die Flächenverfügbarkeit, die Nähe zu den Absatzmärkten und Zulieferern, die Höhe des Gewerbesteuerhebesatzes, Umweltschutzauflagen, Grundstückspreise und Verkehrsanbindungen. Ebenfalls wichtig sind das am Standort vorhandene Arbeitskräftepotential und die Qualifikation der Arbeitnehmer. Die Standort- oder Wohnortwahl wird von vielen Faktoren beeinflusst, die z.T. messbar, aber oft auch nur subjektiv sind.

Zu den weichen Standortfaktoren gehören z.B. die Freizeitmöglichkeiten, das Kultur- und Sportangebot oder die Lebensqualität, also außerökonomische Faktoren und persönliche Präferenzen. Unterschieden wird zwischen den **weichen unternehmensbezogenen** (z.B. Unternehmerfreundlichkeit der kommunalen Verwaltung, Karrieremöglichkeit in der Region) und den **weichen personenbezogen Faktoren** (z.B. Umweltqualität, Wohnen, Wohnumfeld). Die unternehmensbezogenen Faktoren sind von unmittelbarer Wirksamkeit für die Unternehmens- und Betriebstätigkeit. Zu den weichen personenbezogenen Faktoren gehören die persönlichen Präferenzen der Unternehmer.[57]

Die Betrachtung der Wirtschaftsstruktur beantwortet Fragen zur Ausrichtung als Gewerbe- oder Industriestandort, Fremdenverkehrsort, Behördenzentrum oder Einkaufsstadt. Fragen stellen sich zu den Stärken und Schwächen der Wirtschaftsstruktur in der Kommune, nach den Bedürfnissen und Entwicklungsmöglichkeiten. Einzelheiten der wirtschaftlichen Infrastruktur und ihrer Verbesserung sowie der Attraktivitäts-

---

[57] Grabow B./Henckel D./Hollbach-Grömig B., Weiche Standortfaktoren, Stuttgart 1995, S. 14.

steigerung werden ins Auge gefasst. Die Stellung in der Region – z.B. als Oberzentrum, das wichtige Einrichtungen vorhalten muss – zeigt, welchen Stellenwert die Kommune in diesem Zusammenhang hat und verdeutlicht die Verantwortung für die Region.

Weitere Betrachtungen beschäftigen sich mit der Bedeutung der vorhandenen Unternehmen. Wichtig ist auch, ob es sich um nationale oder internationale Unternehmensstrukturen handelt. Bei nationalen Unternehmen kann es bei wirtschaftlichen Problemen von Bedeutung sein, ob die Unternehmensleitung die Verantwortung für Arbeitsplätze in der Region erkennt. Dies wird bei internationalen Unternehmen mit einem Hauptfirmensitz an dem Ort deutlich größer sein als bei solchen mit einem Zweitsitz.

Analysiert werden können folgende Aspekte:

- Arbeitslosenquote
- Ausbildungsmöglichkeiten
- Beschäftigte im öffentlichen Dienst
- Beschäftigte im privaten Dienstleistungsgewerbe
- Beschäftigungsveränderung
- Bevölkerungswanderungen
- Bruttowertschöpfung
- durchschnittliche Kapitalnutzungskosten
- Ein- und Auspendler
- Einkaufsmöglichkeiten
- Einwohnerdichte
- Entfernung zu den größeren Zentren
- Entfernung zum nächsten überregionalen Flughafen
- erreichbare Bevölkerungszahl
- Facharbeiter
- finanzielle Rahmenbedingungen (wie Marktzins, Abschreibungsrate, Gewinnsteuersatz, Investitionszuschuss und -zulage)
- Förderungsmöglichkeiten (EU, Bund, Land, Stadt)
- Gas- und Elektrizitätspreis (Vergünstigungen)
- Gesamtindikator zum Wohn- und Umweltwert
- Gesamtindikator zum Technologietransfer
- Gesamtindikator zum Arbeitsmarkt
- Gesamtkilometer des Öffentlichen Personennahverkehrs
- Gewerbeparks
- Gewerbesteuerhebesatz
- Güte der Verkehrsanbindungen
- hochqualifizierte Beschäftige
- Industriebeschäftigte
- Innovations- und Technologieverbünde
- Kanal- und Wassergebühren

- Lohn- und Gehaltssumme
- Müllgebühren
- Nettokaltmiete
- neue Technologien
- Preis für Gewerbeflächen und Industrieflächen
- Preis für ein mittleres Einfamilienhaus
- Preisvergleich
- Schulabgänger mit Studienberechtigung
- sektorale Anteilswerte
- sektorale Wachstumsraten
- sozialversicherungspflichtig Beschäftige
- Standortbewertung
- Standortfaktoren
- Strompreis
- Studierende
- Technologiezentren
- Umweltindikator
- Verkehrsanbindung
- wissenschaftliches Personal.

IX.2. Analysefeld Tourismus

Die 10. gesamtdeutsche Tourismusanalyse[58] beschäftigte sich mit den Qualitätsfaktoren. Diese werden nach Feststellung der Untersuchung das beherrschende Thema der kommenden Jahre sein. Die Qualität des Angebots entscheidet dann darüber, wohin die Reiseströme in Zukunft gehen. Die aus der Sicht der Bevölkerung zehn wichtigsten Qualitätsmerkmale sind nach den Ergebnissen der Repräsentativumfrage: schöne Landschaft (71 %), gesundes Klima (61 %), gutes Essen (61 %), Sauberkeit (58 %), gemütliche Atmosphäre (57 %), gutes Preis-/Leistungsverhältnis (57 %), Bademöglichkeit im Meer/See (56 %), Gastfreundlichkeit/Freundlichkeit (52 %), preiswerte Unterkunft (52 %) und wenig Verkehr (49 %). Diese zehn Qualitätsmerkmale haben für das Urlaubserleben die größte persönliche Bedeutung. Umweltschutzaspekte werden dabei wieder einmal von den Urlaubern nicht favorisiert und haben die gleiche marginale Bedeutung wie z.B. gepflegte öffentliche Sanitäreinrichtungen (je 36 %).

Bei den Bundesbürgern rangieren Atmosphärefaktoren wie Sauberkeit (58 %), Gemütlichkeit (57 %) und Freundlichkeit (52 %) deutlich vor materiellen Angeboten, die käuflich und konsumierbar sind. Gute Einkaufsmöglichkeiten (29 %), Sportmöglichkeiten (27 %) oder abwechslungsreiche Unterhaltung (28 %) interessieren nur am Rande. Schöne Freien haben mehr mit Wohlfühlen als mit Wohlstand zu tun.

---

[58] Freizeit aktuell, Ausgabe 152, 21. Jahrgang, 14. Februar 2000.

In zwei Erhebungswellen wurden repräsentativ der Idealwert (wie sich die Urlauber idealer Weise die Qualität eines Ferienziels vorstellen) und der Realwert (was die Urlauber tatsächlich vor Ort vorfinden) ermittelt. Der Vergleich von Wunsch und Wirklichkeit förderte bemerkenswerte Ergebnisse zutage. Teilweise übertrifft die Wirklichkeit die Erwartung: 71 % der Bevölkerung wünschen sich im Urlaub eine schöne Landschaft, doch 81 % haben sie wirklich vorgefunden. Andererseits machen Urlauber auch gegenteilige Erfahrungen. Jeder zweite Bundesbürger (49 %) wünscht sich im Urlaub viel Ruhe und wenig Verkehr, doch nur knapp die Hälfte von ihnen (29 %) findet die Ruhe dann auch vor.

Die Jugendlichen machen den Event-Tourismus zur Erlebnismobilität der besonderen Art. Fast jeder Fünfte (18 %) im Alter von 14 bis 24 Jahren will nur noch ein Event-Tourist sein, der seinen Jahresurlaub opfert, um die Highlights im Bereich von Sport, Kultur und Unterhaltung nicht zu verpassen. Lifeseeing statt Sightseeing heißt hier die Devise.

Vor dem Hintergrund dieser Erkenntnisse können im Handlungsfeld Tourismus die entsprechenden Angebote untersucht werden. Neben den einzelnen Kriterien sollte auch die Entwicklung der Übernachtungszahlen in den vergangenen Jahren (Zeitraum nicht unter zehn Jahren) analysiert werden. Dabei ist nach Touristen, Geschäftsreisenden, Kurzurlaubern, Kurgästen oder Patienten von REHA-Einrichtungen zu unterscheiden.

Analysiert werden sollten:

- Hotels, Pensionen, Ferienwohnungen, Ferienhäuser, Privatzimmer, Jugendgästehäuser
  - Gästeübernachtungen
  - Zahl der Betten
  - Preisgruppen
  - Bettenauslastung
  - Dauer des Aufenthalts
- Abendunterhaltung
- allgemeine Infrastruktur
- Atmosphäre
- Ausflugsprogramme
- Auslastung der Gastronomie (Woche/Jahreszeit)
- Breite des Speise- und Getränkeangebotes
- Cafés
- Familienfreundlichkeit
- Freizeitangebote
- Gastronomieangebot
- Gesundheitsangebot
- Kongress- und Seminarangebote
- Kulturangebote
- landschaftliche Eignung

- Museumsbesuche
- Preis-/Leistungsverhältnis
- Qualität des Essens
- Service/Personal
- Sportangebote
- Ortsbild
- Struktur des Angebots (durchschnittliche Zimmerpreise etc.)
- Unterhaltungsangebote
- Veranstaltungen
- Zahl der Ferienwohnungen, Privatzimmer, Campingplätze.

Die genannten Aspekte müssen in ein Verhältnis zu den unterschiedlichen Arten von Gästen gesetzt und verglichen werden. Dazu gehören
- Tagesgäste
- Übernachtungsgäste
- Kurgäste
- Kurzurlauber
- Patienten überregionaler Kliniken oder anderer Einrichtungen
- Urlauber.

Bei allen Gäste sollten Basisdaten ermittelt werden, und zwar:
- Aktivitäten
- Wünsche
- Bedürfnisse
- Herkunft (Tagesgäste/Übernachtungsgäste)
- Aufenthaltszweck
  (Besichtigung, Einkaufen, Freunde oder Verwandte besuchen, Urlaub, Museum, Ausstellung, Geschäftsreise, Konzert, Theater, Fest, Rundreise, Kur etc.)

Auch sonstige Aspekte sollten untersucht werden, wie z.B.
- die Beurteilung des Aufenthaltes
  (sehr gut, gut, schlecht, sehr schlecht)
- besonders positive oder negative Aspekte
- der Bekanntheitsgrad der einzelnen Einrichtungen
- die Beurteilung der Angebote und Einrichtungen
- die Beurteilung der Unterkünfte.

IX.3. Analysefeld Innenstadt/Ortszentrum

Die Innenstadt soll als geschlossene wettbewerbsgerechte Einheit am Markt auftreten. Sie ist das Herz einer Stadt und hat wegen dieser Funktion eine besondere Priorität innerhalb des Stadtmarketingprozesses. Funktioniert in diesem Bereich das Zusammenspiel der Kräfte nicht, wird es schwer sein, andere Handlungsfelder so stark zu entwickeln, dass eine Innenstadtschwäche überdeckt wird. Ergänzend zur Analyse der Innenstadt haben für diesen Bereich Handlungsfelder wie Kultur, Veranstaltungen, Tourismus sowie Gastronomie eine besondere Bedeutung, da Synergien dieser Handlungsfelder für den Innenstadtbereich von existenzieller Bedeutung sind. Werbe- und Interessengemeinschaften erreichen nur bedingt angestrebte Erfolge, da sie nicht professionell genug organisiert und betrieben werden. In der Mehrheit handelt es sich um ehrenamtliche Zusammenschlüsse, in denen sich nur Einzelne engagieren, ohne die breite Mehrheit aktiv hinter sich zu haben. Nur in der Kooperation mit anderen Handlungsfeldern sowie mit besonderer Unterstützung anderer am Stadtmarketingprozess Beteiligter kann es gelingen, die Innenstädte attraktiver zu entwickeln. Zu analysieren sind:

- Aktionen (bereits durchgeführt)
- Altersstruktur der Käufer
- Altstadt bzw. alter Ortskern
- Angebote
  - ➢ Qualität
  - ➢ Quantität
- Art der Einkäufe
- Artikellücken
- Attraktionen
- Ausgaben der Käufer[59] als
  - ➢ Besucher von Bekannten und Verwandten
  - ➢ Besucher von kulturellen Einrichtungen
  - ➢ Besucher von Veranstaltungen
  - ➢ Geschäftsreisende
  - ➢ Kongressteilnehmer
  - ➢ Kurzzeittouristen
  - ➢ Einkaufstouristen
  - ➢ Tagestouristen
  - ➢ Urlauber
- Ausschilderung
- Baudenkmäler
- Beleuchtung
- Besuchszwecke
  - ➢ essen und trinken
  - ➢ Menschen treffen

---

[59] a) einschließlich Übernachtung; b) ohne Übernachtung; c) Spezifizierung der einzelnen Warengruppen.

- ➢ bummeln
- ➢ einkaufen
- Brunnen
- Cafés
- City-Card
  - ➢ Zahlungsmittel im Einzelhandel
  - ➢ Benutzung öffentlicher Einrichtungen
  - ➢ Bus
  - ➢ Parken
  - ➢ Telefon
  - ➢ Kreditkarte
- Corporate Identity der Innenstadt/des Ortszentrums
- Dienstleistung
  - ➢ Geldinstitute
  - ➢ Reisebüros
  - ➢ Arztpraxen
- Erreichbarkeit mit
  - ➢ dem Pkw
  - ➢ dem Bus
  - ➢ der Bahn
  - ➢ dem Fahrrad
- Eisdielen
- Fachgeschäfte
  - ➢ Anzahl
  - ➢ Art
- Fassaden
- Filialen
- leer stehende Geschäfte
- Funktionalität
- Gastronomie
  - ➢ Außengastronomie
  - ➢ Qualität
  - ➢ Quantität
  - ➢ kleiner Hunger
  - ➢ großer Hunger
  - ➢ Bistros
  - ➢ Kneipen
- Geldverkehr
  - ➢ bargeldlos
  - ➢ Kreditkarten
  - ➢ Kreditkartenvielfalt
- Geschäftslagen (1a, 1b)
- Grünanlagen
- Imbiss
- Individualverkehr
- Innenstadtbesuche/Ortszentrumbesuche

- ➢ Häufigkeit
- ➢ Dauer
- ➢ Verknüpfung mit weiteren Aktivitäten
- Innenstadt-/Ortszentrumsgestaltung
- Kinderangebote/-attraktionen
- Käufer
  - ➢ aus dem Ort
  - ➢ aus dem Umland
  - ➢ aus dem weiteren Bereich
- Kaufhäuser
- Kaufkraft
- kurz- und mittelfristiger Bedarf
- Ladenöffnungszeiten
  - ➢ Kernöffnungszeiten
  - ➢ Beginn der Öffnungszeiten
  - ➢ Ende der Öffnungszeiten
  - ➢ Mittagsschließungen
  - ➢ Samstage
- öffentliche Verkehrsmittel (Erreichbarkeit des Zentrums)
- Parkplatzsituation
  - ➢ Anzahl
  - ➢ Parkleitsystem
  - ➢ Parkdauer
  - ➢ Gebühr
  - ➢ verbraucherfreundliche Erreichbarkeit
  - ➢ Fahrradparkplätze
- Passantenfrequenz
  - ➢ Schwerpunkte
- Personal
  - ➢ Freundlichkeit
  - ➢ Hilfsbereitschaft
  - ➢ fachliches Wissen
- Plätze
- Preisklassen
- Preis-/Leistungsverhältnis
- Ruhezonen (Sitzbänke)
- Sauberkeit
  - ➢ Papierkörbe
  - ➢ Straße
  - ➢ Ruhezonen
  - ➢ Grünanlagen
  - ➢ Geschäfte
- Schaufenstergestaltung
- Sehenswürdigkeiten
- Sicherheit
- Sondernutzungen

- Spezialgeschäfte
- Straßenbelag (Fußgängerzone)
- Supermarktketten
  ➢ Anzahl
  ➢ Art
- Toilettenanlagen
- Umsatzkennziffern
- Veranstaltungsprogramm
- Verkaufsfläche
- verkaufsoffene Sonntage
- Verkehrsberuhigung
- Verkehrsführung
- Warenangebot (Klassen etc.)
  ➢ Preisklassen
  ➢ Vertriebsklassen
  ➢ vermisste Warenangebote
  ➢ Verfügbarkeit der Waren
  ➢ preisgünstige Angebote
  ➢ Präsentation
  ➢ Neuheit
- Warenangebot (Artikel)
  (Beurteilung: genügend, zu wenig, zu viel, ohne Angabe)
  ➢ Blumen/Pflanzen
  ➢ Bücher
  ➢ Büroartikel/Schreibwaren
  ➢ Drogerie/Kosmetik/Parfümerie
  ➢ Elektrowaren
  ➢ Foto/Optik
  ➢ Frischprodukte
  ➢ Geschenkartikel
  ➢ haltbare Produkte
  ➢ Haushaltswaren
  ➢ Lebensmittel
  ➢ Möbel
  ➢ Schuhe und Lederwaren
  ➢ Spielwaren
  ➢ Sportartikel
  ➢ Textilien und Bekleidung
  ➢ Uhren/Schmuck
  ➢ Unterhaltungselektronik
- Wettbewerbssituation zu anderen Innenstädten/Ortszentren
  ➢ Vielfalt anderer Geschäfte
  ➢ Warenangebot
  ➢ qualitativ bessere Waren
  ➢ preisgünstigere Angebote
  ➢ trendbezogene Angebote

➢ schnellere Erreichbarkeit
➢ alternative Bummel- und Einkaufsmöglichkeiten
➢ größere Attraktivität.

Zielsetzung der Analyse in diesem Bereich ist die Erforschung subjektiver Kriterien über die in der Innenstadt bzw. dem Ortszentrum anzutreffenden Kunden und Besucher. Im Mittelpunkt steht das innere Bild eines jeden Befragten. Qualitative Aspekte, Einstellungen und Bewertungen hinsichtlich der Attraktivität des Zentrums und der Einkaufszone werden ermittelt. Anregungen und Verbesserungsvorschläge aus Sicht der Befragten werden gesammelt. Basierend auf verschiedenen Ergebnissen, wird zur eigenen Positionierung ein Stärken-/Schwächen-Profil sowie ein Nah- und Fernbild ermittelt, anhand derer auch ein Vergleich zu konkurrierenden Einkaufsorten gemacht werden kann.

Für den Bereich der Innenstadt bzw. des Ortszentrums sollte ein Einzelhandels-Entwicklungskonzept[60] verabschiedet werden, das auf einer Markt- und Strukturanalyse basiert. Dieses Konzept sollte als Fahrplan für die Einzelhandelsentwicklung (z.B. für die nächsten fünf Jahre) angefertigt werden. Es sollte konkrete Entwicklungsempfehlungen zum Schließen von Angebotslücken im Branchen- oder Betriebstypenbesatz enthalten, Zielzentralitäten aufweisen und die Entwicklung von Standorten empfehlen. Anhand computergesteuerter Simulationsprogramme können verschiedene Entwicklungsszenarien für die Kommune durchgespielt werden. Aus diesen Daten können strategische Aussagen sowohl für den einzelnen betrieblichen Standort als auch für das komplexe Gebilde der Kommune gezogen werden. Jede Neuansiedlung sollte an dem Konzept ausgerichtet werden.

In der Planungsphase großflächiger Einzelhandelsvorhaben sind Aussagen zu der betriebswirtschaftlichen Tragfähigkeit und zu der Verträglichkeit der Vorhaben Gegenstand von Studien. Projektentwickler und Kommunen sind nach §11 Abs. 3 BauNVO dazu verpflichtet, die baulichen und raumordnerischen Auswirkungen eines zusätzlichen oder erweiterten Betriebes mit über 700 qm Verkaufsfläche untersuchen zu lassen. Die Berechnungen der Auswirkungen sind Bestandteil von Verträglichkeitsgutachten. Wenn keine zu starken Auswirkungen auf die zentralen Versorgungsbereiche (zentralörtliches Gefüge), die verbrauchernahe Versorgung sowie auf Verkehr und Umwelt nachgewiesen werden, kann das Vorhaben genehmigt werden.

IX.4. Analysefeld Kultur

Kultur hat mittlerweile aufgrund ihrer Vielfalt eine große Bedeutung. Sie stellt einen wichtigen Freizeit- und Bildungsaspekt dar. Freizeitforscher gehen davon aus, dass die Bedeutung der Kultur weiter zunehmen wird. Innerhalb des Wertesystems

---

[60] Vgl. Markt- und Strukturuntersuchungen, Cimadirekt, 4/1998.

ist sie allerdings von nachrangiger Bedeutung. Beachtet man die Maslowsche Bedürfnispyramide, kommt die Befriedigung kultureller Bedürfnisse erst nach dem physiologischen und dem Sicherheitsbedürfnis. Im Sinne von Stadtmarketing muss die Kulturszene einer Kommune charakteristisch für die Region sein. Die Bewertung der kulturellen Szene hat aber auch eine besondere Bedeutung in der Bewertung des Images eines Ortes.

Nicht nur Touristen, sondern auch Geschäftsreisende und Kongressteilnehmer nutzen zunehmend kulturelle Angebote, machen ihre Zielortentscheidung davon abhängig.

> Kulturtourismus ist die Gesamtheit aus Reise und vorübergehenden Aufenthalt von nicht aus der Zielregion stammenden Personen, deren Motivation hauptsächlich im kulturellen Angebot der Zielregion liegt. Dazu zählen Bauten, Relikte, Bräuche, kulturelle Einrichtungen und Veranstaltungen, die das Leben und die Historie der einheimischen Bevölkerung widerspiegeln.[61]

Der Begriff Kultur umfasst nicht nur Museen, Theater usw., sondern auch Besonderheiten der Sprache, Religion, Geschichte und des Handelns.

Die Analyse der Kulturszene begutachtet folgende Einrichtungen und Aspekte:

- kulturelle Einrichtungen:
  - Büchereien
  - Burgen
  - Galerien
  - Jugendtheater
  - Kinos
  - Konzertsäle
  - Kulturzentren
  - Museen
  - Musikschulen
  - Opernhäuser
  - Schlösser
  - Seniorentheater
  - Stadthalle
  - Theater
  - Volkshochschule
- Ballett
- Bekanntheitsgrad
- Besucher (Nahbereich, Umland, weiter)
- Chöre
- Events

---

[61] Kaspar, Tourismuslehre im Grundriss, Bern/Stuttgart 1991, S. 14-16. Vgl. auch Becker/Steinecke, Kulturtourismus in Europa, S. 8.

- Festspiele
- Industriekultur
- Kabarett
- Konzerte
- kulturelle Veranstaltungen
- Musicals
- Nutzung der Einrichtungen
- Operetten
- Opern
- Preissituation
- Programme für verschiedene Altersgruppen
- Programmvielfalt
- Revue
- Schauspiel
- Sehenswürdigkeiten
- Soziokultur
- Synergien für Touristen, Wirtschaft usw.
- Themenparks
- verkehrliche Anbindung.

IX.5. Analysefeld Sport

Der Sportbereich nimmt einen breiten Rahmen in unserer Gesellschaft ein. Sportliche Spitzenleistungen beeinflussen das Image positiv. Kommen die Leistungen aus dem Profisport, so bedarf es eines großen Sponsor-Ringes, um den Spitzensport in einer Kommune zu sichern. Abgesehen von dem Imagewert für den Ort, wirken sich Höchstleistungen in Verbindung mit medialer Bekanntheit auch positiv auf andere Handlungsfelder aus. Im Mittelpunkt des Interesses stehen dabei die Populärsportarten, über deren Leistungen die Medien kontinuierlich und ausführlich berichten. Aber auch ein vielfältiges Breitensportangebot trägt zur Attraktivität der Kommune bei und bereichert das Freizeitangebot. Um einen Überblick über den sportlichen Stellenwert zu erhalten, sollte die Analyse folgende Punkte berücksichtigen:

- Breitensportangebote
- Breitensportveranstaltungen
- Behindertensport
- Fitness-Studios
- Leistungssportangebote
- Leistungssportveranstaltungen
- sportliche Einrichtungen, wie z.B.
  - Eishalle
  - Funsport-Einrichtungen
  - Golfanlagen
  - Hallen für Trendsportarten
  - Kartbahnen

- Leichtathletikanlagen
- Motorsportanlagen
- Plätze für Trendsportarten
- Reitanlagen
- Schwimmhallen
- Segelreviere
- Sporthallen
- Sportplätze
- Sportschützenanlagen
- Surfreviere
- Tennisanlagen
- Wassersportangebote
- Wintersport
  - Curlingbahnen
  - Eisschnelllaufanlagen
  - Kunstschneepisten
  - Loipen
  - Skianlagen
  - Skifahren unter Flutlicht
  - Skipisten
  - Skisprungschanzen
  - Snowboard-Anlagen.

IX.6. Analysefeld Militär

Ist ein Ort Garnison einer Militäreinheit, so muss auch dieser Bereich analysiert werden, da dem Militär oft ein zahlenmäßig bedeutender Teil der Bevölkerung angehört. Militärangehörige (und ihre Familien) leben und arbeiten in dem Ort. Von dem Militär profitieren u.a. Handel, Handwerk und Gastronomie. Dies bedeutet, dass das Militär je nach Größe der Kommune ein wichtiger Wirtschaftsfaktor ist. Der Stellenabbau des Militärs hat in vielen Orten gezeigt, wie negativ sich dies auf die Stadt oder Gemeinde auswirken kann. Folgende Aspekte sollten untersucht werden:

- Bewusstsein für Probleme des Militärs
- Freizeitangebote
- Integration der Militärangehörigen
- Kaufkraft der Militärbediensteten
- kostengünstige Nutzung öffentlicher Einrichtungen
- Kommunikation zwischen Politik, Verwaltung, Wirtschaft und Militär
- Vergünstigungen für Wehrpflichtige
- Verhältnis Einwohner/Militärbedienstete
- verkehrliche Anbindung
- Vorhandensein spezieller Einrichtungen für das Militär
- Wertschöpfung für Handel, Handwerk usw.

IX.7. Analysefeld Bildung

Der Bildungsbereich sollte ein komplettes Angebot der verschiedenen Bildungseinrichtungen umfassen. Defizite müssen durch die Analyse dieses Bereiches aufgedeckt werden sowie besondere Stärken herausgearbeitet werden. Die Analyse sollte das Angebot und die Qualität der folgenden Einrichtungen untersuchen:

- Akademien unterschiedlicher Träger
- Allgemeinbildende Schulen
- Berufsbildende Schulen
- Fachschulen
- Gymnasien
- Integrierte Gesamtschulen
- Internate
- Militärfachschulen
- Privatschulen
- Realschulen
- Sonderschulen
- Volkshochschulen
- Weiterbildungseinrichtungen unterschiedlicher Träger
- zweiter Bildungsweg.

IX.8. Analysefeld Wissenschaft

Die Wissenschaft verfügt, abgesehen von ihrer eigenständigen Attraktion, über ein Know-how, das auch für andere Handlungsfelder (wie z.B. Wirtschaft, Bildung) interessant ist. Bei der Analyse dieses Handlungsfeldes müssen das Vorhandensein, die Qualität, der Ruf sowie die Möglichkeiten von Ausweitungen und Neuorientierungen geprüft werden. Aber auch die Auswirkungen dieser Einrichtungen auf die Kommune und ihre Bevölkerung müssen untersucht werden. Eine steigende Zahl von Studierenden an Universitäten und anderen Hochschulen hat z.B. Auswirkungen auf verschiedene Handlungsfelder wie Wohnen, Verkehr, Einzelhandel usw. In vielen Orten ist die Hochschule ein sehr bedeutender Wirtschaftsfaktor und sogar einer der größten Arbeitgeber. Bei der Analyse wird u.a. das Vorhandensein folgender Einrichtungen geprüft:

- bestimmte Forschungsrichtungen
- Forschungseinrichtungen
- Hochschulen (inkl. Universität)
- wissenschaftliche Institute

oder die Möglichkeiten für
- standortbegünstigte Forschungsmöglichkeiten
- Technologietransfer.

IX.9. Analysefeld Freizeit

Unsere Gesellschaft wandelt sich immer mehr zur Freizeitgesellschaft. Die weichen Standortfaktoren erhalten dadurch eine größere Bedeutung. Die Gründe hierfür liegen in der kürzeren Tages-, Wochen- und Lebensarbeitszeit sowie in der Zunahme der Urlaubstage. Dies führt zu größeren Ansprüchen sowohl an das Freizeit- als auch das Kultur- und Sportangebot. Ergänzt wird dieser Trend durch das veränderte Anspruchsdenken der Generationen. Analysiert werden in diesem Zusammenhang folgende Aspekte:

- Erholungsfläche pro Einwohner
- Erholungsgebiete
- Erlebnisparks/Themenparks
- Fahrradwegenetz
- Feste
- Freibäder
- Freifläche pro Einwohner
- Freizeiteinrichtungen
- Freizeitaktivitäten
  - Abendunterhaltung
  - andere sportliche Aktivitäten
  - Einkaufsbummel
  - kulturelle Veranstaltungen
  - Nutzung gastronomischer Einrichtungen
  - Nutzung von Gewässern (See, Fluss, Meer)
  - Rad fahren
  - sonstige Freizeitangebote
  - spazieren gehen
  - sportliche Veranstaltungen
  - Stadtbummel
  - Wandern
  - Wanderwege (Anschluss an Fernwanderwege)
- Freizeitparks
- Flusslandschaften
- Golf
- Grünflächen
- Hallenbäder
- Minigolf
- Parks
- Seen
- Sportstätten
- Strände.

IX.10. Analysefeld Infrastruktur

Gute Verkehrsverbindungen wie Autobahnanschlüsse, Flughäfen oder elektrifizierte Eisenbahnstrecken sind Vorteile für die infrastrukturelle Anbindung einer Kommune. Auch funktionierende Nahverkehrswege, die eine gute verkehrliche Anbindung von Industrie- und Gewerbeflächen gewährleisten, sind ideale infrastrukturelle Voraussetzungen. Ausreichender Parkraum in der Innenstadt, verbunden mit einer guten Erreichbarkeit, sind Voraussetzungen für die Umsetzung des Ziels Einkaufsstadt.

Bei entsprechenden Befragungen in Dortmund sprachen sich zum Beispiel nur 15,72 Prozent der Befragten für eine Förderung des Pkw-Verkehrs aus, während 84,28 Prozent den Ausbau des öffentlichen Nahverkehrs für richtig hielten. Interessant war bei dieser Umfrage: Frauen sprachen sich deutlicher als Männer für die Entwicklung des öffentlichen Nahverkehr aus, ausländische Einwohner entschieden sich unterdurchschnittlich für den Ausbau. Ältere Menschen wiederum votierten deutlich für den öffentlichen Nahverkehr, im Gegensatz zu jüngeren Menschen.

Entscheidend für derartige Voten ist immer die Lage des Ortes in der Region. Bevölkerungsarme Regionen sind aufgrund fehlender guter Nahverkehrsmöglichkeiten mehr auf den Pkw angewiesen als die Bewohner der Ballungszentren. In diesem Handlungsfeld müssen deshalb neben den Einwohnern auch die des Umlandes und der weiteren Region befragt werden. Zu den Bewertungskriterien des Analysefeldes gehören die Nutzung von:

- Auto
- Bahn
- Bahn
- Fahrrad
- sowie die Verkehrsanbindungen mit ihren spezifischen Auswirkungen und Voraussetzungen:
  ➢ Autobahnverbindungen
  ➢ Beschilderung
  ➢ Großflughafen
  ➢ ICE-Bahnhof
  ➢ Interregio-Bahnhof
  ➢ Nähe der Autobahn
  ➢ ÖPNV
  ➢ Parkmöglichkeiten
  ➢ Regionalbahnhof
  ➢ Regionalflughafen
  ➢ Stauhäufigkeit auf verschiedenen Straßen
  ➢ Straßenführung (ein-, ausfahrender Verkehr)
  ➢ Straßenführung (Innenstadt/Ortszentrum).

IX.11. Analysefeld Wohnen

Analysiert wird die Wohnsituation bzw. der Wunsch nach anderen Wohnmöglichkeiten. Zum Bewertungsbereich gehören u.a.:

- Wohngebäude insgesamt
  - Auslastung (leer stehende Wohnungen)
  - Baujahr
  - Lage
  - Schwerpunkte leer stehender Wohnungen
  - Zustand
- Altersstruktur der Stadt-/Ortsteile
- Mietspiegel
- öffentliche Eigentümer (Auslastung)
- private Eigentümer (Auslastung)
- Sozialstruktur der Stadt-/Ortsteile
- Wohnungsgesellschaften (Auslastung)
- Umzug aus der Stadt in das Umland wegen
  - Arbeit
  - Attraktivität
  - geringerer Miete
  - keinem der o.a. Gründe
  - Kinder
  - Landschaft
  - Veranstaltungen
  - verkehrsgünstiger Lage
  - Sonstiges
- Umzug aus dem Umland in die Stadt.

IX.12. Analysefeld Verwaltungen

Untersucht wird die Arbeit in den einzelnen Fachbereichen/Ämtern, das Verhalten der Mitarbeiter gegenüber den Einwohnern und die sich daraus ergebenden positiven wie auch negativen Auswirkungen.

Die Untersuchung wird offen legen, ob die Arbeit der Kommunalverwaltung bereits modern und einwohnerorientiert ist oder ob noch vorhandene Schwellenängste in der Bevölkerung abzubauen sind.

Untersucht wird ferner, ob die öffentliche Verwaltung ein modern arbeitender Dienstleistungsbetrieb ist, der für die Einwohner einer Stadt schnell, kalkulierbar und kompetent handelt, und ob den Mitarbeitern bereits ein neues Aufgabenverständnis vermittelt wurde. Begriffe wie einwohnerfreundliches Verwaltungshandeln und Motivation sowie neue Verwaltungsstrukturen, angelehnt an die Strukturen privatwirtschaftlich arbeitender Unternehmen, sind weitere Analysepunkte für ein neues, zukunftsorientiertes Rollenverständnis der Kommunalverwaltung.

Die Bewertung der Zufriedenheit oder Unzufriedenheit mit der Kommunalverwaltung wird starke Unterschiede in der Altersstruktur und bei den soziographischen Faktoren zeigen. So stellte beispielsweise die Stadt Dortmund in einer Umfrage fest, dass das Meinungsbild über die Arbeit der Kommunalverwaltung positiver ausfällt, wenn der Kontakt – wohl wegen der engeren räumlichen und persönlichen Beziehungen – über Bezirksverwaltungsstellen erfolgt. Die genaue Auswertung der Umfrage ließ Rückschlüsse auf die Wünsche der Einwohner zu, die konzeptionell berücksichtigt wurden.

Weiter ist zu untersuchen, ob die Verwaltung die verantwortungsvolle Aufgabe wahrnimmt, gegenüber den Einwohnern sowie den verschiedenen Bereichen (wie z.B. Wirtschaft, Einzelhandel, Wissenschaft) ein Klima gegenseitiger Offenheit und gegenseitigen Vertrauens zu schaffen.

Zu den einzelnen Kriterien der Untersuchung gehören u.a.:
- Ausschilderung
- Bearbeitungszeit
- Beratung
- Beschwerdemanagement
- Bürgerämter usw.
- Bürgerbeteiligung
- bürgerfreundliche Verwaltung
- Bürgerkommunikation
- Bürgerservice
- fachliche Beratung
- Flexibilität
- Information
- Lage der Ämter im Ortsgebiet/Erreichbarkeit
- moderne Einrichtungen (Informationen über Internet, Antragstellung über Internet, E-Mail, Stadtinformationssystem)
- Öffnungszeiten
- persönliche Behandlung
- Verständlichkeit der Formulare
- Warteräume/Wartezonen
- Wartezeiten.

X. Vision – Leitbild – Konzeption

Städte und Gemeinden brauchen Visionen, um Vorstellungen zu entwickeln, wie der Ort in Zukunft sein will und sein kann. Im Gegensatz zum integrierten Managementansatz der Betriebswirtschaft, in dem die Vision als unternehmerischer Wunsch über den strategischen und operativen Schritten der Unternehmensführung steht,[62] sollte hier darauf geachtet werden, dass sie einen realisierbaren Anspruch beinhaltet, der zugleich Ziel und Weg ist. Die Positionierung des Ortes ist der wichtigste Arbeitsschritt im Rahmen der Leitbildentwicklung und zugleich der rote Faden für alle weiteren Planungen.

Die Vision muss das Ergebnis eines kognitiven Prozesses der Zielfindung sein und drei Elemente vereinen:

- die historische Kraft,
- die aktuellen Stärken,
- die gesellschaftlichen Zukunftstrends.[63]

Bei diesen drei Elementen kommt es darauf an, dass sie von den Beteiligten am Stadtmarketingprozess gleich oder ähnlich wichtig eingeschätzt werden und dass sich das gemeinsame Selbstverständnis auch in den Zielen niederschlägt. Das heißt, die Vision ist die Grundlage für das Erarbeiten der Konzeptionen in den einzelnen Handlungsfeldern. So erfüllt die Vision den Anspruch, durch das Vertrauen auf realisierbare Möglichkeiten eine gemeinsame Begeisterung bei den verschiedenen Interessengruppen zu wecken und Kräfte zu mobilisieren.

Bei der Erarbeitung der Vision darf der Realitätsbezug nicht verloren gehen, d.h., es muss von den vorhandenen Strukturen und Ergebnissen der Situationsanalyse ausgegangen werden. Die Vision sollte folgende Voraussetzungen erfüllen:

- real
- offen gegenüber dem Zeitgeist
- offen gegenüber den Bedürfnissen der Einwohner
- offen gegenüber den Bedürfnissen der möglichen Zielgruppen
- spontan
- kreativ
- durch einfache Sprache vermittelbar
- kommunikationsfähig.

---

[62] Kaspar, C., Management im Tourismus, St. Gallen 1994, S. 48.
[63] Meffert, H., Städtemarketing – Pflicht oder Kür?, a.a.O.

Abb. 34: Vision, Leitbild, Konzeption und Handlungskatalog

```
        ┌─────────────────────┐
        │       Vision        │
        │   (abstrakte Ziele) │
        └──────────┬──────────┘
                   ▼
        ┌─────────────────────┐
        │      Leitbild       │
        │   (konkrete Ziele)  │
        └──────────┬──────────┘
                   ▼
        ┌─────────────────────┐
        │     Konzeption      │
        │ (Maßnahmenentwicklung)│
        └──────────┬──────────┘
                   ▼
        ┌─────────────────────┐
        │   Handlungskatalog  │
        │  Aktivitätenprogramm│
        └─────────────────────┘
```

Quelle: eigene Darstellung

Nach den Ergebnissen der Analyse entwickelt die Steuergruppe eine Vision, in welche Richtung sich der Ort entwickeln soll. Die Vision beinhaltet kurze prägnante Richtungen, auf die sich das Leitbild aufbaut. Visionen sind Strategien für Handlungen. Die Vision will in einer Kommune einen Wohn-, Arbeits-, und Erlebnisraum schaffen, der von allen – oder besser von der überwiegenden Zahl der Bewohner – angenommen wird. Die Vision muss beschreiben, wohin der Ort sich entwickeln soll, auf welchen Gebieten neue Ziele realisierbar sind. Dies können u. a. Ziele im Freizeitbereich, in der Veränderung der Innenstadt/des Ortszentrums oder in der Schaffung von Voraussetzungen für die Ansiedlung neuer Betriebe sein. Konturen erhält die Vision durch das Leitbild.

X.1. Leitbild

Das Leitbild soll dazu beitragen, die Identität des Ortes fest zu umreißen und somit für alle transparent zu machen. Ein Leitbild basiert auf vorhandenen positiven Imagefaktoren. In das Leitbild fließen alle Ergebnisse der Situationsanalyse ein. Das Leitbild ist die „Navigationshilfe"[64] auf dem Weg in die Zukunft. An ihm richten sich die Konzeptionen der einzelnen Handlungsfelder und der daraus entstehende Maßnahmenkatalog aus. Dr. Eberhard Schulte-Wissermann, Oberbürgermeister der Stadt Koblenz schreibt dazu:

Konsens für die Zukunft unserer Stadt

Unter diesem Titel haben wir im Dezember 1997 mit der Entwicklung unserer Stadtkonzeption begonnen. Rund 190 Persönlichkeiten des öffentlichen Lebens, verschiedenster Interessengruppen, der Fraktionen und Mitglieder der Verwaltung sind meinem Aufruf zur Mitarbeit gefolgt. Wir haben gemeinsam Neuland betreten auf dem Weg zu einem ganzheitlichen, partnerschaftlichen Programm unserer Stadtentwicklung. In der Leitbildkommission und sechs Arbeitskreisen haben wir in ehrlichen Bestandsaufnahmen Stärken unserer Stadt benannt und Schwächen erkannt. Wir haben Ziele für die verschiedensten Handlungsfelder entwickelt. Wir haben Interessen abgewogen und engagiert um tragfähige Kompromisse, um den Konsens gerungen. So stellt unser Leitbild eine Übereinkunft aller Beteiligten, ein echtes Gemeinschaftswerk dar. Als „realistische" Utopie beschreibt es den angestrebten Entwicklungspfad, ist es unser Polarstern für die Fahrt in die Zukunft. Was will Koblenz und was kann Koblenz in einigen Jahren sein, darauf haben wir in unserem Leitbild Antworten erarbeitet.

Aus der Phase des Strukturwandels wollen wir als attraktives Oberzentrum hervorgehen, wollen wir als Magnet am Deutschen Eck unsere Anziehungs- und Bindungskraft stärken, Profil beweisen. Dies müssen wir tun in der Region und für die Region, im nationalem und internationalem Wettbewerb, in erster Linie aber für die Menschen unserer Stadt. An ihren Bedürfnissen orientiert sich unser Leitbild. Menschen aus unserer Stadt haben ihre Ziele selbst ins Leitbild eingebracht. Sie haben das Selbstverständnis unserer Stadt beschrieben, Grundlagen für eine stärkere Identifikation mit ihr geschaffen.

Wir möchten nicht mit der Gießkanne in der Hand ins nächste Jahrtausend gehen, einmal dieses, ein anderes Mal jenes Handlungsfeld bewässern. Für unser Leitbild war und ist die Gesamtsicht unserer Stadt mit all ihren Aspekten entscheidend. Wir haben daher Ziele nicht als Insellösungen formuliert, sondern gruppenübergreifend gedacht. Zur Gesamtperspektive gehört, dass unser Leitbild sich am Prinzip der Nachhaltigkeit orientiert, wie in der Agenda 21 for-

---

[64] Guthardt, W., Stadtleitbild Wolfsburg, Stadt Wolfsburg 1997, S. 3.

muliert. Es ist unser Bestreben, leistungsfähige Wirtschaftsstrukturen und unser soziales Gemeinwesen zu sichern, ohne auf Kosten von Umwelt, anderer Regionen oder kommender Generationen zu leben. Arbeit am Gesamtprodukt Stadt heißt auch, das Leistungsangebot der Stadtverwaltung zu verbessern. Nach den Leitgedanken des Neuen Steuerungsmodells haben wir 1995 den Modernisierungsprozess in unserer Verwaltung begonnen. Unser langfristiges Ziel ist die Umgestaltung der Verwaltung zum kundenorientierten Dienstleister, verbunden mit einem Höchstmaß an Wirtschaftlichkeit. Dazu gehört neben der Konzentration von Dienstleistungen in möglichst wenigen Händen auch der Aufbau von interaktiven Kommunikationssystemen.

Wie unser Leitbild alle Aktivitätsfelder umfasst, so hat es auch Bedeutung für unsere Stadtteile. Eine der Stärken unserer Stadt liegt in der Vielfalt unserer Stadtteile und ihrer Angebote. Der Rat unserer Stadt hat unser Leitbild im September 1998 einstimmig beschlossen als gemeinsame Grundlage zukünftiger Entscheidungen für die strategische Entwicklung von Koblenz.

Gemeinsam wird es unsere nächste Aufgabe in Arbeitskreisen und Leitbildkommission sein, Strategien und ganz konkrete Maßnahmen als Handlungsempfehlung zu entwickeln, um die im Leitbild gesteckten Ziele zu verwirklichen. Ich bin überzeugt, alle Mitwirkenden werden sich auch in der nächsten Phase intensiv einsetzen, um Projekte zu erarbeiten.

Wie unser Leitbild eine Basis bietet für künftiges Handeln von Politik, Verwaltung, Unternehmen, Verbänden, Vereinen und möglichst vieler weiterer privater Kräfte, so ist auch zur Umsetzung des Maßnahmenkatalogs nicht eine Gruppe alleine, sondern alle Akteure sind aufgerufen, ihren Beitrag zu leisten.[65]

Das Leitbild muss in wenigen konkreten Aussagen die Oberziele und Grundsätze der Lebens- und Entwicklungsfähigkeit des Ortes festhalten. In **mindestens fünf** bis **maximal zwanzig** schriftlich formulierten Punkten sollten die Funktionen und Leistungen sowie die Verhaltensweisen gegenüber den Interessengruppen charakterisiert werden. Es ist notwendig, die ausgewählten Stadtmarketingziele mit politischen und kulturellen Inhalten zu füllen, um eine inhaltliche Grundlage für die Konzeption zu haben.[66] Im wesentlichen soll das Leitbild eine Antwort auf folgende Fragen geben:

- Wer sind wir?
- Was wollen wir?
- Wie kommen wir dorthin?

---

[65] www.koblenz.de/leitbild.
[66] In Anlehnung an Hopfenbeck, W., Allgemeine Betriebswirtschafts- und Managementlehre – Das Unternehmen im Spannungsfeld zwischen ökonomischen, sozialen und ökologischen Interessen, München 1990, S. 691.

Das Leitbild ist der rote Faden, die Messlatte für alle Maßnahmen sowie ein Verhaltenskodex. Es dient als Grundorientierung für das strategische und operative Verhalten.[67] Langfristig bestimmt das Leitbild als Soll-Image auch das Image des Ortes. Aus dem Leitbild ergibt sich die Stadt- oder Gemeinde-Identität, die der Corporate Identity eines Unternehmens entspricht.

Das Leitbild, erarbeitet durch die Steuergruppe sowie öffentlich diskutiert und präsentiert, ist also die grobe Zielvorgabe und Arbeitsgrundlage für den Stadtmarketingprozess. Es legt fest, welche Bereiche künftig entwickelt und welche neu geschaffen werden sollen. Mögliche künftige Bilder der Kommune werden perspektivisch entworfen, anschaulich dargestellt und kommunizierbar gemacht. Der Ort soll sich z.B. zu einem Touristenort, einem Wirtschaftsstandort, einem Kurort oder einer Stadt der Wissenschaft entwickeln. Denkbar sind auch Ansätze, die mehrere Schwerpunkte in der künftigen Ausrichtung verfolgen. Je mehr Bereiche in die Planung eingehen, umso intensiver ist der Stadtmarketingprozess, umso mehr sind Überschneidungen verschiedener Interessen möglich.

> Das **Leitbild** ist der **gedankliche Rahmen** für die Konzeptionen der Handlungsfelder, die in die Gesamtkonzeption einfließen.

Viele Städte und Gemeinden versuchen heute nach dem Motto "Alle Chancen müssen genutzt werden" eine möglichst breite Basis für die Entwicklung zu finden. Dagegen ist im Sinne des Stadtmarketings zunächst nichts einzuwenden. Im Gegenteil: Der Stadtmarketingprozess ist umso erfolgreicher, je breiter der Prozess angelegt ist und umso mehr Bedeutung er erlangt. Die Entwicklung des Leitbilds muss aber gerade in diesen Fällen feinfühlig klären, ob mehrere Bereiche (Handlungsfelder) nebeneinander zu entwickeln sind. Eine Zielsetzung als Industriestandort wird kaum dem Tourismus und schon gar nicht der Ausrichtung zum Kurort Raum lassen. Und doch ist in einigen Fällen ein Nebeneinander möglich. Die Definition mehrerer Ziele findet ihre Grenzen dort, wo es zu Beeinträchtigungen im Nebeneinander kommt.

Visionen sind die Grundlage für das Leitbild. Dieses wiederum ist die Grundlage der Konzeption, die Vorschläge zur Umsetzung macht.

---

[67] Funke, U., Vom Stadtmarketing zur Stadtkonzeption, Deutscher Städtetag (Hrsg.), Köln 1994, S. 8.

Abb. 35: Gesamtkonzeption

Gesamtkonzeption

A   B   C   D   E   F   G   H   I   J   K

(Konzeptionen für die jeweiligen **Handlungsfelder**)

DA   DB
(Detailkonzeptionen für bedeutende Untervorhaben)

Quelle: eigene Darstellung

Das Leitbild sollte sich an folgenden Kriterien orientieren:

- die umfassende Darstellung des augenblicklichen Bildes der Kommune unter Berücksichtigung der positiven Eigenarten und Gegebenheiten;
- die begreifbare Veränderung eines Ortes unter Mitwirkung aller relevanten Gruppen;
- die Schaffung eines neuen profilierten Images, und zwar so, dass Investoren, Einwohner, Besucher und andere dies erkennen und bewusst wahrnehmen;
- die Planung und Organisation einer Veränderung unter Berücksichtigung der Wahrnehmbarkeit und Erlebnisqualität;
- die Kommunikation bei all diesen Schritten und Aktivitäten sowie die Information über erreichte Ziele und projektierte Veränderungen nach innen und außen.

Deutlich werden diese Punkte im Leitbild der Stadt Wuppertal. Dort heißt es:

> Reine Stadtentwicklung oder konventionelle Standortkataloge mit Angaben über das Flächenangebot, die Wirtschaftsstruktur und den Arbeitsmarkt reichen nicht aus, den Informationsbedarf standortsuchender Unternehmen zu be-

friedigen; es muss vielmehr eine stärker differenzierende Standortinformation (z. B. Ausbildungs-, Forschungs- und Entwicklungsinfrastruktur, Angaben über das Umfeld mit Zulieferern und Kooperationspartnern etc.) hinzukommen.

Der Strukturwandel der Wirtschaft ist keinesfalls nur technologisch zu bewältigen – Kreativität, Phantasie und Einsatzfreude sind erforderlich, so dass u. a. auch die Kulturlandschaft einer Stadt zur Standortfrage werden kann; Kultur, als ein Beispiel, verdeutlicht, dass nur eine Gesamtkonzeption zufriedenstellende Ergebnisse liefert.

Die Stadt Wolfsburg hat in den vergangenen Jahren sehr intensiv an einem Stadtleitbild gearbeitet, das sie auch im Internet veröffentlichte. Schade, dass das Leitbild nicht unter der Domäne www.wolfburg.de zu finden ist, sondern unter www. Stadt Wolfsburg.de. Diese Platzierung ordnet Stadtmarketing der Stadtverwaltung zu. Unter der allgemeinen Domäne wäre deutlicher geworden, dass Stadtmarketing alle Bereiche eines Ortes anspricht und Arbeitsgrundlage aller Einwohner ist.

Das Stadtleitbild von Wolfsburg macht deutlich, dass ein Leitbild Allgemeinplätze aufführt, allgemeine Stärken und Schwächen nennt und global Chancen und Risiken deutlich macht. Dies ist der typische Ansatz eines Leitbildes, dessen abstrakte Aussagen in der Konzeptionsphase mit Leben gefüllt werden müssen.[68]

Stadtleitbild Wolfsburg

Allgemeine Leitlinien
Wir leben in einer Zeit des Umbruchs – ein Aufbruch ist notwendig. Auch unsere Stadt, lange von Wohlstand und Dynamik geprägt, spürt nachhaltig die schwerste Strukturkrise von Wirtschaft und Sozialstaat in Deutschland seit 1945. Ein Ausdruck ist der drastische Rückgang industrieller Arbeitsplätze. Der Anpassungsdruck durch die Globalisierung der Märkte, aber auch die Probleme des Geburtenrückgangs sind zu bewältigen. Wir dürfen nicht auf die Selbstverständlichkeit des Erfolges vertrauen. Vielmehr müssen wir unsere Zukunft in die Hand nehmen und sie aktiv gestalten.

Bei der Gestaltung unserer Zukunft können wir auf markanten Stärken unserer Stadt aufbauen Stammsitz des Weltkonzerns VW, Wohnen im Grünen, Vielfalt an Bevölkerungsgruppen, hohe Kaufkraft, Lage an der europäischen Ost-West-Verkehrsachse, Infrastruktur mit außergewöhnlich breitem Angebot besondere Einrichtungen wie das Kunstmuseum oder das Planetarium. Im einzelnen sind die Stärken, auf denen wir aufbauen, in den Werkstätten des Leitbildes dargestellt.

---

[68] http//www.Stadt Wolfsburg.de, Stadtleitbild, 10/1999.

Wir sehen aber auch deutliche Schwächen und nehmen sie als Herausforderung an: Monostruktur der Wirtschaft, hohe Arbeitslosigkeit, mangelnde Attraktivität des Einkaufens, abfließende Kaufkraft, fehlendes Flair der City, Anspruchshaltung, schwaches Wir-Gefühl, geringe Identifikation der Bürgerinnen und Bürger mit der Stadt. Der Abbau der Arbeitslosigkeit und die Kaufkraftbindung sind besondere Herausforderungen. Ermutigendes tut sich: "Neue Autostadt" von VW, Schaffung attraktiver Einkaufsmöglichkeiten, ICE-Anschluß, Ausbau der Fachhochschule, sowie die Mitwirkung vieler an der Stadtkonzeption. [...]

Eine besondere Offenheit für neue Einstellungen und Entwicklungen soll unser Kennzeichen sein. Offenheit heißt für uns, dass wir besonders an zukunftsgerichteten Ideen und an deren Umsetzung arbeiten; flexibel und fortschrittlich, aufgeschlossen gegenüber unseren Mitmenschen sowie interessiert an der Entwicklung unserer Stadt sind. In diesem Sinne definieren wir unsere Aktionsfelder als "Werkstätten". In sechs "Werkstätten" sind wir tätig: Highlights und Tourismus – Wirtschaft – Einkaufen und Verkehr – Wohnen und Umwelt – Soziales und Gesundheit – Kultur, Sport und Bildung.

Wirtschaft
Ein starker Standort schafft Perspektiven. Wolfsburg ist Stammsitz des größten Automobilkonzerns Europas, der Volkswagen AG, und verfügt über eine überdurchschnittlich hohe Wirtschafts- und Kaufkraft. Wolfsburg als innovativer Wirtschaftsstandort hat Zukunft: Die Stadt hat eines der größten außeruniversitären Innovationszentren in Deutschland; eine vielversprechende, praxisorientierte Fachhochschule, die weiterentwickelt wird; mit der Einbindung in das europäische ICE-Netz besitzt Wolfsburg eine hervorragende Verbindung zu vielen Wirtschaftszentren. Potentiellen Investoren wird eine gute wirtschaftsnahe Infrastruktur (insbesondere attraktive Gewerbeflächen) und eine vorteilhafte Lage, zentral und dicht an neuen Märkten, geboten.

Highlights und Tourismus
Gerade in touristischer Hinsicht kann ein Imageaufbau nur mit unverwechselbaren Stärken der Stadt zum Ziel führen. In den Bereichen Kunst, hier der modernen und zeitgenössischen Kunst, und Technik, hier der zukunftsweisenden Technik im Sinne von Mobilität, sehen wir die großen Innovationspotentiale für die Stadt Wolfsburg.

Einkaufen und Verkehr
Moderner City-Magnet der Region. Wolfsburg hat eine moderne Innenstadt mit viel Gestaltungsraum und Entwicklungsmöglichkeiten. Fallersleben und Vorsfelde sind historische Stadtteile, die zum Einkaufen einladen. Hohe Kaufkraft und ein im Vergleich zu anderen Städten außergewöhnlich umfangreiches Parkplatzangebot sind gute Ausgangspositionen, um Einkaufen in Wolfsburg ein Erlebnis werden zu lassen. Initiative hat bereits der Handel ergriffen, um die Kräfte zur Attraktivitätssteigerung der Innenstadt zu bündeln. Das Verkehrs-

netz innerhalb der Stadt ist großzügig konzipiert, um vor allem den Anforderungen des durch das Volkswagenwerk bedingten Berufsverkehrs gerecht zu werden.

Wolfsburg verfügt über gute Verkehrsanbindungen. Die Stadt liegt an der wichtigsten Ost- West-Verkehrsachse in Europa. Der Anschluss an das ICE-Netz, der Mittellandkanal und die A 2 bilden ein hervorragendes Verkehrswegeangebot.

Wohnen und Umwelt
Grüne Großstadt – attraktive Wohnqualität. Wolfsburg bietet eine gute Wohnqualität. Attraktive Wohnräume sowie ein erlebnisreiches Wohnumfeld für Menschen jeden Alters und für jeden Anspruch ergänzen das Angebot. Wolfsburg ist eine der grünsten Großstädte in Deutschland. Eine Besonderheit ist die enge Verzahnung von Landschafts- und Stadtgrün. Die Stadt ist von mehreren Landschafts- und Naturschutzgebieten umgeben. Der Flächenanteil an Naturschutzgebieten liegt in Wolfsburg um das Fünffache über dem Landesdurchschnitt. In vielen Bereichen wird zeitgemäße Technologie eingesetzt: Kraft-Wärme-Kopplung mit zentraler Fernwärmeversorgung vorbildliche Abwasserwirtschaft eine erste Windenergiegewinnungsanlage Wolfsburg hat eine leistungsfähige Ver- und Entsorgungsinfrastruktur.

Soziales und Wohnen
Engagement für Mitmenschen. In Wolfsburg gibt es neben leistungsfähigen Einrichtungen für eine gute medizinische Versorgung auch in der Region einmalige Einrichtungen wie das ZEUS - Zentrum für Sozialpädiatrie.

In der Kinder- und Jugendarbeit engagiert sich eine große Zahl junger Menschen ehrenamtlich. Die Beratungsstellen sind untereinander gut vernetzt, so dass Hilfen schnell angeboten werden. Insbesondere im psychosozialen Bereich existiert eine hohe Bereitschaft zur Zusammenarbeit. Die Kirchen und karitativen Einrichtungen geben Impulse für soziales Handeln und die gesellschaftliche Wertediskussion. Initiativen unterschiedlicher Art organisieren trägerübergreifend bedarfsgerechte Hilfen.

Kultur, Sport und Bildung
Kontrastreiche Vielfalt – positive Energien. Der südliche Eingang zur City ist geprägt durch markante Kulturbauten wie das Kulturzentrum Alvar Aaltos mit Stadtbibliothek und Volkshochschule, das Theater von Hans Scharoun, das Planetarium und das neue Kunstmuseum, das den Namen der Stadt in die Welt trägt. Wolfsburg ist Standort eines Kulturinstituts der Republik Italien. "Junges Leben im alten Schloss" ist die Devise für das im Kontrast zur modernen Stadt stehende Renaissanceschloss mit zeitgenössischer Kunst, künstlerischen und pädagogischen Werkstätten, Musik- und Theateraktionen sowie Museen. Im Schloss Fallersleben mit seinem Museum für Dichtung und Demokratie im 19. Jahrhundert wird ein wichtiges Stück deutscher Geschichte präsentiert. Auf der

Basis eines breiten Vereinsangebots entwickelten sich in den letzten Jahren zunehmend private Kulturinitiativen.

In Wolfsburg betreiben in über hundert gesellschaftlich und kulturell integrierten Sportvereinen 42.000 Bürgerinnen und Bürger Sport. Auch außerhalb der Vereine nutzen viele die Voraussetzungen der Stadt für ihren Sport. Die breite Palette der ausgeübten Sportarten zeigt die Aufgeschlossenheit der Bevölkerung für den Sport und seine neuen Trends. Teilnehmer/Innen und Sieger/Innen bei Europa- und Weltmeisterschaften sowie bei Olympischen Spielen begründeten den Ruf Wolfsburgs als Hochburg des Sports. Heute steht vor allem Fußball im Mittelpunkt des Interesses.

Eine Stärke Wolfsburgs ist eine hohe Bildungsfreudigkeit. Das Angebot an Informations-, Beratungs- und Bildungseinrichtungen ist breit gefächert. Ein umfassendes Schulwesen mit zusätzlichen, differenzierten und profilierten Angeboten sichert leistungsfähige Bildung und Ausbildung. Die hohe Aufgeschlossenheit für besondere schulische Einrichtungen und europäisch orientierte Entwicklungen macht Wolfsburg zu einem Ort zukunftsgerichteter Bildung. Wolfsburg verfügt über eines der größten außeruniversitären Innovationszentren, der Forschung und Entwicklung des Volkswagenkonzerns. Wolfsburg ist Fachhochschulstandort mit besonderer Verzahnung von Forschung, Lehre und Anwendung. Das Bildungswesen stellt somit einen bedeutenden Standortfaktor dar.

X.1.1. Vorhandene politische Leitbilder

Durch die politische Arbeit der Stadt- und Gemeinderäte können bereits Leitbilder in einzelnen Parteien vorhanden sein, die mehr oder weniger den Ort als ganzes oder aber einzelne Bereiche planerisch in die Entwicklung einbeziehen. Vorhandene politische Leitbilder sollten in der Steuergruppe erörtert und nach Abschluss des Leitbildprozesses mit den Verfassern diskutiert werden. Es ist möglich, dass in politischen Leitbildern Ansätze vorhanden sind, die ganz oder teilweise in das neue Leitbild einfließen können.

Zu beachten ist, dass es sich dabei meist um Leitbilder von Parteien handelt, die in der Vergangenheit die Mehrheit hatten. Dies bedeutet, dass sie i.d.R. nicht alle Denkrichtungen einer Kommune berücksichtigen, da die Ziele der politischen Opposition anders sind.

Zum Abschluss der Leitbilddiskussion muss es zu einem Konsens kommen, da es nicht möglich ist, neben dem Leitbild des beginnenden Stadtmarketingprozesses weitere politische Leitbilder zu verfolgen.

X.2. Konzeption

Um den Problemen und Herausforderungen der nächsten Jahrzehnte – wie wachsende Umweltbelastung, Verkehr, Müllentsorgung etc.– begegnen zu können, müssen Antworten gefunden und innovative Strategien entwickelt werden

Die besten Ansätze können jedoch langfristig nur wirken, wenn sie in eine übergreifende Konzeption integriert sind. Ziel der zukunftsweisenden Gesamtkonzeption muss es sein, die eigene unverwechselbare Identität des Ortes weiter zu entwickeln und dabei die Bedürfnisse der Einwohner zu berücksichtigen.

> Eine **Stadtmarketingkonzeption** ist, **basierend** auf einer **Vision**, ein alle Handlungsfelder der Kommune umfassender kooperativer Plan, der sich an einem **Leitbild orientiert** und **zukunftsorientierte Maßnahmen** wie auch die notwendigen **operativen Bereiche** sowie die für die erfolgreiche Realisation erforderlichen **organisatorischen Strukturen** zu einem schlüssigen Vorhaben zusammenfasst.

Die Ziele einer Konzeption sind allgemeine Orientierungs- bzw. Richtgrößen für ein gesamtörtliches Handeln, die durch das Leitbild vorgegeben wurden. Die Formulierung von detaillierten Zielen in allen Handlungsfeldern gestattet die Auswahl geeigneter Handlungsalternativen und ein Controlling.

Die detaillierte Bestimmung der Ziele ist der Anfang des eigentlichen Entscheidungsprozesses. Dazu müssen den Mitgliedern der Arbeitsgruppen ausgewertete und aufbereite Informationen als Orientierungshilfe zur Verfügung stehen.

Die Konzeption soll, basierend auf den Ergebnissen der Analyse und den Festsetzungen des Leitbildes, die Schritte für die Entwicklung des Ortes in allen beabsichtigten Handlungsfeldern festlegen. Es sollen umsetzbare Maßnahmen entwickelt werden. Für jedes Handlungsfeld müssen Ziele, angelehnt an die Aussagen des Leitbilds (evtl. durch Verfeinerungen in einem handlungsfeldspezifischen Leitbild) formuliert werden. Dies gestattet die Auswahl geeigneter Handlungsalternativen zur Zielerreichung. Im einzelnen müssen berücksichtigt werden:

- Entwicklung von Maßnahmen nach Themenbereichen
- Festlegung der Zuständigkeit in den einzelnen Handlungsfeldern,
- Festlegung der Termine für die Realisation,
- gemeinsame Bestimmung von Prioritäten,
- Bündelung der Kräfte,
- Bündelung der finanziellen Ressourcen bzw. Festlegung eines Verfahrens der finanziellen Beteiligung.

Für die Konzeption gibt es keine Lehrbücher oder Vorgaben. Auch der Vergleich mit den Konzeptionen anderer Orte ist schädlich und falsch, da für jeden Ort ein eigenes Profil erarbeitet werden muss. Jede Kommune ist anders.

> **Die Konzeption ist individuell** und nicht kopierbar.

Ziel des Stadtmarketingprozesses ist es, Alleinstellungsmerkmale zu finden, die in anderen Kommunen nicht vorhanden sind. Eine Konzeption für einen Ort zu erstellen, heißt, individuelle Vorgaben zu finden, die umsetzbare Ziele sind und den Ort erfolgreich positionieren. Für jedes Handlungsfeld wird eine Konzeption erarbeitet, welche Teil der Gesamtkonzeption ist. Einzelne Maßnahmen können es erforderlich machen, Detailkonzeptionen innerhalb bestimmter Handlungsfelder zu erarbeiten, die spezielle Ausrichtungen minuziös festlegen.

Beispiele für Handlungsfelder und Konzeptionen

Bildung
Dienstleistungen
Einzelhandel mit evtl. Detailkonzeptionen
– Innenstadt/Ortszentrum
– Nebenzentren
– Einkaufsstätten an der Peripherie
Forschung
Freizeit
Gastronomie
Handwerk
Hotellerie
Kommunalverwaltung
Kongresswesen
Kultur
Militär
Soziales
Sport
Stadtplanung/Stadtentwicklung mit evtl. Detailkonzeption
– historische/s Innenstadt/Ortszentrum
– historische Stadt-/Ortsteile
– Sanierung bestimmter Stadt-/Ortsteile
– Schwerpunktgebiet Tourismus
– Attraktionen
Tourismus
Verkehr
Veranstaltungen
Wirtschaft
Wissenschaft
sowie operative Konzeptionen für Public Relations, Werbung, Pressearbeit und Corporate Identity.

Konzeptionen zu erarbeiten, heißt neue Ideen zu finden. Die Phase der Konzeption ist insbesondere eine Phase der **Kreativität**. Dazu bedarf es der Freisetzung von Kreativitätspotentialen.

> Um die angestrebte **Vision** zu erreichen, muss eine **Konzeption**, **basierend** auf den Ergebnissen der **Analyse** und **orientiert** am **Leitbild**, alle möglichen Handlungsfelder und Aspekte umfassen.

X.2.1. Vorhandene Konzeptionen

Auch wenn es in einem Ort bisher noch kein Stadtmarketing gab, so ist es durchaus möglich, dass für einzelne Bereiche Teilkonzeptionen vorhanden sind. Am häufigsten existieren derartige Konzepte bereits in den Bereichen Tourismus, Einzelhandel, Kultur oder Wirtschaft.

Es empfiehlt sich, vorhandene Teilkonzeptionen in die Ideenfindung der konzeptionellen Arbeit einzubeziehen und wenn möglich, Ziele und Maßnahmen zu berücksichtigen, wenn sie mit dem Leitbild konform sind. Auch einzelne Ziele und Maßnahmen können berücksichtigt und modifiziert werden, wenn ein Erfolg wahrscheinlich ist. Ist die Konformität nicht gegeben, müssen vorhandene Konzepte negiert werden.

X.2.2. Detailkonzeptionen

Detailkonzeptionen nehmen sich eines **besonderen Bereiches** in einem **bestimmten Handlungsfeld** an, weil zur Entwicklung eines derartigen Bereiches die Festlegungen in der Konzeption des Handlungsfeldes nicht ausreichen. Zu einer Konzeption in der Art einer Dachkonzeption kommen also spezielle Detailkonzeptionen, welche die Richtschnur für einzelne Unterthemen sind. Durch eine Detailkonzeption erhält ein Thema eine besondere Wichtigkeit. Detailkonzeptionen können z.B. erarbeitet werden für:

- **einen besonderen Ortsteil**
  z.B. innerhalb der Konzeption Wirtschaft, Kultur oder Tourismus. Dieser muss eine außerordentliche Bedeutung für die Kommune haben und darf nicht durch Konzeptionen anderer Handlungsfelder abzudecken sein. Bespiele dafür könnten sein: Sachsenhausen (Frankfurt), St. Pauli (Hamburg) oder Schwabing (München).
- **die Kooperation aufgrund vorhandener ökologischer Ressourcen**
  für die Forschung als auch den Individualtourismus. Beispiele hierfür sind die Ausweisung von Nationalparkgebieten und die damit verbundene Schaffung von Bildungs- und Forschungseinrichtungen, die wissenschaftlich Interessierte (Lehrer, Schüler, Studierende, Wissenschaftler) nutzen sollen.

Abb. 36: Leitbild und Konzeptionen für die Handlungsfelder

Leitbild

Festlegung der Handlungsfelder

Konzeptionen für die Handlungsfelder

A   B   C   D

Detailkonzeptionen für verschiedene Vorhaben

Quelle: eigene Darstellung

X.3. Markt

Stadtmarketing will den Ort vom Markt her führen. Voraussetzung dafür ist die Kenntnis des Marktes. Die Orientierung am Markt bedeutet, dass man sich auf die Gegebenheiten richten und zugleich die Chancen erkennen muss, die dieser Markt bietet. Im Stadtmarketing handelt es sich dabei je nach Festlegung der Handlungsfelder um mehrere Märkte, wie z.B. den touristischen oder kulturellen Markt.

Die Fakten für die Basisbewertung des Marktes bietet die Analyse. Da der Markt sich fortlaufend verändert, muss Stadtmarketing auch eine laufende Marktbeobachtung enthalten. Dabei werden Entwicklungen und Marktanteile beobachtet, wie z.B. die Nutzung von Angeboten und Dienstleistungen oder das Verhalten von Konkurrenzorten.

Wir leben in der heutigen Zeit in diesem Land in einer Überflussgesellschaft. Vorbei sind die Zeiten der Mangel-, Nachkriegs-, Gleichgewichts- oder Wohlstandsgesellschaft:

- **Mangelwirtschaft**
  Kein Stadtmarketing notwendig. Zu geringes Angebot.
- **Nachkriegswirtschaft**
  Großer Nachholbedarf.
- **Gleichgewichtswirtschaft**
  Konkurrenzstrategien. Differenzierung vom Wettbewerb als Hauptaufgabe.
- **Wohlstandsgesellschaft**
  Neue Bedürfnisse, *trading up*, Geltungsnutzen kommt auf, der Preis verliert an Gewicht.
- **Überflussgesellschaft**
  Wertdenken und Service als Hauptaufgabe. Konsumenten nutzen, was Spaß macht.

Im Bereich des Stadtmarketings erwarten Zielgruppen in der Überflussgesellschaft neben den normalen Angeboten zusätzliche Werte, was sich zunehmend in einer Verbesserung der Qualität niederschlägt. Nicht nur einkaufen, sondern auch das Einkaufserlebnis genießen, nicht nur Urlaub machen, sondern das Urlaubserlebnis auskosten, nicht nur Ansiedlungsflächen für Firmen, sondern ein Ansiedlungsservice sind die Kennzeichen dieser Entwicklung. Immer mehr beschäftigt sich die Marktforschung mit den Gefühlen und Wünschen der Menschen, mit aktuellen Trends und deren Dauer statt mit Zahlen und messbaren Fakten.[69] Immer wieder müssen sich Städte und Gemeinden auf neue Rahmenbedingungen einstellen, die mit neuen Trends und Zielen einhergehen. Wichtig ist, sich den Änderungen zu stellen und rasch eine Angleichung vorzunehmen.

---

[69] Ebenda, S. 17.

X.3.1. Marktsegmentierung

Die Marktsegmentierung will den Markt in Segmente einteilen und dabei einzelne Bereiche näher und intensiver betrachten.

- **Marktorientierung**
  Immer größere Anstrengungen werden unternommen, um die eigentlich anonyme und undurchsichtige Größe des Marktes differenziert kennenzulernen und zu definieren. Stadtmarketing muss den Markt genau beschreiben, um den Bedarf zu analysieren und entsprechende Produkte zu schaffen.

- **Marktbearbeitung**
  Ziel ist es, ein Produkt zu schaffen, dessen einzelne Aspekte bestimmten Bedürfnissen von Zielgruppen entspricht. Das heißt auch, die Aussagen auf die Bedürfnisse der Zielgruppen auszurichten. Daraus ergeben sich sechs Regeln für die Lösung, die durch die St. Gallen Consulting Group formuliert wurden und mit den folgenden Modifizierungen auch auf den Stadtmarketingprozess anwendbar sind:
  – Jedes Segment sollte aus einer homogenen Gruppe von Interessenten bestehen, d.h., eine Ausprägung gleicher oder ähnlicher Merkmale haben.
  – Jedes Segment sollte eine bestimmte und damit bestimmbare Größe haben, um eine gesonderte Marktbearbeitung zu ermöglichen.
  – Jedes Segment sollte leicht erkennbar und damit identifizierbar sein, sowohl für die Organisation des Stadtmarketingprozesses, aber auch für alle anderen Beteiligten, die im Rahmen von Multiplikatoren tätig werden.
  – Jedes Segment sollte über eindeutig identifizierbare Konkurrenten verfügen, damit eine ebenso eindeutige Positionierung möglich ist und sich das eigene Stadtmarketing darauf einstellen kann.
  – Jedes Segment sollte einen Zusammenhang zwischen den Segmentierungskriterien und dem Angebotsverhalten (Angebote, Dienstleistungen, Service) erkennen lassen.
  – Jedes Segment sollte Teil einer überschaubaren Anzahl von Segmenten sein und nicht in einer zu großen Anzahl von Segmenten untergehen (Einzigartigkeit/Abgrenzung zu Konkurrenzorten).

Marktsegmente müssen, um sie erfolgreich zu bearbeiten, genau definiert werden. Oft wird nach den folgenden **Segmenten** unterschieden:

- **geographische/regionale** wie Wirtschaftsräume (EU, USA, Asien etc.), Staaten oder Bundesländer, zusammengehörende Regionen;
- **firmendemographische** wie Industrieunternehmen, klein- und mittelständische Unternehmen, Gewerbe, Handel;
- **branchenorientierte** wie dienstleistende Bereiche, fertigende oder verarbeitende Industrie, Einzelhandel;

- **soziodemografische** wie Unterscheidung nach Alter, Geschlecht, Familienstand oder Status (wie z.B. Auszubildende, Studierende, Angestellte, Selbständige);
- **sozioökonomische** wie Einkommensklassen, Besitzstände, Alleinverdiener, Doppelverdiener;
- **psychologische** wie Umweltbewusste, Spontane, Orientierte, Progressive, Konservative, Trendsetter, Follower etc.;
- **Life-Style-orientierte** wie Konzertbesucher, Aktivurlauber, Freizeitorientierte, Wassersportler, Wintersportler etc.,
- **produktorientierte** wie Luxusurlauber oder Operngänger;
- **preisorientierte,** wie Hochpreissegmente oder Niedrigpreissegmente;
- **qualitätsorientierte** wie Luxusangebote oder aber Billigangebote;
- **vertriebsorientierte** wie Angebot über Mittler, Internet oder direkt.

X.3.2. Marktformen

Stadtmarketing muss den Markt hinsichtlich vorhandener Marktformen sondieren, um Chancen für die Bereiche des Stadtprodukts abzuschätzen. Grundsätzlich werden in drei Marktformen unterschieden:

- Die **Monopolstellung** präsentiert einzelne Offerten allein. Einzelne, wohl nie alle, Angebote sind in anderen Orten nicht vorhanden. Dazu kommt, dass es ein starkes Interesse von bestimmten Zielgruppen für diese Offerten gibt. Die Monopolstellung kann aber auch umgekehrt gesehen werden, nämlich in einem bestimmten Bedarf nur einer bestimmten Zielgruppe, deren Nachfrage durch die Stadt bzw. Gemeinde erfüllt werden soll, um so Konkurrenzorte auszuschalten.

- Ein **Oligopol** beinhaltet wenige Anbieter für bestimmte Offerten, der viele Interessenten gegenüberstehen. So gibt es z.B. nur wenige Orte, die als Hafenstädte Umschlagmöglichkeiten bieten, oder Städte an Flüssen, die Möglichkeiten für den Umschlag von Gütern zum Transport auf Binnenwasserstraßen haben.

- Ein **Polypol** liegt vor, wenn viele Anbieter bestimmter Offerten und viele Interessenten vorhanden sind. Der polypole Markt ist der heute übliche Markt, in dem die Kommunen versuchen müssen, ihr Produkt bzw. die Bestandteile zu positionieren.

X.4. Strategien

Der gesamte marktorientierte Stadtmarketingprozess setzt sich aus einer Vielzahl von Teilfunktionen zusammen, die alle einen Beitrag zur Zielerreichung liefern.[70]

---

[70] In Anlehnung an Barth, K./Theis, H.-J., Hotel-Marketing, 2. Auflage, Wiesbaden 1998.

Abb. 37: Stadtmarketing-Mix, Strategien und Ziele

```
         Stadtmarketing-Mix
            Strategien
         Stadtmarketingziele
```

Quelle: eigene Darstellung

Darunter zu verstehen sind überwiegend Instrumentalstrategien, d.h. Fragen des Einsatzes der Stadtmarketinginstrumente. Die Strategie definiert, wie die Kommune ihre Ziele erreichen will, und stellt die Generallinie und die Handlungsmaxime für die Stoßrichtung in den Markt dar. Strategien basieren auf mittel- und langfristigen Grundsatzentscheidungen und dienen somit zur Integration von Stadtmarketingzielen und Instrumenten.[71]

Abb. 38: Strategiearten

```
   Grundsatzstrategie              Wachstumsstrategie
        ↓      ↓                    ↓     ↓     ↓     ↓
  Fixpunktstrategie | Konkurrenzstrategie
                                Penetration | Segmentierung | Differenzierung | Diversifikation
```

Quelle: eigene Darstellung

---

[71] In Anlehnung an Barth, K./Theis, H.-J., Marketing-Konzeption, 2. Auflage, München 1988, S. 111 ff.

X.4.1. Grundsatzstrategie

Die Grundsatzstrategie bezieht sich im Wesentlichen auf Fragen, mit welchen Leistungen die Kommune sich auf welchen Märkten betätigen will (**Fixpunktstrategie**). Die **Konkurrenzstrategie** legt fest, welche Verhaltensweisen gegenüber den Wettbewerbern ergriffen werden sollen.

Die Fixpunktstrategie ist darauf angelegt, die Grundzielrichtung zu verfolgen. Die Stadt oder Gemeinde ist bestrebt, sich vom Angebot der Konkurrenten abzuheben (Alleinstellungsmerkmal), um sich auf dem Markt zu profilieren. Eine weitere Fixpunktstrategie ist die Bearbeitung bestimmter Teilmärkte bzw. Zielgruppen. So kann z.B. der touristische Bereich Leistungsangebote zusätzlich formulieren, die nur für eine kleine Zielgruppe mit hoher Kaufkraft bestimmt sind (z.B. ein exklusives Pauschalangebot für Golfspieler).

X.4.2. Wachstumsstrategie

Die Wachstumsstrategie lässt sich unterteilen in
- Marktpenetration
- Marktsegmentierung
- Marktdifferenzierung
- Diversifikation.

Die Marktpenetration bzw. Marktdurchdringung verfolgt das Ziel, durch intensivierte Stadtmarketingaktivitäten Marktanteile zu erhalten bzw. auszubauen sowie das Marktvolumen zu vergrößern. Erreicht wird dies durch eine Intensivierung des bereits bestehenden Bedarfs oder durch die Aktivierung des latenten Bedarfs.[72] Die Ausschöpfung des gegenwärtigen Marktes mit gegenwärtigen Leistungen kann beispielsweise auf folgende Weise erreicht werden:
- Aktivierung bisheriger Nichtinteressierter. Die Aktivierung des latenten Bedarfs lässt sich z.B. durch intensivierte Werbeanstrengungen oder Veränderungen der Preispolitik erreichen;
- Gewinnen neuer Interessierter durch ein verbessertes Angebot.

Die Strategie der **Marktsegmentierung** hat die Aufspaltung des Gesamtmarktes in einzelne Teilmärkte (Segmente) und die gezielte Bearbeitung der Segmente mit jeweils spezifischen Programmen (zielgruppengerecht) zum Inhalt. In dem ersten Schritt wird aufgrund der gewonnenen Marktdaten eine Entscheidung getroffen, welche Marktsegmente zum Gegenstand der absatzpolitischen Bemühungen werden sollen.[73] Aus den konkreten Zielgruppenvorgaben lassen sich die Maßnahmen für die Entscheidungen über den Stadtmarketing-Mix ableiten. Je nach Anzahl der ausgewählten Marktsegmente lassen sich Mono- oder Multistrategien unterscheiden. Monostrategien zielen auf die Bearbeitung eines einzelnen Marktsegmentes und

---

[72] Vgl. Nieschlag, R./Dicht, E./Hörschgen, H., Marketing, 18. Auflage, Berlin 1997, S. 900.
[73] In Anlehnung an Barth, K./Theis, H.-J., Hotel-Marketing, S. 142 ff.

können als Strategie der Marktnischenpositionierung, der Positionierung in einer Versorgungslücke oder aber als Strategie der segmentorientierten Marktführerschaft agieren. Die Strategie der Marktnischenpositionierung nimmt Bezug auf die Bearbeitung eines erkannten Marktsegments, für dessen spezifisches Bedürfnisprofil bisher kein geeignetes Leistungsangebot bereitgestellt wurde. Es muss berücksichtigt werden, dass Konkurrenzorte in absehbarer Zeit diese Marktnische für sich entdecken können.

Die Strategie der Positionierung in der Versorgungslücke zielt auf die Bearbeitung eines Marktsegmentes, das bereits von mindestens einem Konkurrenzort bearbeitet wurde. Der Mitbewerber ist jedoch **nicht** in der Lage, den gesamten Bedarf dieses Segmentes zu decken. Die Strategie der segmentbezogenen Marktführerschaft wird dann verfolgt, wenn eine Leistung innerhalb eines Segmentes auch ohne vorhandene Versorgungslücke aussichtsreiche Wettbewerbschancen hat. Die Marktführungsstrategie will über ein verbessertes Preis- und Leistungsangebot die Konkurrenten aus dem betreffenden Teilmarkt verdrängen.[74]

Multisegmentstrategien sind entweder Strategien der Marktstandardisierung oder -differenzierung. Mit der Strategie der Marktstandardisierung liegt der bewusste Verzicht auf eine segmentorientierte Marktbearbeitung vor. Mittels eines durchschnittlichen Leistungsangebotes sollen möglichst viele Nachfrager unterschiedlichster Marktsegmente mit unterschiedlichen Bedürfnisprofilen angesprochen werden. Mit der Verfolgung dieser Strategie kann man in einem Stadtmarketingprozess eigentlich nicht den spezifischen Bedürfnisprofilen der Interessenten gerecht werden, so dass eine konsequente Niedrigpreispolitik verfolgt werden muss. Diese Strategie kann nur dann sinnvoll sein, wenn eine eindeutige Preisführerschaft eingehalten werden kann.

Die **Marktdifferenzierung** versucht, über eine bedürfnisspezifische Ausgestaltung des Leistungsangebotes unterschiedlichen Marktsegmenten gerecht zu werden. So kann z.B. ein Sporthotel die spezifischen Segmente Tennis und Golf abdecken und daneben beiden Gästegruppen dasselbe Leistungsangebot im Beherbergungs- und Verpflegungsbereich offerieren. Oft ist es aber schwierig, heterogene Segmente anzusprechen, da die einzelnen Bedürfnisprofile einander ausschließen. So ist es kaum möglich, die Bedürfnisse Erholung suchender Kurgäste und derjenigen aktiv ausgerichteter Urlaubsfamilien im selben Hotel zu befriedigen. Auch für das Handlungsfeld Tourismus ist es oft nur schwer möglich, touristische Angebote für Ältere und Jüngere zu formulieren oder Industrie und Tourismus auf engem Raum zu planen.

Die Strategie der **Diversifikation** nimmt bedarfsverwandte oder das bisherige Angebot ergänzende Leistungen auf sowie neue Leistungs- und Marktgebiete. Dabei wird auf die Kenntnisse, Erfahrungen und Beziehungen aus den bisherigen Tätigkeiten zurückgegriffen.[75] Da es sich bei dieser Strategie um eine Leistungsergän-

---

[74] Vgl. Barth, K./Theis, H.-J., a.a.O., S. 142 ff.
[75] Ebenda.

zung bzw. -erweiterung handelt, ist diese für Orte sinnvoll, die ihre bisherigen Leistungen verändern möchten.

Die richtige Wahl der Strategie und eine Kombination mehrerer Strategien richten sich immer nach der jeweiligen Marktsituation. Die verschiedenen Strategien weisen Interdependenzen auf, wie Fixpunkt- und Monosegmentinnovation und die Strategie der Leistungsinnovation. Die Auswahl muss aber so getroffen werden, dass eine der Strategien als grundlegende Stadtmarketingstrategie verstanden wird, an der sich andere Strategien orientieren. Daneben beschreibt die getroffene Auswahl den grundlegenden Handlungsrahmen für die weitere Ausgestaltung des absatzpolitischen Instrumentariums.[76]

Die Stadtmarketinginstrumente (= Produkt-, Preis- und Distributionspolitik) müssen mit den kommunikativen Mitteln in einer verbindlichen, langfristigen und unverwechselbaren Stadtidentität zu einem eindeutigen, widerspruchsfreien Marktverhalten führen.

X.5. Potentiale

Berücksichtigt werden müssen die Erhaltung und Entfaltung aktueller und ehemals vorhandener Potentiale sowie der Aufbau neuer Strukturen und Infrastrukturen. Im Laufe der Jahre gehen oft Potentiale verloren oder geraten in Vergessenheit, die für neue konzeptionelle Ansätze von enormer Bedeutung sind. Dies können z. B. Sanierungsmaßnahmen, Gewerbeansiedlungen, Handel und Dienstleistungen oder Maßnahmen im Bereich von Kultur und Freizeit sein. In der Stärken-/Schwächen-Analyse zeigen sich ehemals vorhandene Potentiale in der so genannten Grauzone. Dies sind nicht mehr durch die Einwohner, Besucher usw. wahrgenommene Faktoren, die einst Stärken des jeweiligen Ortes waren.

Beispiel

In einer mittelgroßen Stadt wurde im Handlungsfeld Innenstadt deutlich, dass in den vergangenen Jahren die Umsätze stark zurückgegangen waren. Es fehlten vor allem Käuferschichten aus dem Umland, die vor einigen Jahren noch regelmäßig in die Innenstadt gekommen waren.
In der Analysephase wurde erkannt, dass zu den ehemals vorhandenen Potentialen auch zweimal wöchentlich ein Markt gehörte, der großen Zulauf aus dem Umland hatte. Die Besucher des Marktes nutzten die Gelegenheit, um auch Einkäufe in den Geschäften der Stadt zu machen. Nachdem der Markt nicht mehr veranstaltet wurde, führte dies zu spürbaren Umsatzrückgängen.

Dies Beispiel zeigt, dass oft kleine Faktoren dafür verantwortlich sind, dass ein Gesamtgefüge negativ oder positiv beeinflusst wird.

---

[76] Barth./Theis, a.a.O., S 142 ff.

XI. Verfahren

In der Konzeptionsphase müssen folgende Schritte geplant und vorbereitet werden:

> 1. Bildung von Arbeitsgruppen für die Handlungsfelder,
> 2. Benennung von Moderator/inn/en für die einzelnen Arbeitsgruppen,
> 3. Kreativitätsphase,
> 4. Realisationsphase,
> 5. Erstellen eines Handlungskataloges mit Angabe der Zuständigkeit, zeitlichen Planung, Verantwortung und Finanzierung.

XI.1. Ablauf

Gab es während der Analysephase in der Regel nur die Steuergruppe, die mit Vertretern aller interessierten Organisationen, Institutionen, Vertretern der Verwaltung u.ä. besetzt war, so wird in der Konzeptionsphase neben der Steuergruppe **je beschlossenem Handlungsfeld eine Arbeitsgruppe** etabliert. Diese Arbeitsgruppen beraten aufgrund der Leitlinie und den Analyseergebnissen für ihr Handlungsfeld **konkrete Maßnahmen** für die zukünftige Entwicklung des Ortes. Zulässig ist auch die Zusammenlegung artverwandter Handlungsfelder in einer Arbeitsgruppe. Dadurch darf es aber nicht zu einer geringeren Gewichtung der einzelnen Bereiche kommen.

Jede Arbeitsgruppe erarbeitet für ihren Bereich (Wirtschaft, Tourismus, etc.) eine Konzeption, das abschließend in der Steuergruppe mit den anderen Handlungsfeldern abgestimmt wird und in die Gesamtkonzeption einfließt. So wird gewährleistet, dass sich die Konzeptionen der jeweiligen Handlungsfelder nicht widersprechen oder überschneiden. Die einzelnen Konzeptionen enthalten Handlungskataloge für konkrete Maßnahmen, die eine zielgerichtete Arbeit ermöglichen.

XI.2. Bildung von Arbeitsgruppen

In dieser Phase ist zu überprüfen, ob die Mitglieder der Arbeitsgruppen, die in der Analysephase bereits für die einzelnen Handlungsfelder benannt wurden, auch in der Lage sind, konzeptionell zu arbeiten.

Abb. 39: Die Konzeptionsphase im Stadtmarketingprozess

REALISATION

Präsentation der Gesamtkonzeption

Steuergruppe
Abstimmung der Konzeptionen
Schlussredaktion

KONZEPTION
Maßnahmenkataloge
(einzelne Handlungsfelder)

Konzepte für den operativen Bereich

Präsentation des Leitbildes
Nennung der Handlungsfelder

Entwicklung des Leitbildes
Vision

ANALYSE

ggf. Modifiziertes PAW

Auftaktveranstaltung

Quelle: eigene Darstellung

Wenn sich zeigt, dass Arbeitsgruppen homogen gearbeitet haben, so sollte die personelle Zusammensetzung nicht verändert werden. Ein derartiges Ergebnis ist aber nicht die Regel. Oft wird deutlich, dass bereits während der Analyse Probleme bei der Zusammenarbeit auftraten, die auch durch eine professionelle Moderation nicht behoben werden konnten. Wurden hieraus bisher keine Konsequenzen gezogen, so bietet der Übergang von der Analysephase zur Konzeptionsphase eine hervorragende Möglichkeit, die personelle Besetzung der Arbeitsgruppen zu verändern. Dabei sollte auch die bisher geleistete Arbeit des/der Moderators/Moderatorin diskutiert werden.

Die Besetzung einer Arbeitsgruppe muss personell einen Querschnitt der Verantwortlichkeiten in dem jeweiligen Handlungsfeld berücksichtigen. Kompetente Personen dürfen nicht unberücksichtigt bleiben, da eine breite Basis für die Ideenfindung und die spätere Umsetzung der beschlossenen Maßnahmen erforderlich ist. Es ist darauf zu achten, dass nicht die gleichen Personen in mehreren Arbeitsgruppen mitarbeiten. Ferner ist zu beachten, dass mitarbeitswillige Personen, die (aus welchen Gründen auch immer) nicht berücksichtigt werden, den Stadtmarketingprozess später derart behindern und beeinträchtigen können, dass der Erfolg in Frage gestellt wird.

Abb. 40: Koordination der Arbeitsgruppen durch die Steuergruppe (Beispiel)

```
                    ┌─────────────────┐
                    │  Steuergruppe   │
                    └─────────────────┘
                   /    /   |   \    \
                  /    /    |    \    \
                 /    /     |     \    \
       AG Wirtschaft /      |      \    \
                   /        |       AG Wissenschaft
              AG Sport      |        AG Tourismus
                       AG Einzelhandel
```

Quelle: eigene Darstellung

Die Arbeitsgruppe Wissenschaft muss z.B. mit allen wichtigen Leitern der wissenschaftlichen Einrichtungen vor Ort besetzt sein; in die Arbeitsgruppe Einzelhandel gehören die Vertreter aller Interessengruppen im Einzelhandel. So wird vermieden, dass Planungen zum Nachteil Nichtbeteiligter erfolgen.

Die Arbeitsgruppen müssen nach Abschluss der Konzeption auch die Realisation begleiten, d.h., sie sind auch für das Controlling des Realisationsverfahrens in ihrem Handlungsfeld verantwortlich.

Für das Mitwirken in der Steuerungsgruppe bzw. in einzelnen Arbeitsgruppen gibt es unterschiedliche Motive. Grundsätzlich gilt, dass alle Teilnehmer von der Wichtigkeit des Stadtmarketingprozesses überzeugt sind oder überzeugt werden müssen. Teilnehmer, die nur aus einem „Ich muss auch dabei sein" ihre Motivation erhalten, behindern später den Gesamtablauf. Die Motivationsgründe für die aktive Mitarbeit können vielfältig sein. Dazu gehören: persönliches Statusinteresse, das Bestreben, Anerkennung und Aufmerksamkeit zu erlangen, gesellschaftliches Engagement, Interessenwahrnehmung sowohl im gesellschaftlichen als auch im politischen und ehrenamtlichen Bereich, oder auch ökonomische Interessen.

XI.3. Vorhandene organisatorische Strukturen

Sind bereits in einzelnen Handlungsfeldern Interessengemeinschaften vorhanden, so müssen deren Zielsetzungen und Aufgaben für die Arbeit in den Arbeitsgruppen berücksichtigt werden. Zu empfehlen ist, dass Vertreter dieser Gruppierungen Mitglieder in den Arbeitsgruppen werden. Von Vorteil ist, dass die Mitglieder derartiger Zusammenschlüsse bereits in der Vergangenheit versucht haben, gemeinsam definierte Ziele zu erreichen. Beispiele für Zusammenschlüsse sind:

- City-Interessenvereine
- Bürgerinitiativen
- spezielle Vereine, die Aufgaben am Ort erfüllen
- große und bedeutende Sport- oder sonstige Vereine
- Bürgervereine
- Stadtteilinitiativen.

Es stellt sich die Frage, ob auch diejenigen Initiativen berücksichtigt werden müssen, die sich gebildet haben, um **gegen** konkrete Ziele einer Kommune vorzugehen. Es empfiehlt sich, in einem intensiven Dialog auch auf derartige Interessengruppen zuzugehen, um Argumente auszutauschen und – zur Vermeidung von Konflikten – im Vorfeld nach gemeinsamen Lösungen zu suchen.

XI.4. Kommunikationsprozess

Die **Kommunikation** ist die **tragende Säule** in dem Stadtmarketingprozess. Nicht nur in der Phase der Analyse, sonder auch in der Konzeptionsphase und in der Realisationsphase ist die intensive Kommunikation der Handelnden in allen Bereichen erforderlich. Probleme bei der gemeinsamen Entwicklung einer Konzeption sind häufig auf eine fehlende oder mangelhafte Kommunikation zurückzuführen.

Eine funktionierende Kommunikation ist die Basis für Problemerörterungen. Kommunikation wird praktiziert in Foren, Workshops, Vortrags- und Diskussionsveranstaltungen, aber besonders in der Steuergruppe und in den einzelnen Arbeitsgruppen. Die Kommunikation gilt als positive Voraussetzung für eine vorbildliche Motivation und ist das grundlegende Instrument für Maßnahmen im Rahmen des Stadtmarketingprozesses.

Um eine intensive Kommunikation zu ermöglichen, sollten die Steuergruppe wie auch die einzelnen Arbeitsgruppen nie mehr als **zwölf Mitglieder**, mindestens aber **vier Mitglieder** haben.

Abb. 41: Dialogpyramide im Stadtmarketing

Pyramide (von oben nach unten):
- allgemein gültiges Ergebnis
- Diskussion Teilkonsense Kompensationen
- Einsatz von Kreativitätstechniken
- Diskussion und Bewertung der
  a) Stärken und Schwächen
  b) Chancen und Risiken
- Ergebnisse der Analyse des jeweiligen Handlungsfeldes

Quelle: eigene Darstellung

XI.5. Gruppensteuerung und Teamarbeit

Jede Arbeitsgruppe muss genauso effizient gesteuert werden wie die Steuergruppe selbst. Nur durch eine professionelle Moderation können unterschiedliche Erfahrungen der Gruppenmitglieder erkannt, gewertet und eingesetzt werden. Der/die Moderator/in ist dafür verantwortlich, Hintergründe einer guten oder schlechten Zusammenarbeit zu erkennen bzw. zu erörtern.

Die Kommunikation in den einzelnen Arbeitsgruppen ist ein komplexer und vielschichtiger Prozess. Kommunikation ist nicht nur der Austausch von Informationen. Wichtig sind die Beziehungen der einzelnen Mitglieder untereinander. Darin sind positive oder negative Voraussetzungen für einen Großteil der Kommunikation zu sehen. Steuerung heißt auch, eine Gesprächs- und Streitkultur zu entwickeln, an deren Ende immer ein gemeinsam getragenes Ergebnis steht.

Ausgangspunkt der Steuerung der Arbeitsgruppen ist die Feststellung, dass die Teilnehmer über unterschiedliche Erfahrungen in der Gruppenarbeit, aber auch im Wissen zu dem Thema verfügen. Daher müssen die Hintergründe für die Mitarbeit gefunden und gewertet werden. Die Interessen der Einzelnen müssen deutlich und für die anderen Gruppenmitglieder durchschaubar werden. Dazu gehört auch, die einzelnen Problemansichten plastisch zu machen, um eine breite informelle Basis für die Gruppenarbeit zu finden. Bei den aufgezählten Kriterien wird deutlich, dass nur eine professionelle Steuerung diese Ansprüche erfüllen kann. Ideal wäre, wenn alle Mitglieder über einschlägige Erfahrungen mit Gruppenarbeit verfügen würden. Hiervon kann aber nicht ausgegangen werden. Typisch ist, dass eher wenige Mitglieder der Gruppe entsprechende Erfahrungen haben.

Im Mittelpunkt der Sitzungen der Steuergruppe sowie der Arbeitsgruppen steht die Ideenfindung. Hilfreich und unabdingbar dafür ist die Freisetzung von Kreativität durch Assoziationstechniken. In den überwiegenden Fällen stehen Gruppenmitglieder diesen Methoden zu Beginn eher skeptisch gegenüber und müssen daher behutsam an diese Techniken herangeführt werden.

Die Steuerung muss eine grundlegende Bewertung der Gruppenfähigkeit vornehmen und ggf. über den Zweck und das Ziel der Gruppenarbeit informieren. Die **positive Gruppenarbeit** durchläuft immer **drei Ebenen**: sie beginnt mit der Selbstbestimmung und den Beiträgen des Einzelnen, setzt sich im Entstehen des Gruppengefühls fort und führt danach zu einer fruchtbaren thematischen Diskussion. Durch die Steuerung der Gruppenarbeit muss erreicht werden, dass ein dynamisches Gleichgewicht in der Gruppe entsteht. Dabei ist das Thema ist der rote Faden.

Abb. 42: Drei grundlegende Aspekte der Gruppenarbeit

1. Selbstbestimmung und die Beiträge des Einzelnen
2. Entstehung des Gruppengefühls
3. Thematische Diskussion

Dynamisches Gleichgewicht

Das Thema ist der **rote Faden**

Quelle: eigene Darstellung

Die Gruppenarbeit kann nicht erfolgreich sein, wenn keine qualifizierte Moderation vorhanden ist, der/die Moderator/in die Aufgabe dominant ausübt, keine Tagungsordnungspunkte vorgegeben sind, belanglose Gespräche geführt werden, die Visualisierung mangelhaft ist oder ein genau festgelegter Zeitrahmen fehlt.

Durch die Moderation muss erreicht werden, dass die Gruppenmitglieder ein Teamgefühl entwickeln. Die Teamarbeit wird deutlich durch einen lockeren Umgangsstil und eine erfolgreiche Arbeit. Zur Steuerung gehört es auch, Pausen einzuplanen, besonders dann, wenn bei einigen Gruppenmitgliedern Konzentrationsschwierigkeiten deutlich werden. Getränke, Kekse, evtl. ein kleiner Imbiss, wenn die Sitzung in die Mittags- und Abendzeit geht, sollten nicht fehlen.

XI.5.1. Phasen der Kommunikation

Jede Kommunikation in einer Gruppe vollzieht sich in mehreren Phasen, von denen jede eine besondere Bedeutung hat und für die Gruppenarbeit erfolgsorientiert angelegt sein muss:

1. Initialphase
2. Aktionsphase
3. Integrationsphase
4. Realisationsphase.

1. Die Initialphase

Die Initialphase ist der Einstieg in die Gruppenarbeit. Engagiert müssen die Gruppenmitglieder auf die vor ihnen liegende Arbeit eingestellt werden. Die Mitarbeit in einer Arbeitsgruppe erfolgt auf freiwilliger Basis. Nach diesem Kriterium sollten jedenfalls die Mitglieder – neben ihrer fachlichen Qualifikation und dem für ein breit angelegtes Stadtmarketing nötigen Querschnitt aller Interessengruppen – ausgesucht werden. Dies birgt auch die Verpflichtung, regelmäßig und pünktlich an allen Sitzungen teilzunehmen. In der ersten Sitzung werden die Weichen für die Arbeit in den nächsten Wochen gestellt. Die erste Sitzung ist auch der wichtige Einstieg in die Gruppenarbeit, die durch mehrere Stufen gekennzeichnet ist:[77]

Stufe Zwischenmenschliche Struktur

Die Mitglieder der Arbeitsgruppe sollten sich vorstellen. Wichtig für alle Gruppenmitglieder ist es, zu erfahren, um wen es sich handelt, für wen sie/er in der Arbeitsgruppe ist. Jedes Gruppenmitglied muss erläutern, warum sie/er sich in die jeweilige Arbeitsgruppe eingebracht hat und wie sie/er durch ihre/seine Mitarbeit zum Gelingen der Arbeit beitragen kann. Bezeichnet wird dies als die situative Rolle der einzelnen Gruppenmitglieder.

Stufe Thematische Strukturen

Der/die Moderator/in wird in dieser Stufe unter Beteiligung der Gruppenmitglieder die Aufgabenstellung klar umreißen. Das Thema der Arbeitsgruppe für das Handlungsfeld wird genau definiert, orientiert an den Vorgaben des Leitbildes. Unterthemen werden zur Ergänzung der Arbeit besprochen. Der Anlass des Treffens, der Auftrag, steht im Mittelpunkt dieser Phase. Ziel muss es sein, die Situation eindeutig zu umreißen sowie negative und positive Punkte anzusprechen.

Stufe Vorgeschichte

In diese Stufe gehören alle Ergebnisse bisheriger Gespräche, die Vision, das Leitbild, Analyseergebnisse, Vorgespräche, aber auch Informationen über ähnliche Gespräche und Initiativen in der Vergangenheit mit positiven oder negativen Ergebnissen. Vorangegangene Sitzungen mit ähnlicher Thematik, vorbereitende Gespräche etc. müssen erläutert und diskutiert werden. Es dürfen keine historischen Aspekte und Fakten unberücksichtigt bleiben, die für die künftige Arbeit von Bedeutung sind. In dieser Phase muss alles sehr umfassend besprochen werden. In den folgenden Sitzungen dürfen Aspekte der Vergangenheit nicht mehr zum Thema gehören. In der Regel dauert es mehr als eine Sitzung (maximal zwei Stunden je Sitzung), um die ersten drei Stufen ausgiebig zu erörtern. Nur so wird es möglich, ohne historische Belastungen ein Thema neu anzugehen.

Stufe Ziele

Zu den Zielen der Gruppenarbeit im Stadtmarketing gehört die realisationsorientierte Arbeit. Dies muss den Mitglieder der Arbeitsgruppe immer wieder deutlich

---

[77] In Anlehnung an Schulz von Thun, F., Miteinander Reden, Hamburg 1998, S. 282 ff.

gemacht werden. Vergangenheitsbewältigung kann nicht das Ziel sein, sondern die erfolgreiche Arbeit für die Zukunft.

2. Aktionsphase
In der Aktionsphase entstehen verschiedenartige Ideen, die durch Assoziationstechniken bei den Mitgliedern der Arbeitsgruppen freigesetzt werden. Besonders in dieser Phase kommt es auf eine professionelle Moderation an.

3. Integrationsphase
Die Integrationsphase soll die Ideen ordnen und erläutern, sie auf ihre Umsetzbarkeit prüfen oder modifizieren. In die Vielzahl der Ideen muss nun eine Struktur kommen, die zur Konzeption entwickelt wird. Synergien im eigenen Handlungsfeld müssen erkannt und deutlich gemacht werden, Synergien zu anderen Handlungsfeldern herausgearbeitet und mit den entsprechenden Arbeitsgruppen und der Steuergruppe diskutiert werden.

4. Realisationsphase
In der Realisationsphase müssen die einzelnen Konzepte erarbeitet und in die Gesamtkonzeption eingefügt werden. Dabei sind Synergien mit dem eigenen Handlungsfeld und/oder mit anderen Handlungsfeldern zu beachten. Ein weiteres Ziel ist die Erarbeitung eines Maßnahmenkatalog mit klaren Aussagen zu den einzelnen Maßnahmen, zur Zuständigkeit, zu den Kosten, dem Zeitraum und der Umsetzung.

XI.6. Moderation

Der Moderator bzw. die Moderatorin leitet die Arbeitsgruppensitzungen. Er/sie leitet auch die Diskussionsveranstaltungen, ist Organisator/in und Koordinator/in des gesamten Arbeitsgruppenprozesses. Mit Fachwissen und Rat wird die Gruppenarbeit unterstützt. Zu den Aufgaben gehören auch das Vorbereiten, Koordinieren, Begleiten und Nachbereiten der Sitzungen.

Abb. 43: Integrative Moderation

Moderator/in

Der Moderator ist *primus inter pares*, durch Impulse werden die
Teilnehmer aktiviert. Interaktionen entwickeln sich.

Quelle: eigene Darstellung

Grundlegende Anforderungen an Moderatoren im Stadtmarketing sind fachliche Kompetenz sowie Wissen über die Anwendung von Moderationstechniken, Kommunikationsabläufen und gruppendynamischen Prozessen. Der/die Moderator/in sollte positiv, ruhig, gelassen und sicher wirken. Sachkenntnis und persönliche Autorität (ohne in den Vordergrund zu treten) sind weitere Merkmale. Als Diener der

Gruppe ist der Moderator für den Gruppenerfolg verantwortlich. Gegenüber den Gruppenmitgliedern wird ein hohes Maß an Toleranz und Aufgeschlossenheit gezeigt. Der/die Moderator/in kann zuhören, schafft eine angenehme Atmosphäre und versucht, inaktive Gruppenmitglieder einzubinden. Allerdings müssen auch dominante Mitglieder gebremst werden, ohne die Aktivität dadurch zu beeinflussen.

Die Moderation muss **drei wichtige Faktoren** beachten und jederzeit unter Kontrolle haben:

- die **Zeit**
- das **Thema**
- die **Gruppe.**

Abb. 44: Kontrolle über Zeit, Thema und Gruppe

```
                    Moderation
              ↙         ↓         ↘
         Zeit        Thema        Gruppe
```

Quelle: eigene Darstellung

Die Zeit
Zu Beginn einer Sitzung muss mit allen Teilnehmern exakt abgesprochen werden, wie lange die Sitzung dauern soll. Dabei ist ein konkreter zeitlicher Endpunkt zu setzen, der nicht überschritten werden darf. Noch besser ist, den zeitlichen Rahmen bereits mit der Einladung zur Sitzung vorzugeben.

Das Thema
Der/die Moderator/in findet verbindende Worte zwischen dem Gesagten, nimmt den roten Faden immer wieder auf und hat dabei immer das Ziel vor Augen. Falls erforderlich, muss ein Thema auch visualisiert und dokumentiert werden. Zum Ende einer jeden Sitzung fasst er/sie das Ergebnis zusammen und findet den richtigen Abschluss.

Abb. 45: Dominante (narzistische) Moderation

Dialoge und die spontane Kommunikation werden blockiert.

Quelle: eigene Darstellung

Die Gruppe
Treten Konflikte auf, so muss der/die Moderator/in diese ansprechen und diskutieren. Notfalls müssen Einzelgespräche geführt werden, um Konfliktsituationen abzubauen. Daher ist es selbstverständlich, dass zu allen Gruppenmitgliedern immer Blickkontakt gehalten und der gruppendynamische Prozess beobachtet wird. Die Gruppe verändert sich in ihrer Arbeit von Minute zu Minute. Diese Stimmungslagen müssen berücksichtigt und auf Bedürfnisse, Neigungen und Fähigkeiten Rücksicht genommen werden. Als Leiter/in der Gruppe muss der/die Moderator/in dafür sorgen, dass die Spielregeln (wie Wortmeldungen und Rededauer) beachtet werden.

Abb. 46: Laissez faire-Moderation

Die Moderations- und Ordnungsfunktion werden vernachlässigt.

Quelle: eigene Darstellung

Der/die Moderator/in achtet auch auf Ermüdungserscheinungen und sorgt in diesem Zusammenhang für Unterhaltung und Entspannung. Es muss dafür gesorgt werden, dass die Motivation auch in die folgenden Sitzungen übergeht und Prioritäten für die nächste Sitzung gesetzt werden.

> **Gemeinsames Arbeiten fördert**
> - Vertrauensgefühl
> - gegenseitiges Verständnis

XI.7. Struktur der Sitzungen

Jede Arbeitsgruppensitzung muss detailliert vorbereitet und im Ablauf strukturiert werden. Das offene Gespräch in einer Gruppe fördert bei einem organisierten Ablauf eine Vertrauensbasis zwischen den Teilnehmern und darüber hinaus das gegenseitige Verständnis. Ein **gruppendynamischer Prozess** vollzieht sich in **vier Phasen**. Diese sind:

- Orientierung,
- Klärung,
- Themenarbeit, Produktivität,
- Abschluss und Transfer.

Die nachfolgend angegebene Struktur soll eine Hilfe sein.

Abb. 47: Struktur der Arbeitsgruppensitzung

Struktur der Arbeitsgruppensitzung	
1. Vorbereitung	• Inhalt • Methode • Organisation
2. Einstieg	• Begrüßung • Vorstellungsrunde • Zeitplanung
3. Thema und Ziel	• Ziel und Zweck der Arbeit • Verteilung der Arbeitsaufgaben
4. Sammeln und Ordnen	• Vortrag, Bericht, Abfrage, Kreativitätstechniken • Gruppierung der Aussagen
5. Auswählen nach Kriterien	• Zeit • Zielnähe • Wichtigkeit • Schwierigkeit
6. Bearbeiten	• Analyse • Erarbeitung von Lösungsvorschlägen
7. Planen	• Maßnahmenplan aufstellen • Kontrollkriterien festlegen
8. Abschluss **9. Nachbereitung**	• Protokoll • Ergebnisse verteilen

Quelle: eigene Darstellung

XI.7.1. Technische Voraussetzungen

Für die Gruppensitzungen ist ein Raum zu suchen, der ohne Büroaktivitäten ein ungestörtes Arbeiten ermöglicht. Für die Dauer der Gruppensitzung sind die Telefone ausgeschaltet, dies gilt insbesondere für Handys. Alle Mitglieder verpflichten sich, während der gesamten Sitzung anwesend zu sein.

Technische Voraussetzungen für die Visualisierung sind:

- Flipchart
- Tageslichtprojektor
- Metaplan-Ausstattung)
- Schultafel mit Kreide
- Magnet- oder Hafttafel
- Diaprojektor
- Filmprojektor
- Zeigestab (manuell oder Laser)
- Projektionswand
- Folien und Folienstifte
- Videorecorder
- Videokamera
- Pinnwände.

XI.7.2. Metaplan-Technik

Besonders die Metaplan-Technik ermöglicht es, alle Teilnehmer problemlos in die Gruppenarbeit einzubinden. Alle Mitglieder der Gruppe halten ihre Meinungen auf Karten fest, die, nach Themen geordnet, für alle sichtbar an einer Wand angebracht werden. Auf die Karten schreibt jedes Gruppenmitglied kreative Ideen und Gedanken, aber auch Zweifel und Kritik. Entscheidend ist die Fragestellung des Moderators. Benötigt werden eine Hafttafel, bunte Karten und Filzschreiber. Käuflich zu erwerbende Moderationskoffer enthalten das komplette Zubehör.

Metaplan ist die bewusste Nutzung von Gruppenkommunikation, also auch ein wichtiger Lernschritt, wenn es um den Aufbau eines Kommunikationsprozesses im Stadtmarketing geht. „Ausgangspunkt ist die sozialpsychologische Erkenntnis, dass jemand sich an der Meinung von seinesgleichen orientiert, wenn er sich nicht über das Angebotene sicher ist: Wer sich eine neue Hifi-Anlage anschaffen will, fragt nicht nur den Verkäufer, sondern auch seine Bekannten. Deren Meinung gibt oft den Ausschlag. Ähnliches gilt für Ärzte bei einem neuartigen Therapeutikum."[78]

---

[78] Niedenhoff H.-U./Schuh H., Versammlungstechniken, Köln 1991, S. 30.

Metaplan schaltet diesen Orientierungsprozess aus und macht es möglich, alle Gruppenmitglieder einzubeziehen. Da jeder Teilnehmer die gleiche Anzahl Karten erhält, kommt es zu einer quantitativ gleichen Anzahl von Ideen. Während es im mündlichen Brainstorming-Verfahren oft zu einem dominanten Auftreten einzelner Gruppenmitglieder kommt, beseitigt Metaplan diesen Nachteil von Anfang an.

XI.7.3. Sitzordnung

Zum Beginn der Gruppensitzung empfiehlt sich eine lockere kreisförmige Sitzordnung ohne Tische. Diese Sitzordnung ist effektiv für eine Vorstellungsrunde und für die ersten Gespräche.

Für die Arbeit an Tischen kommen nur kommunikative Sitzordnungen in Betracht. Es gibt visuell keine Über- oder Unterordnung, keine Rangfolge.

Abb. 48: Beispiele für kommunikative Tischformen

Quelle: eigene Darstellung

XII. Kommunikation

Der Dialog in den Arbeitsgruppen durchläuft verschiedene Ebenen, die sich über erste Informationen bis zu konkreten Ergebnissen erstrecken. In einem Dialog wird eine kontinuierliche Kommunikation aufgebaut, die akute und verdeckte Konflikte aufbereitet und abbaut. Das Ziel des Dialogs ist, verschiedene Interessen zu berücksichtigen und ein gemeinsames Ergebnis zu erarbeiten. Dabei kommt es im Verlauf des Dialogs auch zur Bewertung einzelner Argumente. Es kann erforderlich werden, in kleineren Gruppen verschiedene Aspekte zu diskutieren und dabei zu versuchen, einen Konsens zwischen verschiedenen Interessen zu erreichen. In einzelnen Bereichen kann es auch zu einem Teilkonsens kommen. Wichtig ist festzuhalten, dass ein Ergebnis für alle Teilnehmer der Arbeitsgruppe verbindlich ist. Nicht konsensfähige Themen werden deutlich gekennzeichnet.

Lässt sich bei einem Themen überhaupt kein Kompromiss finden, so muss dieses Thema ausgeklammert werden. Um den zeitlichen Ablauf nicht zu verzögern, empfiehlt es sich, ein solches Thema später aufzugreifen. Die Kommunikation in den Arbeitsgruppen wird gesteuert durch die Freisetzung von Kreativität.

XXII.1. Kreativität

Kreativität ist keine singuläre Eigenschaft. Nach dem Motto "Think big" gilt es in der ersten Phase, vor allem Ideen zu finden, die quantitative Auswirkungen haben. Erst später wird die Qualität der Maßnahmen geprüft.

Kreativität ist das Zusammenwirken verschiedener Fähigkeiten. Die Aussage, dass nur bestimmte Menschen über kreative Eigenschaften verfügen, ist falsch. Fast jeder Mensch verfügt über kreative Ansätze, die es gilt, durch entsprechende Moderation und durch verschiedene Kreativitätstechniken freizusetzen.[79]

Kreativ sein kann jeder!

Kreativität ist das Zusammenwirken verschiedener Fähigkeiten, wie vielseitiges Wissen, Neugierde, Offenheit, kritisches Urteilsvermögen und Flexibilität. Die kreativen Persönlichkeitsstrukturen sind das Zusammenwirken von Entdecken, Entwerfen, Erfinden, Planen und Ordnen. In einer Gruppe werden die Mitglieder über einzelne oder mehrere dieser Fähigkeiten verfügen, die zusammengefasst das Kreati-

---

[79] Pink, R., Wege aus der Routine – Kreativitätstechniken für Beruf und Alltag, Stuttgart 1996, S. 33.

vitätspotential der Gruppe darstellen. Kreativität soll Assoziationstechniken beinhalten, die zum Vereinen, Zusammenschließen und Verknüpfen von Ideen führen.

Abb. 49: Einsatz von Kreativitätstechniken

Kreativität

Problem/Aufgabe

Ausgangspunkt

Entwicklung einer Strategie mit Einsatz von

Kreativitätstechniken

Lösung

Quelle: eigene Darstellung

Die Kreativität folgt dem Stufenplan eines Problemlösungsprozesses.[80]

a) **Suche nach der Kernfrage**
Hierbei geht es um eine Problem- und Zielbeschreibung nach dem Motto „Worin besteht das Problem?" – „Was ist unser eigentliches Thema?" – „Wonach suchen wir überhaupt?"

b) **Entscheidung für eine bestimmte Kreativitätsmethode**
Zwar können nahezu alle Kreativitätstechniken angewandt werden, dennoch gibt es bestimmte Faustregeln, die beachtet werden sollten:
- Je komplexer ein Thema oder eine Frage ist, desto bildlicher sollte die Kreativitätstechnik sein.
- Die Wahl der Kreativitätstechnik hängt von der Intention des Einzelnen oder der Gruppe ab. Geht es darum, möglichst viele Einfälle zu produzieren oder ungewöhnliche Lösungen zu finden, so sind Assoziationstechniken empfehlenswert, um Ideenpools zu bilden. Dagegen eignen sich Analogtechniken, um Konzepte zu entwickeln. Die Reizwort-Kreativität ist für unkonventionelle Vorgehensweisen besonders gut geeignet.[81]

---

[80] Pink, a.a.O., S. 35.
[81] Wack/Dettinger/Grothoff, Kreativ sein kann jeder, Hamburg 1993, S. 127 f.

c) Ausprobieren der Technik
Dies geschieht unter strikter Einhaltung der beiden als Ideenproduktion und Ideenbewertung bezeichneten Kreativphasen. Bei der Ideenbewertung bedient man sich noch zusätzlicher Methoden (wie z.B. Erstellung einer Ideen-Hitliste, Punkten der Einfälle, Veranstaltung einer Pro-/Kontra-Diskussion).

d) Erstellen eines Aktionsplans
Hierbei geht es um die Umsetzung der besten Ideen: Wer macht was und wie und bis wann? Dazu wird ein Zeit- und Handlungsplan erstellt, damit es nicht nur beim kreativen Denken bleibt. Die Umsetzung kreativer Ideen muss erfolgen, denn jeder kreative Akt bleibt Phantasie, solange er nicht in der Praxis erprobt wird.

Abb. 50: Kreativität

Kreativität

(Think big)

keine singuläre Eigenschaft

Zusammenwirken von:

- verschiedene Fähigkeiten
- vielseitiges Wissen
- Neugierde
- Offenheit
- kritisches Urteilsvermögen
- Flexibilität

Kreative Persönlichkeitsstrukturen:

- Entdecken
- Entwerfen
- Erfinden
- Planen
- Ordnen

Zusammenwirken aller Strukturen

Quelle: eigene Darstellung

XII.2. Kreativitätsblocker

In jeder Kreativitätsphase kommt es zu Beeinträchtigungen, die durch einzelne Mitglieder der Gruppe ausgelöst werden. Die so genannten Kreativitätsblocker sind in der Bequemlichkeit von Gruppenmitgliedern zu finden, was sich in einer dauernden Passivität zeigt. Typisch für Blockaden sind Aussagen wie „Ist nicht machbar", „Kostet zuviel Geld" oder „Davon habe ich keine Ahnung". Blockaden können auch durch Angst vor Fehlern, Konflikten oder Misserfolgen hervorgerufen werden. Aber auch eine fehlende Akzeptanz kann dazu führen, dass vereinzelt Mitglieder sich nicht aktiv beteiligen.

Zu den Killerphasen eines Kreativitätsprozesses gehören auch angebliche Sachzwänge, Selbstzufriedenheit, übertriebene Vorsicht, Gleichgültigkeit, Widerstand gegen Neuerungen, autoritäres Führungsverhalten, mangelndes Vertrauen, übersteigertes Harmoniebedürfnis und Konfliktscheue. In einem professionell moderierten Kreativitätsprozess können Kreativitätsblocker verhindert werden.

Abb. 51: Kreativitäsblocker und Killerphasen

Kreativitätsblocker

- eigene Bequemlichkeit
- eigene Passivität

Typische Aussagen und Denkansätze:
- nicht machbar
- kostet zuviel
- keine Akzeptanz von Vorgesetzten
- keine Ahnung
- Angst vor Fehlern, Konflikten, Misserfolgen

Killerphasen

Weitere Blockaden:
- angebliche Sachzwänge
- Selbstzufriedenheit
- übertriebene Vorsicht
- Gleichgültigkeit
- Widerstand gegen Neuerungen
- autoritäres Führungsverhalten
- mangelndes Vertrauen
- übersteigertes Harmoniebedürfnis,
- Konfliktscheue

Quelle: eigene Darstellung

XII.3. Kreativitätstechniken

„Eine generelle Abgrenzung von Kreativitätsmethoden", schreibt Ruth Pink, „ist schwierig, da sie sich gegenseitig ergänzen oder sich miteinander kombinieren lassen."[82] Die Unterteilung der Kreativitätstechniken erfolgt in vier Bereiche:[83]

- **Assoziationstechniken**
  Der Begriff bedeutet Vereinigung, Zusammenschluss, Verknüpfung von Vorstellungen. Über die freie Assoziation zu einer Frage oder einem Thema sollen möglichst viele Ideen freigesetzt werden. Gerade dann, wenn mehrere Personen assoziativ vorgehen, bestehen gute Chancen, neue Gedankenkombinationen und dadurch neue Lösungsideen zu erhalten. Brainstorming und Brainwriting gehören zu dieser Art von Kreativitätstechniken, aber auch Mind Mapping.

- **Bild- und Analogietechniken**
  Die Technik der so genannten Bisoziation ist eine Methode, die bewusst die bildhafte rechte Gehirnhälfte aktiviert. Indem ein Problem/Thema auf ein Bild übertragen wird und hierin eine Lösung zu suchen ist, lassen sich nicht nur neue Sichtweisen entdecken, sondern vor allem originelle Einfälle finden. Ähnliches gilt für Analogien. Analogien sind Vorgänge oder Tatbestände, die primär nichts mit dem Problem zu tun haben, jedoch sinngemäß übertragbar sind.

- **Reizworttechniken**
  Diese Methode beruht auf dem Zufallsprinzip. Zufällige Worte werden z.B. aus einem Lexikon herausgegriffen und auf das Problem übertragen. Dabei entscheidet allein der Zufall über die Auswahl der Reizwörter. Die gefundenen Wörter dienen als Katalysator für die Beantwortung der Frage. Reizwortmethoden gibt es in vielen Variationen.

- **Systematische Variationstechnik**
  Hier geht es um eine Art Checkliste zum Abarbeiten von einzelnen Aspekten der Frage- oder Themenstellung. Anhand einer Frageliste wird eine Aufgabe unter verschiedenen Aspekten beleuchtet – ein zeitintensives Verfahren. Diese Methode ist stark strukturiert und kann sowohl allein als auch mit anderen angewandt werden.

XII.4. Einsatz der Kreativitätstechniken

Kreativität ist die Grundlage jeder Konzeptionsphase. Kreativität muss auch bei den Mitgliedern der Arbeitsgruppen angewandt werden. Hierzu werden durch die Moderatoren Kreativitätstechniken eingesetzt, die allen Gruppenmitgliedern die gleiche

---

[82] Pink, a.a.O.
[83] Wack, O.-G./Dettinger, G./Grothoff, H., a.a.O.

Chance geben, sich am Ideenfindungsprozess zu beteiligen. Viele der im Folgenden vorgestellten Techniken sind leicht zu erlernen.

Selbstverständlich ist es, dass sich die Mitglieder der Arbeitsgruppen in der ersten Sitzung vorstellen, Angaben zu ihrer Person und beruflichen Tätigkeit machen. Um die Stimmung in der Gruppe, aber auch die Einstellung zum Thema zu erkunden, ist es angebracht, zu Beginn der Zusammenkunft das so genannte **Blitzlicht** einzusetzen. Jedes Mitglied der Arbeitsgruppe soll dabei eine kurze private Mitteilung machen. Die Äußerungen zeigen auf, wie hoch oder tief das Stimmungsbarometer ist. Es lockert aber auch die Zusammenkunft auf. Die erste Schwellenangst, nämlich die vor der ersten Äußerung in ungewohnter Runde, wird genommen. Da sich alle Teilnehmer äußern müssen, werden Redeängste abgebaut. Der/die Moderator/in kann feststellen, wer gerne redet, darin geschult ist, Erfahrungen hat oder wer sich eher zurückhält. Dominante Personen und eine Gruppenzuordnung können bereits in ersten Zügen erkannt werden. Wichtig ist, dass alle Mitglieder mitmachen und direkte Antworten auf bestimmte Fragen geben. Fragestellungen können sein:

- Warum mache ich im Stadtmarketingprozess mit?
- Welche Ergebnisse erwarte ich?
- Wo liegt der Schwerpunkt der heutigen Sitzung?
- Welche Ziele habe ich mir für unser Thema gesetzt?

Losgelöst vom Thema, kann aber auch die Frage „Wie geht es mir heute?" Hinweise auf Stimmungslagen geben. Von den bereits aufgezählten Kreativitätstechniken eigenen sich für die Arbeitsgruppen am wirkungsvollsten die schnell erlernbaren Assoziationstechniken.

Abb. 52: Ablauf der Kreativitätsphase

```
        Bildung von Arbeitsgruppen
             mit Moderation
                   ↓
      Ideenfindung durch Kreativitätstechniken
                   ↓
              Konsensphase
         (negativ) → (neutral) ← (positiv)
                   ↓
          Aufnahme in den Handlungskatalog
```

Quelle: eigene Darstellung

XII.5. Assoziationstechniken

Durch eine Assoziation werden Vorstellungen zu einem bestimmten Thema vereinigt und zusammengeführt, sollen Gedanken miteinander verbunden und verknüpft werden. Dazu ist es notwendig, die Kreativität der Mitglieder der Arbeitsgruppen freizusetzen.

Um dieses Ziel zu erreichen, können verschiedene Assoziationstechniken eingesetzt werden. Von den Assoziationstechniken werden im Folgenden einige beschrieben, die sich im Stadtmarketingprozess bewährt haben und darüber hinaus einfach zu erlernen sind.

Bei dem Einsatz dieser Techniken ist zu bedenken, dass eine große Zahl der Arbeitsgruppenmitglieder bisher kaum oder überhaupt nicht an derartige Techniken gewohnt ist. Schon der Einsatz von bunten Karten, Klebepunkten, Sprechblasen u.ä. aus Moderatorenkoffern, die eine Visualisierung ermöglichen, stößt bei Teilnehmern, die keine Erfahrung mit Gruppenarbeit haben, auf Ablehnung. Eine Visualisierung ist aber erfolgsrelevant. Untersuchungen haben ergeben, dass Menschen durch das Lesen zehn Prozent an Wissen aufnehmen und es sich merken. Fünfzig Prozent des Wissens werden durch Hören und Sehen aufgenommen. Zwanzig Prozent dagegen nur durch das Hören allein, und dreißig Prozent durch das Sehen. Siebzig Prozent können sich Menschen von dem merken, was sie selbst sagten. **Neunzig Prozent nehmen Menschen von dem auf, was sie selbst tun.**[84]

> **50 Prozent des Wissens werden durch Hören und Sehen aufgenommen.**

Der Einsatz von Assoziationstechniken, Moderatorenkoffer usw. ist für die überwiegende Zahl der Gruppenmitglieder neu. Haben sie sich erst einmal mit den modernen Techniken angefreundet, werden sie schnell die Vorteile und positiven Ergebnisse schätzen lernen. Darüber hinaus entsteht schnell und unkompliziert ein positives Klima für die Teamarbeit.

Die am häufigsten und wirkungsvollsten eingesetzten Techniken sind **Brainstorming** und **Brainwriting**. Beide Techniken können in der Gruppenarbeit ohne langen und komplizierten Lernprozess angewandt werden.

Abb. 53: Assoziationstechniken

```
                    ┌──────────────────────┐
                    │ Assoziationstechniken │
                    └──────────────────────┘
                     ↓          ↓          ↓
              ┌───────────┐ ┌───────────┐ ┌────────────┐
              │Brainstorming│ │Brainwriting│ │Mind Mapping│
              └───────────┘ └───────────┘ └────────────┘
```

Quelle: eigene Darstellung

---

[84] Saupe, P. C./Rothmann, N.E., Seminarunterlagen Lernen durch Faszination, München 1991, S. 27.

XII.5.1. Brainstorming

Wörtlich übersetzt bedeutet Brainstorming soviel wie „Geistesblitze haben" (von englisch *brainstorm*). Mit der Übersetzung wird bereits deutlich, dass mit dem Einsatz dieser Technik ein Sturm von Ideen produziert werden soll. Am effektivsten arbeiten Gruppen, die zwischen vier bis acht Mitglieder haben.[85] Ist die Gruppe grösser, so sollte sie geteilt werden, um so noch mehr Effektivität zu erreichen.

In der ersten Phase, der Ideenfindungsphase, soll es dabei zur unkritischen Nennung vieler Begriffe kommen. Entscheidend ist in dieser Phase nicht die Qualität, sondern die Quantität, also die Verschiedenartigkeit der Ideen. Auch die unrealistischsten Ideen sind hier erwünscht. Alle Ideen müssen ohne nachzudenken genannt werden. Lachen ist dabei erlaubt, auslachen jedoch nicht.

Der/die Moderator/in ist dafür verantwortlich, dass die Begriffe gesammelt und thematisch geordnet werden. Hilfsmittel sind Tafeln, Flipcharts, Wandzeitungen oder Metaplan-Vorrichtungen. Bei der Moderation wird besonders auf evtl. Killerphasen geachtet. Sind Arbeitsgruppen neu und die Mitglieder noch nicht zu einem Team zusammengewachsen, empfiehlt sich der Einsatz von Karten, auf denen alle ihre Ideen in einer bestimmten Zeit schreiben.

Die Ideenfindungsphase dauert zwischen 15 bis 20 Minuten. Üblich ist, dass nach 5-10 Minuten die Ideen spärlicher fließen. In den verbleibenden zehn Minuten kommt es zur Produktion weniger, dafür aber origineller Ideen.[86] Werden Karten eingesetzt (in der ersten Runde fünf Karten je Mitglied), sollte eine Zeit von drei bis maximal fünf Minuten vorgegeben werden.

Nach einer kurzen Pause von ca. fünf Minuten folgt die Ideenbewertungsphase, die ca. 30-40 Minuten dauern sollte. Während dieser Phase werden die einzelnen Ideen hinsichtlich ihrer Qualität geprüft. Bewährt hat sich aber auch, die Ideen erst in der nächsten Sitzung zu analysieren, da die Auswertung die erfolgreichen Ideen für die Konzeption erbringt. In dieser Phase entscheidet sich die Brauchbarkeit der Ideen, da diese neu und realisierbar sein müssen.

Abb. 54: Ideenfindungsphase

5-10 Minuten
viele Ideen

10-20 Minuten
originelle Ideen

Quelle: eigene Darstellung

---

[85] Pink, a.a.O., S. 75.
[86] Ebenda, S. 76.

XII.5.2. Brainwriting

Diese Technik wird auch als "6-3-5-Regel" bezeichnet. Hat eine Gruppe zwölf Mitglieder, wird diese wie bei dem Brainstorming in zwei Untergruppen geteilt. Pro Mitglied gibt es ein vorgefertigtes Blatt Papier im Format DIN A4 oder DIN A3. Jedes Mitglied der Gruppe (maximal sechs pro Gruppe) schreibt drei Ideen waagerecht in eine Zeile. Nach maximal 5 Minuten, in der Praxis haben sich drei Minuten bewährt, wird das Blatt Papier nach links an das nächste Gruppenmitglied im Kreis weitergegeben. Unter die bereits vorhandenen Ideen wird eine weitere Idee geschrieben, die sich auf die Idee in der vorherigen Zeile bezieht. Jedes Mitglied soll an die Ideen des Vorhergehenden anknüpfen. Sollte dies einmal nicht gelingen, so ist dies mit einem Strich deutlich zu machen. Der Strich darf aber nur die absolute Ausnahme sein. Das dann folgende Gruppenmitglied knüpft an die vorvorgehende Idee an.

Abb. 55: Verkleinertes Musterblatt für das Brainwriting

Brainwriting		
→	→	→

Quelle: eigene Darstellung

Der wichtige Einstieg zu Beginn des Verfahrens ist die Fragestellung. Als erster Einstieg in die Arbeit einer Gruppe eines bestimmten Handlungsfeldes reicht z.B. die Frage „Welche neue Ideen haben Sie zum Thema Kultur?"[87] Nach dem Ende des Brainwriting müssen insgesamt pro Gruppe maximal sechs Blätter mit je achtzehn Ideen (6 x 3) vorhanden sein. Gibt es in zwei Gruppen insgesamt 12 Teilnehmer, so sind 36 Grundideen vorhanden. Zusammen mit den Verästelungen dieser Grundideen errechnen sich 216 Ideen.

Während des Verfahrens darf nicht gesprochen werden, das heißt, es dürfen keine Diskussionen oder Verständnisfragen zu einzelnen Ideen geäußert werden. Wichtig ist auch, dass alle Teilnehmer sich bemühen, deutlich zu schreiben. Am Ende fasst der/die Moderator/in alle Ideen zusammen. Gemeinsam werden sie wie im Brainstorming-Verfahren ausgewertet. Dabei können besonders gute Ideen mit Punkten bewertet, oder die Lieblingsidee kann farblich gekennzeichnet werden.

---

[87] Je nach Arbeitsgruppe auch Wirtschaft, Wissenschaft, Einzelhandel, Veranstaltungen, Tourismus usw.

XII.5.3. Mind Mapping

Übersetzt bedeutet Mind Mapping "eine Gedankenkarte erstellen". Dies kann jede Person für sich tun oder aber in der Gruppe gemeinsam erledigen. Mind Mapping wird auch als schriftliches Brainstorming bezeichnet. Es ist eine kreative Arbeits- und Aufzeichnungstechnik. Mind Mapping zeigt den gesamten Umfang eines Themas übersichtlich auf. Durch die Bildung von Ästen für verschiedene Themen und von Zweigen für Unterthemen entsteht ein baumartiges Gebilde von Ideen. Die zentralen Begriffe werden dabei durch Linien verbunden. Das Verfahren ist erfolgreich, wenn die Vorgaben beachtet werden und die Technik richtig angewandt wird. Mind Mapping eignet sich nicht nur für die Gruppenarbeit, sondern auch für Telefonate sowie für Vorträge, Meetings, Präsentationen, Fachartikel, Bücher etc.

Abb. 56: Mind Mapping

Beispiel aus der Arbeitsgemeinschaft Kultur

Quelle: eigene Darstellung

XII.6. Die Drei Stühle des Walt Disney

Die als "Drei Stühle des Walt Disney" bezeichnete Technik ist geeignet, ein Thema oder eine Frage aus verschiedenen Blickrichtungen zu diskutieren. Drei Gruppenmitglieder halten je eine kurzes Statement zu dem Thema oder zu der Frage. Dabei übernehmen sie die Rollen

- Traum
- Kritik
- Realisation.

Aus der jeweiligen Blickrichtung wird das Thema erörtert. Die als Träumer bezeichnete Person beginnt. Der/die Kritiker/in antwortet und versucht dabei die Träume, die eigentlich visionäre Gedanken sind, zu entkräften. Der/die Realist/in hat die Aufgabe, aus beiden Ansichten eine wirklichkeitsnahe und konsensfähige Grundlage heraus zu arbeiten. Je Statement sollten nicht mehr als fünf Minuten Redezeit gegeben werden.

Die verbleibenden Mitglieder der Gruppe haben anschließend Gelegenheit, mit den drei Rollenvertretern die Ideen und Gedanken zu diskutieren, dabei neue Aspekte zu finden und abschließend eine Bewertung vorzunehmen. Der/die Moderator/in muss streng darauf achten, dass nicht vom Thema abgewichen wird. Alle Aussagen müssen klar und unmissverständlich formuliert werden. Die Drei Stühle des Walt Disney lassen sich besonders gut zu einzelnen Ergebnissen eines Brainstorming-Verfahrens einsetzen, oder auch um einzelne Aspekte aus der Teamarbeit mehrerer Untergruppen zu diskutieren.

XII.7. Open Space

Eine völlig neue Methode ist Open Space. Dies ist eine moderne Form der Großveranstaltung, die es ermöglicht, ohne Strukturen und dennoch sehr effizient mit beliebig großen Gruppen (mehr als 1000 Teilnehmer) zu arbeiten. Die Veranstaltung hat das Ziel, einen "offenen Raum" für den Austausch und Dialog zwischen allen Teilnehmern zu schaffen, in dem eine Selbstorganisation stattfinden kann. Alle Personen, die sich von einem Thema angesprochen fühlen, sind willkommen, denn Open Space funktioniert erst dann, wenn möglichst verschiedene Menschen aus den unterschiedlichsten Bereichen zusammentreffen.

Die Selbstorganisation und Mitverantwortung aller Teilnehmer können zu einer wesentlichen Veränderung der Organisationskultur und zur Anregung von Entwicklungsprozessen führen. Jeder Teilnehmer kann durch das Einbringen seiner Kompetenz und Kreativität einen ganz spezifischen Beitrag leisten.

Open Space wurde in den USA von Harrison Owen entwickelt und ist eine Großgruppen-Moderationsmethode, die über ein bis drei Tage läuft. Diese Form der Beteiligung macht die Pausen zur Methode und setzt auf einen hohen Grad der Selbstorganisation der Teilnehmer.

Pausen als Methode
Viele kennen es: Das eigentlich Wichtige einer Konferenz findet oft in den Pausen statt. Man spricht mit den Teilnehmern, für deren Sache man sich interessiert, man tauscht Adressen aus, man lernt Leute kennen, die das gleiche Problem haben. Und genau das geschieht bei Open Space.

Ablauf
Bei Open Space treffen sich alle, die an einem Thema Interesse haben. Das Thema ist ziemlich weit gefasst. Die Teilnehmer bestimmen selbst die einzelnen Aspekte des Themas, welche sie interessieren und treffen sich in Kleingruppen, um diese Aspekte zu diskutieren. Zu den Kleingruppen kann jeder hinzukommen – und auch wieder weggehen, wann er/sie will. Es gibt keine festen Pausen; jeder macht dann Pause, wann er/sie will, vielleicht trifft er dabei wieder andere Teilnehmer und es bildet sich eine neue Gruppe. Die Open Space-Konferenz hat also einen definierten Anfangs- und Endpunkt, dazwischen organisieren sich die Teilnehmer selbst.

Ergebnis
Ergebnisse kann niemand vorhersagen. Einige Gruppen der Teilnehmer treffen vielleicht konkrete Vereinbarungen, wann sie sich wieder treffen, wie sie weiterarbeiten. Andere wiederum verbleiben weniger konkret, nehmen aber bestimmte Ideen mit in ihren Alltag.

Einsatzmöglichkeiten
Open Space funktioniert ab ca. 50 Teilnehmern. Nach oben hin sind dieser Zahl kaum Grenzen gesetzt. In den USA gibt es Open Space-Konferenzen mit 1500 Personen. Open Space eignet sich gut

- als Eröffnungsveranstaltung eines Beteiligungsprozesses,
- zur Themenfindung,
- zur Sammlung von Ideen und Vorschlägen für ein besseres Miteinander, eine bessere Organisation in Firmen, Verbänden, Parteien usw.
- als alternative Konferenzmethode.

XII.8. Positiv/Negativ-Abwägung

Die erläuterten Kreativitätstechniken werden mithelfen, eine große Zahl von Ideen zu produzieren. Doch nicht jede Idee findet die Zustimmung aller Beteiligten. Immer wieder wird es Ideen und Vorschläge geben, die streitig diskutiert werden. Es ist daher notwendig, einen Konsens zu erzielen, den möglichst viele tragen und umsetzen können.

Durch die Positiv/Negativ-Abwägung wird ein Konsens in der Regel erreicht. Dabei wird die Arbeitsgruppe in eine positiv und eine negativ argumentierende Gruppe geteilt. Jede Idee wird durch den/die Moderator/in noch einmal kurz vorgestellt. Danach haben die Mitglieder der Positiv-Gruppe vier Minuten Zeit, um mit spontanen Äußerungen Vorteile zu nennen, die schriftlich festgehalten werden (Flipchart, Tafel, großer Bogen Papier oder ähnliches). Danach äußert die Negativ-Gruppe wiederum in vier Minuten Bedenken. Sind alle strittigen Ideen und Vorschläge abgearbeitet, kommt es zu einer gemeinsamen Abwägung. Eine Idee oder ein Vorhaben sollte in den Handlungskatalog aufgenommen werden, wenn mindestens zwei Drittel der Mitglieder diese als positiv und umsetzbar bewerten. Es empfiehlt sich, die Gruppen öfter zu wechseln, damit jedes Mitglied sowohl positiv als auch negativ argumentieren kann.

Abschließend wird jedes konsensfähige Vorhaben in einen Handlungskatalog aufgenommen, der neben dem Vorhaben auch das Ziel, den Zeitraum der Realisation und die genau definierte Zuständigkeit enthält.

XII.9. Zukunftswerkstatt

Eine weitere Möglichkeit, Ideen für Konzeptionen zu finden und zu diskutieren, ist die Zukunftswerkstatt, die nach folgender Struktur abläuft:

- **Vorbereitung**
  Festlegen und Ankündigen des Themas
- **Kritikphase**
  Sammeln und Ordnen der Kritikpunkte
- **Phantasiephase**
  Entwickeln von Lösungsvorschlägen, Ideen und
  Vorstellungen, Auswahl interessanter Vorschläge,
  Ausarbeitung zu Lösungen in Arbeitsgruppen
- **Verwirklichungsphase**
  Prüfen der Durchsetzbarkeit, Planung von Aktionen
  und Projekten
- **Nachbereitungsphase**
  Erarbeitung der Protokolle, Ergebnisse vorbereiten.

XIII. Konzeptionen für die Handlungsfelder

Handlungsfelder sind diejenigen Bereiche, die thematisch zusammengehören und einen bestimmten Komplex in der Innen- und Außendarstellung bündeln. Dies können u.a. die Bereiche Tourismus, Wirtschaft, Kultur oder Wissenschaft sein. Handlungsfelder ergeben sich vor allem aus den Bewertungen, Wünschen und Kritiken der Einwohner und Gäste/Besucher sowie aus den Vorstellungen der am Prozess Beteiligten. Handlungsfelder sind bereits vorhanden oder werden neu definiert, wenn dafür realisierbare Chancen bestehen.

Für alle Handlungsfelder werden nach der Verabschiedung des Leitbildes Arbeitsgruppen gebildet, wenn diese nicht schon in der Analysephase gebildet wurden. Verschiedene Handlungsfelder können in einer Arbeitsgruppe zusammengefasst werden, wenn sie zu einer bestimmten Thematik oder Zielsetzung passen.

Abb. 57: Konzeptionsentwicklung durch Arbeitsgruppen/Agenturen

Konzeptionsentwicklung zum Erreichen der Stadtvision	Konzeptionsentwicklung im operativen Bereich
Arbeitsgruppen für alle Handlungsfelder	Arbeitsgruppen und/oder Agenturen
• Erhaltung und Entfaltung aktueller und ehemals vorhandener Potentiale • Aufbau neuer Strukturen • Maßnahmenkatalog	• Vorschläge durch fachlich qualifizierte Agenturen • Beschluss in der Arbeitsgruppe oder der Steuergruppe
Für alle Handlungsfelder	
Ziel: marktwirtschaftliche Tragfähigkeit	Ziel: breite Öffentlichkeit

Quelle: eigene Darstellung

Die Zusammenfassung verschiedener Handlungsfelder ist besonders in kleineren oder mittleren Kommunen zu empfehlen. Möglich ist das z.B. für die Bereiche Kultur und Tourismus, Soziales und Jugend, Einkaufen und Verkehr oder Sport und Freizeit, wenn die Einzelthemen im Rahmen des Prozesses in einem direkten Zusammenhang stehen bzw. Synergien beabsichtigt und zu erwarten sind. Je kleiner eine Kommune ist, umso mehr empfiehlt es sich, mehrere Themen zu einem Thema zusammenzufassen. Eine Zusammenfassung wirkt sich positiv auf vorhandene personelle Ressourcen und den damit verbundenen zeitlichen Aufwand aus. So wird vermieden, dass oft dieselben Personen in mehreren Arbeitsgruppen vertreten sind. Je größer eine Kommune ist, umso mehr sollten für jedes Handlungsfeld auch spezielle Arbeitsgruppen etabliert werden, um eine möglichst breite Bevölkerungsbasis zu beteiligen.

Für die einzelnen Handlungsfelder müssen Konzeptionen erarbeitet werden, wie z.B. eine Tourismus-, Einzelhandels, Wirtschafts- oder Kulturkonzeption. Neben den genau niedergeschriebenen Inhalten für die Entwicklung des jeweiligen Bereichs enthalten sie einen genauen Handlungsrahmen und evtl. Detailkonzeptionen (z.B. für die Gestaltung und den Ausbau der Innenstadt, die Sanierung von Stadt-/Ortsteilen oder die Erarbeitung von speziellen kulturellen Vorhaben). Die einzelnen Konzeptionen, die in die Gesamtkonzeption einfließen, sind nach der Verabschiedung die für alle verbindliche Arbeitsgrundlage für die kommenden Jahre.

Die Konzeption definiert das künftige Leistungsangebot einer Kommune, verfestigt vorhandene Strukturen und baut neue auf. Neben wirtschaftlichen Gesichtspunkten muss auch die soziale Gerechtigkeit beachtet werden, also die gesellschaftlichen Auswirkungen.

Die Konzeption nennt nicht nur die Tätigkeitsfelder, sie stellt auch einen Tätigkeitsrahmen auf und verteilt die Aufgaben an die am Stadtmarketing Beteiligten nach ihren spezifischen Qualitäten. Ideen für den Forschungsbereich haben am ehesten die wissenschaftlichen Einrichtungen vor Ort, eine Reise von Wirtschaftsjournalisten wird erfolgreich von den Wirtschaftsverbänden selbst organisiert und betreut. Die Ortssanierung projektieren und setzen die entsprechenden Fachbereiche um, Maßnahmen für die Einkaufszone verwirklicht der Einzelhandel.

Nachfolgend sind für verschiedene Handlungsfelder einzelne Faktoren aufgeführt, die als Diskussionsgrundlage oder Anhaltspunkte des jeweiligen Handlungsfeldes zu sehen sind.

Das Handlungsfeld Basisvoraussetzungen gilt für alle Bereiche, da die dort aufgeführten Punkte immer wieder in jedem einzelnen Handlungsfeld vorkommen. Die nachfolgenden Ausführungen verstehen sich als Denkanstöße und Hinweise für die Ideenfindung und Diskussion.

Abb. 58: Konzeptionen für die Handlungsfelder

```
┌─────────────────────────────────────────────┐
│     Konzeptionen für die Handlungsfelder    │
│        (z.B. Bildung, Wirtschaft, Tourismus)│
└─────────────────────────────────────────────┘
                      ↓
        ╱─────────────────────────────╲
       ╱       Detailkonzeptionen      ╲
      ╱   bei Bedarf in einzelnen Handlungsfeldern ╲
     ╱─────────────────────────────────────────────╲
                      ↓
┌─────────────────────────────────────────────┐
│              Konzeptionen                   │
│         für den operativen Bereich          │
└─────────────────────────────────────────────┘
```

Quelle: eigene Darstellung

XIII.1. Handlungsfeld Basis

Hierbei handelt es sich um Faktoren, die für alle Handlungsfelder von Bedeutung sind. Die Eingangsbereiche eines Ortes vermitteln sowohl den ersten positiven oder negativen Eindruck bei Touristen, aber auch bei Investoren, Umlandbewohner oder Konsumenten des kulturellen oder sportlichen Angebots. Dazu gehören in erster Linie die Einfallstraßen, der Bahnhof, aber auch die Freundlichkeit bei der ersten Begegnung mit Menschen an dem fremden Ort. Taxi- oder Busfahrer, Mitarbeiter in der Tourismusinformation, in Hotels, Restaurants, im Einzelhandel, Handwerk etc. sind wichtige Botschafter und oft die ersten Kontaktpersonen der Besucher. Zu diesem Personenkreis gehören u.a.

- Taxifahrer/innen
- Hotelpersonal
- Restaurant-/Gaststättenpersonal
- Einzelhandelspersonal
- Polizist/inn/en
- Politessen
- Mitarbeiter/innen der Tourismus- bzw. Stadt-Info
- Mitarbeiter/innen an Skiliften und Stränden

- Mitarbeiter/innen in kommunalen Dienststellen
- Personal von Tankstellen- und Autowerkstätten
- Personal in Museen, Theatern und anderen kulturellen Einrichtungen
- Personal in Sporteinrichtungen
- Ärzte.

Abb. 59: Grundvoraussetzungen im Handlungsfeld Basis

```
                    ┌─ Bahnhof/Umfeld ─┐──→ Taxen
                    │                  │──→ Busse
                    │                  └──→ Stadt-Info
                    │
[Ankunft]───────────┤─ Ortseinfahrten ─┬──→ Tankstellen
                    │                  │──→ Imbiss-Stuben
                    │                  └──→ Hinweisschilder
                    │
                    └─ Unterkünfte ────┬──→ Personal
                                       │──→ Ambiente
                                       └──→ Lage
```

Quelle: eigene Darstellung

Wird Gästen, gleichgültig zu welchem Zweck sie die Stadt oder Gemeinde besuchen, z.B. eine schlechte Essenqualität oder eine mangelhafte Verkehrsberuhigung oder ein ungepflegter Strand geboten, geht jeder erlebte negative Angebotsfaktor zu Lasten des Gesamtangebots des Ortes. Die Folge ist eine Beeinträchtigung aller Anbieter.[88] Es müssen daher bereits im Rahmen der konzeptionellen Überlegungen Workshops für bestimmte Zielgruppen geplant werden, um Personen in diesen Zielgruppen ihre Bedeutung für den Stadtmarketingprozess zu verdeutlichen. Dies wird jedoch nicht für alle Zielgruppen möglich sein, so dass in Ausnahmefällen eventuell Informationsbroschüren in Verbindung mit einer direkten Ansprache zum Ziel führen.

Der erste Eindruck entscheidet. Diese Aussage ist bekannt. Immer wieder machen Menschen von dem ersten Eindruck ihr weiteres Verhalten und ihr Handeln abhängig. Der erste Eindruck wird besonders deutlich beim Stadt- oder Ortsbild. Er beeinflusst, ob eine Kommune schnell, abwartend oder überhaupt nicht angenommen wird. Daher sind die Eingangsbereiche des Ortes und die Sauberkeit sowie die Pflege der Grünanlagen die primäre Aufgabe in diesem Handlungsfeld.

Probleme in diesem Bereich bereitet aber auch das Zerfließen einer Stadt ohne Übergang in die Landschaft. Ähnlich wie die Rezeption eines Komforthotels müssen die Ortseingänge auf Gäste wirken. Ein nicht klar erkennbarer Ortseingang bedeutet

---

[88] Luft, H., Grundlagen der kommunalen Fremdenverkehrsförderung, FBV Medien-Verlags GmbH, 2. Auflage, Limburgerhof 1995, S. 2.

auch keinen richtigen Empfang für die Besucher. Weitere Problemfelder sind z.B. verwirrende Wegweisungen, unübersichtliche Kreuzungen, eine fehlerhafte innerörtliche Verkehrsführung, schlechte Straßenbeleuchtungen, fehlende Hinweise zur Benutzung von Bussen, Taxis oder anderen Verkehrsmitteln. Negativ sind auch schlecht gestaltete Zufahrten sowie unattraktive Parkhäuser und Parkplätze, fehlende Stadtinformationssysteme, architektonisch hässliche Bereiche am Zentrum.

Auch Graffiti und andere Unsauberkeiten prägen das Ortsbild negativ. Da diese Aufgabe nicht allein durch die kommunale Reinigung zu leisten ist, müssen auch Privatpersonen oder Firmen sich in ihrem Zuständigkeitsbereich dieser Aufgabe annehmen. Besonders die Einfallstraßen, der Bahnhof und die Strecken entlang der Gleisanlagen, die Innenstadt sowie Bereiche, die im Mittelpunkt von Besuchern und Einwohnern stehen, müssen attraktiv hergerichtet werden.

Die verkehrliche Anbindung des Ortes ist ebenfalls eine wichtige Grundvoraussetzung für alle Bereiche. Die Verkehrslage unter Einbeziehung der Quantität und Qualität der Verkehrsanbindungen ist vielfach mitbestimmend für den Attraktivitätsgrad einer Fremdenverkehrsgemeinde.[89] Die bequeme und schnelle Erreichbarkeit des Zielorts rückt umso mehr in das Blickfeld der touristischen Nachfrage, wenn kürzere Reiseaufenthalte angestrebt werden.[90]

XIII.2. Handlungsfeld Wirtschaft

Im Bereich Wirtschaft reicht es nicht aus festzulegen, dass Ziele der Politik in diesem Handlungsfeld die Ansiedlung neuer Betriebe und die Bestandspflege sind. Im Handlungsfeld Wirtschaft wird zwischen interner und externer Wirtschaftsförderung unterschieden.

Abb. 60: Interne und externe Wirtschaftsförderung

```
              Wirtschaftsförderung
                  /        \
                 /          \
         interne            externe
    Wirtschaftsförderung    Wirtschaftsförderung
```

Quelle: eigene Darstellung

---

[89] Dies gilt nicht nur für den Fremdenverkehr, sondern auch für alle Handlungsfelder.
[90] Luft, H., Fremdenverkehr im Wangerland, Wilhelmshavener Schriftenreihe Tourismuswirtschaft, Band 4, FBV Medien-Verlags GmbH, Limburgerhof 1998, S. 10.

Die Konzeption muss die zu schaffenden Voraussetzungen, wie neue Gewerbegebiete, Gewerbezentren, Förderprogramme und die Ausweisung preiswerter Grundstücke festlegen. Zum Bereich Wirtschaft gehört die Industrie, aber auch das kleine und mittelständische Gewerbe. Bereiche wie Einzelhandel, Tourismus, Hotellerie und Gastronomie, die ebenfalls zur Wirtschaft gehören, müssen aufgrund ihrer besonderen Bedeutung oder der unterschiedlichen Ziele in dem Stadtmarketingprozess als eigenständige Handlungsfelder entwickelt werden.

Für die überwiegende Zahl der Wirtschaftsförderer steht nach einer Untersuchung der Initiative Industriekultur GmbH[91] für Ansiedlungsvorhaben die günstige Wirtschaftsstruktur als wichtigster Standortvorteil im Vordergrund. Folgerichtig nennen die Ländergruppen Deutschland, Europa und USA als zweithöchste Bewertung die Verkehrsanbindung und danach das Fachkräftepotential. Steuervorteile werden in den USA und Europa als „sehr wichtig" und in Deutschland als „wichtig" bewertet. Umgekehrt wird der Umweltbereich in Deutschland als „sehr wichtig" und in Europa und den USA als „wichtig" gesehen. Kultur und Bildung sind in den drei Ländergruppen „wenig wichtiges" Schlusslicht.

Als sehr wichtiges Argument wurden z.B. in der Schweiz, Osteuropa, den Niederlanden, Großbritannien und Skandinavien Steuervorteile im Wettbewerb mit Deutschland bewertet. Innerhalb Deutschlands nannten die neuen Bundesländer diesen Vorteil.

Als weitere Standortvorteile wurden in Deutschland eine Branchenkonzentration, ein friedliches Wirtschaftsklima, hohes Fachkräftepotential und effiziente Behörden genannt. Schweizer nannten effiziente Behörden und ein gutes Bildungsangebot, Österreicher ein hohes Fachkräftepotential. In der Art der Institutionen und Unternehmen, die für eine Ansiedlung im jeweiligen Standort gewonnen werden sollten, gab es für Deutschland folgende Nennungen:

	sehr wichtig	wichtig	wenig wichtig	unwichtig
Investititonsgüter	18	22	12	--
Gebrauchsgüter	18	22	12	--
Großunternehmen	11	22	15	4
Mittlere/kleinere Unternehmen	41	11	--	--
Vertrieb, Handel	10	28	10	4
Handwerk	6	24	19	3
Freiberufler	--	20	27	5
Immobiliengesellschaften	--	11	28	13
Hotellerie, Gastronomie	3	18	26	5
Sport, Freizeit	--	19	28	5
Kultur-/Bildungseinrichtungen	1	20	25	6

---

[91] Auswertung der Umfrage „Wie stellen Sie Vorteile Ihres Standortes dar?", August 1998, Initiative Industriekultur GmbH, 60318 Frankfurt.

Die Ansiedlung mittlerer und kleiner Unternehmen hat nach Feststellung der Studie auf den Wunschlisten deutscher, aber auch europäischer Standortförderer deutliche Priorität. In allen drei Ländergruppen werden produzierende Unternehmen vor Dienstleistenden, Handel und Handwerk genannt. Weniger wichtig sind Hotels und gastronomische Betriebe, Sport- und Freizeiteinrichtungen sowie Kultur- und Bildungseinrichtungen. Schlusslicht der Bewertung bilden Immobiliengesellschaften sowie freiberuflich Tätige.

Als wichtigstes Motiv nannten die Wirtschaftsförderer in der Umfrage den Erhalt und die Schaffung neuer Arbeitsplätze. Dies wurde besonders von kleinen und mittleren Unternehmen erwartet. Auch bestand die Hoffnung, dass sich aus innovativen kleinen Betrieben einmal große Unternehmen entwickeln. Bei den bestehenden großen Industrieunternehmen wurden eher weitere Branchenkonzentrationen mit einem Abbau von Arbeitsplätzen befürchtet. Eine besondere Priorität hatte die Ansiedlung von Dienstleistenden sowie mittlere oder kleine High-Tech- und Biotechnikbetriebe.

Deutsche Städte nannten Dienstleister der High-Tech und Informationstechnik sowie Neugründungen im Bereich der Biotechnik, österreichische Städte Umwelttechnik und Multimedia, schweizer Städte Bildungs- und Kulturinstitute.

XIII.2.1. Harte und weiche Standortfaktoren

Im Handlungsfeld Wirtschaft muss zwischen **harten** und **weichen Standortfaktoren** unterschieden werden. Für Unternehmen sind die harten Standortfaktoren wie Grundstückspreise, Steuern oder Zuschüsse von besonderer Bedeutung. Die weichen Standortfaktoren wie Kultur, Bildungs-, Freizeit- und Sporteinrichtungen interessieren erst in zweiter Hinsicht, wenngleich Unternehmen bei Neuansiedlungen auch ideale Rahmenbedingungen für ihre Mitarbeiter suchen, die sich in ihrer Freizeit wohl fühlen sollen.

Die Freizeit- und Erlebnisqualität, das Bildungs- und Kulturangebot zählen zu den weichen Standortfaktoren. Diese unterliegen subjektiven Einschätzungen und persönlichen Präferenzen. Die Verkehrsanbindung wird hingegen als einer der wichtigsten harten Standortfaktoren gesehen. Oft verläuft die Grenze zwischen harten und weichen Standortfaktoren fließend und ist abhängig vom jeweiligen Betrachtungszusammenhang. So kommen z.B. den einzelnen Faktoren in Abhängigkeit von der Branche unterschiedliche Bedeutungen zu. Bei Standortentscheidungen von Industrieunternehmen sind die harten Faktoren nach wie vor ausschlaggebend, die weichen gewinnen aber zunehmend an Bedeutung.

Abb. 61: Harte und weiche Standortfaktoren

Standortfaktoren

harte Faktoren:	weiche Faktoren:	
Arbeitskräftepotential Grundstückspreise Kreditkosten Steuern Strompreis Verkehrsanbindung Wasserpreis Zuschüsse etc.	**natürliche** Atmosphäre Attraktivität Landschaft Menschen etc.	**künstliche** Bildungsangebot Freizeitangebot Kulturangebot Sportangebot

Quelle: eigene Darstellung

Den weichen Faktoren wird je nach Größe der Kommune eine unterschiedliche Bedeutung zugemessen. So bewerten Unternehmen die Kultur- und Freizeitaktivitäten von Großstädten deutlich besser als die von kleineren Städten. Die Zufriedenheit mit der Wohnsituation nimmt dagegen zu, je kleiner eine Stadt ist. Beispielsweise wurden die harten Faktoren im Ruhrgebiet in der Vergangenheit mit „sehr gut" bewertet, während sich die Qualität der weichen Faktoren im Laufe der Zeit drastisch verschlechterte.[92]

Kulturförderung ist auch Wirtschaftsförderung – ein Grundsatz, den sowohl Verantwortliche in Politik und Wirtschaft als auch Unternehmen beachten, wenn es um Standortentscheidungen geht. Zwar werden Unternehmer in erster Linie bei einer Standortwahl auf die harten Standortfaktoren achten, sind diese aber im Vergleich zu einem anderen beabsichtigten Standort gleich, geben die weichen Faktoren den Ausschlag für eine Ansiedlung. Während die harten Standortfaktoren leicht berechenbar sind, leben die weichen Faktoren in erster Linie vom Image, das ihnen vorauseilt. Dies zu beurteilen, unterliegt immer der Meinung derer, die das Image in der Öffentlichkeit zeichnen.

---

[92] Grabow, B./Henkel, D./Hollbach-Grömig, B, Weiche Standortfaktoren, Stuttgart 1995.

XIII.2.2. Maßnahmen

Im einzelnen müssen im Handlungsfeld Wirtschaft konkrete Perspektiven in den verschiedenen Bereichen der Kommune aufgezeigt werden. Dies muss in einem deutlichen öffentlichen Auftakt geschehen, der auch die Aufforderung an alle – Gruppen, Investoren und Initiativen – beinhaltet, etwas in dem Ort zu unternehmen. Die konkreten Ziele werden eingebunden in einen räumlichen, zeitlichen und inhaltlichen Rahmen.

Ziel ist es, den Ort zu einem wirtschaftsfreundlichen Standort auszubauen. Priorität hat dabei in einer Zeit, in der auch in den industriellen Ballungszentren Neuansiedlungen eher selten sind, die Bestandspflege, also der Erhalt und die Förderung der Unternehmen am Ort. Bei Neuansiedlungen sollten Unternehmen gefördert werden, die Perspektiven bieten. Voraussetzung für die Schaffung neuer und für den Erhalt bestehender Arbeitsplätze sind konkrete Hilfestellungen der Kommunen. Hierzu gehören Gewerbeparks und Technologiezentren oder die Ausweisung von ausreichenden, infrastrukturell gut erschlossenen Baugebieten.

Abb. 62: Synergien im Handlungsbereich Wirtschaft

Quelle: eigene Darstellung

Innovative Voraussetzungen für das Funktionieren der heimischen Wirtschaft bietet die Zusammenarbeit mit Hochschulen sowie Forschungseinrichtungen, die eine Kooperation von Wissenschaft und Wirtschaft ermöglichen. Ökonomische Perspektiven können sich konkretisieren in der Diversifizierung der Wirtschaftsstruktur unter Ausschöpfung des endogenen Entwicklungspotentials. Maßnahmen können im Einzelnen sein:

- Stärkung des gewerblichen Mittelstandes,
- Stärkung des Handels- und Dienstleistungsbereiches,
- breit anzulegende Branchen- und Betriebsgrößenstruktur,
- Ausnutzung innovativer Kräfte durch Technologie- und Gewerbeparks,
- Erleichterung bei Existenzgründungen,[93]
- produktorientierte Dienstleistungen,
- Gründerzentren, Kunsthandwerk- und Soft-Tech-Werkstätten,
- neue Stadt-/Ortsteilzentren oder Innenstadt-/Ortszentrumsanierung.

Die kommunale Wirtschaftsförderung hat die Aufgabe, Detailkonzeptionen zu entwickeln wie z.B.:

- Ansiedlungsstrategien,
- Indikatoren- und Informationssysteme zur Wirtschaftsförderung,
- Einbindung aller mit der Wirtschaftsförderung befassten Institutionen und Organisationen,
- Orientierung der Förderung an zukunftsträchtigen Einrichtungen.

Die Gewerbepotentialsicherung umfasst die

- Bestandspflege der örtlichen Betriebe,
- Erleichterung und Hilfen bei innerörtlichen Betriebsverlagerungen,
- Entwicklung von Sanierungsstrategien für gefährdete Unternehmen,
- bevorzugte Berücksichtigung heimischer Unternehmen bei kommunalen Investitionen und Empfehlung bei auswärtigen Investoren.

Im Wirtschaftsbereich zeigen sich Ansatzpunkte, die für die Weiterentwicklung der Ortes von großer Bedeutung sind. Eine florierende Wirtschaft sorgt für Gewerbesteuereinnahmen, ermöglicht z.B. die finanziellen Voraussetzungen für Sponsoring, Public Private Partnership und neue Arbeitsplätze.

Nur auf der Grundlage einer gesunden und lebensfähigen Wirtschaft ist eine moderne, zukunftsweisende Ortsentwicklung möglich. Ziel des Stadtmarketingprozesses muss es auch sein, eine tägliche Koordination der Arbeit in den Bereichen Wirtschaft und Verwaltung zu erreichen. Reibungsverluste müssen vermieden, der Handlungskorridor vergrößert werden und die zuständigen Stellen zu Anwälten der

---

[93] Untersuchungen zeigen, dass jeder Existenzgründer im Durchschnitt vier weitere Arbeitsplätze schafft.

Wirtschaft gemacht werden. Ein ständiger Informationsaustausch macht Probleme deutlich und verstehbar für beide Seiten.

Hierzu gehört das Verständnis für die Belange der Wirtschaft und Sachkompetenz in wirtschaftlichen Fragen. Ein weiterer Pluspunkt wäre die Beschleunigung von Entscheidungsprozessen in den politischen Gremien und in der Verwaltung. Dazu gehört ein professionell geplantes Projektmanagement, das im Interesse von Unternehmen alle Wege in der Verwaltung schnell und unbürokratisch ebnet.

XIII.2.3. Organisationsform

Grundsätzlicher Art und wichtig für den Erfolg des Stadtmarketing in diesem Handlungsfeld ist die Frage nach der Organisationsform der Wirtschaftsförderung. Eine organisatorische Kooperation zwischen privatrechtlichen und öffentlich-rechtlichen Körperschaften ist im Hinblick auf die Erfolgsabsicht unabdingbare Voraussetzung. Das heißt, dass Ämter für Wirtschaftsförderung aufgelöst werden können und einen rechtlichen Verbund mit Organisationen der Wirtschaft eingehen. Positive Beispiele sind öffentlich-rechtlich und privatrechtliche Kooperationen, die unter dem Dach eines Hauses der Wirtschaft mit Leben erfüllt werden.

XIII.3. Handlungsfeld Kultur

Kultur bedeutet in der Definition des lateinischen *cultura*:

> Bearbeitung (des Ackers), (geistige) Pflege, Ausbildung] Gesamtheit der geistigen (Wissenschaft, Kunst, Ethik, Religion, Sprache, Erziehung), sozialen (Politik, Gesellschaft) und materiellen (Technik, Wirtschaft) Formen der Lebensäußerungen der Menschheit, mit denen diese ihre eigene Umwelt hervorbringt und die menschliche Natur fortentwickelt, veredelt und überschreitet; in weitester Begriffsverwendung dasjenige, was der Mensch geschaffen hat, was also nicht naturgegeben ist.[94]

Kultur wird auch definiert als „pflegen, ehren, ursprünglich emsig beschäftigt sein und Zivilisation im weitesten ethnologischen Sinne als jeder Inbegriff von Wissen, Glauben, Kunst, Moral, Gesetz, Sitte und alle übrigen Fähigkeiten und Gewohnheiten, welche der Mensch als Glied der Gesellschaft sich angeeignet hat."[95] Kultur ist also kein fester Begriff. Grundsätzlich gilt, dass Kultur das Pendant zur Natur ist und dass mit Kultur alle materiellen und immateriellen Werte bezeichnet werden, die der Mensch geschaffen hat. Für eine konzeptionelle Ideenfindung sollten vor allem folgende Bereiche von Bedeutung sein:

---

[94] Meyers, Klei - Lar, S. 232.
[95] Brockhaus, Kir - Lag, S. 580 ff.

- bildende Kunst (Architektur, Bildhauerei, Malerei)
- darstellende Kunst (Theater, Tanz, Film)
- Musik
- Literatur
- kommerzialisiert (Medienveranstaltungen).

Aus dem Handlungsfeld Kultur gibt es immer wieder Synergien in andere Handlungsfelder wie Wirtschaft, Tourismus oder Freizeit. Eine enge Zusammenarbeit und Abstimmung mit den jeweiligen Arbeitsgruppen ist daher erforderlich, um die Konzeption abzustimmen. Beispiele für eine enge Zusammenarbeit werden im Folgenden anhand der **Industriekultur** und des **Kulturtourismus** Ersichtlich.

XIII.3.1. Industriekultur

Die Industriekultur wird auch als Industriearchäologie bezeichnet. Industriekultur ist kein eigenständiger Begriff wie Musik oder Malerei, sondern muss verstanden werden als ein Zusammenschluss verschiedener kultureller Aspekte, insbesondere der Architektur, Technik, Soziologie und Landschaftsplanung, aber auch in Verbindung mit bildender und darstellender Kunst sowie Musik und Literatur.

Der zeitliche Rahmen der Industriekultur reicht von den Anfängen der Industrialisierung (Mitte des 19. Jahrhunderts) bis heute. Die auffälligsten Relikte der Industriekultur sind ihre Bauwerke. Dazu können gehören Fabriken, Zechen, Hütten, Brücken, Arbeitersiedlungen u.ä. Voraussetzung ist, dass diese Bauwerke über einen langen Zeitraum das Bild des Ortes und/oder der Region prägten. Industriekultur wird nach zwei Formen unterschieden.

Abb. 63: Aktive und passive Industriekultur

Passive Industriekultur	Aktive Industriekultur
↓	↓
nur Industriedenkmale	Industriedenkmale als Forum für kulturelle Aktivitäten wie • **Ausstellungen** • **Konzerte** • **Theater** • **Kleinkunst** • **Kommunikation**

Quelle: eigene Darstellung

Im Jahr 1905 schrieb der Komponist Maurice Ravel, als er die Eisenhütten des Duisburger Nordens sah: „Wie soll ich Ihnen den Eindruck dieser Schlösser aus flüssigem Metall, dieser glühenden Kathedralen, der wunderbaren Symphonie von Pfiffen, von furchtbaren Hammerschlägen schildern, der uns umhüllt?" Die Deutsche Gesellschaft für Industriekultur (DgfI)[96] erläutert den Begriff wie folgt:

> In Deutschland hat sich der international eingeführte Begriff 'Industriearchäologie' oder *industrial archaeology* nicht durchgesetzt. Er ist in England entstanden, wo in den 50er Jahren bereits begonnen wurde, den Zeugen der frühen Industrialisierung mit den Methoden der Archäologie nachzuspüren.
>
> Im deutschen Sprachraum vermittelt der Begriff Industriekultur mehr: Dieser Begriff steht für die Beschäftigung mit der Kulturgeschichte des industriellen Zeitalters: Die Geschichte der Technik, die Sozialgeschichte der Arbeit, die Architekturgeschichte der Fabriken, die Entwicklung des geographischen Raumes den wir Industrierevier oder Industriestadt nennen – all dies sind Fassetten der Industriekultur.
>
> Ein Schwerpunkt ist die museale Erinnerung in den neuen Industriemuseen und der denkmalpflegerische Erhalt wichtiger Industriebauten: So wie die Kathedralen der Gotik Menschen und Stadt Lebensraum und Identität vermittelten, so gaben Zechen und Hütten dies dem Industrierevier. [..]
>
> Die zunehmende Akzeptanz für das Industriedenkmal als Bestandteil des kulturellen Erbes führte zum Schutz wertvoller Industriebauten. Nicht nur einzelne Fördergerüste oder Hallen werden jetzt als Denkmal betrachtet, sondern auch komplette Großanlagen aus dem 20. Jahrhundert. Es wurde der Erhalt exemplarisch wichtiger Anlagen erreicht wie zum Beispiel seit 1986 der Völklinger Hütte im Saarland und der Schachtanlage Zollverein XII in Essen oder seit 1987 der Meidericher Eisenhütte in Duisburg.
>
> Nicht nur Orte der Erinnerung sind die häufig nutzlos gewordenen Hüllen einer stürmischen Vergangenheit von 200 Jahren Geschichte der Industrialisierung. Fabrikhallen und Verwaltungsgebäude überzeugen oft mit einer anspruchsvollen Architektur. Gelegentlich dient sie weiter den alten Zwecken. In ihr kann man aber auch anderes produzieren: museale Erinnerungen, Kreativität, Kunst und Kultur. Neue Nutzungen auch mit ökonomischer Zukunft. Und die Umnutzung als neue Produktionsstätte ist gefragt. Das Erbe des Industriezeitalters wird zunehmend auch als identitätsbildender Standortfaktor begriffen – so wie dies auch für andere historische Epochen und deren Stadtquartiere gilt.

---

[96] http//www.industriekultur.de, Was ist Industriekultur?

XIII.3.2. Kulturtourismus

Der Kulturtourismus umfasst den Bereich Kultur und Bildung in verschiedenartigen Ausprägungen:

- klassische Bildungs- und Studienreisen (Länder- und Völkerkunde, Kunstreisen),
- Besichtigungsreisen (eher niedriges Anspruchsniveau, also die klassische Busreise),
- Reisen mit dem Hauptmotiv, an kulturellen Veranstaltungen teilzunehmen oder mitzuwirken,
- Bildungsreisen oder auch längere Aufenthalte im Hinblick auf die eigene Weiter- und Fortbildung (Seminare, Sprachkurse usw.).[97]

Der typische Kulturtourismus nutzt Bauten, Relikte und Bräuche einer Landschaft, um den Touristen die Kultur-, Sozial- und Wirtschaftsentwicklung des jeweiligen Gebietes durch Pauschalangebote, Führungen, Besichtigungsmöglichkeiten und spezifisches Informationsmaterial näher zu bringen. Auch kulturelle Veranstaltungen dienen häufig dem Kulturtourismus.[98] Aus dieser Begriffsbestimmung lassen sich zwei Aufgaben des Kulturtourismus ableiten:

- die Befriedigung eines möglichen Bildungsanspruchs,
- die Befriedigung eines möglichen Unterhaltungsanspruches.

XIII.4. Handlungsfeld Freizeit

Der Freizeitbegriff ändert sich ständig. Schaut man zurück in die 50er Jahre, so hatte damals Freizeit die Bedeutung der Abwesenheit von der Arbeit. Heute definiert sich Freizeit als die Zeit, in der die Menschen tun und lassen können, was sie wollen. Sie ist durch ein freies Verfügungsrecht über die eigene Zeit gekennzeichnet und hat in der heutigen Gesellschaft eine ständig wachsende Bedeutung.

Aufgrund der Reduzierung der effektiven Jahresarbeitszeit und der Verringerung der Lebensarbeitszeit durch die vorzeitige Auflösung von Arbeitsverträgen erhöhte sich in den vergangenen Jahren die Freizeit und damit die Bereitschaft, frei verfügbares Einkommen in eine sinnvolle Freizeitgestaltung zu investieren.[99] Das Freizeitverhalten gilt als Oberbegriff für Freizeitgestaltung, Freizeitgewohnheiten und Freizeittätigkeiten. Die Freizeittätigkeiten können in Konkurrenz zueinander stehen (Sport treiben versus Fernsehen) oder einander ergänzen (lesen und Musik hören). Angefangen bei erlebnisreichen Sportarten wie Inline-Skating, Snowboarding, Tauchen

---

[97] Smeral, Tourismus 2005, S. 258.
[98] Deutsche Gesellschaft für Industriekultur DgfI, Industriekultur, 1/2000.
[99] In Anlehnung an Opaschowski, Marketing von Erlebniswelten, 1995, S. 14.

und Rafting über Freizeit- und Themenparks bis hin zur themenbezogenen Erlebnisgastronomie zeigen sich den Menschen von Tag zu Tag immer mehr Möglichkeiten, die Freizeit zu verbringen.

Schon ist der Trend zu erkennen, dass aus der Freizeit eine Pflichtzeit wird, die durch vielfältige Aktivitäten verplant ist. Je mehr freie Zeit zur Verfügung steht, desto vielfältiger werden die Wünsche. Die Schwelle der Bedürfnisbefriedigung steigt stetig an, so dass immer stärkere Schlüsselreize erforderlich sind, um die erwarteten Anforderungen zu erfüllen. Gerade in Ballungsräumen müssen daher Städte und Gemeinden ihre Attraktivitätsmaßnahmen ständig erhöhen, um konkurrenzfähig zu sein.

Eine Untersuchung in Hamburg ergab, dass Tagesfreizeitaktivitäten von 83 Prozent der Befragten, Tagesausflüge von 36 Prozent und Kurzreisen (2-4 Tage) von 20 Prozent unternommen wurden.[100] Dabei hatten 14- bis 29-Jährige die höchste Tagesfreizeitintensität mit 91 Prozent, über 60-Jährige mit 78 Prozent die niedrigste. Aktivitäten mit einer wie auch immer gearteten körperlichen Betätigung bestimmten mit 48 Prozent fast die Hälfte des Aktivitätenspektrums der Tagesfreizeit. Pro Ausflug gaben die Befragten ca. 55 DM aus. Besonderer Wert wurde auf das Preis-/Leistungs-Verhältnis gelegt. Mit durchschnittlich dreißig bis fünfzig Prozent war die Nutzung gastronomischer Angebote je nach Jahreszeit am höchsten. Es folgte der Bereich Einkaufen mit zehn bis vierzehn Prozent, danach die Bereiche Landschaft und Natur, Strand und Badeseen sowie Museen und Galerien.

Die ständige Reizüberflutung, mit denen die Gesellschaft täglich konfrontiert wird, hat Konsequenzen, die sich in der Angst, etwas zu verpassen, in der Sehnsucht nach authentischen Naturerlebnissen, im Freiheitsstreben und in der Lust auf Nervenkitzel sowie der Sensationslust zeigen.[101]

Der Trend zum Hedonismus (Genussorientierung: das Leben genießen, etwas unternehmen, das Spaß macht) ist unverkennbar. Die Menschen möchten Freude am Leben haben und intensiver leben. Konsumieren wird zum Erlebnis. Der Inbegriff der Lebens- und Konsumfreude ist es, wenn die Sinne der Menschen gleichzeitig angesprochen werden: Auge, Ohr, Gaumen und Geruch.[102]

Die Literatur spricht von der Erlebnisgesellschaft. Diese liebt das Geldausgeben. Anstatt selbst zu kochen, bevorzugt der Erlebnismensch essen zu gehen. Musik oder verschiedene Sportarten werden immer seltener selbst betrieben, sondern in Konzerten, Musicals und Sportstadien genossen. Dabei steht der Besuch von Freizeitparks genauso auf dem Programm wie kurze Erlebnistrips.

Von großer Bedeutung im Freizeitverhalten der Gesellschaft ist außerdem die technologische Entwicklung der vergangenen Jahre. Besucher von Messen, Vorträgen

---

[100] Institut für Tourismus- und Bäderforschung in Nordeuropa GmbH, „Das Freizeitverhalten in der Metropolenregion Hamburg", Kiel, 3/1999.
[101] Scheel, a.a.O., S. 5.
[102] In Anlehnung an Opaschowski, Marketing von Erlebniswelten, S.14.

und Kunstausstellungen suchen die Abwechslung vom Alltag, Anregungen zum Nachdenken und die besondere Atmosphäre. Das Live-Erlebnis bei Open Air-Veranstaltungen und der spezielle Unterhaltungscharakter in den neuen Multiplex-Kinos in Verbindung mit anderen Rahmenangeboten (Essen, Disco usw.) sind besondere Attraktionspunkte. Dies beweisen auch Musicals wie *Das Phantom der Oper*, *Cats* oder die *Titanic-Ausstellung*.[103] Allerdings ist zu bedenken, dass in der Regel der Musicalbesuch in direktem Zusammenhang mit einer Städtereise steht, d.h., ist eine Stadt attraktiv, sind Musicals ein zusätzliches Angebot für Kurzzeittouristen. Dies mag auch erklären, warum Musicals in Hamburg oder Berlin gut angenommen werden, dagegen derartige Veranstaltungen in Duisburg oder Essen beendet wurden. Diese Beispiele zeigen auch die Verknüpfungen mit anderen Handlungsfeldern wie dem Tourismus, der wiederum von einem überproportionalen Freizeitangebot profitiert.

Die Freizeitindustrie hat schnell auf den neuen Trend reagiert. Zahlreiche künstliche Erlebniswelten wurden geschaffen. Virtuelle Unterwasserwelten und virtuelle Welträume sind Magneten in der Freizeitausrichtung bestimmter Städte. Derartige Freizeitgroßeinrichtungen in den unterschiedlichsten Varianten befriedigen Emotionen und bieten moderne Lebensgefühle, konzentriert auf einen kurzen Zeitraum. Der Freizeitbereich hat Auswirkungen auf den touristischen, kulturellen, aber auch den wirtschaftlichen Bereich. Aktuelle Formen der Erlebniswelten sind

- Themenparks,
- Museen und Zoos (mit Erlebnischarakter),
- Ferienparks (mit Einkaufsmöglichkeiten und Unterhaltungszentren wie z.B. Center Parcs),
- Urban Entertainment Centers (überdachte Komplexe in Stadtnähe, die ihre Schwerpunkte auf Unterhaltung, Kommunikation und Gastronomie legen, z.B. das SI-Centrum in Stuttgart),
- Malls (große überdachte Einkaufszentren),
- Multiplex-Kinos.

XIII.5. Handlungsfeld Veranstaltungen

In der Literatur gibt es keine einheitliche und detaillierte Definition des Begriffs Veranstaltung. Zu verstehen sind darunter alle einmaligen oder wiederkehrenden Ereignisse, die für Einwohner und Gäste eines Ortes kostenfrei oder kostenpflichtig angeboten werden. Dabei kann es sich um Ereignisse aus allen Bereichen des Lebens handeln, wie um gesellschaftliche, sportliche, kulturelle, religiöse, bildende, wissenschaftliche, geschäftliche oder politische.

---

[103] Scheel, a.a.O., S. 5.

Veranstaltungen müssen im Stadtmarketingprozess in einem eigenständigen Handlungsfeld erarbeitet werden, da sie ein sehr komplexer Bereich sind und darüber hinaus kurzfristig zu organisieren und umzusetzen sind. Dieser Bereich hat also den Vorteil, sehr schnell wahrnehmbare positive Veränderungen zu bewirken. Die Planung von Veranstaltungen und die Verbesserung des bestehenden Veranstaltungsprogramms signalisieren Attraktivität und Leben in einem Ort. In der Form professionell arbeitender privatwirtschaftlicher Unternehmen müssen die Voraussetzungen für eine schnelle Umsetzung geschaffen werden. Hierzu sollte die Konzeption für diesen Bereich bereits eindeutige Festlegungen treffen. In diesem Handlungsfeld wird es Überschneidungen zu anderen Handlungsfeldern wie Kultur, Tourismus und Freizeit geben. Eine genaue Abstimmung mit diesen Bereichen ist erforderlich.

Im Zusammenhang mit Veranstaltungen wird oft nur noch von Events gesprochen. An diesen Begriff knüpfen sich allerdings enge Voraussetzungen. Hauptmerkmale eines Events sind:

- ein willentlich geschaffenes oder zufälliges Ereignis
- Einmaligkeit (Blickwinkel des Besuchers und des Veranstalters)
- begrenzte Dauer (ein Tag bis mehrere Wochen).
- Bedürfnisse werden angesprochen
- Auswirkungen (Übernachtung, Einkauf etc.)
- begleitendes Angebot (Kommunikation, Unterkunft etc.).

Events unterscheiden sich nach ihrem Anlass oder ihrer Ausrichtung:

- religiös (z.B. Papstbesuch/Pilgerfahrten)
- kulturell (Bräuche/Folklore/kulinarisch)
- Hochkultur (Theater/Musikfestivals)
- Kunstkultur (Ausstellungen/Literatur)
- kommerzialisierte Kultur (Medienveranstaltungen)
- kommerziell/wirtschaftlich (Messen/Promotion/Verkaufsausstellungen)
- Sport (Olympische Spiele/ATP-Tournee/Breitensport)
- gesellschaftlich (Gipfeltreffen/Eröffnungsfeiern)
- natürlich
  – regelmäßig wiederkehrend (z.B. Heideblüte)
  – einmalig (Katastrophe).

Da auch der Begriff Attraktion immer wieder eine Rolle in der Veranstaltungsplanung spielt, sei er an dieser Stelle ebenfalls kurz erläutert. Eine Attraktion ist dann vorhanden, wenn nachfolgende Kriterien erfüllt sind:

- Sehenswürdigkeit in einem Ort und/oder in einer Region
- dauerhaft angelegt
- Auswirkungen sind länger als bei einem Event.

XIII.6. Handlungsfeld Gastronomie

Das Handlungsfeld Gastronomie lässt sich in die Versorgungsfunktion und die Erlebnisfunktion aufteilen.[104] Für den Stadtmarketingprozess sollte besonders die Erlebnisfunktion der Gastronomie von Bedeutung sein, da über diesen Bereich auswärtige Besucher in den Ort gelockt werden, wenn etwas Besonderes geboten wird.

Jeder Gast hat unterschiedliche Bedürfnisse. Diese sind z.B. abhängig von dem Bildungsgrad, Alter, Lebensstil. Meyer/Hoffmann greifen die Erklärung von Meffert auf, der anhand der **Bedürfnispyramide** von Maslow die Bedürfnisse der Gäste aufzeigt. Als erstes nennen sie die **Grundbedürfnisse** (Essen, Trinken, Schlafen, Wohnen, Sexualität), die in Bezug zur Gastronomie die unmittelbare Nahrungsaufnahme darstellen. Das zweite sind die **Sicherheitsbedürfnisse**, die im Bereich der Gastronomie das Geschäftsessen zur Sicherung des Einkommens u.ä. ist. An dritter Stelle stehen **soziale Bedürfnisse** wie Liebe, Freundschaft, Solidarität, Kontakt, Kommunikation. Übertragen auf die Gastronomie ergeben sich private und gesellschaftliche Besuche gastronomischer Einrichtungen. Die **Wertschätzungsbedürfnisse** wie Anerkennung, Prestige, Macht und Freiheit spiegeln den Besuch von gastronomischen Einrichtungen aus Prestigegründen und Gründen sozialer Anerkennung wider. Die letzte Stufe der Pyramide bilden die **Entwicklungsbedürfnisse** wie Selbstverwirklichung, Unabhängigkeit, Freude und Glück. Sie sind, bezogen auf die Gastronomie, Vergnügen, Freude, Besuch einer gastronomischen Einrichtung als Selbstzweck.[105]

„Wird das Erlebnisangebot einer gastronomischen Einrichtung mit Hilfe solcher Indikatoren wie Atmosphäre, andere Gäste, Musik oder Unterhaltungsangebot subsumiert und gleichzeitig die Bedeutung dieser für die Restaurantwahl mit anderen Indikatoren wie Angebot an Speisen und Getränken bzw. deren Qualität und Preis verglichen, so lässt sich die überragende Stellung der Erlebnisfunktion in der modernen Gastronomie ableiten."[106]

XIII.7. Handlungsfeld Tourismus

Voraussetzungen für den Tourismus sind nicht nur Unterkunfts- und Verpflegungsbetriebe sowie eine touristische Grundstruktur, sondern die Urlauber wollen über diese Grundvoraussetzungen hinaus eine qualitative Abstufung der Unterkünfte, Strände usw. Dieser Qualitätsanspruch wird sich in den kommenden Jahrzehnten noch deutlich erhöhen, wobei gleichzeitig das untere Preissegment anwachsen wird.

---

[104] Meyer, J.-A./Hofmann, F., Erfolgsfaktoren in der Gastronomie, S 29.
[105] Ebenda, S. 37.
[106] Ebenda, S. 38.

Abb. 64: Maslowsche Bedürfnispyramide

Bedürfnisse nach Selbstverwirklichung
(Persönlichkeitsentfaltung)

Bedürfnisse nach Wertschätzung
(z.B. Anerkennung, Status)

Soziale Bedürfnisse
(z.B. Liebe, Geselligkeit)

Sicherheitsbedürfnisse
(z.B. Geborgenheit, Alterssicherung)

Physiologische Bedürfnisse
(z.B. Hunger, Durst, Schlaf)

Quelle: eigene Darstellung in Anlehnung an Maslow

Städte und Gemeinden werden nur dann als Fremdenverkehrsorte nachgefragt, wenn Gäste bestimmte touristische Bedürfnisse befriedigt sehen.[107] Die Touristen nehmen in einem Fremdenverkehrsort im allgemeinen keine isolierten Leistungen in Anspruch, sondern ein Leistungsbündel. Es sind durchweg mehrere, verschiedene Angebotsfaktoren, die einen vollkommenen Reiseaufenthalt bewirken sollen: reizvolle Landschaft, Beherbergungs- und Verpflegungsleistungen, Möglichkeiten zur Erholung, Möglichkeiten des Kultur- und Kunstgenusses, Unterhaltungserlebnisse etc. Diese Gästebedürfnisse lösen eine Komplementärsituation aus. Die touristischen Angebotselemente sind nicht nur in einer Ergänzung zu sehen, sondern sie bedingen sich auch gegenseitig, d.h., sie sind in der Gesamtbeurteilung voneinander abhängig. Wird den Gästen z.B. ein ungepflegter Strand, eine schlechte Essenqualität

---

[107] Luft, H., Grundlagen der kommunalen Fremdenverkehrsförderung, FBV Medien-Verlags GmbH, 2. Auflage, Limburgerhof 1995, S. 3.

oder eine unzureichende örtliche Verkehrsberuhigung geboten, dann geht jeder negative Angebotsfaktor zu Lasten des Gesamtangebots des Ortes und bedeutet eine Beeinträchtigung für alle Anbieter. Die touristische Nachfrage empfindet dementsprechend einen Fremdenverkehrsort als „ganzheitliches Produkt".[108]

Beispiel

Dass ein Urlaub über Weihnachten in den Bergen nicht nur freie Tage in einer stimmungsvollen Landschaft sein muss, beweist ein Angebot eines Hotels[109] im schweizerischen Adelboden (Berner Oberland). Das Pauschalangebot, gestaffelt nach Tagen (evtl. Silvester einbezogen) bietet am Heiligen Abend eine Fahrt in den Wald mit Grillen, Glühwein, Krippenspiel und Gesang. Danach ein mehrgängiges Menü und anschließend ein gemütliches Beisammensein im Hotelfoyer. Weitere Festmenüs, Schlittenfahrten sowie eine Silvesterfeier runden den Weihnachtsurlaub ab, der die bereits definierten Faktoren beachtet.

Abb. 65: Synergien im Handlungsfeld Tourismus

Quelle: eigene Darstellung

---

[108] Ebenda, S. 1.
[109] Sporthotel Adler, Adelboden, Schweiz.

Das ganzheitliche touristische Produkt entspricht dem Stadtmarketingansatz, der nicht nur die Voraussetzungen für das Stadtprodukt, sondern auch die Synergien ganzheitlich betrachtet.

Besonders im Urlaub ist die Erlebnisorientierung von großer Bedeutung. Den Urlaubern müssen Erlebnisse geboten werden, die lange positiv in Erinnerung bleiben: Events, Geselligkeit, Animation, Kultur- und Sportangebote etc.

Beispiele

- ansprechende Kulturszene (Komplettangebote)
- bedeutende Golfturniere
- bedeutende Sportveranstaltungen
- bedeutende Tennisturniere
- bekannte Kirmesveranstaltungen
- bekannte Stadt-/Ortsfeste
- Formel-1-Rennen
- Karneval
- Konzerte
- Meisterschaften
- Musicals
- Sehenswürdigkeiten
- Stadtbild
- Stadtjubiläen
- Theater
- Weinfeste.

Diesen Trend bestätigen die Ergebnisse der Reiseanalyse 1998.[110] Danach steht an erster Stelle der Urlaubsaktivitäten mit 55,6 Prozent die Teilnahme an Ausflügen und Fahrten in die Umgebung. Ausruhen und Schlafen, früher das Urlaubsziel Nummer eins, rangiert erst auf Platz vier. Die Entwicklung spiegelt auch einen Trend zum Individualtourismus wider.[111] Touristen möchten keinen Urlaub von der Stange, sondern frei und flexibel bleiben und somit ihren Urlaub individuell gestalten.

Abgenommen hat der Zeitumfang des Urlaubs. Vermehrt werden Kurzurlaube über das Jahr verteilt unternommen, um in kürzester Zeit viel zu erleben.[112] Dieser Trend bietet die Chance, in Verbindung mit Events oder anderen Veranstaltungen und Attraktionen Touristen auch für wenige Tage in den Ort zu holen.

---

[110] Die Reiseanalyse ist eine Untersuchung des Urlaubsverhaltens der Deutschen. Träger ist die F.U.R. Forschungsgemeinschaft Urlaub und Reisen.
[111] Scheel, a.a.O., S. 5.
[112] Vgl. Der Markt für Urlaub und Reisen, focus medialine, 1999.

In seiner Betrachtung „Tourismus in Deutschland: Milliardenschwerer Wirtschaftsfaktor für viele Branchen" schreibt Dr. Bernhard Harrer vom Deutschen Wirtschaftswissenschaftlichen Institut für Fremdenverkehr (DWIF) in München:

> Tourismus ist nicht nur übernachten und essen gehen. Weit mehr Wirtschaftsbereiche als das Beherbergungs- und Gaststättengewerbe profitieren von der nicht zu unterschätzenden Ausgabebereitschaft der Gäste. Viel zu selten werden allerdings Kooperationsmöglichkeiten als erfolgreiches Marketinginstrument erkannt.
>
> Erst aus der Verknüpfung interessanter Angebote entstehen attraktive Destinationen. Bei der Vermarktung der Zielgebiete sollte allerdings nicht nur an die Übernachtungsgäste gedacht werden. Die Tagesbesucher haben vielerorts eine deutlich größere Bedeutung und sorgen für eine ganzjährig zufriedenstellende Auslastung touristischer Infrastruktureinrichtungen. Grundlage für eine zielgerichtete Entwicklung ist die Kenntnis der Marktstrukturen und damit auch die Durchführung regelmäßiger Marktforschung. [...]
>
> In den alten und neuen Bundesländern ist von mehr als zwei Millionen vom Tourismus abhängigen Beschäftigten auszugehen. Eine genaue Erfassung ist schwierig, denn der Tourismusmarkt wird angebotsseitig nicht erfasst und ist als typische Querschnittsbranche anzusehen. Allerdings profitieren nahezu alle Wirtschaftszweige von einer positiven Tourismusentwicklung.[113]

XIII.7.1. Maßnahmen

Eine Konzeption im Handlungsfeld Tourismus sollte sich auch mit folgenden Maßnahmen beschäftigen:

- Koordination aller Erlebnisangebote
- Intensivierung des Ausgabeverhaltens (Angebote)
- Belebung saisonschwacher Zeiten
- Pauschalangebote
- Busreisen
- Besucherlenkung
- Zielgruppenangebote (Wellness, Kultur, etc.).

Zielbereiche im Handlungsfeld Tourismus können z.B. sein:

- Tagestourismus
- Übernachtungstourismus

---

[113] Cimadirekt, 1/1999.

- Kulturtourismus
- Gesundheitstourismus
- Tagungen/Seminare
- Einkaufen
- Sport
- Schulen, Studierende
- ältere Menschen
- jüngere Menschen.

Auch Maßnahmen der Bestandspflege sollten in einer Konzeption im Handlungsfeld Tourismus nicht fehlen wie:

- Adressenpflege
- besondere Vergünstigungen für Stammgäste
- Geburtstagsgrüße
- regelmäßige Umfragen bezüglich Kritik, Verbesserungen oder Wünsche der Gäste (Ort, Hotel, Restaurants oder andere Einrichtungen)
- spezielle Angebote für Stammgäste
- Weihnachtsgrüße.

XIII.7.2. Sporttourismus

Auch wenn die üblichen Voraussetzungen als Tourismusort nicht vorhanden sind, ist es möglich, Angebote für bestimmte touristische Interessentengruppen zu gestalten. Dazu gehört der Sporttourismus. Tennis-, Tauch-, Segel- oder Golfurlaub sind nur einige Beispiele für spezielle Angebote, die mit einer entsprechenden Qualität und dem zu schaffenden Umfeld attraktive Angebote sein können. Besonders neue Sportarten bieten attraktive Chancen für den Sporttourismus.

> Der Aufbruch in ein Zeitalter fast unbegrenzten Erlebnishungers hat begonnen. In Hobby, Sport und Urlaub scheint beinahe alles möglich und erlaubt zu sein – bloß keine Langeweile. Es wächst die Sehnsucht nach Wagnis und Risiko, nach der kleinen Flucht aus Alltagsroutine, nach Erlebnisreichtum statt Erfahrungsarmut. Bungeejumping (75 Prozent), Canyoning (71 Prozent), River Rafting (70 Prozent) und Freeclimbing (62 Prozent) zählen nach Meinung der Bevölkerung derzeit zu den riskantesten und wagnisreichsten Extremsportarten. Die Befragung von 217 Extremsportlern, die selbst schon eine dieser Sportarten ausgeübt haben, erbringt den Nachweis, dass es ihnen mehr um Lust und Leistung als um Nervenkitzel geht. >Just for fun<, einfach Spaß haben und im Leben auch >einmal< etwas Verrücktes tun, ist das Hauptmotiv einer Erlebnisgeneration, die im „hier und jetzt" lebt und das Leben aktiv erleben und intensiv gestalten will. Gesucht wird mehr ein Leben mit Spaß als ein Leben in

Gefahr. Weil die moderne Arbeitswelt immer weniger körperlich Herausforderungen bietet, leben immer mehr Menschen ihre Bewegungsdefizite in der Mobilität (z.B. beim Autofahren), beim Joggen oder Fitnesstraining im Extremsport aus.[114]

Diese Exkursion in die sportlichen Trends und Wirkungen sind auch für die Planungen im Handlungsfeld Tourismus von Bedeutung. Städte und Gemeinden können aufgrund dieser Feststellung neue Urlaubsangebote kreieren, sei es z.B. ein bestimmtes Fun-Sport-Angebot oder Angebote für Manager, Angestellte usw.

XIII.7.3. Wertschöpfung

Die Wertschöpfung definiert im Stadtmarketing den wirtschaftlichen Nutzen der verwirklichten Maßnahmen in den verschiedenen Handlungsfeldern. Die Ansiedlung eines neuen Unternehmens hat z.B. Auswirkungen auf ansässige andere Unternehmen, auf den Wohnungsmarkt und die Kaufkraft. Eine Steigerung der Gästezahlen in einem Ort bewirkt wirtschaftlich positive Auswirkungen in andere Bereiche. Dies wird am besten im Bereich des Tourismus sichtbar. Mehr Gäste bedeuten höhere Umsätze in Hotellerie, Gastronomie, Einzelhandel, im touristischen und kulturellen Bereich, bei Taxen und Bussen usw.

Zu jedem Primärumsatz in den verschiedensten Bereichen kommen also direkte Umsätze, wie z.B. in der 1. Wertschöpfungsstufe Löhne, Einkommen und Gewinne. In der 2. Wertschöpfungsstufe verdienen Dritte am Primärumsatz. So werden sich z.B. im touristischen Bereich durch mehr Gäste in der Regel die Gewinne der Beherbergungsbetriebe erhöhen. Aber auch der Handel und das Gewerbe profitieren von einer Steigerung der Gästezahlen, da sie u.a. als Zulieferer und Reparaturbetriebe partizipieren. Da sich dadurch die Wertschöpfung insgesamt erhöht, erzielt auch die Kommune zusätzliche Steuereinnahmen.

Grundlage für die Berechnung der Wertschöpfung ist der Bruttoumsatz.[115] Da der Produktionswert eines Wirtschaftszweiges in der volkswirtschaftlichen Gesamtrechnung üblicherweise ohne Mehrwertsteuer ausgewiesen ist, muss diese aus dem Bruttoumsatz herausgerechnet werden. Zur exakten Bestimmung bedarf es hierzu bestimmter Annahmen über die Anwendung reduzierter Steuersätze bzw. die Befreiung von der Mehrwertsteuer.[116] Bei der gewerblichen Zimmervermietung muss ein Steuersatz von 15 Prozent in Abzug gebracht werden. Die Privatbeherbergung

---

[114] Statement bei der Eröffnungspressekonferenz der „boot düsseldorf", 2000, Ergebnisse einer Repräsentativumfrage des BAT Freizeit-Forschungsinstituts 1999.
[115] Vgl. Andrea Ahrens, Die Wertschöpfung im Fremdenverkehr, FBV Medien-Verlags GmbH, Limburgerhof 1997.
[116] Gemäß Umsatzsteuergesetz (UstG) § 12 I, II.

ist i.d.R. von der Mehrwertsteuer befreit. Bei Ausgaben für Bekleidung, Dienstleistungen etc. werden Durchschnittssteuersätze ermittelt. Für Arzneimittel, den lokalen Transport und die Kurtaxe werden 7 Prozent in Abzug gebracht.

Um die Wertschöpfung, d.h. die von den Touristen ausgehende Einkommensbildung, zu ermitteln, muss der Primärumsatz um den Wert der Abschreibungen, indirekten Steuer sowie der Güter und Dienstleistungen, die ein Wirtschaftszweig von anderen in Anspruch genommen hat, vermindert werden. Da es jedoch nicht möglich ist, für alle Betriebe bzw. Branchen die jeweiligen Kostenstrukturdaten zu erheben, stehen hierfür globale Wertschöpfungsquoten zur Verfügung, die auf Untersuchungsergebnissen des Deutschen Wirtschaftswissenschaftlichen Instituts für Fremdenverkehr (DWIF) beruhen. Die Wertschöpfungsquoten geben an, wie hoch die Prozentzahlen des gesamten Nettoumsatzes (ohne MwSt.) sind, der direkt zu neuen Faktoreinkommen in Form von Löhnen, Gehältern und Gewinnen führt.[117] Für die verschiedenen Wirtschaftsbereiche gibt es unterschiedliche Wertschöpfungsquoten.

Für die von dem übernachtenden Fremdenverkehr ausgehende Wertschöpfung werden folgende Wertschöpfungsquoten herangezogen:

Abb. 66: Wertschöpfungsquoten im Tourismus

	gewerblich	privat
Beherbergungsbetriebe	43 %[118]	80 %[119]
Gastronomie	43 %[120]	
Einzelhandel	14,7 %[121]	
Camping, Jugendherberge	35 %[122]	
Dienstleistungen, Sport, Freizeit, lokaler Transport	45 %[123]	
Kurklinik und Kurtaxe	55 %[124]	

Die Wertschöpfung in der Privatbeherbergung fällt im Gegensatz zum Einzelhandel deshalb so hoch aus, weil hier Vorleistungen nur in geringem Maße anfallen. Der Betrieb besteht bis auf Reinigung und Frühstück fast ausschließlich aus der

---

[117] Vgl. Tourismus Zentrale Hamburg GmbH, Geschäftsbericht 1995, S. 3.
[118] König, R., Die GmbH im deutschen Fremdenverkehr: Bestandsaufnahme und Strukturanalyse von GmbHs in der Fremdenverkehrsförderung, Lüneburg 1997, S. 63.
[119] Luft, a.a.O., S. 63.
[120] König, a.a.O., S. 36-40.
[121] Amann, K., Finanzwirtschaft, Stuttgart 1993, S. 34-35.
[122] Luft, a.a.O., S. 69.
[123] Ebenda, S. 68.
[124] Vgl. Tourismus Zentrale Hamburg GmbH, a.a.O., S. 22.

reinen Zimmervermittlung. Auch fallen hier Abschreibungen und Kostensteuern nicht ins Gewicht.

Der aus der 1. Wertschöpfungsstufe resultierende Betrag muss hinsichtlich seiner multiplikatorischen Wirkung für die 2. Wertschöpfungsstufe beachtet werden. So werden in dieser beispielsweise die Lieferungen eines Bäckers an ein Restaurant oder die Handwerkerleistung in einem Hotel berücksichtigt, da entsprechende Leistungen an die Gäste weitergegeben werden. Die aus derartigen Vorleistungen entstehenden Einkommenswirkungen, die durch die Gästenachfrage hervorgerufen werden, sind bei der Ermittlung der 2. Wertschöpfungsstufe einzubeziehen. Im Gegensatz zur 1. Wertschöpfungsstufe ist eine detaillierte Berechnung individueller Wertschöpfungsquoten nicht möglich. Daher wird ein Mittelwert von 30 Prozent in Ansatz gebracht.[125]

Abb. 67: Nettowertschöpfung im Tourismus

Jahresgesamtumsatz[126] (Übernachtungsgäste) = Bruttoproduktionswert ohne Mehrwertsteuer

./. **Vorleistungen anderer Wirtschaftsbereiche** (Waren und Dienstleistungen)
./. **Abschreibungen**
./. **indirekte Steuern**
+ **Subventionen**

= **Nettowertschöpfung** (Summe der Erwerbs- und Vermögenseinkommen aus dem Tourismus)

Um diese Berechnung auszuführen, sind genaue Kostenstrukturanalysen für die einzelnen Betriebsarten, die unmittelbar vom Tourismus betroffen sind, notwendig.

Eine Untersuchung im schweizerischen Adelboden (Berner Oberland) im Jahr 1999 durch den Fachbereich Tourismuswirtschaft der Fachhochschule Wilhelmshaven ergab, dass Übernachtungsgäste während des Winterurlaubes durchschnittlich 81 Schweizer Franken, also ca. 114 DM ausgaben. In der Stadt Lüneburg wurde 1994 die wirtschaftliche Bedeutung des Tourismus durch den Fachbereich Tourismus-

---

[125] Zeiner, M./Harrer, B./Bengsch, L., Städtetourismus in Deutschland, in Schriftenreihe des DFV (Hrsg.), Bonn 1995.
[126] Luft, a.a.O., S. 63.

management der Universität Lüneburg untersucht. Dabei wurde festgestellt, dass Tagestouristen in Lüneburg 47 DM ausgeben. Übernachtungsgäste gaben 152 DM (einschließlich Hotel) aus.

Getätigt wurden diese Ausgaben in den Bereichen Gastronomie, Lebensmittel, Büro/Schreibbedarf, Spielzeug, Elektroartikel, Schmuck/Uhren, Lederwaren/Schuhe, Textilien, Geschenkartikel/Souvenirs, Sportartikel, Fotoartikel, Kosmetikartikel sowie für sonstige kleinere Artikel. An der Spitze lagen die Bereiche Textilien, Büro/Schreibbedarf sowie Geschenkartikel/Souvenirs und Gastronomie.

Folgende Werte (in DM) errechneten sich in der Stadt Lüneburg:

	Tagestourismus	Übernachtungstourismus
Primärumsatz	48.630.000	45.600.000
Nettoprimärumsatz	41.417.000	39.652.000
1. Wertschöpfungsstufe (Löhne, Einkommen, Gewinne)	12.425.100	16.653.840
2. Wertschöpfungsstufe (Handwerker, Handel, Bäcker etc.)	8.697.570	6.899.450
Wertschöpfung gesamt	21.122.670	23.553.290

Die Steuereinnahmen der Stadt aus diesen Einnahmen betrugen 2 bis 2,4 Millionen DM. Zahlen, die belegen, wie hoch die Rendite allein im touristischen Bereich sein kann, und zudem deutlich machen, dass zusätzliche Anreize für eine Erhöhung der Touristenzahlen weitere Renditen in den verschiedensten Bereichen erwarten lassen.

XIII.8. Handlungsfeld Einzelhandel/Innenstadt/Ortszentrum

Die Innenstadt bzw. das Ortszentrum ist das Herz des Stadtmarketings. Positive oder negative Faktoren bestimmen nicht unerheblich das Gesamtgefüge des Ortes. Attraktive und liebenswerte Innenstädte/Ortszentren werden nicht allein von der Kommunalverwaltung geschaffen. Genauso wichtig, wenn nicht noch wichtiger, ist das Engagement von Einwohnern, Handel und Wirtschaft. Im Vordergrund muss die Kooperation und Abstimmung von privaten und öffentlichen Akteuren stehen. Das wichtigste Ziel für die Zukunft der Innenstädte muss es sein, mehr Leben in die Stadt u bekommen. Dabei muss es gelingen, die Attraktivität, Nutzungsvielfalt, Urbanität und Lebendigkeit der Innenstädte zu steigern.

Architektonische Veränderungen der Innenstadt oder Modernisierungen der Geschäfte allein reichen allerdings nicht aus. Es muss am Ort ein besseres Konsumklima geschaffen werden. Also nicht Investitionen in bauliche Veränderungen sind das primäre Ziel, sondern eine Veränderung der Stimmung. Die Innenstädte sind gerade wegen der Zentren auf der grünen Wiese nach wie vor die historischen Mittelpunkte. Dieter Pützhofen, Vorsitzender des Vorstandes des Städtetages in Nordrhein-Westfalen sieht darin „multifunktional und emotional den Identifikationsort der Bürger mit der Stadt. Dabei müsse den geänderten Bedürfnissen, insbesondere der jüngeren Bevölkerung mit virtuellen Welten und Aktivitäten auch in den Innenstädten Rechnung getragen werden, wenn sie nicht eine weitere Zentralitätsfunktion verlieren sollen."

Der Wettbewerb im Einzelhandel wird mehr und mehr über Serviceleistungen und Erlebnisorientierung ausgetragen. Cimadirekt[127] schreibt dazu:

> Eine Faustregel besagt, dass die Kosten, einen neuen Kunden zu gewinnen etwa drei- bis fünfmal so hoch sind, wie die, einen Stammkunden zu halten. Und amerikanische Untersuchungen zum Kundenverhalten haben ergeben, dass nur rund 2 % der unzufriedenen Kunden reklamieren, während 34 % stillschweigend zur Konkurrenz abwandern. In kaum einem anderen europäischen Land wird diese Formel so ernst genommen wie in England. Vorreiter in puncto Kundenorientierung sind die Einkaufszentren, die vor allem die jungen Familien als Stammkundschaft gewinnen wollen. "Garantien für die Kunden" nennt zum Beispiel das Meadowhall Centre bei Sheffield ein Paket von Broschüren mit insgesamt 56 beschriebenen, kostenlosen Dienstleistungen. Service heißt aber in England vor allem Beratung, Bedienung und Freundlichkeit. Eine fortwährende Personalschulung ist oberstes Gebot.
>
> Was die Shopping-Center vorleben, versucht auch der innerstädtische Einzelhandel, wo möglich, umzusetzen. Serviceleistungen auf betrieblicher Basis sind dabei unproblematisch. Komplizierter wird es meist, wenn es um Aktionen geht, die nur gemeinsam gestaltet und angeboten werden. Dazu ist, schon allein aufgrund der Zuständigkeiten, eine enge Zusammenarbeit zwischen Einzelhandel und Stadtverwaltung nötig. Der City-Manager gehört in vielen englischen Städten deshalb bereits zum Alltagsbild. Er ist die Schnittstelle für gemeinsame Investitionen, infrastrukturelle Maßnahmen und Serviceleistungen. Nur so, das haben die meisten Städte bereits erkannt, kann man im Wettbewerb mit den Einkaufszentren auf Dauer bestehen.

Lovro Mandac, Vorstandsvorsitzender der Kaufhaus Warenhaus AG, sagt zur Zukunft der Innenstädte, dass neben den Verantwortlichen in Politik und Verwaltung auch Einzelhändler eine neue Flexibilität entwickeln müssten, die zum Ziel habe, Gewohntes und Vertrautes immer wieder auf den Prüfstand zu stellen. Dr. Walter Deuss, Vorstandsvorsitzender der Karstadt AG, sieht in der zunehmenden Entwicklung des stationären Einzelhandels die Entwicklung zu immer größeren Einkaufszentren unter gleichzeitiger Vernetzung von Einzelhandels- und Freizeiteinrich-

---

[127] Cimadirekt, 3/1995.

tungen. Eine derartige Vernetzung gewinne unter dem Begriff Urban Entertainment Center auch in Deutschland immer mehr an Bedeutung. In den Fußgängerzonen und im gesamten Innenstadtbereich, schreibt Deuss weiter, müsse sich eine Bündelung von Kultur, Gastronomie und erlebnisorientierten Einzelhandel entwickeln.[128]

Die Stadt Aalen legte für den Bereich der Innenstadt folgende Aktionsfelder fest:

Image
– Kommunikation nach innen und außen
– Kooperationsklima
– Werbekonzeption
– Gemeinschaftswerbung

Erlebnis
– Veranstaltungen
– Aktionen
– Projekte
– Stadtquartiere
– Öffnungszeiten
– Service
– Sauberkeit
– Sicherheit

Angebot
– Branchenmix
– Funktionsvielfalt
– Gastronomie
– Dienstleistungsangebot
– öffentliche Einrichtungen
– Beratungsqualität

Gestaltung
– Stadtbild
– Plätze
– Brunnen
– Grünanlagen
– Fassaden
– Beleuchtung
– Schaufenstergestaltung
– Sondernutzungen

---

[128] Aus City-Offensive NRW, Dokumentation 1999.

Erreichbarkeit
- Parkplätze (Quantität und Qualität)
- Park and Ride-Konzept
- ÖPNV
- Verkehrsberuhigung
- Zweiradparkplätze

Card
- Aalen Card (multifunktionale Karte)
- Zahlungsmittel im Einzelhandel
- Benutzung öffentlicher Einrichtungen
- ÖPNV
- Parken
- Telefon
- Kreditkarte.

Die Innenstadt wird in den meisten Städten deutlich durch die Einkaufszone geprägt, die als zentrale Anlaufstelle verschiedenen Tätigkeiten dient. Eine ansprechende Stadtgestaltung sowie eine ausreichende und quantitative Funktionsvielfalt für alle Nutzergruppen bilden dabei wichtige Determinanten. Funktioniert die Innenstadt nicht, können auch die anderen Bereiche einer Stadt nur schwer funktionieren. Zum Funktionsfeld des Einzelhandels gehören alle Aktivitäten des Verkaufs von Waren und Dienstleistungen direkt an Endverbraucher für deren persönliche, nicht gewerbliche Verwendung.[129] Priorität hat, dass der Kunde die wichtigste Rolle in diesem Gefüge spielt und seine Wünsche das Angebot bedingen. Schwerpunkte müssen sein:

- Stärkung der kulturellen Identität der Innenstädte
- Erhaltung der Multifunktionalität der Innenstädte
- Öffnung der Zentren für ein breites Besucherspektrum
- Vernetzung von Handel, Gastronomie, Freizeit und Kultur
- Schaffung neuer Impulse für Erlebnisqualität und Verweildauer.

Ein ausgewogenes Verhältnis des breiten zum tief gegliederten Warenangebot verschiedener Preisklassen und Vertriebstypen ist entscheidend, um möglichst breite Bevölkerungsschichten anzusprechen.[130] Mit kulturellen, sportlichen und traditionellen Veranstaltungen müssen Besucher über die Stadtgrenzen hinaus angezogen werden. Neben Geselligkeit und buntem Treiben lenken diese Veranstaltungen die Aufmerksamkeit auf die Innenstadt.

---

[129] Kotler/Bliemel, Marketing-Management, 7. Auflage, Stuttgart 1998, S. 779.
[130] Dude, E., Blühender Handel, S. 9.

Zum Veranstaltungsangebot der Innenstadt können gehören:

- Abendveranstaltungen
- Erstellung von Kunstwerken
- Frisuren- und Modenschauen
- Gaukler
- Gourmet-Tage
- Innenstadtfeste
- Kinderfeste
- Kleinkünstler
- Kunstmeile
- Laserinstallationen
- Open-Air-Disco
- Open-Air-Kino
- Open-Air-Konzerte
- Rundfunk- und Fernsehsendungen
- Schminkaktionen für Kinder
- sportliche Darbietungen
- Straßenmusikanten
- Straßentheater
- Versuche für das Guinnessbuch der Rekorde
- Walk Acts.

In einem Stadtmarketingprozess muss der Einzelhandel die Entscheidung treffen, wo und wie das Geschäft auf Kunden mit einfachen, mittleren oder gehobenen Ansprüchen abzielt. Es stellen sich Frage wie: Wollen die Kunden Warenvielfalt, grosse Sortimentstiefe und/oder Einkaufsatmosphäre? Solange der Zielmarkt nicht definiert und sein Profil nicht festgestellt ist, kann der Einzelhandel keine schlüssigen Entscheidungen über das Warensortiment, das Preisniveau, die Geschäftsatmosphäre, Absatzförderung und Geschäftsstandorte fällen. Der Einzelhandel muss im Rahmen der Konzeption seinen Markt eindeutig definieren.

City-Trends[131]

- Die Zahl der Besucher von Innenstädten sinkt seit Jahren kontinuierlich.
- Die Besucher von Innenstädten werden älter.
- Die Besucher von Innenstädten kommen seltener.
- Die Besucher von Innenstädten stammen immer häufiger aus dem Umland.
- Die Besucher von Innenstädten entrichten immer höhere Einkaufsbeträge.
- Der Sonnabend bleibt der bedeutendste Einkaufstag.
- Am Donnerstag und Freitag kommen die Singles, am Sonnabend die Familien.
- Die Einzelhandelsverkaufsfläche wurde deutlich ausgeweitet.
- Die Produktivität pro Fläche (Raumleistung) ist gesunken.[132]

---

[131] Cimadirekt, 2/1998.
[132] Schuckel/Sondermann, Besucherstruktur und Besucherverhalten in der Innenstadt – Längsschnittanalyse der BAG-Untersuchungen von 1976 bis 1996, in Mitteilungen des Institutes für Handelsforschung an der Universität Köln (IfH), 2. Februar 1998.

Eine wichtige Rolle spielt dabei der Service-Mix. Die heutige Gesellschaft wird immer schnelllebiger, wobei der Technik eine große Bedeutung zukommt. Die verschiedenen Generationen haben unterschiedliche Ansprüche an das Serviceangebot. Die jüngeren Konsumenten nutzen immer mehr die Möglichkeit der Internetbestellung, um sich Waren nach Hause liefern zu lassen. Rentner hingegen sind häufig alleine und freuen sich über die persönliche Bedienung, den Kontakt zu anderen Menschen und wünschen oft eine fachliche Beratung. Gebrechliche und Behinderte sind auf fremde Hilfe angewiesen und ziehen die telefonischen Bestellmöglichkeiten und Hauslieferungen vor.

Bei den Serviceleistungen ist zwischen den Leistungen vor und nach dem Kauf zu unterscheiden. Serviceleistungen vor dem Kauf sind z.B. telefonische Bestelldienste, Bestelldienste per Post, Sonderbestellungen, Bereitstellung von Werbeinformationen, Anwendungsberatung, Warendarstellung im Schaufenster, um nur einige Beispiele zu nennen. Serviceleistungen nach dem Kauf sind z.B. das Verpacken der Ware, der Versand, die Rücknahme und der Umtausch von Waren, Maßarbeiten, Aufstell- bzw. Montagearbeiten.[133] Der Einzelhandel muss in einem Stadtmarketingprozess den Kunden wieder als König sehen. Mitarbeiter im Einzelhandel müssen die Kunden freundlich ansprechen und Hilfe anbieten. Manager sollten sich als „Leiter der Dienstleistenden" definieren und Mitarbeiter respektvoll in den Rang von „Associates" heben (vgl. Wal-Mart und Gore-Tex). Dazu gehört die Identifikation des Mitarbeiters mit seinem Verantwortungsbereich und die Stärkung des Teamgeistes.

„Der Preis muss unter Berücksichtigung des Zielmarktes, der Produkt-, Dienst-, Serviceleistungen, Attraktivität der Stadt und der Konkurrenz festgelegt werden."[134] Der Kunde erwartet bei höheren Preisen einen entsprechend höheren Service bzw. eine hochwertige Qualität. Somit ergibt sich, dass das Preis-/Leistungs-Verhältnis stimmen muss.

Weitere konzeptionelle Ziele sind:

- einheitliche Öffnungszeiten
- gastronomisches Angebot
- gute Verkehrsanbindung
- Kundenfreundlichkeit
- Parkplätze
- Sauberkeit in der Einkaufszone
- Serviceangebote
- Straßencafés
- verkaufsoffene Sonntage
- wettergeschützte Einkaufsbereiche.

---

[133] Kotler/Bliemel, Marketing-Management, 7. Auflage, S. 797.
[134] Ebenda, S. 798.

In Weilburg an der Lahn wurden innerhalb eines Stadtmarketingprozesses Leitlinien für die Mitgliedsunternehmen der Wirtschafts-Werbung-Weilburg erarbeitet. Unter dem Motto "freundlich – aktiv – leistungsstark" ist die Wirtschafts-Werbung-Weilburg ein Zusammenschluss von Händlern, Handwerkern, Gastronomen, Dienstleistenden und Industrieunternehmen. Der Zusammenschluss will die Attraktivität der Einkaufsstadt erhöhen, die Zufriedenheit der Kunden steigern und neue Kunden gewinnen.

Im Einzelnen heißt es in den Richtlinien:[135]

1. Selbstverständnis
Alle WWW-Mitglieder begrüßen, beraten und bedienen ihre Kunden nach folgenden Grundsätzen: „Herzlich willkommen. Wir begrüßen Sie mit einem Lächeln. Wir bieten Ihnen Rat und Service. Wir bieten Qualität. Sie stehen bei uns im Mittelpunkt. Fordern Sie uns!"

2. Sortiment
Alle WWW-Mitglieder bieten ihren Kunden ein zeitgemäßes und qualitativ ansprechendes Sortiment sowie einen hochwertigen Service. Eine Branchen- und Sortimentsübersicht vermittelt Anbietern und Kunden Transparenz über das Angebot.

3. Service/Umgang mit Kunden
Alle WWW-Mitglieder bieten ihren Kunden über Serviceangebote Zusatzleistungen, um sich positiv von Mitbewerbern abzuheben.

a) Im Einzelnen gehören zum Basis-Service
- Fachkompetenz
- Freundlichkeit (z.B. Kunden begrüßen und mit Namen ansprechen)
- Beratung ohne zeitliche Begrenzung
- bargeldlose Zahlungsmöglichkeiten
- Ware auf Kundenwunsch aus dem Schaufenster nehmen
- problemlose Reklamation/Umtausch/Geld zurück
- Weiterleitung von Kunden an örtliche bzw. regionale Anbieter
- Kundentelefonate
- Kundentoilette
- saisonale Zugaben (z.B. ein Apfel zum Erntedank).

b) Im Einzelnen gehören zum branchenspezifischen Basisservice
- Lieferung von Waren nach Hause (auch zur Ansicht)
- Zahlung mit Kreditkarte
- Angebot der Waren/Produkte über neue Medien (*fax on demand*, Internet)
- Änderungs- und Reparaturservice

---

[135] Aus Leitlinien für die Mitgliedsunternehmen der Wirtschafts-Werbung-Weilburg, 3/1997.

- Sitzgelegenheiten
- Garderobe/Schminkmöglichkeiten.

c) Im Einzelnen gehören zum branchenspezifischen Zusatz-Service (erhöhter Service)
- Reservierung von Waren
- Einzelbestellungen
- Zahlung gegen Rechnung
- kostenloses Getränkeangebot (Wasser, Kaffee, Eistee)
- Erstattung von Parkgebühren
- Kinderanimation
- Babyecke
- Verkauf in der Wohnung des Kunden
- Gesundheitsservice (Liege, Schnellverband, Mitarbeiter sind in Erster Hilfe ausgebildet).

4. Öffnungszeiten*
Alle WWW-Mitglieder orientieren ihre Kernöffnungszeiten an den von den WWW-Mitgliedern beschlossenen Öffnungszeiten:

Montag bis Freitag	9.00 Uhr bis 18.30 Uhr (durchgehend)
und Samstag	9.00 Uhr bis 14.00 Uhr

Sonderregelung für die vier Samstage vor Weihnachten bis 16.00 Uhr.
* Gilt nicht für Dienstleister, Handwerker und Industrieunternehmen.

5. Beleuchtungszeiten*

Winterzeit

Montag bis Donnerstag	7.00 bis 22.00 Uhr
Freitag	7.00 bis 23.00 Uhr
Samstag	8.30 bis 23.00 Uhr
Sonntag	14.00 bis 23.00 Uhr

Sommerzeit

Montag bis Donnerstag	7.00 bis 22.00 Uhr
Freitag	7.00 bis 24.00 Uhr
Samstag	8.30 bis 24.00 Uhr
Sonntag	14.00 bis 23.00 Uhr

an Schloßkulturtagen immer bis 24.00 Uhr

Sowohl in der Sommer- als auch in der Winterzeit sollen die Geschäfte an der B 456 und der Bahnhofsstraße ihre Beleuchtung morgens eine Stunde früher einschalten, um den durchfahrenden Autofahrern eine attraktive Durchfahrt durch Weilburg zu bieten.
* Gilt nicht für Dienstleister, Handwerker und Industrieunternehmen.

6. Sauberkeit
Alle WWW-Mitglieder kontrollieren täglich Sauberkeit und Ordnung im Umfeld des Geschäftes, an der Fassade, den Werbeanlagen und der Beleuchtung und stellen sie gegebenenfalls wieder her.

7. Fassade
Die Fassaden der Geschäftsgebäude aller WWW-Mitglieder sind ansprechend und intakt.

8. Schaufenstergestaltung*
Alle WWW-Mitglieder gestalten ihre Schaufenster zeitgemäß und qualitativ ansprechend. WWW-Aktionen spiegeln sich in den Schaufenstern aller wider. Schaufenster mit Trend- und Saisonwaren werden mindestens monatlich neu dekoriert. Schaufenster mit saisonunabhängiger Ware (Ganzjahresartikel) werden mindestens alle 6 Wochen neu dekoriert. Alle WWW-Mitglieder beachten bei der Preisauszeichnung die gesetzliche Regelung. * Gilt nicht für Dienstleister, Handwerker und Industrieunternehmen.

9. Werbung/Aktionen
Alle WWW-Mitglieder beteiligen sich aktiv an gemeinschaftlicher Werbung sowie an gemeinschaftlichen Aktionen und unterstützen aktiv das gemeinsame Medium Weilburg live. Es wird empfohlen, Anzeigen in folgenden Medien zu schalten: Weilburg live, Weilburger Tageblatt, Nassauer Tageblatt, Wetzlarer Neue Zeitung für die Bereiche Waldsolms, Ulmtal, Leun und Grafenstein, Sonntagmorgen-Magazin, Nassauische Neue Presse und Usinger Anzeiger.

10. Interne Kommunikation
Alle WWW-Mitglieder tauschen aktiv und zügig untereinander Informationen aus und informieren den Vorstand der WWW bei einer Ansprache durch Dritte (z.B. bei Anzeigenwerbern). Alle WWW-Mitglieder beteiligen sich an der Ideenfindung und der Maßnahmenumsetzung in der WWW.

11. Gesamtverantwortung für die Entwicklung der Einkaufsregion Weilburg an der Lahn
Alle WWW-Mitglieder nehmen ihre Verantwortung für die Gesamtentwicklung des Wirtschaftslebens in der Stadt Weilburg engagiert und konstruktiv wahr. Sie unterstützen die positive Entwicklung der Einkaufsregion Weilburg an der Lahn.

Die folgenden Beispiele sollen die unterschiedlichen Leitlinien für die Entwicklung der Innenstädte dokumentieren, die ausnahmslos nicht nur vom Einzelhandel und der baulichen Veränderung der Innenstädte ausgehen, sondern auch Symbiosen zu den verschiedenen Handlungsfeldern einer Stadt sehen.[136]

---

[136] Die City-Offensive NRW, Dokumentation 1999.

- **Dortmund**
"Angebotsvielfalt im historisch gewachsenen Raum, Sicherheit und Sauberkeit sowie gute Erreichbarkeit mit öffentlichen Verkehrsmitteln ebenso wie per Individualverkehr – die harten Standortfaktoren der Dortmunder City stellen nur eine Seite der Medaille dar. Ihr Kultur- und Freizeitangebot ist im hohen Maße für ihre Attraktivität für die Bürgerinnen und Bürger sowie die Menschen aus der westfälischen Region verantwortlich und hat somit einen entsprechenden Einfluss auf die wirtschaftliche Entwicklung der Innenstadt."

- **Hagen**
„Bei diesem Projekt ging es nicht darum, Altbekanntes mit zusätzlichen finanziellen Mitteln in einen Mega-Event zu verwandeln, sondern neue Akzente zu finden und zu setzen. Deshalb war es Ziel in Hagen, das selbst definierte Leitbild 'Revitalisierung von Straßen und Plätzen in der Innenstadt' den Bürgern und Besuchern näher zu bringen. Plätze, Orte und Straßenzüge sollten wieder stärker in das Bewusstsein gerückt und in ihrer historischen Dimension aufgewertet werden."

- **Krefeld**
„Eines der Hauptziele ist die Belebung der Innenstadt. Hierzu werden neben vielen anderen Marketingaktivitäten seit Jahren in Kooperation mit dem Einzelhandel Veranstaltungen durchgeführt. Bei allen Veranstaltungen wird darauf geachtet, dass sie dem hohen Qualitätsanspruch Krefelds gerecht werden."

- **Minden**
„Die Beteiligung Mindens an dem Projekt 'Ab in die Mitte!'[137] resultierte konkret aus einem verstärkten Konkurrenzdruck von der grünen Wiese. Im vergangenen Jahr wurde unweit der Stadt ein großes Einkaufszentrum eröffnet, das mit erheblichem Werbedruck auch in Minden versuchte, Publikum aus der Stadt zu locken. Außerdem gab es das Bestreben, Minden allgemein in der Region und darüber hinaus als attraktive, lebhafte Stadt bekannter zu machen. Zielregion ist hier auch der angrenzende niedersächsische Raum."

- **Münster**
„Mit der Realisierung des Kulturprogramms 'Ab in die Mitte!' für die Innenstadt Münsters stellte sich die Kooperationsgemeinschaft – bestehend aus Kaufmannschaft/Einzelhandel, Gastronomie, Stadt Münster und Kulturschaffenden in der Stadt – eine gemeinsame Aufgabe, deren Umsetzung die Charaktereigenschaften der Stadt auf ganz spezielle Weise sichtbar machen sollte. Münster steht von jeher für ein kulturelles Klima von Offenheit und Internationalität, das durch die Bürgerinnen und Bürger der Stadt in ganz besonderer Weise getragen wird. Das entworfene Programm sollte dieses Klima in das städtische Zentrum tragen und durch Neudefinition exponierter urbaner Räume zeitgenössischer Kunst die herkömmlichen Sicht- und Erlebniswelten von innerstädtischem Raum aufweichen."

---

[137] Aktion mehrerer Städte in Nordrhein-Westfalen mit finanzieller Förderung des Landes.

- **Neuss**
"Für die Stadt Neuss wurden Positionierungsansätze und ein Stärken- und Schwächen-Profil erarbeitet, und es wurde ein konzeptioneller Schlüssel für eine Dachmarkenstrategie des zukünftigen Neusser City-Marketings entwickelt. Die Umsetzung dieses Konzepts ist in Kooperation mit dem Genie-Arbeitskreis ab dem Jahr 2000 vorgesehen."

- **Recklinghausen**
"Nachhaltig beeinflusst wird der Einzelhandelsstandort Recklinghausen durch die Veränderung des Angebotes in den umliegenden kleineren Städten sowie durch die Expansion der Einzelhandelsflächen der im Umkreis von 50 km liegenden Städte wie Münster, Dortmund, Bochum und Oberhausen. Das Bild der Stadt wird durch eine lebendige Innenstadt als Ort für Einkauf, Kommunikation, Sport, Kultur und Genuss geprägt. Dieses Bewusstsein galt es bei den Bürgern der Stadt sowie Besuchern zu verstärken. Denn Trends werden in den Innenstädten geboren und erlebt."

- **Solingen**
"Mit den baulichen Veränderungen werden zugleich Veränderungen in der Qualität (Mode, gehobene Gastronomie, Unterhaltung) erwartet. Die bisher nur unzureichende Akzeptanz der Innenstadt durch die Solinger Bevölkerung soll durch eine deutliche Ausrichtung auf eine neue kulturelle Mitte erreicht werden. Die gesamte Innenstadt wird zur Zeit von dem Blick in die Zukunft geprägt, aus diesem Grund wurde als Motto für den Event das Thema 'Trendmeile Solingen' gewählt. Auf der Trendmeile sollten die Solinger erleben, wie sich frühere Hauptverkehrsstraßen und verkehrsreiche Plätze nach der städtebaulichen Umgestaltung zu Fuß erobern lassen. Dabei ging es nicht nur um die bauliche Zukunft, sondern auch um die Bereiche Kultur, Sport, Freizeit und Erlebnis, Mobilität, Kommunikation, Gastronomie, Unterhaltung und Design."

XIII.8.1. Innenstadtverkehr

Das Spannungsfeld zwischen Verkehr und Innenstadt ist nach wie vor eines der Hauptprobleme der innerstädtischen Planung.[138] Die Bewältigung des fließenden und ruhenden Verkehrs in der Innenstadt ist wegen Platzmangels und Umweltbelastung zu einem besonderen Problem geworden. Als Einzelhandelsstandort ist die Innenstadt stark auf den motorisierten Individualverkehr angewiesen. Die Pkw-Fahrer, knapp 50 Prozent aller Innenstadtbesucher, bringen rund 62 Prozent des Gesamtumsatzes ein.[139] Von Maßnahmen zur Verkehrsentlastung und -beruhigung ist deshalb der Einzelhandel am stärksten betroffen. In den USA gibt es die Devise „No parking, no business".

---

[138] CIMA-Stadtmarketing, Attraktiver Einzelhandel in Bayern, S. 28.
[139] Tietz, B./Rothhar, P., Die Zukunft des Einzelhandels in der Stadt, S. 341.

Grundsätzlich trägt die schnelle, bequeme und preisgünstige Erreichbarkeit für alle Nutzergruppen entschieden zu der Attraktivität des Stadtkerns bei, wobei das Kraftfahrzeug immer noch das wichtigste Verkehrsmittel für den Einzelnen ist. Der öffentliche Personennahverkehr (ÖPNV) kann in Akzeptanz und Nutzung nur begrenzt gesteigert werden.[140]

Wie wichtig der Innenstadtverkehr für die Akzeptanz und Anziehungskraft einer Innenstadt, zeigt eine Untersuchung der CIMA-Stadtmarketing bei den Nutzern von Innenstädten, die abhängig von der Attraktivität der Innenstadt die Erreichbarkeit als eine der vier wichtigsten Einflussfaktoren nannten.[141]

XIII.9. Handlungsfeld Bildung

Bildung ist die Grundvoraussetzung für eine berufliche Qualifikation. Bildung hat aber auch einen gesellschaftspolitischen Charakter, da sie die Entfaltung der Persönlichkeit einschließlich der freien Selbstbestimmung und sozialen Verantwortung positiv beeinflusst.

Aus- und Weiterbildungsmöglichkeiten sind Grundbedürfnisse der Kommune. Grundschulen, Haupt- und Realschulen sowie Gymnasien gehören zur Grundausstattung einer Stadt im Bildungsbereich. Berufsbildende Schulen für die verschiedensten Berufszweige ergänzen das Angebot, genauso wie Volkshochschulen (VHS) und private Schulformen.

Berufsfachschulen, Berufsakademien und Hochschulen bieten Voraussetzungen für Innovationen im Wirtschaftsbereich. Sie sind zugleich Partner bei einer Zusammenarbeit von Wirtschaft und Wissenschaft.

XIII.10. Handlungsfeld Wissenschaft und Forschung

Forschungseinrichtungen in einer Stadt sichern eine qualitativ hohe Wertigkeit für den Wirtschaftsstandort. Gerade für die Ansiedlung neuer und den Erhalt bereits vorhandener Unternehmen bieten bestehende Forschungseinrichtungen Möglichkeiten der Zusammenarbeit, die innovative Ziele verfolgen sollte.

Forschungseinrichtungen bieten zudem qualitativ hochrangige Arbeitsplätze. Die Arbeit der Forschungseinrichtungen strahlt in die Region aus und sorgt für qualitative Ansatzpunkte in anderen Bereichen. In diesem Handlungsfeld müssen auch regionalbezogene Forschungsansätze gefunden werden, die Möglichkeiten der Innovation bieten.

---

[140] Dude, E., Blühender Handel, S. 8.
[141] CIMA-Stadtmarketing, Attraktiver Einzelhandel in Bayern, S. 6-7.

XIII.11. Handlungsfeld Gesundheit

Zur Konzeption im Handlungsfeld Gesundheit gehören u.a. der Ausbau oder die Schaffung von Krankenhäusern, Zentren der Gesundheitsförderung, Einrichtungen für präventive Maßnahmen oder spezielle Klinikformen, die primär der eigenen Bevölkerung dienen, aber auch Auswirkungen in andere Bereiche haben. Das Gesundheitswesen muss allen Bedürfnissen gerecht werden und verfügbare Ressourcen wirkungsvoll einsetzen.

Einrichtungen im Gesundheitswesen können in anderen Handlungsfelder positive Auswirkungen haben. Dies wird am Beispiel der Reha-Kliniken und Kurkliniken deutlich, deren Synergien in andere Bereiche wie Kultur, Einzelhandel, Gastronomie, Hotellerie, Wirtschaft usw. ausstrahlen.

XIII.12. Handlungsfeld Soziales

Das soziale System einer Stadt oder Gemeinde wird von zwei Komponenten geprägt:

1. Durch die Menschen, die in der Stadt/Gemeinde leben und arbeiten. Sie beeinflussen subjektive Sozialfaktoren wie Mentalität, Freundlichkeit, Verhalten gegenüber Gästen etc., können aber auch objektive Sozialfaktoren wie den Bau von Altersheimen, Kindergärten, Kinderspielplätzen, Behinderten gerechten Einrichtungen etc. mitentscheiden oder sogar in die Wege leiten. Hierzu zählen auch alle Aspekte, die unter dem Schlagwort soziale Verantwortung eines jeden Bürgers verstanden werden, wie z.B. Spendenaktionen oder die Veranstaltung von Benefizveranstaltungen.

2. Durch die gesetzlichen sozialen Verpflichtungen, die eine Kommune im Rahmen des öffentlichen Auftrags für die Daseinsvorsorge zu erfüllen hat. Dazu gehören Schulen, Krankenhäuser, der gesetzlich gesicherte Kindergartenspielplatz, der Umweltschutz oder das Sozial- und Arbeitsamt.

Diese Vielzahl physischer und psychischer, oft interdependenter Bestandteile des sozialen Systems wächst zu einer Komplexität zusammen,[142] welche die Produktfacetten Bildung, Gesundheitswesen, Verwaltung und das soziale Image gestalten. Im Vordergrund steht jedoch der Beitrag, den die sozialen Qualitäten und Produkt-, Dienst- und Servicefacetten zum Gesamtprodukt des Ortes leisten.

Stadtmarketing hat somit auch die Aufgabe, den Anforderungen des aus der englischsprachigen Literatur übernommenen **Sozialmarketings** gerecht zu werden. Unter Sozialmarketing versteht Bruhn

---

[142] Meffert, Städtemarketing – Pflicht oder Kür?, a.a.O., S. 275.

die Planung, Organisation, Durchführung und Kontrolle von Marketingstrategien und -aktivitäten nicht kommerzieller Organisationen, die direkt oder indirekt auf die Lösung sozialer Aufgaben gerichtet sind.[143]

Im sozialen Bereich hat die Kommune eine besondere Verantwortung für Familien, ältere Menschen, Jugendliche, Obdachlose, ausländische Einwohner und Behinderte. Der Bau von Kindergärten, Jugend- und Seniorentreffs sowie Veranstaltungen und Aktionen in diesem Bereich sind nur einige Beispiele. Auch Ziele der Frauenförderung gehören zu diesem Thema.

Der soziale Bereich verlangt heute mehr Verantwortung denn je. Kommunale Maßnahmen müssen erreichen, dass für möglichst viele Menschen Arbeitslosigkeit und die Abhängigkeit von Sozialhilfe verhindert bzw. eine soziale Notlage aufgefangen wird. Arbeitsvermittlungs- und Qualifizierungsmaßnahmen sind Aufgaben, die den Sozialhilfebereich entlasten und auch zu finanziellen Einsparungen im kommunalen Haushalt führen.

XIII.13. Handlungsfeld Planung/Entwicklung

Die Stadtplanung und -entwicklung hat seit Mitte der 70er Jahre einige Aspekte des Stadtmarketings aufgegriffen. Für das multifunktionale Gebilde Stadt wurde die integrierte Planung aller kommunalen Aufgaben und Funktionen vorgenommen. Damit sollte die Zukunft des Orts koordinierbar und gestaltbar werden. In einem Stadtmarketingprozess hat das Handlungsfeld Stadtplanung einen besonders wichtigen Stellenwert. Im Unterschied zum heutigen Stadtmarketing hatte die traditionelle Stadtplanung und -entwicklung jedoch andere Ziele:

- Die Stadtentwicklung und -planung strebten die bewusste Einbeziehung privater Interessen und Bedürfnisse sowie eine gegenseitige Zusammenarbeit nicht oder nur in Ansätzen an. Oft kam es erst durch Bürgerinitiativen zwangsweise zur Kooperation.

- Eine gegenseitige Information und ein gemeinsamer Prozess der Meinungs- und Identitätsbildung nach innen wie nach außen war nicht Teil der Planungsmethode. Vor allem wurde in der Stadtplanung das Image und/oder die Identität der Stadt in der Regel vernachlässigt.

- Es wurde keine gemeinsame Ideenfindung, Koordination und Zielfindung und -setzung mit anderen Interessierten, Organisationen usw. vorgenommen.

- In der Stadtplanung und -entwicklung wurde die Verwaltung nicht thematisiert. Im Stadtmarketingprozess wird dagegen die Verwaltung selbst zum Thema und Gestaltungsbereich.

---

[143] Bruhn. M., Sozialmarketing, Stuttgart 1989, S. 21.

Die Stadtentwicklung und -planung, wie sie in den 70er und 80er Jahren praktiziert wurde, ist heute nicht mehr zeitgemäß. Die Planung war eine Gesamtplanung, die zuwenig an Maßnahmen orientiert war.[144]

Die Bereiche Planung und Entwicklung sind in dem Stadtmarketingprozess ein wichtiges Handlungsfeld, da Stadtmarketing besonders am veränderten visuellem Bild (neue Bauten, Plätze, Sanierung von Ortsteilen, Schaffung neuer Ortsbereiche) deutlich wird. Eine enge Zusammenarbeit mit den Arbeitsgruppen, die sich mit verwandten Themen beschäftigen, ist erforderlich, um eine effektive Arbeit zu ermöglichen.

XIII.14. Handlungsfeld Ökologie

Der Themenbereich Ökologie beinhaltet den Schutz, die Pflege und die Gestaltung der Natur und Landschaft. Gute Umweltbedingungen sind nicht nur ideale Voraussetzungen für das Leben in einer Stadt/Gemeinde, sondern sie gehören mittlerweile auch zu den wirtschaftlichen Rahmenbedingungen. Ein Nebeneinander von Wirtschaft und Umwelt ist möglich. Eine intakte Umwelt gehört zu den weichen Standortfaktoren und bedeutet zugleich eine Verantwortung im Hinblick auf die nachfolgenden Generationen.

Die Abwägung zwischen Wirtschaftszielen und Umweltbedingungen ist oft nicht einfach. Der Gesetzgeber hat in den letzten Jahren dem Schutz der Umwelt eine besondere Priorität gegeben, die den wirtschaftlichen Gestaltungswillen einschränkt und teilweise behindert. Zu den Gestaltungsmöglichkeiten der Kommunen gehört die Erhaltung vorhandener Biotopflächen. Auch die Planung einer ökologisch vertretbaren Verkehrs- und Energiepolitik ist Aufgabe der Kommunen.

Der Grünflächen- und der Landschaftsrahmenplan geben den Kommunen die Möglichkeit, zukunftsorientierte Weichen zu stellen. Ökologische Perspektiven bieten unter anderem

- Maßnahmen zur Verkehrsberuhigung,
- Verbesserungen des Wohnumfelds,
- ein verträgliches Nebeneinander von Wohnen und Arbeiten,
- die Neugestaltung von Erholungsgebieten.

Der Umweltschutz, heute immer noch vereinzelt kritisch gesehen und oft als wirtschaftsbehindernd oder -verzögernd bezeichnet, muss in der Konzeption sichtbar gemacht und als sinnvoll für die Zukunft dargestellt werden. Ziel muss es sein, den

---

[144] Dieckmann, J., Voraussetzungen und Konsequenzen von Marketing in Kommunen, in Töpfer, A. (Hrsg.), Stadtmarketing – Chance und Herausforderung für Kommunen, Baden-Baden 1993, S. 81-133.

Umweltschutz im Rahmen der Orts- und Wirtschaftsentwicklung positiv zu verstehen. Stadtmarketing kann in diesem Zusammenhang künftige Bilder einer umweltgerechten Kommune entwerfen, Aktionen und Ereignisse planen und den Umweltbereich nach innen und außen deutlich machen.

Ökologische Ziele lassen sich durch die Stadtmarketingkonzeption hervorragend vermitteln. Ohne die aktive Mitarbeit der Bevölkerung sind sie nicht umsetzbar und bedürfen daher einer intensiven öffentlichen Diskussion. Das Umweltbewusstsein zu verbessern, erfordert ein hohes Maß an Wir-Gefühl, denn nur die Erkenntnis, dass es ohne gemeinsames Handeln nicht zu schaffen ist, bringt in diesem Handlungsfeld Erfolg.

Weitere Zielsetzungen können in der Förderung umweltfreundlicher Produkte und Produktionsverfahren liegen. Die zukunftsorientierte Abfallwirtschaft stellt die Müllvermeidung und das Recycling in den Vordergrund. Zusätzliche Detailkonzepte zur Abfallvermeidung und zu abfallwirtschaftlichen Maßnahmen sind daher unabdingbar und setzen die in der Gesamtkonzeption genannten Ziele detailliert um. Durch Einzelaktionen muss eine Reduzierung der betriebswirtschaftlichen Umweltkosten für Energie, Wasser, Abfall, Abwasser, Lärm, Flächenbewirtschaftung usw. erreicht werden. Auch diese Ziele müssen Inhalte der Detailkonzeption sein. Fragen der sanften Techniken, der ökologischen Zusammenarbeit zwischen Wirtschaft und Forschung, Technologiezentren oder sogar die Auslobung von Umweltschutzpreisen, die besondere Erfolge in diesem Bereich honorieren, sind weitere Möglichkeiten.

Auch das Wohnen im Grünen, die Begrünung von Fassaden und Dächern, die Schaffung von neuen Grünflächen und die Entpflasterung der Innenstädte, um weitere Grünzonen zu schaffen, sind lohnenswerte Aufgaben. Unpopuläre Tempo-30-Zonen sowie Lärmschutzmaßnahmen an stark befahrenen Straßen sind Themen, deren Ansätze deutlich in der Konzeption formuliert werden sollten. Dazu gehören der Ausbau von Radwegen genauso wie Maßnahmen zur vermehrten Nutzung des öffentlichen Personennahverkehrs (ÖPNV). Aufbauend auf ortsklimatischen und lufthygienischen Zielvorgaben, lassen sich ästhetische Ziele für die Architektur der Zukunft formulieren.

XIII.15. Handlungsfeld Verkehr

Ein künftiges Verkehrssystem muss allen Bevölkerungsgruppen die größtmögliche Mobilität bieten. Dabei müssen unterschiedlich strukturierten Räumen die jeweils geeignetsten Verkehrsmittel zugewiesen werden.

Die Innenstädte müssen künftig weitgehend vom Individualverkehr befreit werden, dabei darf es aber **nicht** zu einer Beeinträchtigung der Erreichbarkeit der Innenstadt für Konsumenten kommen. Ausreichende und gut erreichbare Parkmöglichkeiten müssen angeboten werden. Ein hervorragendes Nahverkehrsangebot muss die Erreichbarkeit aller Bereiche eines Ortes zum Ziel haben.

Busspuren, die diesem Verkehrsmittel Vorrang einräumen und somit schnelle Beförderungsmöglichkeiten schaffen, sind die Voraussetzung für das Umsteigen auf den öffentlichen Nahverkehr. Dazu gehört auch die Verknüpfung von Schiene und Bus mit einheitlichen Tarifen und Netzkarten. Das Umland, die Region, muss einbezogen werden. In diesem Zusammenhang muss es zu einer nahtlosen Anbindung des Individualverkehrs aus dem Umland an das städtische Nahverkehrsnetz kommen. Gefördert werden muss darüber hinaus der Fahrradverkehr. Entsprechende Einrichtungen, aber auch die Anbindung an den öffentlichen Personennahverkehr sind Forderungen aus diesem Bereich.

Autofrei soll und wird die Stadt der Zukunft nicht werden. Allerdings werden Hauptverkehrsstraßen die Verkehrsströme bündeln. Eine weitere Aufgabe wird es sein, die Fahrzeuge in Parkhäusern zu parken, um so auch in Wohngebieten für einen ansehnlichen Wohnraum zu sorgen. Kurzzeitparkmöglichkeiten, welche die Belange der Anwohner nicht beeinträchtigen, sind weitere Angebote. Verkehrliche Perspektiven bieten

- die Revitalisierung schienengebundener Massenverkehrsmittel wie Straßen- und S-Bahn,
- die Verminderung der Lärm- und Abgasemissionen,
- Bus- und Taxispuren,
- die Schaffung und der Ausbau von Fahrradwegen,
- intelligente Ampelschaltungen,
- Nahverkehrskonzepte.

XIII.16. Handlungsfeld Wohnen

Das Wohnangebot muss individuell sein. Für alle Einwohner ist ausreichender und menschenwürdiger Wohnraum zu schaffen. Den Mietpreissteigerungen muss entgegengewirkt werden, um preiswerten Mietraum flächendeckend anbieten zu können. Hier haben die Kommunen mit den Wohnungsbaugesellschaften Instrumente, um regulierend einzugreifen. Auch der soziale Wohnungsbau darf nicht vernachlässigt werden. Dem Wunsch nach Eigentum kann durch die Bereitstellung von Baugebieten und günstigen, auch für untere und mittlere Einkommensgruppen finanzierbaren Grundstückspreisen nachgekommen werden. Dazu gehören Möglichkeiten für

- Eigenheime
- Eigentumswohnungen
- Komfortlagen für Eigenheime
- Mietwohnungen
- ökologische Wohnformen
- Reihenhäuser
- Stadtwohnungen.

Wohnraum für ältere Menschen in einer Zeit zu schaffen, in der die Zahl der Senioren steigt, ist eine weitere wichtige Aufgabe. Bisherige Wohnformen für ältere Menschen, wie die derzeit üblichen Altenheime, müssen der Vergangenheit angehören. Neue Wohnformen sind zu finden. Wohnformen, die menschenwürdig sind und die Bedürfnisse älterer Menschen befriedigen. Zu berücksichtigen sind auch Wohnformen für Behinderte und Pflegebedürftige. Seniorenwohnungen mit Betreuungs- und Verpflegungsmöglichkeit in einem angenehmen Umfeld – nicht den bisherigen Kriterien von Altenheimen entsprechend – müssen verstärkt geplant und gebaut werden. Perspektiven bieten

- das geschützte Wohnen am Wasser,
- der Bau von Promenaden sowie Erlebnisbereiche für die Bevölkerung,
- die Einbeziehung von Grün und Wasser,
- neue kombinierte Wohn- und Geschäftsprojekte im Zentrum, welche die Urbanität von Städten sichert.
- Viertel für Kunstschaffende.

XIII.17. Handlungsfeld Verwaltungen

Das Handlungsfeld Verwaltungen bezieht sich auf alle Verwaltungen (Behörden) in einem Ort. Die Kommunalverwaltung spielt dabei eine besondere Rolle. Die Einbeziehung der Behörden, insbesondere der Kommunalverwaltung, besteht darin, eine marktorientierte Verwaltungsphilosophie zu entwickeln und nach deren Maßgabe die Beziehungen der Verwaltung zu ihren Austauschpartnern (Anspruchsgruppen) zu gestalten.[145] Im Mittelpunkt sollte ein Selbstverständnis der öffentlichen Verwaltung als wichtigster Dienstleistungsbetrieb stehen. Zu den Verwaltungen gehören u.a.:

- Arbeitsamt
- Finanzamt
- Forstbehörde
- Kommunalverwaltung
- Polizei
- Zoll.

Neben der Kommunalverwaltung haben diese Behörden eine besondere Bedeutung im Bereich des Stadtmarketings. Beispielhaft sei hier nur das Verhalten von Polizeibeamten gegenüber den Besuchern erwähnt. Aber auch die Bediensteten anderer Verwaltungen haben oft den ersten direkten Kontakt zu Gästen und können durch ihr Verhalten zur Verbesserung des Images beitragen. Eine Reform der Verwaltungen

---

[145] Bahrgehr, B., Marketing in der öffentlichen Verwaltung – Ansatzpunkte und Entwicklungsperspektiven, Innsbruck 1991, S. 137 ff.

ist in der Lage, diese Schritte zu erreichen. Folgende Punkte sollten dabei beachtet werden:

- Definition klarer Ziele
- Delegation von Verantwortung
- effiziente Dienstleistungen
- flexible, dynamische Organisation
- interkommunaler Leistungsvergleich
- Motivation durch Qualitätsbewusstsein
- Partizipation
- Produkt-/Marktorientierung
- Projektmanagement, Teamwork, Qualitätszirkel.

XIII.17.1. Kommunalverwaltung

In der Kommunalverwaltung sollte zur Umsetzung der beschlossenen Maßnahmen und Motivation der Mitarbeiter ein Verwaltungsleitbild erarbeitet werden. Ein solches Leitbild ist unerlässlich, da die Kommunalverwaltung in allen Bereichen des Stadtmarketings eine große Rolle spielt. Das Leitbild der Kommunalverwaltung muss eine breite Basis haben. Es muss von unten und nicht von oben entwickelt werden. Nicht ausgesuchte Mitarbeiter, sondern eine möglichst repräsentative Auswahl ermöglichen ein von der Mehrzahl getragenes und umsetzbares Leitbild. Eine Entwicklung von oben will nur Zuständigkeiten, Machtbereiche und -zuwächse sichern. Ein so zustande gekommenes Leitbild wird von vielen Mitarbeitern nicht akzeptiert und wirkt sich negativ auf einen Stadtmarketingprozess aus.

XII.17.2. Einwohnernähe

Einwohnernähe umschreibt die Forderung, dass das Verwaltungshandeln nicht nur nach Rechtmäßigkeit und Wirtschaftlichkeit auszurichten ist, sondern im Kontakt mit den Einwohnern verstärkt auf deren Bedürfnisse und Erwartungen einzugehen hat. Der Begriff der Einwohnernähe hat mittlerweile eine primäre Bedeutung gewonnen. Die Einwohner wollen heutzutage umfassend über alles informiert werden, was im Rathaus, was in ihrem Ort geschieht. Das heißt, dass die Kommunen keine isolierte Öffentlichkeitsarbeit betreiben dürfen, sondern durch zielgerichtete Maßnahmen die Bevölkerung informieren müssen. Dies ist nicht nur eine durch das Gesetz vorgeschriebene, sondern sogar aus dem Grundgesetz ableitbare Aufgabe. Einwohnernähe umschreibt plakativ die Forderung nach einer Verbesserung des Verhältnisses zwischen der Verwaltung und den Einwohnern.

Die Einwohnernähe ist generell abhängig von konkreten Problemlagen. Einwohnernähe ist keine neue Aufgabe und auch keine Erweiterung bestehender Aufgaben oder vorgegebener politischer Ziele der Verwaltung. Sie ist vielmehr ein Konzept, das diese Ziele unterstützt. Inhaltlich gesehen, geht es darum, die Distanz zwischen der Verwaltung und den Einwohnern abzubauen oder zumindest zu verringern, ferner die Ungleichheit im Umgang der Verwaltung mit den Einwohnern aufzuheben, indem sich die Verwaltung verstärkt um die Einwohner bemüht.

Im Bereich des Stadtmarketings bedeutet dies, dass die Verwaltung alle erdenklichen Maßnahmen ergreifen muss, um den Kontakt mit den Einwohnern bedürfnisgerecht zu gestalten. Dennoch ist das Bild, das sich die Einwohner von der Verwaltung machen, oft negativ. Die Distanz zwischen der Verwaltung und den Einwohnern lässt sich auch durch eine stärkere Beteiligung der Einwohner an kommunalpolitischen Entscheidungen abbauen. Im Vergleich zu den Bundes- und Landesverwaltungen ist die Kommunalverwaltung die dem Einwohner sowohl örtlich als auch von der Möglichkeit der Mitgestaltung am nächsten stehende Verwaltung. Sie wird deshalb, und dies nicht zu Unrecht, als die beste bürgernahe Verwaltung angesehen.

Einwohnerferne kann sich in unüberschaubaren und Angst verursachenden Verwaltungsgebäuden oder in einer für die Einwohner nicht verständlichen Arbeitsteilung ausdrücken. Unverständliche Vordrucke und eine unverständliche Verwaltungssprache, lange Bearbeitungs- und Wartezeiten, undurchschaubare Arbeitsabläufe und nicht situationsgerechtes Verhalten wirken sich negativ aus. Das Verhältnis der Einwohner zu der Verwaltung lässt sich nicht ohne weiteres verallgemeinern. Die Einwohner sind in unterschiedlichen Rollen (z.B. als Steuerzahler, Leistungsempfänger, Gewerbetreibende, Angehörige von Gruppen etc.) von den Leistungen der Verwaltung betroffen. Sie haben daher unterschiedliche Erwartungen an das Verwaltungshandeln.

Das Ideal der Einwohnernähe ist nur zu erreichen, wenn man die unterschiedlichen Sehweisen und Interessenlagen berücksichtigt. Ohne die genaue Kenntnis der Wünsche und Erwartungen der Einwohner besteht die Gefahr, dass Bemühungen um mehr Nähe ihr Ziel verfehlen. Im Mittelpunkt des internen Stadtmarketings, bezogen auf die Mitarbeiter der Kommunalverwaltung, steht das kundenfreundliche, einwohnerorientierte Verhalten.

Das Wort Verwaltung deutet nicht auf einen unternehmerischen Prozess innerhalb der Kommunalverwaltung hin. Daher stellt sich die Frage, ob dieser Begriff in einem fließenden, vorwärts gerichteten Stadtmarketingprozess der richtige ist.

Verwalten ist die Arbeit an Geschaffenem, signalisiert Stillstand. Ein Begriff wie 'Dienstleistungsbereich Kommune' würde besser passen. Auch Begriffe wie Amt, Sachgebiet oder ähnliches sollten durch moderne Begriffe ersetzt werden. Dies kann nur dann erreicht werden, wenn es zu einer grundsätzlichen Veränderung der Verwaltungen kommt. Die Mitarbeiter in den Verwaltungen müssen mehr als bisher Verantwortung übernehmen. Die Delegation von Aufgaben, der Abbau hierarchischer Strukturen und der Einsatz moderner Technik sind erste Schritte.

Die Erarbeitung eines Leitbildes für das Dienstleistungsunternehmen Kommunalverwaltung mag im ersten Augenblick ungewohnt erscheinen und dem bisherigen Denken in den Rathäusern widersprechen. Doch schon bald werden kundenorientierte Personalschulungen, ein breit angelegtes Fortbildungsangebot, Karriereplanungen und die Belohnung für Verbesserungsvorschläge positive Effekte erzielen. Auch Leistungsprämien, die Aufhebung stupider Beförderungssysteme sowie die Schaffung eines einheitlichen Dienstrechts können erste Schritte sein. Seminare, die das einwohnerfreundliche Handeln, aber auch die verbesserte Kommunikation innerhalb der Verwaltung zum Ziel haben, müssen herkömmlich arbeitende Mitarbeiter zu kundenorientierten Dienstleistenden wandeln.

Politessen und Mitarbeiter in Publikumsbereichen sowie im Außendienst sind ständige Bindeglieder zwischen der Bevölkerung und der Verwaltung. Solange es in diesen Bereichen Einwohnerfreundlichkeit nicht gibt, wird es kaum möglich sein, Stadtmarketingziele, die durch die Verwaltung ins Auge gefasst werden, glaubwürdig der Bevölkerung zu vermitteln. Servicestellen mit speziell geschulten Mitarbeitern, freundlich gestaltete Rathäuser und ständige Informationen sind Voraussetzungen für eine moderne Verwaltung.

XIII.18. Handlungsfeld Einwohner

„Solange es Menschen gibt, ist die Stadt unvermeidlich, und ihr Verschwinden, ihr Zusammenbruch, ist so unwahrscheinlich wie der Verlust des eigenen Körpers. Ich werde jederzeit die Einsamkeit in der Masse allem anderen vorziehen, weil sie mir die Möglichkeit gibt, beobachtet zu werden. Ich kann mir vorstellen, dass alles, was ich tue, bemerkt und gesehen wird, dass ich ein Teil dieser Stadt bin – dieser Stadt oder irgendeiner –, dass ich also unersetzlich bin und notwendig." Dies sagt der New Yorker Schriftsteller Peter Landesmann über die Zukunft der Städte.

Gewollt oder ungewollt rückt er mit dieser Aussage den wichtigsten Bestandteil der Stadt, die Menschen, in den Mittelpunkt. Alle Überlegungen in den einzelnen Handlungsfeldern sind geprägt von den Interessen der Zielgruppen. Die Einwohner sollten immer die wichtigste Zielgruppe sein, denn nur zufriedene Einwohner engagieren sich für ihren Ort und sind Multiplikatoren für das Stadtprodukt.

Daher sollten bei den Planungen in den einzelnen Handlungsfeldern immer die eigenen Einwohner Priorität haben. Dies bezieht sich z.B. auf das Freizeit-, Kultur-, Sport, Arbeitsplatz- oder Einkaufsangebot genauso wie auf die einwohnerfreundliche Ausrichtung der Behörden im Sinne von Dienstleistern. Nicht nur die Einbeziehung und kontinuierliche Information der Einwohner in der Analysephase ist dabei eine grundlegende Voraussetzung, sondern auch das ständige Einbeziehen in der Konzeptionsphase im Rahmen der öffentlichen Präsentation von Ergebnissen und Zwischenergebnissen gehört dazu.

XIII.19. Maßnahmenkatalog[146]

Die Stadtmarketingkonzeption enthält Maßnahmen und Aktionen, die nach der Präsentation umgesetzt werden müssen. Der Maßnahmenkatalog sorgt für eine klare Aufgabenverteilung und benennt die Zuständigkeit, Finanzierung und Terminvorgabe. Er gibt zudem eine für alle zu kontrollierende Gesamtübersicht. Der Maßnahmenkatalog enthält im Einzelnen

- die Bezeichnung der einzelnen Maßnahme,
- das Ziel, das mit dem Aktionsinhalt erreicht werden soll,
- die Festlegung der Zielgruppe,
- die für die Aktion zuständige Organisationsarbeit (Verantwortung),
- die Finanzierung,
- den Zeitrahmen, in dem die Aufgabe verwirklicht werden soll.

Abb. 68: Maßnahmenkatalog im Stadtmarketing

Maßnahmenkatalog Handlungsfeld:						
Maßnahme	Ziel	Zielgruppe	Realisation	Verantwortung	Finanzierung	Zeit

Der Maßnahmenkatalog ermöglicht es, dass die mit der Umsetzung beauftragte Organisationseinheit die Aktionen in der angegeben Zeit durchführt und überprüft. Praktisch würde dies z.B. für den Bereich Informationen zur Innovation im Handlungsfeld Wirtschaft bedeuten:

---

[146] Er wird vereinzelt auch als Aktivitätenprogramm bezeichnet.

Beispiel

Bezeichnung:	Informationen zur Innovation
Ziel:	Durchführung einer Informationsveranstaltung "Lokale Innovationsmöglichkeiten" in Zusammenarbeit mit dem Wirtschaftsverband, der Universität, der Industrie- und Handelskammer, dem Handwerk und den Fachämtern der Kommunalverwaltung.
Zielgruppe:	Wirtschaftsunternehmen der Region mit innovativen Ansprüchen.
Organisation:	Wirtschaftsförderung der Kommune.
Finanzierung:	30.000 DM der Stiftung Wirtschaftsförderung
Zeit:	Herbst 20xx.

XIV. Zielgruppen

Einem ganzheitlichen Stadtmarketing kommt die Aufgabe zu, das komplexe System Stadt aus verschiedenen Perspektiven der externen und internen Zielgruppen zu betrachten, da das Produkt in Abhängigkeit von den Bedürfnissen spezifischer Zielgruppen auf einer Vielzahl von Märkten angeboten wird. Daher fordert Stadtmarketing die Anwendung des Prinzips der differenzierten Marktbearbeitung. In Bezug auf die Zielgruppenerwartungen sind Fragen zu beantworten wie: „Welche Anforderungen stellen die Bewohner der Region an den Ort?", „Welche Erwartungen haben Urlauber?", „Warum suchen sich Investoren bestimmte Standorte aus?". Die einzelnen Anspruchsgruppen nehmen aufgrund individueller Bedürfnisse bestimmte Produktbestandteile (wie die Infrastruktur, die Wirtschaftsförderung, das Kulturangebot, das Einkaufserlebnis, Dienstleistungen der Kommune usw.) selektiv wahr.[147]

Eine der wichtigsten Aufgaben des Stadtmarketings ist es, die häufig divergierenden Zielsetzungen der verschiedenen Entscheidungsträger und Anspruchsgruppen zu kanalisieren und zu einem Konsens zu führen. Die pluralistische Willensbildung zum Erreichen gemeinsamer Ziele im kommunalen Bereich gehört zu den Merkmalen, die das Stadtmarketing vom Konsumgütermarketing unterscheidet.[148]

Bezüglich der Ausrichtung der Stadtmarke auf die Marktsegmente und hinsichtlich der Definition ihrer Eigenschaften (Positionierungsentscheid) muss eine Kommune möglichst viele Zielgruppen in den verschiedensten Handlungsfeldern ansprechen. Dabei ist darauf zu achten, dass die Zielgruppen via Märkte erreicht werden und nicht via Zielgruppen die Märkte. Das bedeutet, jede Aktivität hat

- in einem definierten **Schwergewichtsmarkt** zu erfolgen,
- auf eine definierte **Schwergewichtszielgruppe** zu treffen,
- mit einem festgelegten **Schwergewichtsinstrument** zu erfolgen.

Während die Zielgruppen in der freien Wirtschaft relativ homogen und abgrenzbar sind, muss Stadtmarketing einer größeren Anzahl unterschiedlicher Interessen gerecht werden. Die Kommune steht einer Vielzahl von Personen und gesellschaftlichen Gruppen mit unterschiedlichen Forderungen und Bedürfnissen gegenüber.

Die Zielgruppenansprache und die Definition der Ziele müssen deshalb mit der größten Genauigkeit vorgenommen werden. Neben den Einwohnern müssen Zielgruppen außerhalb des Ortes festgelegt werden. Dies können sowohl Fachzielgruppen, aber auch Personen in bestimmten Regionen Deutschlands, ja sogar in der gesamten Europäischen Union und darüber hinaus sein.

---

[147] Meffert, Städtemarketing – Pflicht oder Kür?, S. 275.
[148] Ebenda.

Heidelberg, München oder das schweizerische Grindelwald wären schlecht beraten, wenn sie im Bereich Tourismus nicht auch in Asien und den USA ihre Zielgruppen suchen würden. Bedeutende Hafenstädte und Wirtschaftsstandorte müssen beispielsweise ihre Zielgruppen nicht nur national, sondern vor allem auch international sehen. Beispiele für Zielgruppen in den unterschiedlichen Handlungsfeldern sind:

- **Handlungsfeld Kultur**
  Zielgruppen sind sowohl ältere als auch jüngere Menschen. Das Zielgebiet wäre der Nahbereich und in Verbindung mit dem Kulturtourismus auch weiter entfernt liegende Regionen.

- **Handlungsfeld Kurzentrum**
  Menschen verschiedenen Alters gehören zur Zielgruppe, wobei das Zielgebiet nicht begrenzt werden kann. Dagegen lässt sich die Zielgruppe näher bestimmen, wenn sich ein Kurzentrum auf die Behandlung bestimmter Krankheiten spezialisiert hat.

- **Entwicklung eines Ortes zum Forschungszentrum**
  Bestehende Forschungseinrichtungen sind die Grundlage, die durch neue Forschungseinrichtungen ergänzt werden. Die Festlegung der Zielgruppen erfolgt in den spezifischen Forschungseinrichtungen.

- **Entwicklung zum Standort der Industrie**
  Zielgruppen sind diesem Fall Unternehmer. Das Zielgebiet könnten dabei unterschiedliche Regionen sein, die wegen fehlender oder zu teurer Grundstücke keine Möglichkeiten für die Expansion bestehender oder die Ansiedlung neuer Unternehmen haben.

Die **Zielgruppenansprache** ist je nach Eigenart der betreffenden Stadt/Gemeinde sehr spezifisch. Zu den Zielgruppen können neben den Einwohnern z.B. Studierende, die Militärangehörigen eines Standortes oder Patienten einer Reha-Klinik und viele andere Personen gehören. So muss z.B. den Dienstleistenden in allen Bereichen einer Stadt/Gemeinde verdeutlicht werden, dass jeder Gast, Konsument und Besucher durch seine Ausgaben dazu beiträgt, dass Arbeitsplätze gesichert und neue geschaffen werden. Somit hängt auch der eigene Arbeitsplatz direkt vom Verhalten im Ort ab. Eine Einsicht, die eigentlich nicht schwer sein dürfte, gleichwohl aber nicht oft bedacht wird. Wichtig ist dabei aufzuschlüsseln, welche verschiedenen Zielgruppen in dem Ort vorhanden sind und wie diese in das Stadtmarketing einbezogen werden können.

XIV.1. Zielgruppenmerkmale

Zielgruppen sind Personenkreise, an die sich Stadtmarketing wenden soll. Die Zielgruppen können sich im Verlauf des Stadtmarketingprozesses verändern. In der Analyse- und Konzeptionsphase sind die Zielgruppen vornehmlich im Ort zu finden. Denn alle Einwohner, Organisationen, Institutionen, Verbände, Vereine, Unternehmer müssen einbezogen werden, um eine breite Basis und Zustimmung für den Prozess zu schaffen. Nach der Präsentation der Gesamtkonzeption geht der Blick auch nach außen und sucht die in der Konzeption festgelegten außerörtlichen Zielgruppen, wie Touristen, auswärtige Unternehmer und Investoren, Einpendler, Konsumenten von Kultur-, Sport- und Veranstaltungsangeboten, Umlandbewohner und regionale, nationale und internationale Medien.

Zielgruppen:	
bei der Analyse und Konzeption:	innerhalb des Ortes
bei der Realisation:	innerhalb und außerhalb des Ortes

Die Zielgruppen müssen ausreichend abgegrenzt und beschrieben werden, denn die Merkmale der Zielgruppen bestimmen die Ausprägung der Zielgruppenstrategie.

Abb. 69: Auswahl der Zielgruppen

Zunächst möglichst grobe Auswahl spezifiziert nach

| Region | Beruf | Geschlecht | Alter | Interessen | Familienstand |

Quelle: eigene Darstellung

Je mehr die Merkmale eine Zielgruppe zutreffend beschreiben, umso homogener sind deren Reaktionen auf Stadtmarketingziele. Eine Zielgruppe wird dadurch berechenbarer und transparenter.

Das Verfahren der Zielgruppendefinition ist die Marktsegmentierung, d.h. die Aufteilung eines heterogenen Gesamtmarktes in klar abgegrenzte Konsumenten- und Interessentengruppen sowie die Beurteilung dieser Segmente.

Zielgruppen lassen sich durch verschiedene Merkmale beschreiben:

Demographische Merkmale	**Sozio-ökonomische Merkmale**
☐ Alter ☐ Geschlecht ☐ Familienstand ☐ Wohnort ☐ usw.	☐ Haushaltsgröße ☐ Einkommen, Kaufkraft ☐ soziale Schichtung (Schulbildung, Beruf) ☐ Besitzmerkmale ☐ usw.
Psychologische Merkmale	**Verhaltensmerkmale**
☐ Persönlichkeitsmerkmale ☐ Kenntnisse ☐ Interessen (Motive) ☐ Einstellungen ☐ Absichten ☐ usw.	☐ Besuchshäufigkeit ☐ Angebotsverhalten ☐ Region/Ortswahl ☐ Kommunikationsverhalten ☐ usw.

Quelle: in Anlehnung an M. Bruhn, Kommunikationspolitik, Zürich 1994, S. 48.

Als Voraussetzung für die Zielgruppenauswahl und damit für die gezielte Marktbearbeitung müssen die gewählten Kriterien zur Beschreibung potenzieller Zielgruppen bestimmte Anforderungen erfüllen, die auf den Festlegungen des Leitbildes basieren:

- **Angebotsverhalten**
  Die Kriterien müssen von entscheidender Bedeutung für das Angebot eines Ortes sein. Anhand der Kriterien sollten die Segmente abgrenzbar sein, die im Hinblick auf das Angebotsverhalten in sich weitgehend homogen sind. So hat zum Beispiel das Alter einen bedeutenden Einfluss auf die Wahl bestimmter touristischer Angebote eines Ortes (ältere Menschen suchen Ruhe und Erholung, jüngere Abwechslung und Vergnügen).

- **Aussagefähig für den Einsatz der Stadtmarketing-Instrumente**
  Die Kriterien sollten Ansatzpunkte für den gezielten und differenzierten Einsatz sein. Es sollen wichtige Nutzendimensionen der Konsumenten und Interessenten einbezogen werden, die besonders auf die instrumentalen Aktivitäten abgestimmt werden können. Junge Zielgruppen favorisieren z.B. eine emotionale Botschaft eher als ältere Zielgruppen.

- **Zugänglichkeit**
  Die Kriterien müssen eine Zielgruppenauswahl gewährleisten, in der die einzelnen Konsumenten- und Interessengruppen über die Medien erreichbar sind. Weniger sinnvoll ist es, wenn die Informationen auf eine Zielgruppe abgestimmt werden, diese aber nicht über die Medien zu erreichen ist.

- **Erfassbarkeit**
  Die Kriterien sollten mit den Methoden der Marktforschung erfassbar sein, da die Zielgruppen andernfalls nur sehr schwer zu identifizieren sind.

- **Zeitliche Stabilität**
  Die Kriterien sollten über einen längeren Zeitraum hinweg Gültigkeit haben. Sowohl die Planung des zielgruppenspezifischen Ansatzes als auch die Durchdringung einzelner Zielgruppen beanspruchen Zeit, wenn es z.B. um den Aufbau eines Images geht. Bieten sich mehrere Zielgruppen in verschiedenen Bereichen an, die nicht zur gleichen Zeit angesprochen werden können, so sollte in einer Prioritätenliste die Rangfolge festgelegt werden.

XIV.2. Zielgruppenbotschaft

Auswärtige Zielgruppen im Handlungsfeld Tourismus können nur mit einer Botschaft angesprochen werden, die das Bedürfnis auslöst, die Stadt/Gemeinde aus einem ganz bestimmten Grund zu besuchen. In jedem Handlungsfeld müssen verschiedenartige Zielgruppen festgelegt werden. Auch sind zusätzlich spezielle Zielgruppenmerkmale zu benennen. Folgende Fragen sind zu stellen, bevor die Zielgruppen festgelegt werden:

- Warum soll gerade diese Zielgruppe in unseren Ort kommen?
- Was erwartet die Zielgruppe als Standard?
- Was kann als Luxus zusätzlich geboten werden?
- Wie ist der Vergleich zu Konkurrenzorten?
- Ist ein Angebot speziell für die Zielgruppe vorhanden?
- Sind weitere spezielle Angebote für die Zielgruppe möglich?

XIV.3. Zielgruppenarten

Stadtmarketing darf nicht auf eine anonyme Öffentlichkeit gerichtet sein. Es definiert vielmehr bestimmte Zielgruppen nach innen und außen. Je präziser die Definition ist, umso erfolgreicher wird auch die Realisation des Stadtmarketingprozesses sein. Eine grobe Unterscheidung nach den Interessen erfolgt in

- Hauptbezugsgruppen (Einwohner, Beteiligte usw.),
- ökonomische Zielgruppen (Investoren, Konsumenten, Touristen usw.),
- spezifische Zielgruppen (Künstler, Wissenschaftler, Sportler usw.).

XIV.3.1. Meinungsbildner

Meinungsbildner sind Multiplikatoren für die Ziele der Stadtmarketingkonzeption. Als *opinion leader* verbreiten sie in besonderem Maße Nachrichten und Informationen. Wegen ihrer fachlichen Kompetenz und ihrer Kenntnisse haben sie eine hohe Glaubwürdigkeit und werden daher oft um ihre Meinung gefragt.

Dazu gehören Entscheidungsträger aus Politik, Medien, Wirtschaft und Verwaltung, aber auch bekannte Persönlichkeiten, Prominente und Lehrende aus allen Bereichen. Es muss sich dabei nicht nur um Meinungsbildner aus dem eigenen Ort handeln. Auch Meinungsbildner, die eine besondere Beziehung zu dem Ort haben und an einflussreicher Stelle ihre Tätigkeit ausüben oder im Mittelpunkt der Öffentlichkeit stehen, sollten einbezogen werden.

Meinungsbildner verfügen in der Regel über wertvolle Verbindungen zu anderen Multiplikatoren, können Kontakte vermitteln und Informationen weitergeben. Meinungsbildner müssen zu großen Veranstaltungen und Festen in dem Ort eingeladen werden. Sie müssen Publikationen und Informationen zur aktuellen Situation und zu neuen Planungen kontinuierlich erhalten.

XIV.3.2. Einwohner

Spricht man von den Einwohnern, so sind alle Menschen gemeint, die in dem Ort leben. Der Begriff Bürger wird hier nicht gewählt, da ein Bürger gemäß den Kommunalwahlgesetzen der Bundesländer nur der zur Wahl der Kommunalparlamente berechtigte Einwohner ist. Ausgeschlossen wären somit Jugendliche, die noch nicht wählen dürfen, und alle, die nicht mit dem Erstwohnsitz in der jeweiligen Kommune gemeldet sind.

Stadtmarketing wendet sich aber an alle Menschen in dem Ort. Die Stadtmarketingkonzeption der Stadt Wuppertal beschreibt die Einwohner als Zielgruppen wie folgt:

Junge Menschen orientieren sich auf dem Ausbildungs- und Arbeitsmarkt, sind mobil; sie beleben die Stadt, weil sie einen Großteil ihrer Freizeit außer Haus verbringen. Bei ihnen besteht auch am ehesten die Gefahr, dass sie die Stadt verlassen, wenn sie sich nicht wohl fühlen. Sie symbolisieren die Zukunft der Stadt. In dieser Zukunft wird aber auch die Zahl der älteren Menschen steigen, die Kontakte suchen und sich 'heimisch' fühlen wollen. Ebenso sind die ausländischen Einwohner angesprochen, die in Wuppertal leben, wohnen, arbeiten und ihre Freizeit verbringen. Auch sie bestimmen die Zukunft der Stadt.

Stadtmarketing ist die Einsicht, dass jedes Unternehmen, jede Institution, jeder Gewerbetreibende, Künstler, Sportler, jeder Einwohner täglich für die Entwicklung des Ortes verantwortlich ist. Alle Einwohner sind Multiplikatoren für positive und negative Meinungen über den Ort. Daher ist es besonders wichtig, alle Einwohner über ihr Eigenprodukt Stadt objektiv zu unterrichten mit dem Ziel, sie als positive Imageträger zu gewinnen. Keine Werbung kann überzeugender sein als die Aussagen der dort lebenden Menschen.

XIV.3.3. Neue Einwohner

Menschen, die in einen Ort ziehen – sei es freiwillig oder gezwungen, weil sie dorthin versetzt wurden – , betrachten die neue Stadt/Gemeinde zuerst kritisch. Sie stellen Vergleiche mit dem Ort an, aus dem sie kommen. Da Menschen Gewohnheiten lieben, wird es einige Zeit dauern, bis sie ihre neue Umgebung als liebenswert empfinden.

Hier gilt es, durch geeignete Maßnahmen das Einleben zu erleichtern. Bewährt haben sich Begrüßungsabende und Informationsveranstaltungen oder so genannte Neubürgerscheckhefte, die verschiedene einmalige Vergünstigungen gewähren. Damit können die neuen Einwohner Kultur-, Sport- oder Freizeiteinrichtungen kennen lernen und die neue Stadt/Gemeinde positiv erleben.

XIV.3.4. Heimische Wirtschaft

Stadtmarketing richtet sich an die Entscheider in der örtlichen Wirtschaft, z.B. in den Bereichen Industrie, Einzelhandel, Banken und Versicherungen. Eine besondere Bedeutung haben die Führungsebenen der Unternehmen, Verbände und Verwaltungen. Weiter sind all diejenigen angesprochen, die in dem Ort Dienstleistungen erbringen. Über ihre Kontakte können sie den Stadtmarketingprozess erheblich beeinflussen.

XIV.3.5. Dienstleistende

Verantwortung im Stadtmarketingprozess haben ebenfalls in besonderem Maße die Mitarbeiter des Einzelhandels, der Hotels und Restaurants, aber auch Taxi- und Busfahrer. Diese sind in der Regel die ersten Kontaktpersonen der Geschäftsreisende, Touristen, Konsumenten oder Medienvertreter. Die ersten Augenblicke können darüber entscheiden, ob sich dem Besucher ein positives oder negatives Bild bietet. Der Taxifahrer, der einen Touristen oder einen Wirtschaftsvertreter vom Flugplatz oder vom Bahnhof abholt, kann bereits in den ersten Minuten den Ort gut oder schlecht "verkaufen". Hotel-, Restaurant- oder Einzelhandelsmitarbeiter haben viele Möglichkeiten, das Aussehen des Ortes zu gestalten. Personen, die regelmäßig in Kontakt mit auswärtigen Gästen stehen, müssen entsprechend geschult werden. Hotel- und Restaurantbetreiber haben dies bereits erkannt, weil sie wissen, dass nur zufriedene Gäste wiederkommen.

XIV.3.6. Militärangehörige

Militärangehörige kommen in den meisten Fällen nicht freiwillig in einen Ort. Wehrpflichtige werden an einen bestimmten Standort eingezogen, Zeit- und Berufssoldaten werden versetzt. Dieser Zielgruppe muss sich das Handlungsfeld Militär besonders widmen, da sie aufgrund eines regelmäßigen Wechsels der Standorte wichtige Image-Multiplikatoren sind. Stadtrundfahrten, Begrüßungsabende mit Vertretern der Stadt/Gemeinde, Informationsabende und -besuche im Rathaus mit Kurzvorträgen über die Geschichte, Gegenwart und Zukunftsaussichten des Orts vermitteln erste Eindrücke. Infomaterial bringt die kulturellen sowie die Sport- und Freizeiteinrichtungen näher. Ein Willkommensscheckheft mit entsprechenden Vergünstigungen vermittelt Angebote, die gern wahrgenommen werden. Aber auch eine Verwaltungseinrichtung, die z.B. die Anmeldeformalitäten, die Änderung von Dokumenten oder die Ummeldung des Kraftfahrzeuges organisatorisch vereinfacht und damit bürokratische Wege abkürzt, wertet der neu in den Ort Versetzte positiv.

Darüber hinaus sind Militärdienststellen in der Regel gern bereit, zusammen mit den Verantwortlichen in einer Kommunalverwaltung Begrüßungsprogramme zu entwickeln und zu unterstützen. Evtl. sollte überlegt werden, ob nicht durch eine zentrale Verbindungsstelle in dem Stadtmarketing ein regelmäßiger Kontakt aufgebaut und somit ein ständiger Ansprechpartner zur Verfügung steht.

XIV.3.7. Studierende

Studierende erinnern sich nach Abschluss ihres Studiums in der Regel gern an ihre Studienzeit. Sie sind ebenfalls Multiplikatoren. Zudem besteht die Möglichkeit, dass sie, da sie noch am Anfang ihrer beruflichen Laufbahn stehen, später zu wichtigen

Meinungsbildnern oder Entscheidern werden, die dann für ihren Studienort wertvolle Dienste leisten können.

Verschiedene Maßnahmen können bereits zu Beginn des Studiums das Einleben erleichtern. Während der Immatrikulationsfeier kann ein Vertreter des Stadtmarketings die Studierenden begrüßen, die Verbundenheit mit der Hochschule herausstellen und Hilfe anbieten. Vergünstigungen, wie kostenlose oder verbilligte Besuche verschiedener Kultur-, Sport- oder Freizeiteinrichtungen, Stadtrundfahrten oder der zeitlich begrenzte kostenlose Bezug der Lokalzeitung, sind interessante Begrüssungsangebote. Auch Vereine sollten ein Interesse daran haben, über ermäßigte Eintrittspreise oder einen einmaligen kostenlosen Eintritt neue Zuschauer anzusprechen. Infomaterial sowie ein Kneipen- und Kulturführer ergänzen das Angebot.

XIV.3.8. Medien

Medien sind Multiplikatoren von Informationen und Meinungen. Medienvertreter müssen den Stadtmarketingprozess von Beginn an begleiten, um so die Öffentlichkeit umfassend zu informieren. Neben einer kontinuierlichen offensiven und überregionalen Pressearbeit geben Pressekonferenzen und Medienreisen detaillierte Information. Bei Pressegesprächen, Hintergrundgesprächen sowie regelmäßige Redaktionsbesuchen werden die Medienvertreter ebenfalls informiert.[149]

XIV.3.9. Regionale Zielgruppen

Der Nahbereich eines Ortes, das Umland, bietet die Möglichkeit, regionale Zielgruppen zu aktivieren. Großveranstaltungen in den Bereichen Kultur und Sport, attraktive Freizeiteinrichtungen, regionale Messen usw. sind auch auf das Umland ausgerichtet. Sie müssen auch Zielgruppen in der Region ansprechen.

XIV.3.10. Überregionale Zielgruppen

Eine Wirtschaftswerbung in einer strukturschwachen Region mit dem Ziel, Unternehmen für eine Ansiedlung zu interessieren, wäre Wirtschaftswerbung in einem falschen Zielgebiet. Dagegen bietet die Zielgruppenansprache in einem Gebiet, in dem die Grundstücke immer knapper werden und die Grundstückspreise steigen, größere Chancen für Um- und Neuansiedlungen. Je nach den Zielsetzungen des Stadtmarketings muss eine genaue Zielgruppendefinition vorgenommen werden.

Tourismuswerbung mit dem Ziel, Touristen aus bevölkerungsarmen Gebieten zum Urlaub zu motivieren, ist mit Sicherheit ebenfalls die falsche Zielgruppenansprache. Dagegen bietet die Werbung in bevölkerungsreichen Gebieten größere Chan-

---

[149] Siehe Pressearbeit im Abschnitt Konzeption.

cen. Urlaubsorte an der Küste werden nicht Urlauber in küstennahen Regionen werblich ansprechen; Urlaubsorte in den Alpen werden kaum in Alpennähe werben. Vor den Maßnahmen ist genau zu überlegen, wo entsprechende Interessenten gewonnen werden können.

Beispiel

Der Tourismusort Adelboden im Berner Oberland definierte für die kommenden Jahre folgende Zielgruppen:

Familien/Alleinerziehende
Botschaft: „Erholsame Ferien in einem lebendigen Bergbauerndorf mit intakter Natur, verbunden mit Spiel, Sport und Abenteuer für Familien, aber auch für Kinder getrennt lebender Eltern."

Individualgäste
Zielsetzung: „Adelboden im Markt als Ort zu profilieren, in dem der Gast aktive Erholung und Plausch, aber auch kulturelle Erlebnisse und Besinnung in einem intakten Bergdorf mit intakter Natur findet – mit einem Hauch natürlicher Exklusivität."

Busunternehmen/Reiseplaner (Tour Operator)
Zielsetzung: „Adelboden als lohnendes Ziel für Busreisen zu profilieren mit problemloser Anfahrt in einem renommierten Ort mit ausreichend Parkplätzen für Busse, kulinarischer Qualität, Unterhaltung, Sport und Spaß in intakter Natur."

Schulen/Jugendorganisationen
Zielsetzung: „Adelboden als Zielort für Schulreisen und Lager mit idealer Voraussetzung bekannter zu machen. Ansprache von Lehrern, Jugendleitern und Kirchen ist wichtig mit der Botschaft, dass Adelboden ein idealer Zielort sei mit einfacher Anreise, preiswerten Unterkünften in intakter Natur mit interessantem Programm und tadelloser Organisationsunterstützung."

Firmen/Vereine
Zielsetzung: „Adelboden als Zielort für Firmen- und Vereinsreisen sowie Incentive-Reisen zu profilieren, im Sommer und im Winter. Dafür bürgt Adelboden – und das muss die Botschaft ausdrücken – für unvergessliche Gruppenerlebnisse mit einwandfreier Organisation, kulinarischer Qualität, Plausch und intakter Natur."

Seminare/Tagungen
Zielsetzung: „Adelboden als Ort mit modernen Hotels mit Seminarinfrastruktur zu profilieren, gilt für die Zielgruppe Firmen und Verbände. Professionalität, tadellose Infrastruktur bis 150 Personen, Distanzgewinn in intakter Natur mit einem attraktiven Rahmenprogramm."

Ausflugsgäste
Zielsetzung: „Für die Zielgruppe Ausflugsgäste, Natur- und Freizeitsportler muss sich Adelboden als in intakter Natur befindliches Wander- und Skiparadies im Bernerland, das rasch zu erreichen ist, profilieren. Für die Botschaft 'Adelboden als Ausflugsort für die ganze Familie' gelten daher Argumente, wie Skiregion Nr. 1 im Berner Oberland, Höhenwanderwege, moderne Infrastruktur, leistungsfähige Restauration und intakte Bergwelt mit Plausch."

XV. Stadtmarketing-Mix

Der Stadtmarketing-Mix hat die Aufgabe, die festgelegten Strategien und Konzeptionen in operative Maßnahmen umzusetzen, d.h. die konkreten marktpolitischen Instrumente miteinander zu kombinieren. Grundlage sind die Zielrichtungen, Maßnahmen und Entscheidungen in der Gesamtkonzeption unter Berücksichtigung des Leitbilds. Der Stadtmarketing-Mix ist die wechselseitige Unterstützung aller Kommunikationselemente.

Es stellt sich die Frage, ob der Stadtmarketing-Mix noch in den Bereich der konzeptionellen Phase oder als operatives Instrument in die Realisationsphase gehört. Tatsächlich berührt er beide Bereiche. Der Stadtmarketing-Mix muss vor allem

- positive Voraussetzung auf der Grundlage der Konzeption schaffen,
- gemeinsame Ziele strategisch verfolgen,
- eine einheitliche Kommunikation festlegen.

Der Stadtmarketing-Mix verknüpft die Bereiche der Produkt-, Distributions-, Preis- und Kommunikationspolitik. Die im Marketing erfolgreiche Verzahnung eng in Zusammenhang stehender Bereiche ist auch auf den Gesamtbereich einer Kommune übertragbar und erleichtert die Realisation der konzeptionellen Ziele, sowohl in der Gesamtausrichtung als auch in den einzelnen Handlungsfeldern.

Der überwiegende Teil der Literatur unterscheidet bei dem **Marketing-Mix** die vier oben genannten Komponenten (Produkt, Distribution, Preis und Kommunikation). Neuere Forschungen reduzieren diese auf drei, wobei als Begründung angeführt wird, dass die Preispolitik nicht isoliert von dem Produkt betrieben werden kann. Daher werden diese beiden Marketinginstrumente zur Angebotspolitik zusammengefasst, denn nur ein mit einem Preis versehenes Produkt ist marktfähig und kann dementsprechend angeboten werden.

Im **Stadtmarketing-Mix** bieten sich aufgrund der Vielfalt der Strukturen in einem Ort und der Angebote, Dienst- und Serviceleistungen sowie der Attraktivitätskriterien **vier Komponenten** an.

> Der Stadtmarketing-Mix **vereint alle Instrumente**, mit denen die Stadtmarketingkonzeption umgesetzt werden kann und zugleich die Öffentlichkeit und die entsprechenden Zielgruppen informiert werden.

Abb. 70: Der Stadtmarketing-Mix

```
                    Stadtmarketing-Mix
           ↓            ↓            ↓            ↓
        Produkt       Preis     Distribution  Kommunikation
           ↓            ↓            ↓            ↓
       primär       Preise      Vertriebsweg   klassische
       sekundär     Gestaltung  Vertriebssystem Instrumente
                    Subvention  Buchungssystem neue Instru-
                    Nebenkosten                mente
                    etc.
                            ↓
                Koordination und Integration
                            ↓
                Realisation und Controlling
                            ↓
                        Zielgruppen
```

Quelle: eigene Darstellung

Das Stadtprodukt ist dabei die Zusammenfassung aller Angebote, Dienst- und Serviceleistungen sowie der Attraktivität eines Ortes. Aufgrund der Vielfältigkeit der einzelnen Produktbereiche müssen diese nach Handlungsfeldern aufgeteilt werden. Der Stadtmarketing-Mix ist die Basis für die Koordination und Integration aller Aktivitäten, die eine erfolgreiche Realisation ermöglichen. Durch die systematische Verzahnung wird darüber hinaus ein Controlling ermöglicht.

Abb. 71: Konzeptionspyramide

```
                    /\
                   /  \
                  /    \
                 / Stadt-\
                /marketing\
               /   -Mix    \
              /Was müssen wir\
             /dafür einsetzen?\
            /------------------\
           /   Stadtmarketing-  \
          /      strategien      \
         /                        \
        /   Wie kommen wir dahin?  \
       /----------------------------\
      /      Stadtmarketingziele     \
     /                                \
    /        Wo wollen wir hin?        \
   /------------------------------------\
```

Quelle: eigene Darstellung in Anlehnung an J. Becker, Marketing-Konzeption.

XV.1. Produktpolitik

Die Produktpolitik im Stadtmarketing beschäftigt sich mit der ständigen Entwicklung neuer Angebote, Dienst- und Serviceleistungen sowie mit der Verbesserung der Attraktivität und dem Aufbau einer Produktmarke. Die Produktmarke muss als Dachmarke zu einer Qualitätsformel werden. Die Dachmarke beinhaltet alle Leistungsangebote des Ortes.

> Das Stadtprodukt setzt sich aus dem **primären** und dem **sekundären** Stadtprodukt zusammen. Es ist die Summe aller **Güter,**[150] **Angebote, Dienst- und Serviceleistungen** sowie der **Attraktivitätskriterien**, die in dem Ort vorhanden sind bzw. erbracht werden.

Der Name der Stadt oder Gemeinde muss Inspirationen auslösen, die bestimmte Produktschwerpunkte und/oder eine Produktvielfalt beschreiben. Das Stadtprodukt Hamburg steht z.B. für den Hafen (Tor zur Welt), für die Kulturszene (international anerkannter Musical-Ort), für Einkaufsmöglichkeiten, Freizeit (Alster, Elbe, Stadt) und den Sportbereich (Breitensportangebote, Veranstaltungen usw.). Das Produkt beinhaltet die Gesamtheit aller Güter und Dienstleistungen, die eine Stadt oder Gemeinde auf dem Zielmarkt anbietet.[151]

Die Produktpolitik im Stadtmarketing umfasst die Entscheidung über die Gestaltung, die **gestaltungsbezogene Produktpolitik** und die Anpassung der Leistungen an sich verändernde Kundenwünsche, Wettbewerbssituationen (Konkurrenzorte) und somit den Lebenszyklus eines Produktes, die **marktprozessbezogene Produktpolitik**.

Mit dem Stadtprodukt werden die Angebote, Dienstleistungs-, Service-, und Attraktivitätsschwerpunkte festgelegt und am Markt positioniert. Die Positionierung muss von den Erwartungen der Zielgruppen ausgehen. Daher müssen die Erwartungen erfüllt, evtl. noch überboten werden, wenn eine positive Erwartung vorhanden ist. Bei einer negativen Erwartungshaltung besteht die Chance, diese in eine positive zu wandeln. Grundlage für die Erwartungshaltung ist die Imageuntersuchung.

Die Produktgestaltung im Stadtmarketing bezieht sich auf

- das Angebot (Kernangebot/Kernprodukt),
- das Programm als Zusammenfassung mehrerer Dienstleistungen,
- den Service, der mit den Angeboten verbunden ist,
- die Attraktivitätskriterien,
- die Marke, welche das Angebot im Markt kennzeichnet, und
- die Einbeziehung der sekundären Produkte.

---

[150] Güter sind Mittel, die der Befriedigung menschlicher Bedürfnisse dienen.
[151] Vgl. Kotler, Grundlagen des Marketings, München 1999.

Abb. 72: Das Stadtprodukt

```
                    ┌─────────────────┐
                    │   Stadtprodukt  │
                    └─────────────────┘
                      /             \
                Produkte           Marke
                   │                 │
                   ▼                 ▼
    ┌──────────────────────┐   ┌──────────────────────┐
    │       Primär         │   │                      │
    │ Angebote             │   │ Aufbau einer Stadt-  │
    │ Dienstleistungen     │   │ marke                │
    │ Service              │   │                      │
    │ Attraktivität        │   └──────────────────────┘
    └──────────────────────┘
    ┌──────────────────────┐
    │      Sekundär        │
    │ Image-Güter          │
    │ Image-Dienstleistungen│
    │ Sonstige Erzeugnisse und │
    │ Dienstleistungen     │
    └──────────────────────┘
```

Quelle: eigene Darstellung

Das Kernprodukt besteht aus einer Reihe von unveränderlichen, überwiegend standortbegründeten Angebotsfaktoren oder nur schwer veränderlichen, überwiegend kapazitätsbezogenen und standortfördernden Angebotsfaktoren. Daher sind der Gestaltungsmöglichkeit in diesem Bereich Grenzen gesetzt. Darüber hinaus ist die kernproduktbezogene Stadtproduktpolitik zwar notwendig, für das moderne Stadtmarketing aber nur selten hinreichend.[152]

Durch die Kombination von Angeboten, Dienstleistungen, Service und Attraktivität muss eine Stadtmarke aufgebaut werden, die einen einzigartigen Produktvorteil, eine *unique selling proposition* (USP) gegenüber den Konkurrenzorten hat. Die **Stadtproduktentwicklung** hat eine Verbesserung bzw. Veränderung bestehender Angebote, Dienst- und Serviceleistungen sowie der Attraktivitätskriterien zum Ziel. Die

---

[152] Vgl. Freyer, Tourismus-Marketing, S. 446.

Produktdiversifikation zielt hingegen auf die Erweiterung der Angebote usw. für bestehende und/oder neue Zielgruppen ab.

Abb. 73: Positionierung

```
                         ┌──────────────────┐
                         │  Positionierung  │
                         └──────────────────┘

┌─────────────────┐   ┌─────────────────┐   ┌─────────────────┐
│  Erwartungen    │   │  Attraktivität  │   │ Preisniveau/-   │
│  der Zielgruppe │   │  Dienstleistungen│   │ würdigkeit      │
│                 │   │  Freundlichkeit │   │ hoch – tief     │
│                 │   │  etc.           │   │                 │
│        ↓        │   │        ↓        │   │        ↓        │
│      Image      │   │    Qualität     │   │     Preis       │
└─────────────────┘   └─────────────────┘   └─────────────────┘
```

Quelle: eigene Darstellung

Die Erwartungshaltung ist je nach den Bedürfnissen der Zielgruppen unterschiedlich. Es reicht nicht aus, einer Zielgruppe ein bestimmtes Angebot bzw. Dienst- und Serviceleistungen oder Attraktivität vorzugeben. Die Unterscheidung ergibt sich aus der Erwartungshaltung und dem Anspruch.

Im Handlungsfeld Tourismus zählen z.B. Hotels zu den **Basisleistungen**. **Zusatzleistungen** wären dem Ort entsprechende gastronomische Leistungen. Touristische Freizeiteinrichtungen wie ein Hallen- oder Freibad, Tennisplätze, ausgeschilderte Rad- und Wanderweg etc. gehören zu den **Spezialleistungen.** In die Stufe der **gehobenen Leistungen** gehören besondere Veranstaltungen, z.B. ein spezielles Unterhaltungsprogramm für Touristen. **Topleistungen** bieten diejenigen, die weit über die normalen Leistungserwartungen hinausgehen (wie z.B. 18-Loch-Golfplatz, Badelandschaft, Spielbank).

Abb. 74: Leistungsstufen

- Topleistungen
- gehobene Leistungen
- Spezialleistungen
- Zusatzleistungen
- Basisleistungen

Quelle: eigene Darstellung

Das Stadtprodukt hat in allen Stufen eine **Produktbreite,** aber auch eine **Produkttiefe**. Zur Produktbreite gehören möglichst viele Handlungsfelder, zur Produkttiefe die Qualität der Angebote, Leistungen, des Service und der Attraktivität, wie das folgende Beispiel zeigt.

Abb. 75: Beispiel für die Produktbreite und Produkttiefe

◄──────── **Breite** ────────►

Wirtschaft	Tourismus	Hotellerie	Gastronomie	T I E F E
Gewerbe	Tagestourismus	Pensionen	Gaststätten	
Handwerk	Wochentourismus	Hotels	Restaurants	
Industrie	Langzeittourismus	Kongresshotels	Szene	

Quelle: eigene Darstellung

Unterschieden werden muss das **primäre** und das **sekundäre Stadtprodukt**. Zum primären Produkt gehören diejenigen Angebote, die über gemeinsame Aktivitäten der am Stadtmarketing Beteiligten angeboten und kommuniziert werden. Sekundäre Produkte sind diejenigen Angebote, die von Unternehmen erzeugt und vermarktet werden, aber das Stadtprodukt ergänzen bzw. zum positiven Image des Ortes beitragen (z.B. VW für Wolfsburg). Je nach der Bedeutung des Unternehmens werden die Auswirkungen derartiger Produkte auch in der Primärstufe deutlich (z.B. im Arbeitsplatzangebot). Primäre Produkte haben direkte Auswirkungen im Marketing-Mix, sekundäre können direkte (z.B. auf das Image) oder indirekte Auswirkungen haben.

XV.1.1. Primäre Stadtprodukte

Unter **Angeboten** der Primärstufe sind Bereiche zu verstehen, die Auswirkungen auf die Basisvoraussetzungen der Kommune haben (wie Ansiedlungsflächen, Technologiezentren, Gewerbeparks, Infrastruktur, Kultur, Tourismus usw.).

Dienstleistungen betreffen das Gesamtangebot und die entsprechende Koordination. Ein Beispiel sind Dienstleistungen des Einzelhandels in der Innenstadt, die im Einzelfall auf speziellen Angeboten beruhen, aber durch die Gesamtausrichtung (City-Interessen) als ganze Dienstleistungseinheit zu sehen sind. Darüber hinaus sind die einzelnen Geschäfte in der Sekundärstufe tätig, vermarkten also ihre Angebote selbst. Handelt es sich dabei um Geschäfte, die dazu beitragen, dass Konsumenten aus diesem Grund den Ort besuchen, wäre dies als Auswirkung auf das primäre Produkt zu werten, weil die Kunden ohne diese Geschäfte einen anderen Ort zum Einkaufen besuchen würden.

Zum **Service** gehören zusätzliche Leistungen, wie z.B. die Erstattung von Parkgebühren, der bargeldlose Zahlungsverkehr, die problemlose Reklamation u.ä. durch **den** Einzelhandel (gemeinsame Strategie).

Die **Attraktivität** bezieht sich auf das Umfeld der einzelnen Handlungsfelder. So kann z.B. die Qualität und Quantität der angebotenen Waren den höchsten Ansprüchen genügen, aber trotzdem für Kunden uninteressant sein, wenn der Ort nicht attraktiv ist. Dazu gehören u.a. die architektonische Gestaltung, Cafés, Restaurants und Erlebniszonen sowie Veranstaltungen, Sitzbänke, Grünanlagen u.ä.

XV.1.2. Sekundäre Stadtprodukte

Dazu gehören diejenigen **Image-Güter**, die in dem Ort gefertigt und als Qualitätserzeugnisse des Ortes gewertet werden und somit das Image positiv beeinflussen. Beispiele sind Ford und Kölnisch Wasser für Köln, VW für Wolfsburg, BMW für München, Opel für Rüsselsheim, Mercedes für Stuttgart, Krupp für Essen oder Hanomag für Hannover.

Image-Dienstleistungen und **Image-Handel** sind in ihren Auswirkungen genauso zu sehen. Beispiele sind die HUK-Versicherungen für Coburg, die Nürnberger Versicherung für Nürnberg, Quelle für Fürth, der Otto-Versand für Hamburg.

Sowohl die Image-Erzeugnisse als auch die Image-Dienstleistungen und der Image-Handel spielen in der Kommunikationspolitik, aber auch im Aufbau der Produktmarke eine große Rolle, weil sie als Multiplikatoren für die Attraktivität des Ortes eingesetzt werden können. Wenn ein sehr bekanntes Unternehmen hier ansässig ist, dann ist dies ein positives Beispiel auch für andere Unternehmen.

Zu den **sonstigen Erzeugnissen und Dienstleistungen** gehören diejenigen, die in einem Ort durch Unternehmen produziert bzw. erbracht und selbst vermarktet werden, die aber keinerlei Bedeutung für das Image des Ortes haben. Auf andere Bereiche im Stadtmarketing-Mix haben sie keinen Einfluss.

XV.2. Stadtmarke

Die Einzigartigkeit eines Ortes zeigt sich im Namen der Stadt oder Gemeinde. Hat der Ort aufgrund anderswo nicht vorhandener Merkmale einen positiven Namen erhalten, so kann ähnlich wie bei einem Unternehmen von einer **Marke** gesprochen werden. Voraussetzung ist das Vorhandensein eines Produktes, des **Stadt-Produktes**, das durch den Stadtmarketingprozess entwickelt und vermarktet wird. Die Marke ist wesentlicher Bestandteil der Produktpolitik im Stadtmarketing-Mix.

Die **Stadtmarke** trägt dazu bei, dass sich das jeweilige Produkt von Produkten anderer Städte unterscheidet. Eine erfolgreiche Marke befriedigt nicht nur die grundlegenden funktionalen Bedürfnisse der Zielgruppen, sondern auch die psychologischen Wünsche und Bedürfnisse. Eine Marke ist ein Name, ein Begriff, ein Zeichen, ein Symbol, ein Design oder eine denkbare Kombination aus diesen, die dazu verwendet wird, die Produkte und/oder Dienst-, Serviceleistungen und Attraktivitätskriterien eines Ortes zu identifizieren. Eine Marke identifiziert den Produzenten.[153] Die Produzenten im Stadtmarketing sind alle primär und sekundär am Stadtmarketingprozess Beteiligten.

XV.2.1. Markeneigenschaften

Mit der Marke sind bestimmte Produkteigenschaften verbunden, die innerhalb des Stadtmarketingprozesses beachtet und umgesetzt werden müssen. Dies sind Voraussetzungen wie

- gut durchdacht

---

[153] Vgl. Kotler, Grundlagen des Marketings, München 1999.

- sorgfältig
- dauerhaft und langlebig
- hohes Ansehen
- Qualität.

Der Ort muss eine oder mehrere dieser Produkteigenschaften in der Werbung für das Gesamtprodukt bzw. für einzelne Produkte nutzen. Die Zielgruppen interessieren nicht die Produkteigenschaften, sondern der persönliche Nutzen (z.B. gute Urlaubs-, Ansiedlungs-, Wohn- oder Kulturmöglichkeiten). Aus diesem Grund müssen die vorhandenen Produkteigenschaften in funktionale und emotionale Nutzenfunktionen übersetzt werden.

XV.2.2. Bewertung einer Marke[154]

Eine starke Stadtmarke (Hamburg, München, Köln, Düsseldorf, Dresden, Wien, Zürich) stellt einen hohen Wert dar. Eine Marke ist umso höher zu bewerten, je stärker folgende Einzelfaktoren sind:

- Markentreue (Stammgäste, Stammkäufer),
- Bekanntheitsgrad des Markennamens,
- Beurteilung des Qualitätsstandards durch die Zielgruppen,
- mit der Marke verbundene Assoziationen und Markenpersönlichkeit.

XV.2.3. Markenpolitik

Eine Marke erleichtert den Umgang zwischen den Anbietern des Stadtprodukts und den Zielgruppen. An Marken werden in der Regel hohe Ansprüche gestellt. Zu den produktpolitischen Forderungen gehört ein Stadtprodukt,[155]

- bei dem sich der Produktnutzen (wirtschaftlicher Nutzen, Imagenutzen, vertrieblicher Nutzen) eindeutig begründen lässt,
- das den steigenden Qualitätsansprüchen gerecht wird,
- das auf die größere Umweltsensibilität eingeht,
- das dem Trend zu Geselligkeit und sozialem Konsum entgegenkommt,
- das den wachsenden Erlebniskonsum sichtbar aufnimmt,
- das ein Höchstmaß an Befriedigung individueller Vorstellungen verschafft,
- das über die individuelle Bedürfnisbefriedigung hinaus eine bestimmte Gruppenzugehörigkeit ausdrückt.

---

[154] Ebenda.
[155] Vgl. Lettau, Grundwissen Marketing, München 1989, S. 133.

Eine Markenorientierung im Sinne von Stadtmarketing ist eine Zielgruppenorientierung. Der Markenartikel Stadt

- bietet Sicherheit
- bürgt für Qualität
- bringt Innovation
- ist seinen Preis wert
- ist Kontinuität
- ist Vielfalt.

Das Ziel der Produktpolitik muss es sein, mit der Stadtmarke einen sehr hohen Stand zu erreichen. Die Marke steht für gleichbleibende Qualität und Ausstattung. Die Vorteile einer Stadtmarke sind:[156]

- Sie gibt den Zielgruppen Sicherheit. Sie ist nicht anonym.

- Sie ist langfristig konzipiert und hat ein eigenständiges Produktprofil in Bezug auf Qualität, Preis und Service. Durch Leistung in Verbindung mit einem positiven Image schafft sie Vertrauen bei den Zielgruppen.

- Sie geht mit der Zeit. Die Modifizierung der Stadtmarketingkonzeption muss auf höchstem Niveau den Bedürfnissen der Zielgruppen jederzeit gerecht werden. Dadurch wird ein langfristiger Markterfolg und eine hohe Bekanntheit gesichert.

- Sie wird über ein dem Produkt adäquates Vertriebssystem distribuiert. Das garantiert eine gleichbleibende überregionale Aufmerksamkeit für die Angebote, Dienst- und Serviceleistungen sowie die Attraktivität.

- Sie fördert den Wettbewerb unter den Kommunen. Sie ist das beste Mittel gegen ein eintöniges Angebot von Produkten. Ein Stadtprodukt soll große Zielgruppen ansprechen.

- Sie verhindert Enttäuschungen. Durch ihre Qualität verschafft sie den Zielgruppen positive Erfahrungen und verdient sich höchste Wertschätzung.

- Sie setzt Maßstäbe für den Fortschritt in der Stadtentwicklung. Durch die Innovationskraft und Produktkompetenz prägt sie in hohem Maß die modernen Märkte.

---

[156] Ebenda, S. 135.

XV.2.4. Markenmodifizierung

Die Stadtproduktpolitik muss sich an neue Trends im Markt, an Entwicklungen der Bedürfnisse der Zielgruppen anpassen. Dies kann sowohl im physikalischen, technischen und funktionalen, als auch im symbolischen, ästhetischen oder emotionalen Bereich geschehen.

XV.3. Preispolitik (Kontrahierung)

Der Preis ist das, was die Zielgruppen im Stadtmarketing für bestimmte Angebots-, Dienst- und Serviceleistungen in Verbindung mit Attraktivitätskriterien zu zahlen bereit sind. Der Preis ist der Tauschwert für eine Produktart auf dem Wirtschaftsmarkt und wird in Geld ausgedrückt. Das Stadtprodukt und der Preis sind eng miteinander verbunden. Aber nicht alle Facetten des Produktes sind Inhalt der Preispolitik. Dies gilt vor allem für Teilbereiche des Service, die kostenlos sein können, und für die Attraktivität des gesamten Ortes sowie ihrer einzelnen Bereiche.

Abb. 76: Preispolitik

```
                        Preispolitik
          ┌─────────────────┼─────────────────┐
        Preise           Sonstiges       Präferenzstrategie
          │                 │                 │
        aktiv            Zuschüsse          Qualität
       defensiv          Steuern            Image
                         Konditionen        angemessenes
                         Gebühren           Preisniveau
                         Abgaben           ╱        ╲
                                        dauernd  temporär
```

Quelle: eigene Darstellung

Touristische Angebote, Angebote für Investoren und Konsumenten innerhalb und außerhalb der Stadt/Gemeinde müssen errechnet und am Markt umgesetzt werden. Dabei spielt auch der Preis für gleiche oder ähnliche Leistungen in anderen Orten eine Rolle. Die Preispolitik umfasst alle marktbezogenen Maßnahmen und Entscheidungen, die durch die Preisfestsetzung das Erreichen bestimmter Ziele fördern soll. Im Stadtmarketing dürfte das bekannteste Beispiel die Festsetzung des Gewerbesteuerhebesatzes sein, der, um Gewerbe anzusiedeln, im Vergleich zu anderen Orten möglichst niedrig sein sollte. Doch diese Betrachtungsweise allein gehört schon lange der Vergangenheit an. Heute ist entscheidend, welche Zuschüsse gezahlt und welche Konditionen gewährt werden oder wie hoch die Grundstückspreise sind.

Bei der Festsetzung der Preise stellt sich die Frage, ob ein Preisniveau dauernd gehalten wird oder nur temporär ist. So sorgt manchmal ein niedriger Preis für die Ansiedlung eines wichtigen Unternehmens, der aber im Laufe der Zeit erhöht wird.

Die Preisgestaltung kann im Stadtmarketing, das auf die *unique selling proposition* des Ortes abzielt, nicht im Sinne der Preis-/Mengen-Strategie vorgenommen werden. Die Preis-/Mengen-Strategie, die ein Produkt auf einem niedrigem Preisniveau vermarktet, also viel für wenig Geld bietet, würde nicht der Stadtmarketingphilosophie entsprechen.

Daher bietet sich im Stadtmarketing nur die **Präferenzstrategie** an, die auf Qualität und Image setzt, aber auch ein angemessenes Preisniveau hat. Zu unterscheiden ist in diesem Zusammenhang zwischen einer dauernden und einer temporären Präferenzstrategie.

Zu beachten ist, ob entsprechende Preise im Markt verlangt werden. So kann eine Ort durch eine bestimmte Lage (Küste, Berge, Fluss, Verkehrsknotenpunkt) Vorteile haben, die andere Orte nicht haben. Dagegen gibt es Voraussetzungen, die alle Städte oder Gemeinden haben und die daher keine Präferenz bieten.

XV.3.1. Preiseinflussfaktoren

Die Preisgestaltung wird nach unten durch die Kosten und nach oben durch die Wertvorstellungen der Zielgruppe begrenzt. Die verschiedenen Leistungen werden durch den Markt beeinflusst. Die Preisdifferenzierung kann z.B. erfolgen nach

- Zielgruppen
- zeitlichen Kriterien
- Umsatzgröße
- der Stufe des Absatzweges
- räumlichen Kriterien.

Darüber hinaus können weitere Faktoren entscheidend sein wie

- psychologische Faktoren (Prestige, Modetrends etc.)
- Qualität der Leistungen
- Standort

- Konkurrenzsituation
- Leistungs-Mix.

Dabei ist der Grundsatz zu beachten, dass einer steigenden Nachfrage steigende Preise und einer sinkenden Nachfrage sinkende Preise folgen. Nicht nur für Unternehmen gilt es, rechtzeitig auf Veränderungen des Marktes zu reagieren.

Die Preisbildung, gleichgültig ob teil- oder vollkostenorientiert, hat also folgende Aspekte:

- kostenorientiert
- nachfrageorientiert
- konkurrenzorientiert.

XV.3.1.1. Marktpreis

Auch im Stadtmarketing geht man von den marktmöglichen Preisen aus, d.h., im Marktpreis ist die Grundlage der Kalkulation anzunehmen und mit Hilfe der Deckungsbeitragsrechnung zu berechnen.

Marktpreis
./. proportionale Kosten
= Deckungsbeitrag 1
./. zurechenbare Kosten
= Deckungsbeitrag 2

Der Deckungsbeitrag 2 ist die Summe dessen, was als Beitrag zur Deckung von Fixkosten und Gewinn übrig bleibt. Um die Deckungsziele zu erreichen, gibt es verschiedene Möglichkeiten:

- den Gewinnanspruch senken
- die Fixkosten senken
- die zurechenbaren Kosten reduzieren
- den Produkt-Mix zugunsten deckungsbeitragsstärkerer Produkte ändern.

XV.3.1.2. Nutzenpreis

Der Nutzenpreis basiert darauf, welchen wirtschaftlichen Nutzen Mitglieder der Zielgruppen durch die Inanspruchnahme von Angeboten des Stadtproduktes haben.

Das heißt, der Nutzenpreis errechnet sich nicht durch den reinen Kostenpreis, sondern ist am Nutzen durch die Zielgruppen orientiert.

XV.3.1.3. Preisdifferenzierung

Es stellt sich die Frage nach einheitlichen oder differenzierten Preisen. Die einzelnen Bereiche des Stadtproduktes müssen nicht auf allen Märkten die gleichen Preise haben. Eine Festlegung der Preise kann nach folgenden Gesichtspunkten erfolgen:

- verschiedene Regionen oder Länder
- verschiedene Zielgruppen
- verschiedene Zeiten
- verschiedene Produktvarianten
- verschiedene Produktmodifikationen
- verschiedene Absatzmengen.

So können z.B. Angebote im Handlungsfeld Tourismus im Sommer teurer als im Winter sein. Die Preise können für bestimmte Gruppen aufgrund der Qualität teurer, in der Zusammensetzung einzelner Angebote in der Summe günstiger und bei großem Absatz ebenfalls günstiger werden.

XV.4. Distributionspolitik

Je nach der Ausrichtung und den Zielen in den einzelnen Handlungsfeldern ist eine unterschiedliche Distribution möglich, da das Stadtprodukt nicht als Ganzes vertrieben werden kann. Unterschieden wird zwischen dem Eigenvertrieb (direkte Distribution) und dem Fremdvertrieb (indirekte Distribution). Möglich sind auch kombinierte Vertriebswege, also die gemischte Distribution.

So kann z.B. das touristische Stadtprodukt über eigene Buchungsstellen, Filialen etc. angeboten werden. Werden Absatzmittler eingeschaltet (z.B. Reisbüros, Reiseveranstalter), so handelt es sich um Fremdvertrieb. Auf diese Weise können die Produkte der einzelnen Handlungsfelder unterschiedlich angeboten werden.

Abb. 77: Distributionsformen

```
                    Distribution
                   /           \
         Eigenvertrieb      Fremdvertrieb
      (direkte Distribution)  (indirekte Distribution)
                \             /
            kombinierte Vertriebswege
              (gemischte Distribution)
```

direktes Angebot	Absatzmittler
Verkäufer Filialen Kontakter Messen etc.	Agenturen Reisebüros Banken etc.

Quelle: eigene Darstellung

XV.4.1. Kooperationen

Die Kooperation ist in diesem Fall eine freiwillige Zusammenarbeit zwischen mehreren Städten/Gemeinden einer Region. Die Zusammenarbeit kann formlos oder durch vertragliche Vereinbarung erfolgen. Unabhängig von der Kooperationsform wird das Ziel verfolgt, die Marktposition zu festigen und gemeinsam auszubauen. Zusätzlich sollen Kostenvorteile entstehen. Dabei rückt die Konkurrenz der zusammenarbeitenden Kommunen in den Hintergrund, weil durch die Kooperation die Konkurrenzfähigkeit gegenüber anderen Kommunen gestärkt werden soll. Ziel ist also eine Stärkung im Wettbewerb oder Rationalisierungsvorteile, die z.B. in der Werbung oder im Vertrieb liegen können.

Kooperationen haben sich besonders im touristischen Bereich bewährt. Nach zahlreichen meinungspsychologischen Untersuchungen sowie touristischen Umfragen orientieren Urlaubsgäste ihre Reiseentscheidung vorrangig an der landschaftsräumlichen Physiognomie eines Gebietes. Der Aufenthalt an einem bestimmten Ort wird damit zweitrangig (Ausnahme: Stammgäste). Aus diesem Profilzusammenhang zwischen Tourismusort und Tourismusgebiet ergibt sich zusätzlich zur innerörtlichen Kooperation die Notwendigkeit einer fremdenverkehrspolitischen Zusammenarbeit zwischen den Gemeinden.[157]

Derartige Kooperationsabkommen finden sich deshalb überwiegend in Fremdenverkehrsgemeinschaften bzw. -vereinigungen, die durch eine eindeutige landschaftsräumliche Geschlossenheit ein erkennbares Landschaftsprofil präsentieren und zu vermarkten suchen. Je wirkungsvoller das Gesamtgebiet im touristischen Markt dargestellt wird, desto mehr können die einzelnen Fremdenverkehrsorte davon profitieren. Als problematisch erweist sich bei dieser intraregionalen Zusammenarbeit jedoch häufig die Orientierung des Verbandgebietes an politischen Grenzen (Harz = Niedersachsen, Harz = Sachsen-Anhalt). Auf diese Weise kann es dazu kommen, dass ein unvollständiges Gesamtprofil, bestehend aus heterogenen Gebieten, präsentiert wird, so dass ein effektiver landschaftsräumlicher Imagetransfer für die Mitgliedsgemeinden kaum möglich ist.[158]

Für das Stadtmarketingziel ideal ist auch die Kooperation mit Bereichen des sekundären Stadtprodukts, das als Imageträger bereits überregional bekannt ist. Durch die Werbung (z.B. "Wie das Land, so das Jever") oder durch traditionsreiche Produktnamen (z.B. Lübecker Marzipan) kann das primäre Stadtprodukt unterstützt werden.

Kooperationen können **horizontal, vertikal** oder auch **diagonal** sein. Eine **horizontale Kooperation** liegt vor, wenn konkurrierende Städte/Gemeinden sich zusammenschließen. Die Konkurrenz bezieht sich in diesem Fall häufig auf gleiche oder ähnliche Dienstleistungen in geographisch unterschiedlichen Märkten. Im touristischen Bereich zeigt sich dies z.B. in Reservierungsverbundsystemen, Werbekooperationen oder in so genannten Full-Service-Kooperationen, also Zusammenschlüsse, die mehrere Funktionsbereiche bedienen.

Die **vertikale Kooperation** gibt es zwischen Städten und Gemeinden, die in einer bestimmten Leistungsart Parallelen aufweisen. Orte, die eine **diagonale Kooperation** aufbauen, betätigen sich in unterschiedlichen Handlungsfeldern, arbeiten aber in einem oder mehreren Teilbereichen zusammen. Dies können z.B. Werbe- oder Vertriebsmaßnahmen in einzelnen Handlungsfeldern sein.

Die Kooperation kann in verschiedenen Stufen erfolgen und mit unterschiedlicher Stärke betrieben werden:

---

[157] Luft, Grundlagen der kommunalen Fremdenverkehrsförderung, a.a.O., S. 2 f.
[158] Ebenda, S. 103 f.

- Erfahrungsaustausch,
- loser Zusammenschluss für ein gemeinsames Ziel (z.B. Messeauftritt),
- Ausgliederung bestimmter Funktionen (z.B. gemeinsames Kontaktbüro),
- rechtliche Ausgliederung der kooperativen Führung mit hauptamtlicher Geschäftsleitung und Einrichtung einer Full-Service-Zentrale (GmbH, Kleine Aktiengesellschaft usw.).

XV.5. Kommunikationspolitik

Die Kommunikationspolitik beinhaltet das bewusste Vermitteln und Interpretieren des Produkts gegenüber einer näher zu definierenden Öffentlichkeit, der Zielgruppe. Die Kommunikationspolitik versucht, Einstellungen, Vorstellungen und Verhaltensweisen der Zielgruppen zu beeinflussen. Die Kommunikationspolitik ist der operative Bereich im Stadtmarketing.

Viele Orte haben ein Kommunikationsproblem, da nach außen nicht deutlich wird, wer der Ansprechpartner bei verschiedenen Fragen ist. Das Stadtmarketing muss sich daher besonders dieses Problems annehmen, damit beschlossene Maßnahmen zielgerecht umgesetzt und der Öffentlichkeit mit einer Stimme vermittelt werden.

Die Ämter für Presse- und Öffentlichkeitsarbeit sowie für Wirtschaftsförderung, aber auch die Tourismusorganisationen sind Sollbruchstellen[159] für Informationen. Unterschiedliche finanzielle Ausstattungen verstärken das Problem. Diejenigen, die am meisten in der Öffentlichkeit leisten müssen, verfügen oft über geringere Finanzmittel als jene, die nur einen kleinen Bereich vertreten.

Wegen der wachsenden Konkurrenz zwischen den Kommunen gewinnt die Kommunikationspolitik zunehmend an Bedeutung. Durch kommunikationspolitische Maßnahmen wird versucht, einen über den Grundnutzen des Stadtproduktes hinausgehenden Zusatznutzen (oft ein vom Konsumenten psychologisch definierter Nutzen) zu suggerieren. Das eigene Produkt soll sich vom Angebot anderer Orte deutlich positiv unterscheiden.

Einer Untersuchung des Bundes Deutscher Zeitungsverleger (BDZV) zur Folge, gab es in den Jahren von 1988 bis 1998 eine deutliche Zunahme der Direktwerbung. Ihr Marktanteil stieg in diesen Jahren um 16,6 Prozent. Der große Gewinner der 90er Jahre war jedoch das Fernsehen, das seinen Marktanteil mit 19,2 Prozent gegenüber 1990 fast verdoppeln konnte. Dagegen wurde der Anteil der klassischen Printmedien an der Werbung deutlich kleiner. Die Tageszeitungen verloren zwischen 1990 und 1998 insgesamt fünf Prozent, obwohl sie mit 27,9 Prozent immer noch

---

[159] Beyrow, Mut zum Profil, Stuttgart 1998, S. 29.

der eindeutige Marktführer sind. Die Publikumszeitschriften fielen von 12,5 auf 8,9 Prozent zurück; ihr Marktanteil brach also um mehr ein Viertel ein.[160]

Abb. 78: Kommunikationsinstrumente

```
                    Kommunikationsinstrumente
                     ↙                    ↘
         klassische Instrumente        neue Instrumente
                    ↓                         ↓
            Pressearbeit                Sponsoring
            Werbung                     Direktmarketing
            Public Relations            Event-Marketing
            etc.                        Neue Medien etc.
```

Quelle: eigene Darstellung

XV.5.1. Klassische Kommunikationsinstrumente

Die klassischen Kommunikationsinstrumente sollen die Ziele der Stadtmarketingkonzeption, bestehend aus den einzelnen Konzeptionen der Handlungsfelder, in der Öffentlichkeit bekannt machen und dafür sorgen, dass die beschlossenen Maßnahmen verwirklicht werden. Auch in diesem Bereich können fachkundige Arbeitsgruppen Ideen einbringen und Lösungen erarbeiten. Eine professionelle Lösung wird allerdings nur dann möglich sein, wenn Konzeptionen für den operativen Bereich mit Fachagenturen erarbeitet werden, deren Vorschläge in den entsprechenden Arbeitsgruppen (PR, Werbung, Pressearbeit, CI, Event-Marketing) diskutiert und angenommen werden. Zu empfehlen ist die abschließende Verabschiedung aller operativen Konzeptionen in der Steuergruppe, da diese alle Handlungsfelder betreffen. Ohne fachlich qualifizierte Agenturen sollte dieser Bereich nicht bearbeitet werden.

Die Inhalte der Konzeptionen der einzelnen Handlungsfelder müssen nicht nur entsprechend der Festlegung im Maßnahmenkatalog umgesetzt, sondern auch durch

---

[160] Zur wirtschaftlichen Lage der deutschen Zeitungen, BDZV Jahrbuch 1999.

ein entsprechendes Instrumentarium in der Öffentlichkeit bekannt gemacht werden. Dazu gehören:

- Public Relations (Öffentlichkeitsarbeit)
- Pressearbeit
- Werbung
  - Stadt-Identität
  - Stadt-Design
  - Slogan
  - Stadt-Behavior
  - Stadt-Kommunikation.
- Event-Marketing.

In mehreren Stufen soll durch das Zusammenwirken von Kommunikationsinstrumenten ein bestimmtes Ziel erreicht werden. Dies geschieht oft gemäß der AIDA-Formel **(Attention-Interest-Desire-Action)**. Das von Lewis im Jahr 1988 entwickelte AIDA-Modell unterscheidet vier Wirkungsphasen, d.h., es geht davon aus, dass die Botschaft bei dem Adressaten vier Phasen durchläuft, bis das Kommunikationsziel erreicht ist.

In den beiden ersten Stufen (Attention und Interest) hat besonders die Öffentlichkeitsarbeit eine besondere Bedeutung, da es primär darum geht, ein positives Kommunikationsklima zu schaffen. Oft kommen erst in der dritten und vierten Stufe andere Kommunikationsinstrumente, wie die Werbung, dazu.

Attention-Interest-Desire-Action
(AIDA)[161]

1. Stufe = Attention
2. Stufe = Interest
3. Stufe = Desire
4. Stufe = Action

Bezogen auf den Stadtmarketingprozess, will eine Kommune zuerst Aufmerksamkeit erzeugen: Wirtschaftsunternehmen, Touristen, Geschäftsleute usw. sollen auf den Ort aufmerksam werden, sollen die Einzigartigkeit und die verschiedenen Vorteile in den jeweiligen Bereichen erkennen. Interesse signalisiert in der zweiten Stufe schon das Anfordern von Informationsmaterial und spezieller Daten. In der dritten Stufe schließlich manifestiert sich der Wunsch, etwas in diesem Ort zu tun (sei es sich dort ansiedeln, den Urlaub verbringen oder einen Kongress veranstalten). Die

---

[161] Deutsch AIWA = Aufmerksamkeit, Interesse, Wunsch und Handeln.

Handlung, also die Verwirklichung des Wunsches, wäre dann der Abschluss in der vierten Stufe und zugleich der Erfolg.

Das AIDA-Modell ist geeignet, von einem frühen Interesse bis zur Realisierung die Meinungsbildung zu begleiten. Voraussetzung dafür ist die Formulierung einer Botschaft.

XV.5.1.1. Botschaft

Die Botschaft ist der Inhalt der Aussagen, die in die Öffentlichkeit gelangen. Daher muss vor dem Einsatz der Kommunikationsinstrumente die Botschaft, die an die Zielgruppen übermittelt werden soll, festgelegt werden. Folgende Fragen müssen in diesem Zusammenhang beantwortet werden:

1. Was soll übermittelt werden?
   (Inhalt der Botschaft)
2. Wie soll es überzeugend und logisch richtig übermittelt werden?
   (Struktur der Botschaft)
3. Wie kann es kurz und knapp oder in Symbolen übermittelt werden?
   (Format der Botschaft)

Zu 1:
Es muss ein Thema gefunden werden, das die ins Auge gefasste Zielgruppe anspricht. Der Inhalt der Botschaft kann nach folgenden Typen unterschieden werden:

- rational
- emotional
- moralisch.

Der **rationale** Botschaftstyp richtet sich an das Eigeninteresse des Einzelnen in der Zielgruppe (wie z.B. Qualität, Wirtschaftlichkeit, Leistungsfähigkeit.) **Emotionale** Botschaften wollen positive oder negative Emotionen bewirken (wie Freude, Angst, Scham oder Schuldgefühle). **Moralische** Botschaften richten sich an Zielgruppen, um darüber aufzuklären, was richtig oder falsch ist (wie z.B. über die Umwelt, Ausländerfeindlichkeit, Alkohol, Rauchen, Drogen).

Zu 2:
Die Struktur soll festlegen, ob mit der Botschaft eine Schlussfolgerung übermittelt wird oder ob dies der Zielgruppe überlassen bleibt. Um falsche Folgerungen zu vermeiden, empfiehlt es sich, die Schlussfolgerung in die Botschaft zu integrieren. Ferner ist die Frage zu beantworten, ob einseitig argumentiert werden soll, um die Ziel-

gruppe zu motivieren Offen ist auch die Frage, ob das stärkste und beste Argument zu Beginn oder am Ende der Botschaft stehen soll.

Zu 3:
Das Format betrifft das Erscheinungsbild der Botschaft, d.h. die Frage, welches Medium genutzt werden soll. Dazu gehören auch die Platzierung, die typografische Gestaltung, Illustrationen, Farben, Hervorhebungen usw. Wichtig ist auch der/die Überbringer/in der Botschaft. Seine/ihre Glaubwürdigkeit und Attraktivität ist die Basis für die Verbreitung. Botschaften aus glaubwürdigen Quellen überzeugen und werden akzeptiert. Daher werden oft bekannte Persönlichkeiten, wie Sportler, Künstler, Prominente u.a. eingesetzt. Ihre Sympathiewerte werden für das erfolgreiche Überbringen der Botschaft genutzt.

Abb. 79: Die drei Aspekte einer Botschaft

```
              Botschaft
           /      |      \
       Inhalt  Struktur  Format
```

Quelle: eigene Darstellung

XV.5.2. Public Relations (PR)

Public Relations ist der internationale Begriff für Öffentlichkeitsarbeit und bedeutet die Pflege und Förderung der Beziehungen, die ein Unternehmen, eine Organisation, Institution oder Person zur Öffentlichkeit hat. Die Maxime der Öffentlichkeitsarbeit heißt „Tue Gutes und rede darüber!" Jede Art der übertriebenen positiven Darstellung und noch so nobler Falschaussagen schadet langfristig den durch Stadtmarketing beabsichtigten Zielen.

Public Relations (PR) ist keine Werbung oder Verkaufsförderung. PR will für die Stadt/Gemeinde in der Öffentlichkeit Sympathie und einen Namen schaffen. PR will die durch Kommunikation vermittelte Wirklichkeit mitgestalten und mitorganisieren. PR ist das Management von Kommunikationsprozessen für Organisationen und Personen mit deren Bezugsgruppen. Sie will den politischen, wirtschaftlichen und sozialen Handlungsspielraum einer Organisation im Prozess öffentlicher Meinungsbildner schaffen und sichern. In diesem Zusammenspiel hat sie die Funktion, die Zielsetzungen und Interessen, Tätigkeiten und Verhaltensweisen der Organisation zu verdeutlichen und deren Identität nach innen und außen zu vermitteln.

Die Gesamtfunktion von Public Relations lässt sich in folgende Teilfunktionen gliedern:[162]

- **Informationsfunktion:** Übermittlung von Informationen über die Kommune an relevante Zielgruppen, um eine verständnisvolle Einstellung zu dem Ort zu erreichen.
- **Imagefunktion:** Aufbau bzw. Änderung eines bestimmten Vorstellungsbildes von dem Ort in der Öffentlichkeit.
- **Führungsfunktion:** Beeinflussung der relevanten Öffentlichkeit im Hinblick auf die Positionierung des Ortes auf dem Markt.
- **Kommunikationsfunktion:** Herstellung von Kontakten zwischen dem Ort und relevanten Zielgruppen.
- **Existenzerhaltungsfunktion:** Glaubwürdige Darstellung, dass die Kommune für die Öffentlichkeit notwendig ist.

Public Relations ist an die Interessen einer Organisation oder Person gebunden und zielt auf öffentliche Akzeptanz ab. Dies bedeutet, dass Informationen in einem aktiven Dialog und einer konstruktiven Debatte offen und kompetent dargestellt werden. Einstellungs- und Verhaltensänderungen werden durch PR nicht einseitig angestrebt. Positionen der Öffentlichkeit finden durch Public Relations Eingang in die Entscheidungen der betreffenden Organisation. Public Relations muss als Teil der integrierten Kommunikation verstanden werden. Aus dieser Betrachtung erhält PR die komplexe Aufgabe des Managements der Kommunikation nach innen und außen, indem PR

- zielorientiert den Informationsfluss steuert und gestaltet,
- Meinungen und die Meinungsbildung beobachtet und analysiert sowie
- die Resultate in den internen Entscheidungsprozess einbringt.

In ihrer doppelten Funktion – nämlich Organisationsinteressen zu vertreten und öffentliche Interessen in die Organisation einfließen zu lassen – kann Public Relations zum Interessenausgleich beitragen, Konfliktfelder begrenzen und Konflikte konstruktiv austragen. Mit empfängerorientierten, argumentativen und reflektierten Formen der Kommunikationsvermittlung versucht Public Relations, Akzeptanz für die Interessen von Organisationen und Personen zu erreichen. Dafür setzt sie die entsprechenden Informationsmittel und Kommunikationsmethoden ein. Im Dialog mit den Massenmedien respektiert Public Relations deren Selbstverständnis.

---

[162] Vgl. Weis, Marketing, Ludwigshafen 1993.

Public Relations vermittelt Hintergrundinformationen über das Stadtprodukt und den Ort selbst. PR klärt aber auch in Krisensituationen auf. Besonders das Krisenmanagement hat eine große Wertigkeit im Bereich der PR, da in diesen Fällen die Werbung mangels Glaubwürdigkeit nichts ausrichten kann.

Die Meinung der Öffentlichkeit über Städte und Gemeinden wird von mehreren Faktoren beeinflusst, die außerhalb der Kontrolle der Stadt/Gemeinde liegen:[163]

- Jede Information wird vom Empfänger subjektiv interpretiert und kann damit sowohl in positiver als auch in negativer Richtung verfälscht werden.
- Häufig ist aber auch die Informationspolitik einer Stadt/Gemeinde unzureichend, so dass in der Öffentlichkeit nur ein diffuses Bild entsteht.
- Wenn die Meinungsbildung durch ideologisch geprägte Vorurteile bestimmt wird, ist es dem einzelnen Ort nur schwer möglich, Korrekturen vorzunehmen.

PR sorgt weiter für Verständnis aufgrund von Informationen und der PR-eigenen Dialogbereitschaft. PR schafft, verändert und bewahrt langfristig ein positives Image. Public Relations wird direkt oder indirekt, also über Freunde, Mitarbeiter, Nachbarn, Interessengemeinschaften, Einwohner usw. vermittelt. Der wichtigste Transporteur sind die Medien. Das Weitergeben von Nachrichten an andere und das damit verbundene Ziel, andere zur Nachrichtenübertragung zu nutzen, wird auch als Input-/Output-System bezeichnet.

> Meinungen werden direkt und indirekt weitergegeben. Bezeichnet wird dies als **Input-/Output-System**. Der wichtigste Transporteur von Meinungen sind die Massenmedien.

Bei den Erscheinungsformen der Public Relations wurde der Bereich Pressearbeit ausgenommen, denn die Verknüpfung von PR und Pressearbeit stößt in den meisten Medien auf Unverständnis. Um Missverständnissen vorzubeugen, sollte daher die Pressearbeit im Stadtmarketing neben Public Relations aufgebaut werden, um den objektiven Eindruck der Nachrichtenvermittlung zu unterstreichen. Pressearbeit sollte immer das Ziel der objektiven Information verfolgen.

Erscheinungsformen der Public Relations sind:

- **Maßnahmen des persönlichen Dialogs**
  Pflege persönlicher Beziehungen zu Meinungsbildnern und Medienvertretern, Teilnahme an Podiumsdiskussionen, Diskussionen mit Zielgruppen etc.
- **Aktivitäten für ausgewählte Zielgruppen**

---

[163] Trux, W., Unternehmensidentität, Unternehmenspolitik und öffentliche Meinung, in Birkigt, M./Funck, H., Corporate Identity, Landsberg/Lech 1994, S. 65-76.

Informationsmaterial für Zielgruppen, Vorträge für Zielgruppen, Besichtigungen, maßvolle Geschenke und Unterstützung, Aufmerksamkeiten zu bestimmten Anlässen, Informationen über das Internet etc.

- **Mediawerbung**
  Anzeigen zur Imageprofilierung des Ortes oder Werbung für bestimmte Angebote und Leistungen, Maßnahmen für die Ansprache von Meinungsbildern etc.

- **Ortsinterne Maßnahmen**
  Informationsveranstaltungen zu bestimmten Themen, Veranstaltungen, kontinuierliche Information.

Public Relations gliedert sich in die Außen- und Innenkommunikation. Die **Aussenkommunikation** soll Beziehungen zur Öffentlichkeit aufbauen, um so ihr Vertrauen zu erlangen und zu einer positiven Meinungsbildung der Zielgruppen zu kommen. Voraussetzung dafür ist eine **häufige positive Präsenz** in den Medien.

Die **Innenkommunikation** bezieht sich auf die Pflege der Beziehungen zu den am Stadtmarketingprozess Beteiligten und hat einen ebenso hohen Stellenwert wie die Außenkommunikation. Hauptziele sind die Stärkung des Wir-Gefühls und die Identifizierung der Beteiligten mit ihrer Kommune. Nur wer von dem Ort, in dem er lebt, überzeugt ist, kann dies auch glaubhaft nach außen kommunizieren.

Ein wichtiger Faktor der PR ist der **persönliche Kontakt**. PR sucht das Gespräch mit der Öffentlichkeit. Dies kann indirekt über Meinungsbildner und Multiplikatoren oder direkt mit den Zielgruppen geschehen. Für den persönlichen Kontakt eignen sich z.B. ein Tag der offenen Tür, Informationsstände, Präsentationen auf Veranstaltungen sowie Messen und Journalistenreisen. Zur Erreichung der PR-Ziele stehen einem Ort eine Vielzahl von Maßnahmen zur Verfügung, wie zum Beispiel:

- Aktionen
- Ausstellungen
- Diskussionsveranstaltungen
- Ehrungen
- emotionale Symbole
- Förderung von Sportlern, Künstlern etc.
- Infotelefon
- Informationsvermittlung und Beratung
- Infostände
- Messen
- PR-Anzeigen
- Preisverleihungen
- regelmäßige Vortragsveranstaltungen
- Sponsoring

- ständige oder aktuelle Ausstellungen
- Sympathieträger (Maskottchen)
- Symposien
- Tag der offenen Tür
- Tagungen
- Veranstaltungen zu künftigen Planungen
- Veranstaltungen zu Themen der Ortsgeschichte.

Die **PR-Konzeption** umfasst alle Maßnahmen der Öffentlichkeitsarbeit eines Ortes. Basierend auf der Stadtmarketinganalyse und unter Beachtung der Gesamtkonzeption werden Zielgruppen und öffentlichkeitswirksame Maßnahmen bestimmt. Neben der Erarbeitung von Grundinformationsmitteln (wie Broschüren, Audio- und Videomaterial) oder dem Einsatz neuer Medien müssen einzelne Maßnahmen für die speziellen Handlungsfelder festgelegt werden. So wird die Detailkonzeption Wirtschaft verlangen, speziell über Wirtschaftsfachzeitungen Zielgruppen anzusprechen. Die Maßnahmen richten sich aber auch ungezielt an die allgemeine Öffentlichkeit. Primäres Ziel ist der Aufbau und die Pflege eines positiven Images, um damit die Sympathie, das Vertrauen und die Zustimmung der Öffentlichkeit zu gewinnen.

Das **PR-Budget** in einem Stadtmarketingprozess entzieht sich der reinen Wirtschaftlichkeitsrechnung. PR-Ausgaben werden als langfristige Investitionen gewertet. Daher ist es auch zweckmäßig, Public Relations nicht dem Werbebereich eines Stadtmarketingprozesses zuzuordnen, sondern direkt der organisatorischen Gesamtleitung zu unterstellen. PR ist immer eine Führungsaufgabe, also Chefsache.

XV.5.2.1 Krisen-PR

Krisen werden durch Menschen verursacht und können daher auch von Menschen beseitigt werden. Public Relations ist bei dem Umgang mit der Krise besonders wichtig.[164] Gerade der Krisenfall fordert die konzentrierte Öffentlichkeitsarbeit. Die typischen Fehler in der Krise stehen in fast jedem Lehrbuch. Die Antworten auf die Krise, die kreativen Auswege, werden dagegen kaum behandelt.

Gerade in einem Stadtmarketingprozess sind Krisensituationen eine besondere Herausforderung, da mit Beginn des Prozesses sich die Stimmung in allen Bereichen positiv verändert. Negative Einschnitte hemmen jedoch den positiven Aufwärtstrend. Daher sind alle am Stadtmarketing Beteiligten gemeinsam gefordert, um eine Krise zu bewältigen. Krisen können z.B. die Insolvenz eines großen Unternehmens, negative Medienberichte, Rückgänge in den Übernachtungszahlen sein. Häufige

---

[164] Rolke, L./Rosema, B./Awenarius, H., Unternehmen in der ökologischen Diskussion, Frankfurt 1993.

starke Krisen können sogar zum Scheitern des Stadtmarketingprozesses führen, da die Motivation nachhaltig verloren geht.

Abb. 80: Krisen im Stadtmarketingprozess

Stadtmarketingziele

Kriseneinschnitte

Quelle: eigene Darstellung

Städte und Gemeinden müssen sich viel häufiger als in der Vergangenheit auf Krisen einstellen. Krisen werden immer selbstverständlicher, gehören schon zum Alltag, sind Begleiterscheinungen der täglichen Arbeit. Immer neue Krisen fordern die Public-Relations-Fachleute heraus. Krisen sind immer verschieden. Keine gleicht der anderen, Standardkrisen gibt es nicht. Dabei treten heute Umweltkonflikte viel häufiger auf und sind oft gravierender als Sozialkonflikte. Die Krise ist eine Herausforderung für jeden Öffentlichkeitsarbeiter, denn die Stunde der Krise ist die Stunde der Kreativität, in der sich der Meister erweist.

Es gibt **manifeste Krisen** und **Krisen in den Köpfen**. Beide sind gleich ernst zu nehmen. Dabei wird der Anschein der Tatsache oft wichtiger als die Tatsachen selbst. Auch die Urheber der Krisen ändern sich, da Rechtsprechung, Medien und kritische Gruppierungen in der Öffentlichkeit vorrücken. In der Krise ändern sich auch die Gegenstrategien, da Public Relations und Kommunikation in der Krisenbewältigung eine größere Bedeutung erlangen.

Die Bewältigung der Krise beinhaltet den positiven Ansatz, die Krise meistern zu wollen. In diesem Zusammenhang muss die Krise als kreative Herausforderung betrachtet werden. Dazu gehört, das Positive an der Krise herauszufinden und im Sinne der eigenen Sympathie zu nutzen. Die Schwachstelle der Krise muss offen gelegt und beseitigt werden. Die Krise ist zugleich die Chance, eine Kommunikation zu beginnen, die sich sachlich mit der Ursache der Krise auseinandersetzt. Krisenlösungen sind oft nur über neue Wege möglich, die man selbst, aber auch andere gehen sollten.

Die Kreativität ist der ideale Weg aus der Krise. Sie ist die sicherste Grundlage für den eleganten Ausweg, die effektivste Bekämpfung und die Sicherung der Nachkrisenzeit. Dies bedeutet, keine Angst vor der Krise zu haben, keine panische Krisenabwehr zu betreiben und sich nicht in Entschuldigungen zu flüchten. Die Krise erfordert klare Zuständigkeiten, ein Krisenkonzept, Kreativität, Spontaneität und Ordnung. Nur so ist es möglich, der Krise offensiv zu begegnen und die nächste Ebene, die Katastrophe, zu verhindern.

XV.5.2.1.1. Faktoren bei der Krisenbewältigung

In der Krisenkommunikation wird nach positiven und negativen Faktoren unterschieden. Positive Faktoren sind:[165]

- Die Bereitschaft zur Kommunikation mit der Öffentlichkeit wird deutlich.
- Umfang und Inhalt der Kommunikation sind auf die Informationsbedürfnisse und das Verständnis der Öffentlichkeit zugeschnitten.
- Die Informationspolitik ist aktiv und offensiv.
- Die Verantwortung für den Schadensfall wird genau geklärt, und eigene Anteile an der Verantwortung werden nicht geleugnet.
- Bei Auseinandersetzungen mit kritischen Gruppierungen werden die Konflikte fair und ohne Polemik ausgetragen.

Negative Faktoren in der Krisenkommunikation sind:

- Die Informationspolitik ist defensiv.
- Es dominieren Beschwichtigungen und der Versuch des Wegredens.
- Die Auseinandersetzungen werden aggressiv und mit Polemik ausgetragen.
- Den Worten folgen keine Taten.
- Die Informationen kommen zu spät.
- Die Informationspolitik ist reaktiv.
- Den Informationen mangelt es an Klarheit.
- Der Bezug zu den vorhandenen Informationsbedürfnissen und Vorstellungen der Öffentlichkeit ist unzureichend.

XV.5.2.1.2. Organisation während der Krise

In Krisenfällen ist das Stadtmarketing besonders gefordert. Durch ein offensives Vorgehen über die Medien muss die Problematik in die Öffentlichkeit gebracht werden. Im Krisenfall wird in eine **interne** und **externe Kommunikation** unterschieden. Die Federführung hat in jedem Fall ein zu bildender Krisenstab, dem (da die Ziele des Stadtmarketings betroffen sein können) die Steuergruppe des Stadtmarke-

---

[165] Roselieb, F./Barrot, C., Krisenkommunikation für das Jahr 2000, pr-magazin, 8/1999.

tingprozesses angehören muss. Hinzugezogen werden krisenerfahrene Fachleute sowie Fachleute der Kommunalverwaltung, wenn sie nicht bereits in der Steuergruppe vertreten sind. Im Krisenfall bewährt sich eine gut funktionierende Teamarbeit.

Abb. 81: Krisenstab und Krisenkommunikation

```
┌─────────────────────────────────────────┐
│              Krisenstab                 │
├─────────────────────────────────────────┤
│              Mitglieder:                │
│      Steuergruppe des Stadtmarketing    │
│           externe Fachleute             │
│         Vertreter der Kommune           │
│            Pressesprecher/in            │
└─────────────────────────────────────────┘
         │                    │
┌────────────────────┐  ┌──────────────────────────┐
│ Interne Kommunikation│  │ Externe Kommunikation[166]│
├────────────────────┤  ├──────────────────────────┤
│ Einwohner          │  │ Öffentlichkeit über Medien│
│ Institutionen      │  │ Öffentlichkeit direkt    │
└────────────────────┘  └──────────────────────────┘
```

Quelle: eigene Darstellung

XV.5.2.2. Messen

Eines der idealen Instrumente für die Ansprache überregionaler Zielgruppen ist die Messebeteiligung. Kein anderes Medium bietet eine bessere Grundlage für die direkte und indirekte Kommunikation. Viele Instrumente der Kommunikationspolitik können sowohl vor als auch während und nach einer Messe eingesetzt werden. Dazu gehören u.a. Direktmarketing, Anzeigen, Public Relations, Medienarbeit und direkte Kontakte zu Messe- und Fachbesuchern sowie zu Pressevertretern.

Im Sinne von Stadtmarketing muss eine Messepräsentation das Stadtprodukt präsentieren. Dazu gehört, dass möglichst viele Angebote, Dienst- und Serviceleistungen sowie die Attraktivität dargestellt werden. Auf handlungsfeldspezifischen Messen können einzelne Angebote präsentiert werden. Der Umfang der Präsentation richtet sich nach der Zielgruppenfrequenz der jeweiligen Messe.

---

[166] Gemeint ist die Öffentlichkeit außerhalb der Stadt oder Gemeinde.

Vor Beginn der Messepräsentation muss festgelegt werden, welche Ziele die Messebeteiligung verfolgt. Sollen, je nach Zielgruppenansprache der Messeveranstalter, das Stadtprodukt oder einzelne Bereiche vorgestellt werden? Soll die Messebeteiligung im Sinne des AIDA-Modells Aufmerksamkeit erzeugen und evtl. in einem zweiten Schritt Interesse hervorrufen? Oder soll sie bereits den Wunsch zum Handeln auslösen, nämlich Urlaubsbuchungen, den Kauf von Eintrittskarten für kulturelle Veranstaltungen etc.? Die Messebeteiligungen sind in erster Linie – und das fast ausschließlich – Präsentationen, die das Stadtprodukt oder einzelne Bereiche darstellen, um Aufmerksamkeit zu erzielen und danach das Interesse und den Wunsch auslösen, in dem Ort etwas zu unternehmen.

Durch den persönlichen Kontakt zu Mitgliedern der Zielgruppen erhält die produktorientierte Information und Kommunikation einen besonderen Stellenwert. Dabei ist zu beachten, dass das Nachmessegeschäft eine besondere Bedeutung hat. Zu den vielseitigen Wirkungsmöglichkeiten von Messen gehört zwar der erwünschte Effekt der Werbewirksamkeit, in erster Linie aber sind Messen multifunktionale Marketinginstrumente, die genau definierte Marktsegmente repräsentativ darstellen.[167]

Die exakte Vorbereitung des Messeauftrittes ist von großer Wichtigkeit. Entspricht die Messe der festgelegten Zielgruppenansprache in einem speziellen Handlungsfeld? Bietet sie darüber hinaus Möglichkeiten, um die Stadtmarketingkonzeption zu realisieren? Besucherstrukturanalysen – sie sind als Planungshilfe bei der Messegesellschaft erhältlich – geben Auskunft über die geographische Herkunft, über Alter und Struktur der Messebesucher. Sie belegen, inwieweit eine Messe der Dreh- und Angelpunkt für ein bestimmtes Handlungsfeld ist.[168]

Dass eine dem Ziel der Präsentation entsprechende Messestandgestaltung die Grundlage der Zielgruppenansprache ist, muss nicht gesondert erläutert werden. Durch den Messestand muss eine spezielle Atmosphäre geschaffen werden, die anspricht und einen nachhaltigen Eindruck vermittelt.

Messen sind das ideale Instrument für die Information einer festgelegten Zielgruppe. Der persönliche Kontakt, die produktorientierte Information sowie eine breit angelegte Kommunikation sind die positiven Aspekte der Messepräsentation. Die inhaltliche Arbeit beschränkt sich nicht auf den Zeitraum der Messe. Neben der Kernzeit der Präsentation bieten die Zeiten vor und insbesondere nach der Messe effektive Möglichkeiten für eine themen- oder produktbezogene Informationsarbeit.

Eine exakte Vorbereitung der Messebeteiligung ist die Grundlage einer erfolgreichen Darstellung. Dabei sollten Fragen beantwortet werden wie:

---

[167] Groth, C./Lenz, I., Die Messe als Dreh- und Angelpunkt, Landsberg/Lech 1993.
[168] Geffroy, E. K./Oechsler, H., Messeerfolg auf Abruf, Landsberg/Lech 1989.

- Entspricht die Messe der festgelegten Zielgruppenansprache in einem speziellen Handlungsfeld?
- Bietet sie darüber hinaus Möglichkeiten, neue Festlegungen des Stadtmarketings zu verwirklichen?

Eine Zielgruppenansprache wird z.B. durch Pressemitteilungen mit Detailinformationen zu bestimmten Themen über on- oder offline abrufbare Texte, spezielle Empfänge, Fachvorträge oder Fachgespräche erreicht. Zum erfolgreichen Gelingen eines Messeauftritts gehören eine funktionierende Messestandinfrastruktur, fachkundiges Counter-Personal, Informationsmaterial usw. Da eine Messe erhebliche Kosten verursacht, ist eine Kosten-/Nutzen-Analyse sinnvoll.

Mit der Teilnahme an einer Messe sollen neue Angebote eingeführt und/oder neue Kundenkreise gewonnen werden. Die **Pressearbeit** hat dabei eine besondere Bedeutung. Zur Vorbereitung des Messeauftritts gehören das Zusammenstellen einer Pressemappe mit den wichtigsten Informationen und die Reservierung eines Pressefachs im Pressezentrum. Wenn die Möglichkeit besteht, einen Pressetext über die Pressestelle online anzubieten, sollte auch dies genutzt werden. Bewährt hat sich, Presseinformationen zusätzlich zu den gedruckten Informationen als Diskette in die Pressemappe zu legen.

Zur Ausstattung gehören ferner eine ausreichende Zahl von Visitenkarten und Namensschildern. Ein kleines Pressegeschenk, oft ein Gag zum Thema, sollte nicht fehlen. Dies kann zum Beispiel ein halbes Geschenk sein, das mit der Einladung zur Messe verschickt wird. Die andere Hälfte wird dann beim Messebesuch überreicht. Beliebt sind auch Einladungen zu Standpartys nach der offiziellen Messezeit, Empfänge zur Messezeit, Verlosungen, Kleinkunstaktionen und Musikdarbietungen. Aber auch charakteristische Personen des Ortes oder der Region, (wie z.B. die Weinkönigin, die Symbolfigur des Ortes oder ein Maskottchen) sorgen für Aufmerksamkeit. Für die Berichterstattung des Fernsehens, aber auch für Bildreporter sollten visuelle Besonderheiten geboten werden. Durch eine Veranstaltung mit Event-Marketing kann am Messestand zusätzlich für Aufmerksamkeit gesorgt werden.

Für Pressegespräche sollten am Messestand räumliche Voraussetzungen bestehen, die eine ungestörte Unterhaltung ermöglichen. Zur Pressebetreuung gehört es, alkoholfreie Getränke oder einen kleinen Imbiss anzubieten. Nach Beendigung des Messetages, besonders während der Messestandpartys, können auch alkoholische Getränke angeboten werden. Das Ziel von Messestandpartys ist der Aufbau neuer Kontakte. Die Informationsvermittlung steht dabei im Hintergrund.

Bei den Messestandbesuchern wird zwischen den A-, B- und C-Kontakten unterschieden. A-Kontakte sind Besuche von Journalisten, die bisher noch nicht bekannt waren und zu denen ein intensiver Kontakt aufgebaut werden muss. Zu B-Kontakten gehören Fachbesucher und Journalisten, die bereits von anderen Messen, Veranstaltungen oder durch die tägliche Arbeit bekannt sind. Durch B-Kontakte ergeben sich Möglichkeiten der Kontaktpflege. Umfangreiche Informationen sind in diesen Fällen nicht erforderlich, da diese Fachbesucher und Journalisten kontinuierlich und aktuell informiert werden. C-Kontakte sind Besucher, die bisher noch nicht bekannt waren, aber im Gespräch zu erkennen geben, dass sie am Thema der Präsentation ein vages Interesse haben.

Bei A-Kontakten empfiehlt sich ein vorsichtiger Gesprächsbeginn mit Fragen nach dem besonderen Interesse, dem Gefallen am ausgestellten Produkt oder dem Informationsziel. Bei der Vorstellung werden die Visitenkarten ausgetauscht, denn oft werden in der Hektik eines Messetages Namen vergessen. Wichtigen Gästen sollten die Standleitung oder entsprechende Fachleute vorgestellt werden.

Die Messe ist kein Ort für intensive Einzelgespräche. In einem Messegespräch, das zwanzig Minuten nicht überschreiten sollte, dürfen nur die wesentlichen Botschaften herausgestellt werden. Gäste dürfen nicht mit Infomaterial und Prospekten überhäuft werden. Die Möglichkeit, nach der Messe Informationen persönlich zu übersenden, sollte genutzt werden. Bei allen Informationen muss die Messebotschaft als Überschrift über den Gesprächen stehen. Nach Beendigung der Messe müssen sofort „heiße" A-Kontakte bearbeitet werden. Danach kommen die B- und die C-Kontakte.

Abb. 82: Die Messepräsentation im Stadtmarketing

```
                    Messepräsentation
                    ↙            ↘
         Stadtprodukt      einzelne Bereiche des
                               Stadtprodukts
                    ↘            ↙
                     AIDA-Modell
            ↙         ↓         ↓         ↘
    Aufmerksamkeit  Interesse  Wunsch   Handeln
         ↓            ↓          ↓         ↓
      abstrakte   abstrakte/konkrete   konkrete
      Schritte       Schritte          Schritte
    z.B. Imagearbeit                z.B. Ansiedlung, Bu-
                                         chung
```

Quelle: eigene Darstellung

XV.5.3. Pressearbeit[169]

Medien vermitteln Informationen, berichten über Ereignisse und Veranstaltungen, sind kurz gesagt unverzichtbar, wenn Unternehmen, Behörden, Institutionen, Vereine usw. die Öffentlichkeit erreichen wollen. Medienarbeit muss taktisch und strategisch geplant und umgesetzt werden. Sie ist erfolgreich, wenn Journalisten sich für angebotene Themen interessieren und die Presseinformationen veröffentlicht werden, weil sie auch den journalistischen Grundanforderungen (Darstellungsform, Stil und Sprache) entsprechen.

---

[169] Vgl. M. Konken, Pressearbeit – Mit den Medien in die Öffentlichkeit, FBV Medien-Verlags GmbH, Limburgerhof 1998.

Eine Untersuchung der Forschungsstelle Automobilwirtschaft (FAW)[170] stellte fest, dass im Vergleich der Instrumente in der Öffentlichkeitsarbeit die Bilanzpressekonferenz, als Teil der Pressearbeit, mit einem Wert von 1,0 (sehr wichtig) auf Platz 2 lag, gefolgt von der Herausgabe der Pressemitteilungen und Pressemappen mit einem Wert von 1,3. Auch die interne Medienauswertung (Wert 1,6), die Herausgabe einer Mitarbeiterzeitung (Wert 1,6) und die Veranstaltung von Journalistenreisen (Wert 1,9) lagen im Bereich der Bewertung „sehr wichtig". Die Untersuchung macht deutlich, dass die Pressearbeit die effektivste und wichtigste Form der Informationsvermittlung ist.

Veröffentlichungen der Presse erreichen in der Wahrnehmung der Bevölkerung im Vergleich zu anderen Maßnahmen der Öffentlichkeitsarbeit hohe prozentuale Anteile. Dies macht eine Analyse deutlich, die vom Kommunalverband Ruhrgebiet zur KULTOUR 96[171] veranstaltet wurde:

Presseberichte	32 Prozent
Faltblätter	21 Prozent
Kultour-Magazin	18 Prozent
Anzeigen	14 Prozent
Radiowerbung	8 Prozent
örtliche Veranstalter	4 Prozent
Sonstige[172]	3 Prozent.

Ergänzend ist festzustellen, dass Veröffentlichungen in der Presse das kostengünstigste Instrument der Öffentlichkeitsarbeit sind.

Die journalistische Arbeit in den Medien ist von vier Ausgangssituationen geprägt. Die erste ist ein **Kalenderdatum**, zu dem Medien etwas berichten wollen oder müssen (z.B. der Tag der deutschen Einheit). Weitere feststehende Daten sind z.B. das Weihnachts- oder Osterfest. Die journalistische Arbeit kann aber auch durch **Ereignisse,** wie Katastrophen, Unfälle oder Einweihungen öffentlicher oder privater Einrichtungen ausgelöst werden. Die dritte Ausgangssituation ist die eigene **Recherche** des Journalisten zu einem Thema oder zu einer Idee. Die vierte Ausgangssituation für Veröffentlichungen sind **Pressemitteilungen** aus Unternehmen, Institutionen, Organisationen oder der öffentlichen Verwaltung.

Der Stellenabbau in den Redaktionen, immer kürzere Arbeitszeiten, ein ständig grösser werdendes Spektrum an Aufgabenfeldern sowie die stetig wachsende Informationsflut bewirken, dass Pressemitteilungen in zunehmendem Maße die Arbeit in

---

[170] Vgl. W. Meinig, Aktivitäten der Öffentlichkeitsarbeit aus Unternehmenssicht, pr-magazin 9/1997, S. 38.
[171] Besucher der einzelnen Veranstaltungen wurden befragt.
[172] Live-Werbung mit Künstlern in Einkaufszentren, Bahnhöfen und Fußgängerzonen.

den Redaktionen beeinflussen. Diese haben aber nur dann gute Chancen veröffentlicht zu werden, wenn folgende Grundsätze[173] beachtet werden:

- Pressemitteilungen sollen für die Medien ein guter Service und eine Arbeitshilfe sein.
- Es dürfen nur Informationen mit Nachrichtenwert versandt werden.
- Pressemitteilungen müssen in Inhalt, Form und Stil der journalistischen Arbeit in den Redaktionen entsprechen.
- Werbebotschaften, dazu zählen auch versteckte Werbebotschaften, gehören nicht in Pressemitteilungen.

Wer Pressemeldungen an Medien sendet, muss darauf vorbereitet sein, dass

- Journalisten auch kritische Fragen zu den einzelnen Themen stellen,
- Pressemitteilungen mit werblichen Botschaften nicht veröffentlicht werden,
- Vertreter von Unternehmen, Verwaltungen usw. für Interviews in Fernseh- und Hörfunksendungen zu den gemeldeten Themen zur Verfügung stehen müssen.

So glaubwürdig sind die Medien

Von je 100 Befragten sind der Meinung, dass wahrheitsgetreu berichten

Regionale Abonnementzeitungen	**65**
Öffentlich-rechtliches Fernsehen	**64**
Öffentlich-rechtlicher Rundfunk	**62**
Privater Rundfunk	**43**
Privates Fernsehen	**41**
Anzeigenblätter	**35**
Zeitschriften/Illustrierte	**24**

Stand 1995; Index und Grafik Jörg Brandes.

---

[173] Vgl. B. Hubatschek, DJV Mitgliederjournal des Landesverbandes Mecklenburg-Vorpommern, 1/1997, S. 9.

Nicht alle Pressemitteilungen werden veröffentlicht. Pressemitteilungen sollten nur in Ausnahmefällen durch PR-Agenturen geschrieben und an die Medien versandt werden.

> **Presseinformationen** sind **nur dann glaubwürdig**, wenn sie von dem Unternehmen, Verband oder von der jeweiligen Behörde **selbst** kommen.

Die beste Chance, Pressemitteilungen in den Medien zu platzieren, haben diejenigen, die sich an journalistische Grundanforderungen halten. Je weniger eine Pressemitteilung umgeschrieben, ergänzt oder gegenrecherchiert werden muss, umso grösser ist die Chance der Veröffentlichung.

Pressearbeit im Sinne von Stadtmarketing wird offensiv praktiziert. Sie ist im Vergleich zur traditionellen kommunalen Pressearbeit umfangreicher und folgt nicht dem Grundsatz "Reagieren statt agieren". Pressearbeit ist – dies ist in den Landespressegesetzen eindeutig festgelegt und zudem aus dem Grundgesetz abzuleiten – eine Pflichtaufgabe der Kommunen. Dieser Ansatz sollte auch im Stadtmarketing beachtet werden. Stadtmarketing fordert eine offensive kontinuierliche und effektive Pressearbeit. Nur der informierte Einwohner kann die Entwicklung seiner Kommune gestaltend mitbestimmen, kann entscheiden, welche Aufgaben und Ausrichtungen wichtig und daher unterstützenswert sind. Auch die entsprechenden Zielgruppen sind nur durch eine kontinuierliche Pressearbeit zu erreichen.

Der Hauptausschuss des Deutschen Städtetages hat 1988 die "Leitsätze zur städtischen Presse- und Öffentlichkeitsarbeit" neu beschlossen, die den Stellenwert der Pressearbeit festlegen. Die Leitsätze verdeutlichen die Informationspflicht[174] und sind besonders für die Pressearbeit innerhalb eines Stadtmarketingprozesses von grundlegender Bedeutung. Danach besteht die wichtigste Aufgabe der kommunalen Presse- und Öffentlichkeitsarbeit in einer sachlichen, umfassenden und ständigen Information der Bevölkerung. Sie soll über die Presse, Nachrichtenagenturen, Funk und Fernsehen, aber auch durch eine selbst gestaltete und sich unmittelbar an die Einwohner richtende Informationsarbeit erfolgen.

Im Interesse der Einwohner – so die Leitsätze weiter – wie auch der Städte liegt es, die Presse nicht nur auf Anfrage, sondern von sich aus regelmäßig zu informieren. Der Vermittler solcher Informationen ist die Presse- und Informationsstelle. Sie ist dafür verantwortlich, dass alle publizistischen Organe gleich behandelt werden. Auf besondere Bedürfnisse unterschiedlicher Medien ist dabei Rücksicht zu nehmen. Bedeutung hat in diesem Zusammenhang der Leitsatz 3. Darin heißt es:

---

[174] Leitsätze zur städtischen Presse- und Öffentlichkeitsarbeit, Der Städtetag, 4/1988.

Um diese Aufgabe erfüllen zu können, ist eine frühzeitige, umfassende und unaufgeforderte Unterrichtung des Presse- und Informationsamtes über sämtliche Vorgänge durch alle städtischen Dienststellen notwendig. Über wichtige Planungen, Entwicklungen und Entscheidungen ist das Presse- und Informationsamt wegen der notwendigen publizistischen Umsetzung und einer begleitenden Öffentlichkeitsarbeit frühzeitig zu informieren. Nur so wird es in die Lage versetzt, über Zusammenhänge und Hintergründe zu informieren.[175]

Wie weit geht nun die Pressearbeit im Stadtmarketing? Und zu welchen Konflikten kann sie führen? Die kommunale Pressearbeit erfolgt grundsätzlich als *hard news*. Zwar sind *soft news* nicht grundsätzlich ausgeschlossen, doch sie sollten nicht zum täglichen Stil der Nachrichtenübermittlung gehören. Natürlich darf diese auch einen werbenden Effekt haben, wenn es um die Bekanntgabe von Veranstaltungen und positiven Ereignissen geht. Vorsicht ist allerdings geboten. Bei den Medien darf nicht der Eindruck entstehen, die Pressearbeit richte sich nur werblich aus. Hauptziel der Pressearbeit ist die Versorgung der Medien mit Fakten, die durch die Medien selbst aufbereitet werden können.

Die Pressestelle, die diese Arbeit im Rahmen des Stadtmarketingprozesses wahrnimmt, muss für die Medien ein verlässlicher Partner sein, der durch sachliche Berichterstattung die Arbeit der Medien unterstützt und dem nicht unterstellt werden darf, er rede alles schön.

XV.5.3.1. Kontinuierliche Pressearbeit

Tägliche Pressemeldungen sind die Grundlage der Medienarbeit im Stadtmarketing. Dabei müssen alle Themen, die in dem Ort überregional von Bedeutung sind, veröffentlicht werden. Es empfiehlt sich, Medienverteiler aufzubauen, die den unterschiedlichsten Interessen Rechnung tragen. Dazu gehören neben den Medien am Ort der engere regionale Bereich sowie ein etwas weiter gezogener überregionaler Kreis, der durchaus mit einem Bundesland identisch sein kann. Zusätzlich müssen Verteiler aufgebaut werden, die das gesamte Bundesgebiet sowie internationale Medien und Fachmedien umfassen.

Für die zielgerichtete Auswahl der Medien stehen aktuell überarbeitete Medienanalysen zur Verfügung, die sowohl Aufschluss über die Auflagen oder Einschaltquoten als auch über die Klassifizierung der Käufer geben. Die Konzeption muss eine genaue Planung von Medienkampagnen enthalten sowie die Kosten, Zeiträume und die Aussagezielrichtungen der Botschaften angeben.

Die übliche Versandart von Pressemitteilungen ist die Übermittlung per Fax. Sie ist schnell, zielgerichtet und außerdem kostengünstig. Weiter bietet das Telefax die Mög-

---

[175] Ebenda.

lichkeit, auf aktuelle Ereignisse sofort zu reagieren. Wichtige und umfangreichere Grundinformationen ergänzen das kommunale Informationsangebot für die Medien.

XV.5.3.2. Stadtmarketing und Pressearbeit

Die Pressearbeit im Rahmen von Stadtmarketing sieht die entsprechende Pressestelle in einer Agenturfunktion für die gesamte Kommune. Diese Aufgabe könnte einer funktionierenden Pressestelle der Kommunalverwaltung übertragen werden, wenn sich keine andere Lösung anbietet und diese auch in der Lage ist, eine derartige Aufgabe zu übernehmen. Firmen, Verbänden, Institutionen usw. sollte die Möglichkeit eröffnet werden, über die Pressestelle Informationen abzusenden. Unterhalten andere Stellen am Ort eigene Pressestellen, so sollte es immer zu einer koordinierten Vorgehensweise kommen. Die Konstituierung einer eigenen Arbeitsgruppe für Medienarbeit ist sinnvoll. Über diesen Weg können die Vorhaben aus den Konzeptionen unterstützt werden.

Eine professionell arbeitende Pressestelle verfügt über einen kompletten, stets aktuellen Medienverteiler. Sie kennt die Ansprechpartner und die unterschiedlichen Strukturen der Medien. Zur Pressearbeit gehören auch Informationen über überregionale Sport-, Kultur- und sonstige Veranstaltungen sowie Meldungen aus der heimischen Wirtschaft.

XV.5.3.3. Medienkontakte

Leider reichen die besten Pressemitteilungen nicht aus, um Medien auf eine Kommune aufmerksam zu machen. Die Angebote, welche die Redaktionen täglich erreichen, sind so umfangreich, dass Schwerpunkte gesetzt werden müssen.

Ein vertrauensvolles Verhältnis zu den Medien aufzubauen, ist nur möglich, wenn es einen ständigen direkten Kontakt zu den Medienvertretern durch Telefonate und Redaktionsbesuche gibt. Zur intensiven Kontaktpflege gehören auch Journalistenpässe oder spezifische Einladungen. Spezielle Themen lassen sich durch Journalistenreisen schnell und intensiv vermitteln. Sie bieten die Möglichkeit, mit allen Beteiligten das Thema zu diskutieren und sich vor Ort einen Eindruck zu machen.[176]

Der Stadtmarketingprozess ist ohne die redaktionelle Begleitung durch die lokale Medien nicht möglich. Die Verlagsleitung einer Zeitung hat daran ein eigenes Interesse, da z.B. mehr Einwohner und eine Steigerung der Wirtschaftskraft oder höhere Übernachtungszahlen sich positiv auf die Auflage einer Tageszeitung oder auf das Anzeigenaufkommen auswirken.

---

[176] Peter, J., Presse- und Öffentlichkeitsarbeit in der Kommune, München 1992.

Aufwendiger ist dagegen der ständige Kontakt zu den überregionalen Medien. Doch auch hier sollten regelmäßige Redaktionsbesuche eingeplant werden. Neben den aktuellen Redaktionen bieten sich jene an, die besondere Sendeformen betreuen. Dazu gehören Redaktionen, die Livesendungen veranstalten oder bekannte, regelmäßig wiederkehrende Sendungen machen. Mittlerweile gibt es eine Symbiose von Geben und Nehmen. Hörfunk- und Fernsehsender sowie Printmedien führen in dem jeweiligen Ort Veranstaltungen in Verbindung mit Sendungen oder Berichterstattungen durch, womit das Stadtprodukt an die Zielgruppen gelangt. Die Kosten, die bei den Sendungen entstehen, müssen von den Beteiligten gemeinsam gedeckt werden. Der positive Effekt für die veranstaltenden Medien ist dabei der eigene werbliche Aspekt, da über die Öffentlichkeitsarbeit Werbung für das eigene Programm oder den Sender gemacht werden kann. Der Kampf um Einschaltquoten und Auflagen ermöglicht diese Symbiose.

Um große, attraktive Sendungen muss sich jeder Ort bewerben. Technische Rahmenbedingungen, wie fernseh- und rundfunkgerechte Veranstaltungshallen oder Bereiche für Außenübertragungen, sind dabei Grundvoraussetzungen. Eine Stadt wie Ludwigsburg ist nicht zuletzt durch große Fernsehsendungen aus dem Forum in Ludwigsburg bekannt geworden. Auch andere Städte (wie z.B. Hof, Bremerhaven oder Emden) profitierten von derartigen Sendungen.

Interessante Ereignisse sind immer Aufhänger für Berichterstattungen aus einem Ort und oft der erste Einstieg in weitere Medienaktivitäten. Ist erst einmal das Interesse geweckt und die erste Sendung oder der erste Bericht erfolgreich gesendet, werden weitere folgen.

XV.5.4. Werbung

"Wer nicht wirbt, der stirbt." Dieser Slogan, der in der Privatwirtschaft grundlegende Bedeutung hat, hat die gleiche Bedeutung für Städte und Gemeinden. Werbung macht bekannt und schafft spontane Sympathie. Sie bestätigt, aktualisiert und verändert Meinungen. Werbung soll begeistern für ein Produkt, ein Unternehmen oder eine Stadt/Region, soll zu einer Identifikation führen.

Werbung muss einfach, aber nicht harmlos formuliert sein. In einen Werbeslogan muss Bekanntes und Neues getextet werden. Die Texte müssen frisch und locker sein. Sie sollen nicht nur Positives ausdrücken, sondern auch Negatives gegenüberstellen. Formulierungen sollen beweisend, nicht behauptend sein. Mit einem Text sollen Gefühle angesprochen werden, es sollen aber keine weitschweifigen Ausführungen gemacht werden.

Werbung will den Verkauf von Angeboten oder Dienstleistungen anbahnen. Sie betont einseitig die positiven Eigenschaften, gestaltet aktiv die Bedürfnisse und Nachfrage. Kennzeichnend ist die Tatsache, dass durch Werbung die Angebote, Dienst-, Serviceleistungen und die Attraktivität eine Ortes weder substanziell noch funktionell verändert werden können. Nur die Vorstellung von dem Stadtprodukt kann bei den Zielgruppen beeinflusst werden.

Werbung will durch absichtlichen und zwangfreien Einsatz spezieller Kommunikationsmittel die Zielpersonen zu einem Verhalten veranlassen, welches zur Erfüllung der Werbeziele des Ortes beiträgt.[177]

Immer wieder wird der Begriff Propaganda im Zusammenhang mit Werbung benutzt. Dieser Begriff passt allerdings nicht zu dem Stadtmarketingprozess.

> **Propaganda** (lat.) die, ursprünglich Bezeichnung für die Verbreitung der christlichen Glaubensüberzeugung (nach 1622 gegr. Congregatio de propaganda fide [> (Päpstl.) Gesetz zur Verbreitung des Glaubens <]; heute die gezielte Verbreitung bestimmter politischer, religiöser, wirtschaftlicher, aber auch künstlerischer oder humanitärer Ideen; allgemein die publizistische Beeinflussung, ihre Inhalte und Methoden, auch die Beeinflussung durch Werbe- und Wahlkampagnen.
>
> Aber auch, die politische Durchsetzung eines weltanschaulichen, theoretischen Gedankenguts. Propaganda beansprucht die absolute Wahrheit für sich. Ziel ist eine gedankliche Gleichschaltung großer Bevölkerungsgruppen. Beispiel: totalitäre Staaten.[178]

Werbung soll vor allem breite Zielgruppen erreichen, die wirtschaftlich interessant sind. Sie soll dazu nach innen auf die Einwohner wirken, sie stolz auf ihr Stadtprodukt machen. Werbung soll darüber hinaus der Marke Glanz verleihen und den Unterschied zur Konkurrenz aufzeigen. Sie will Vertrauen gewinnen. Letztlich soll Werbung zum Besuch der Stadt oder Gemeinde sowie zu investiven Maßnahmen usw. anregen.

Abb. 83: Informationswerbung und Suggestivwerbung

Werbung

Informationswerbung → Produktinformationen

Suggestivwerbung → Emotionale Inhalte
Gefühle sollen geweckt bzw. beeinflusst werden

Quelle: eigene Darstellung

---

[177] Vgl. J. Bidlingmeier, Marketing 1 und 2, Hamburg 1973.
[178] Der Brockhaus, a.a.O., 1998.

Public Relations und Werbung entwickeln eine gemeinsame Strategie. Public Relations stellt den Zweit- und Drittnutzen heraus. PR kann einen Markt vorbereiten und die Aussagen der Werbebotschaft steigern. Werbung benötigt für ihre Botschaft ein bestimmtes Umfeld. Sie konzentriert sich dabei auf **eine** Botschaft. Public Relations wirkt in diesem Zusammenspiel unterstützend, da die gesamte Palette oder einzelne Angebote eines Ortes dargestellt werden. Dadurch verstärkt Public Relations den Werbeeffekt.

XV.5.4.1. Werbeziele

Die Formulierung der Werbeziele ist der erste Schritt der Werbeplanung. Der Werbung soll eine klare Richtung vorgegeben werden, an der sämtliche Werbeentscheidungen, wie **Zielgruppenwahl**, **Werbebudget** und **Werbestrategie** zu orientieren und zu bewerten sind. Die Werbeziele liefern die Basis zur Beurteilung von Konsequenzen werblichen Handelns und vermitteln den beteiligten Personen einen Ansporn, die angestrebten Ziele zu erreichen.[179]

Die Werbeziele gliedern sich in ökonomische und außerökonomische bzw. psychologische Werbeziele, die auch auf das Stadtmarketing anzuwenden sind.

Abb. 84: Ökonomische und außerökonomische Werbeziele

```
                    Werbeziele
                   ╱         ╲
          ökonomische      außerökonomische
             Ziele              Ziele
               │                  │
     ┌─────────────────┐  ┌──────────────────────┐
     │ Umsatz steigern │  │ Image verbessern     │
     │ Gewinn erhöhen  │  │ Bekanntheitsgrad     │
     │ Marktanteil     │  │   erhöhen            │
     │   erhöhen       │  │ Produktwissen        │
     │ neue Märkte     │  │   verbessern         │
     │   erschließen   │  │ Aufmerksamkeit       │
     │                 │  │   erregen            │
     └─────────────────┘  └──────────────────────┘
```

Quelle: eigene Darstellung

---

[179] Bruhn, M., Kommunikationspolitik, München 1997, S. 238.

Potentielle Abnehmer von Angeboten, Dienst- und Serviceleistungen sollen dahingehend beeinflusst werden, dass sie eine bestimmte Handlung vornehmen (Buchung, Kauf, Ansiedlung, Teilnahme).

Beispiel

Die Werbung von Wintersportorten mit dem Anspruch "schneesicher" signalisiert den Touristen genügend Schnee während der gesamten Wintersportsaison und will eine Buchung auslösen. Damit ist der Anspruch dieser Urlaubsorte in Bezug auf dieses Kriterium größer bei denjenigen Orten, die es nicht erfüllen. Für den Begriff "schneesicher" gibt es aber mehrere Definitionen.[180]

1. Definition
Danach ist ein Wintersportort erst dann von großer Schneesicherheit, wenn zu mindestens neunzig Prozent der Tage von Dezember bis März eine 30 cm dicke Schneedecke für den alpinen Skisport und 15 cm für den Skilanglauf vorhanden ist. Werte zwischen 75 bis 85 Prozent stehen für mittlere, zwischen 50 bis 74 Prozent für eine geringe und Werte unter 50 Prozent für eine sehr geringe Schneesicherheit.

2. Definition
Eine andere Berechnung geht von einer 30 cm starken Schneedecke an zusammenhängenden Tagen zwischen Dezember und März aus. Folgende Stufen werden dabei unterschieden:

1. Stufe: 30 zusammenhängende Tage mit 30 cm Schneedecke
2. Stufe: 60 zusammenhängende Tage mit 30 cm Schneedecke
3. Stufe: 90 zusammenhängende Tage mit 30 cm Schneedecke.

Als wirklich schneesicher darf nach der letzten Berechnung ein Urlaubsgebiet erst dann bezeichnet werden, wenn die Stufe drei in mindestens 90 Prozent der Winter erfüllt wird.

3. Definition[181]
Sie besagt, dass an 100 Tagen je Saison eine Ausnutzung der installierten Anlagen in der Zeit vom 16. Dezember bis 15.April mit mindestens 30 cm für den alpinen und 15 cm für den nordischen Skisport notwendig ist. Diese Regel wird überwiegend von den Touristikern in Skiregionen akzeptiert.

---

[180] Wanner, H./Speck, H., Zum Problem der Schneesicherheit im Bergland zwischen Sense und Gürbe, in Informationen und Beiträge zu Klimaforschung, Nr. 14, Bern 1975, S. 16-35.
[181] Witmer, U., Erfassung, Bearbeitung und Kartierung von Schneedaten in der Schweiz, Geographica Bernensia, Bern 1986, S. 193.

Diese Beispiele zeigen, wie unterschiedlich Werbeaussagen gewertet werden müssen, aber ohne Vorkenntnisse nicht zu verstehen sind. Die Werbeaussage "schneesicher" steht aber immer in der Bewertung der Urlauber als Qualitätsmerkmal eines Ortes, auch ohne Kenntnis der Definitionen.

Werbung will nicht nur den Verkauf eines Produktes, die Bevorzugung eines bestimmten Unternehmens oder einer bestimmten Leistung anbahnen. Werbung soll darüber hinaus dem Kunden eine Botschaft vermitteln und durch eine positive Meinung eine langfristige Bindung erzeugen. Ziel muss es sein, die Werbung zu einem Dialog werden zu lassen.[182] Werbung hat nach Prof. O.W. Haseloff zwei Funktionen: eine **Informations-** und eine **Beeinflussungsfunktion**.

XV.5.4.2. Werbebudget

Normalerweise wird das Werbebudget im Rahmen der finanziellen Möglichkeiten der Gesamtfinanzierung des Stadmarketingprozesses geplant. Das Werbebudget wird dann auf die jeweiligen Objekte, Segmente und Maßnahmen verteilt.

Diese Praxis ist zwar gängig, aber aus zielorientierter Sicht abwegig. Der Handlungskatalog des Stadtmarketings gibt zwar die Ziele und die dafür erforderlichen finanziellen Mittel konkret vor, legt aber nicht fest, welche Budgethöhe für die Werbung – dies gilt auch für andere Instrumente der Kommunikationspolitik – erforderlich ist. Tatsächlich ist die Höhe schwer festzustellen, da zwar das Gesamtprodukt primär die Werbung beeinflusst, aber einzelne Handlungsfelder werblich getrennt gesehen werden müssen, von Synergien ganz abgesehen.

Eine Untersuchung von Prof. Dr. A. Töpfer und Andreas Mann belegt, dass bei 500 Städten mit mehr als 20.000 Einwohnern ein Drittel keinen festen Etat für die Eigenwerbung zur Verfügung hatte. Bei 43 Prozent lag das Budget unter DM 50.000, und 5 Prozent investierten mehr als eine Million Mark.

Das Budget für die Werbung muss separat errechnet werden. Für die Berechnung ergeben sich eine Vielzahl von Möglichkeiten:[183]

- **Ausgabenorientierte Methode** (All you can afford method)
  Diese Methode gibt ohne systematische Überlegungen eine Summe für Werbung vor. In den meisten Fällen schrumpft der Ansatz, je weniger finanzielle Mittel im Gesamtetat vorhanden sind. Dieser Ansatz ist völlig falsch, da gerade in Zeiten, in denen der finanzielle Spielraum gering ist, durch erhöhte Werbeaufwendungen eine Marktstellung zurückerobert werden muss. Diese Methode ignoriert also den Einfluss der Werbung auf den Absatz. Sie führt zu absoluter

---

[182] Vgl. Lettau, Grundwissen Marketing, a.a.O., S. 160.
[183] Pickert, M., Die Konzeption der Werbung, Heidelberg/Zürich 1994.

Unsicherheit in der Budgetplanung und macht eine kurzfristige Planung und damit Aktivitäten wie den Aufbau einer Stadtmarke unmöglich.[184]

- **Prozentsatz von ... Methode** (Percentage of ... method)
  Der Werbeaufwand steht hierbei in Proportion zum Umsatz. Den Verantwortlichen ist bei dieser Methode deutlich, dass es einen Zusammenhang zwischen der Höhe der Werbeausgaben und den Einnahmen gibt. Problematisch ist die Methode, da „die Grundüberlegung falsch ist, weil die Umsatzzahlen als ursächlich bestimmend für den Werbeaufwand eingesetzt werden, der Umsatz aber das Ergebnis der Werbung ist."[185] Die Methode geht von der Verfügbarkeit der Werbemittel aus, nicht von den Chancen oder dem Bedarf an Werbe- und Kommunikationsaktivitäten. Die Unternehmen haben für die Höhe der Werbemittel eine Formel entwickelt, die auch für öffentlich-rechtliche Zusammenschlüsse Maßstab sein sollte. Für den Werbebereich der Privatwirtschaft wird mindestens ein Prozent des Umsatzes veranschlagt. Hinzu kommt ein Promille für die Presse- und Öffentlichkeitsarbeit.

- **Konkurrenzorientierte Methode** (Competitive method)
  Richtgröße ist hier die Höhe des Werbeetats konkurrierender Kommunen. Diese Methode ist ungenau, da jede Stadt/Gemeinde andere Ziele verfolgt und anders zu beurteilen ist. Die Fachkompetenz in der eigenen Kommune sollte höher bewertet werden als die Zahlen anderer Orte.

- **Ziel-und-Aufgaben–Methode** (Objective and task method)
  Die logischste Methode für das Festlegen des Werbebudgets besteht darin, die Ziele und Aufgaben genau zu definieren und entsprechend diesen Vorgaben das Werbebudget zu bestimmen.[186] Dabei wird eine Kostenschätzung der geplanten Maßnahmen vorgenommen, welche die Grundlage für das beantragte Budget ist. Die Anwendung dieser Methode erfordert,
  - dass die Kommunikationsziele definiert werden.
  - dass festgestellt werden muss, welcher Grad der Zielerreichung zu erwarten ist, wenn bestimmte Instrumente (z.B. Printmedien zu elektronischen Medien, welche Zeitschriften, Sendezeiten, welche Unterstützung) eingesetzt werden.
  - dass berechnet wird, was die einzelnen Alternativen an Kosten verursachen.

XV.5.4.3. Werbestrategie

In der Werbestrategie werden Entscheidungen getroffen,
- für welche Maßnahmen
- in welcher Art
- für welche Zielgruppen und
- für welche Zeitabschnitte

---

[184] Vgl. Kotler, a.a.O., S. 684.
[185] Ebenda, S. 685
[186] Ebenda.

Werbemaßnahmen erfolgen sollen. Zunächst muss darüber entschieden werden, welche Maßnahme schwerpunktartig unterstützt werden soll. Dies können die Stadt/Gemeinde als Ganzes und/oder die im Maßnahmenkatalog festgelegten Ziele (Produkte/Dienstleistungen/Service/Attraktivität) sein.

Die Art der Strategie umfasst die zu wählende Gestaltungsart sowie die damit verbundene Festlegung des Kernmediums zum Transport der Werbebotschaft. Bei der Gestaltungsart stehen vier Optionen zur Verfügung:

- emotionale Gestaltung
- informative Gestaltung
- emotionale und informative Gestaltung
- aktualisierende Gestaltung.

Welche Gestaltungsart Erfolg bringt, kann nur im Einzelfall beurteilt werden, da eine Vielzahl unterschiedlicher Einflussfaktoren (wie die Orts-, Konkurrenz-, Produkt-, Dienstleistungs-, Service-, Image-, Konsumenten- und Umfeldsituation) berücksichtigt werden müssen.

Direkt verbunden mit der Wahl der Gestaltungsart ist die **Festlegung des Kernmediums** bzw. die Art der Werbekampagne. Ziel muss es sein, ein Basismedium zu bestimmen, welches in der Lage ist, die Werbebotschaft optimal zu transportieren.

Im Rahmen der Strategie muss auch festgelegt werden, für welche **Zielgruppen** eine intensive Werbung notwendig ist und welche Zielgruppen eher zu vernachlässigen sind. Ferner sollte über die **zeitliche Aufteilung** werblicher Aktivitäten entschieden werden. Grundsätzlich kann eine Werbeaktion einmalig oder kontinuierlich oder intermittierend (unregelmäßig) veranstaltet werden.

Ein **Werbemittel** ist das Medium, mit dessen Hilfe die Werbebotschaft von den werbenden Städten/Gemeinden zu den Empfängern gelangt. Zu den gebräuchlichsten gehören:

- **Printwerbung**
  Anzeigen, Prospekte, Plakate/Poster, Handzettel, Kataloge, Postkarten, Aufkleber, Werbebriefe, Flugblätter, Beilagen, Kalender;
- **elektronische Werbung**
  Hörfunk, Fernsehen, Kino, Internet, E-Mail, Fax, CD-ROM, Werbedias, Videos;
- **Außenwerbung** an öffentlichen Straßen, Plätzen u.ä.;
  Großplakate, Verkehrsmittelwerbung, City-Light-Werbung, Beschilderung, Litfaßsäulen, Bandenwerbung, Bus-, Pkw- und Lkw-Werbung;
- **Direktwerbung**
  Unmittelbar bei den Zielgruppen;
- **Sonstiges**
  Werbegeschenke, Trikotwerbung, Gewinnspiele u.ä.

Die Auswahl des Werbemittels wird durch das Stadtprodukt bestimmt, das bei der Zielgruppe abgesetzt werden soll. Oft entscheidet auch die Werbestrategie der Konkurrenzorte und/oder der Werbeträger über das Werbemittel.

Werbeträger sind die Medien, die Werbemittel an die Zielgruppen herantragen. Ein wichtiges Kriterium für die Auswahl des Werbeträgers ist die Anzahl der Personen, die mit dem Werbeträger in Kontakt kommen sollen, also die Reichweite. Die wichtigsten Werbeträger sind:

- Printmedien
- Fernsehen
- Hörfunk
- Direktmarketing
- Außenwerbung
- Merchandising.

XV.5.4.4. Angebotsorientierte Perspektiven

In den Medien ist es von großem Interesse, wie sich die Zahl der Werbeträger verändert und in welchem Umfang sich die Werbeaufwendungen in den Mediengattungen entwickeln. Zu beachten ist, wie sich das Wettbewerbsverhältnis zwischen öffentlich-rechtlichem und privatrechtlichem Hörfunk und Fernsehen gestaltet. Dabei sind zu berücksichtigen:

- Einschaltquoten
- Reichweiten (lokal, bundes- oder landesweit)
- Zielgruppen (Alters- und Bildungsstruktur).

Die Umschichtung von den Printmedien zum Fernsehen nimmt weiter zu. Die Zielgruppen werden wegen der steigenden Informationsüberlastung im zunehmenden Maße audiovisuell angesprochen. Darüber hinaus ist zu erwarten, dass das Direktmarketing eine große Bedeutung erhält, da eine zielgruppenspezifische Ansprache immer wichtiger wird.

XV.5.4.5. Nachfrageorientierte Perspektiven

Die Werbung wird sich auf fundamentale Verschiebungen in der Altersstruktur der Bevölkerung einstellen müssen. Die demographische Situation z.B. in Deutschland wird in der ersten Hälfte des 21. Jahrhunderts durch eine steigende Zahl älterer Menschen gekennzeichnet sein. So werden Städte/Gemeinden ihre Werbeaktivitäten zunehmend auf die Bedürfnisse und Erwartungen dieser Altersklasse ausrichten müssen, um entsprechende Potentiale zu erschließen und auszuschöpfen.

Es ist davon auszugehen, dass sich die Präferenz und Bedürfnisstruktur der Konsumenten ändern werden. Diese Tendenz kommt beispielsweise in der Single-Bewegung zum Ausdruck. Das Bildungsniveau wird in den nächsten Jahren weiter ansteigen.[187] Die Werbung wird sich mehr mit Konsumenten auseinandersetzen müssen, die aktiv Informationen suchen und deren Entscheidungen von Nutzen-Kosten-Überlegungen abhängen.

Des weiteren kann davon ausgegangen werden, dass die Werte der Gesellschaft mehr durch freizeit- und erlebnisorientierte Aspekte geprägt werden. Es wird daher im zunehmenden Maß darauf ankommen, die Werbung durch eine erlebnisorientierte Ausrichtung zu einem Bestandteil der Freizeit zu machen.

Die Konsequenz daraus könnte sein, dass sich die zukünftigen Anforderungen an einen erfolgreichen Werbeeinsatz orientieren an[188]

- Innovation
- Kreativität
- Integrativität
- Emotionalität
- Bildbetonung.

Die Städte und Gemeinden müssen je nach Zielgruppe dazu übergehen, ihre Werbung **emotionaler** und **peppiger** zu gestalten. Die Gründe hierfür sind die homogener werdenden Stadtprodukte. Homogene Produkte werden sich zukünftig besser über ein Image verkaufen lassen, zu dessen Aufbau eine emotionale Werbung einen höheren Beitrag leisten kann.

Im Zuge der steigenden Informationsüberlastung wird die Aufnahme von Werbemitteln oberflächlicher, fragmentarischer und selektiver. So kann davon ausgegangen werden, dass die durchschnittliche Betrachtungsdauer von Werbemitteln weiter sinken wird. Deshalb wird es notwendig sein, Werbemittel **bildbetonter** zu gestalten, da Bilder vom Konsumenten wesentlich schneller wahrgenommen und verarbeitet werden.

Darüber hinaus sollten die Verantwortlichen im Stadtmarketingprozess nachdenken, wie sie ihre werblichen Aktivitäten **innovativer** und **kreativer** gestalten können, um sich von der Vielzahl herkömmlich gestalteter Werbemittel abzuheben. Hier wird es zunehmend darauf ankommen, neue Wege zu gehen und auch neuen Ideen Beachtung zu schenken. Dem Ungewöhnlichen, dem Spontanen und dem Originellen wird immer Aufmerksamkeit geschenkt.

---

[187] BDW, Kommunikationstrends 2000, Forschungsbericht über die Entwicklung der Kommunikationswirtschaft, Bonn 1992, S. 35.
[188] Bruhn, a.a.O., S. 383.

Außerdem sollte beachtet werden, dass der Einsatz der Werbung **integrativer** erfolgen muss. Dadurch werden die zentralen Werbeaussagen ohne größeren Aufwand vom Konsumenten erlernt, bleiben dauerhaft gedanklich präsent und werden leichter der richtigen Stadt/Gemeinde zugeordnet.

XV.5.4.6. Werbekonzeption

Die **Werbekonzeption** richtet sich nach den Zielgruppen, die angesprochen werden sollen, und muss Aussagen enthalten zu dem
- Werbemittel und dem
- Werbeträger.

Die **Werbeaufwendungen** richten sich nach dem Ziel, das erreicht werden soll. Große Ziele verlangen einen größeren Werbeetat als kleine. Optimale Grenzerträge sollen erzielt werden
- in Relation zum Umsatz
- im Vergleich mit den Wettbewerbern
- nach den finanziellen Möglichkeiten
- idealerweise nach den Zielen und der Strategie.

Die Basis für die Werbeerfolgskontrolle sind
- die Wechselbeziehungen zwischen dem Umsatz und dem Werbeetat
- der Bekanntheitsgrad
- Befragungen
- Pre-Tests.

Die Werbereichweiten können sein
- lokal
- regional
- national
- international.

Bei den Stufen der Werbung wird unterschieden:
- nur an konsumierende Zielgruppen gerichtet
- auch an vermittelnde Zielgruppen (Agenturen) gerichtet
- auch an Multiplikatoren (Medien) gerichtet.

Objekte der Werbung sind
- Produkte und Preise
- Leistungen des Anbieters
- subjektive Werte.

Bei dem Erstellen der Werbekonzeption sollten mehrere Punkte[189] beachtet werden, die sowohl sachliche als auch gestalterische Komponenten haben. **Sachliche Komponenten** der Werbekonzeption sind:

1. Welche Zielgruppe soll mit der Werbung angesprochen werden?
   - Firmen?
   - Einzelpersonen?
   - Wie groß ist die Zielgruppe?

2. Wie können die Zielgruppen erreicht werden? Welches Informationsverhalten zeigen sie? Wo müssen wir werben? Was hat Priorität?
   - Printmedien?
   - Messen und Ausstellungen?
   - Werbe- Informationsmaterial?
   - Fachartikel?
   - Radio?
   - TV?
   - Was noch?

3. Wie ist das Verhältnis von Information zur Beeinflussung?
   Sowohl die Informationsfunktion als auch die Beeinflussungsfunktion müssen in jeder Werbung vorhanden sein.
   - Muss mehr informiert werden, weil der Ort noch zu wenig bekannt ist?
   - Muss mehr beeinflusst werden, weil der Ort zwar bekannt ist, aber nicht genug bewirkt?
   - Wie soll das prozentuale Verhältnis von Informationsfunktion und Beeinflussungsfunktion sein?

4. Welches Budget steht zur Verfügung?
   - Die beste Berechnungsart ist gemäß den Werbezielen, also strategisch.
   - Die zweitbeste Berechnungsart erfolgt als Prozentsatz des Gesamtbudgets oder vermittels des Konkurrenzvergleichs.
   - Die drittbeste Berechnung beruht auf Gewohnheit.

Regel 1: Konzentration
Wenn das Budget begrenzt ist, nur zu bestimmten Zeiten werben, nur in bestimmten Zielgebieten oder nur für eine bestimmte Sache.

Regel 2: Kontinuität
Mit einer Anzeige oder einem Prospekt kann man nur selten etwas bewegen. Deshalb kontinuierlich werben. Lieber vier Mal eine kleine Anzeige als eine große.

---

[189] Vgl. Lettau, Grundwissen Marketing, S. 171.

5. Werbeplan
   - Welche Werbemittel?
   - Welche Werbeträger?
   - Zu welchen Zeiten?
   - Mit welchem Aufwand?

Die **gestalterischen Komponenten** der Werbekonzeption sind:

1. Welche Ziele hat die Werbung?
   - Erhöhung des Bekanntheitsgrades/Imagewerbung?
   - Sympathiewerbung?
   - Demonstration von besonderen Leistungen?
   - Neugier wecken, Beschreibung von bestimmten Leistungen und Angeboten?
   - Auslösung von Anfragen?
   - Auslösung von Buchungen, Kauf etc. ?
   - Vorbereitung einer Aktion in einem Zielgebiet?

2. Unique Selling Proposition (USP)
   - Welche einzigartige Aussage soll sich durch alle Werbeaussagen und Werbemittel ziehen? Qualität? Schnelligkeit? Wirtschaftlichkeit? Alleinstellungsmerkmale?

Regel 3: Kraftvoll
Vornehme, akademische Zurückhaltung ist fehl am Platz. Starke Worte – vor allem in den Überschriften.

XV.5.4.7. Mediaplan

Vorhandene finanzielle Mittel für die Werbung müssen erfolgreich eingesetzt werden, damit die gesetzten Ziele im Rahmen der Etatplanungen erreicht werden können. Dies stellt besondere Anforderungen an die Mediaplanung.

Mit großem Einfühlungsvermögen müssen Zielgruppenstrukturen und Absatzpotentiale herausgearbeitet, Vertriebs- und Werbegebiete abgegrenzt und eine Vielzahl von Werbeträgern, oft aus unterschiedlichen Datenquellen, ausgewählt und bewertet werden. Der administrative Aufwand ist bei dieser Vorgehensweise sehr groß. Die Ergebnisse müssen den Beteiligten im Stadtmarketingprozess, die meist keine Mediaprofis sind, in der notwendigen Transparenz dargestellt werden.

XV.5.4.7.1. Verfahren

Mediaservice-Agenturen und/oder entsprechende Media-Unterlagen, die jedes Printmedium, jeder Hörfunk- und Fernsehsender vorhält, erleichtern die Planung. Regionale und überregionale Auflagen-, Sende- und Funkplanungen sowie Vergleiche gehören hier zur Entscheidungsgrundlage. Die Auflagen und Einschaltquoten sowie die Reichweiten sind zu erfassen. Jede Zielgruppe mit Ranking, Analyse, Selektion, Evaluierung und ggf. noch Optimierung auf Basis der Einzelstunden wird dargestellt, um die Auswahl zu erleichtern. Eine Mediaselektion bietet lange Zahlenkolonnen mit Regionalbreaks zum Vergleich.

Einfach und übersichtlich sind kompakte Serviceangebote großer Medien. So bietet z.B. der neue Mapping-Service der ARD-Werbung die ebenso einfache wie eindrucksvolle Möglichkeit, regionale Markt- und Mediadaten auf der Basis farbiger Landkarten präsentationsreif darzustellen. Als Datenquellen stehen u.a. die Daten der GfK Fernsehforschung, die Nielsen-Werbeforschung/Schmidt & Pohlmann GmbH (Nielsen-Gebiete) zur Verfügung. Nach vorheriger Abstimmung können auch kundenspezifische Daten, wie z.B. Vertriebszahlen, Filialumsätze etc. eingebunden werden. Die regionale Differenzierung des Systems ist nahezu unbegrenzt: Nielsen-Gebiete, Bundesländer und Regierungsbezirke sind die Standardebenen; bei Bedarf und unter Beachtung der Fallzahlen kann aber auch nach Landkreisen, Städten und Postleitzonen differenziert werden. Selbst eigene kundenspezifische Gebietsdefinitionen können umgesetzt werden.

Die Media-Analyse (MA) ist die größte Untersuchung des Mediennutzungsverhaltens in Deutschland, ein Zusammenschluss von Werbeträgern, Werbeagenturen und Werbetreibenden. Befragt werden halbjährlich 26.000 Personen ab 14 Jahren zur Nutzung von Publikumszeitschriften. Mitglieder der Arbeitsgemeinschaft Fernsehen (AGF) sind die ARD, das ZDF, die Pro 7 Media AG, RTL und SAT 1. 5640 Haushalte liegen den Erhebungen zu Grunde.

Ziele der Mediaplanung:

1. Eine gute Mediaplanung muss eine regional homogene Abdeckung gewährleisten.
2. Jeder regional Werbende wünscht sich eine Regionalanalyse, um festzustellen, welche Gebiete er wie stark mit einer Mediawerbung erreicht.
3. Die Fachwelt fordert: Weg von der "Super-Mega-Kombination" und hin zur maßgeschneiderten Mediaplanung unter Zielgruppen- und Umfeldaspekten.

XV.5.4.7.2. Printmedien

Durch die Werbung in Printmedien kann eine großflächige Ansprache, aber auch eine Spezifizierung nach Zielgruppen vorgenommen werden. Für die Schaltung von Anzeigen in Printmedien sind zuerst das jeweilige Zielgebiet und die Art der Leser (Alter, Beruf usw.) zu ermitteln. Im Einzelnen müssen Daten vorliegen, die Auskunft geben über

- die Auflage von periodisch erscheinenden Printmedien,
- die regionale Verbreitung der verkauften Printmedien,
- die Aushangstellen und Werbemöglichkeiten in und an Verkehrsmitteln bei Unternehmen für Städtewerbung,
- die Auflagen bei Anbietern periodisch erscheinender elektronischer Datenträger,
- die Zugriffe auf das Online-Angebot bei Anbietern von Online-Werbung.

Die folgenden Printmedien werden unterschieden:

- **Zeitungen**
Sie unterscheiden sich in Tages- und Wochenzeitungen. Hinsichtlich des Vertriebs gibt es Abonnement- oder Kaufzeitungen. Zeitungen werden lokal, regional oder überregional vertrieben. Der Vertrieb ist entscheidend für die Auswahl der Zielgruppen, die erreicht werden sollen.

- **Anzeigenzeitungen**
Die redaktionelle Berichterstattung gerät hierbei weitgehend in den Hintergrund. Die Finanzierung erfolgt über Anzeigen. Anzeigenzeitungen werden kostenlos, meist direkt in die Haushalte, verteilt. Bei einer stetig wachsenden Zahl derartiger Printerzeugnisse stellt sich die Frage der Nutzung, also des Lesens durch die Verbraucher. Auflagenzahlen geben hier keine verwertbaren Anhaltspunkte. Viele der Anzeigenzeitungen werden ungelesen in den Papierkorb gelegt. Die Nutzung dürfte sich nach der Qualität der Zeitung und dem eigenständigen redaktionellen Anteil richten.

- **Supplements**
Es handelt sich dabei um periodisch erscheinende Druckerzeugnisse, die eigenständigen Printmedien einmal in der Woche oder im Monat beigelegt werden. Hierzu gehören:

    a) Programmbeilagen,
    b) unterhaltende oder meinungsbildende Beilagen wie z.B. Süddeutsche Magazin (Süddeutsche), FAZ-Magazin (Frankfurter Allgemeine Zeitung),
    c) Beilagen in Fachzeitschriften (z.B. Tele-Prisma).

- **Publikumszeitschriften**
Diese werden unterschieden in **Massenzeitschriften** (wie Spiegel, Stern, Focus etc.), **Zielgruppenzeitschriften** (wie Frauen-, Familien-, Jugendzeitschriften etc.) oder Schwerpunktzeitschriften, die ein bestimmtes Thema redaktionell aufarbeiten wie Wohnen, Fußball, Auto etc. Diese Zeitschriften bieten für die Zielgruppensegmentierung erhebliche Vorteile, da eine direkte Ansprache bestimmter Ziel-

gruppen möglich ist. Neben Anzeigen bieten sich hier besonders andere Instrumente der Werbung an wie die Beilage von Prospekten oder von Antwortkarten.

- **Fachzeitschriften**
  Fachzeitschriften dienen der beruflichen Information sowie der Weiterbildung. Hierzu gehören Zeitschriften für Handwerker, Bäcker, Journalisten, PR-Fachleute etc.

- **Kundenzeitschriften**
  Mit Kundenzeitschriften wollen Unternehmen einen Kundenkreis pflegen. Sie sind Instrumente der Öffentlichkeitsarbeit. Hierzu gehören z.B. Apotheken- oder Floristenzeitschriften etc.

- **Mitarbeiterzeitschriften**
  Sie haben das Ziel, die Mitarbeiter eines Unternehmens zu informieren.

- **Gästezeitschriften**
  Hierzu gehören Zeitschriften vor allem im touristischen Bereich, die von Urlaubsorten oder von Hotels herausgegeben werden. Sie sollen vor allem den Kontakt zur Stammkundschaft pflegen, aber auch neue Gäste informieren.

- **Adress- und Telefonbücher**
  Auch sie sind Werbeträger. Da sie für einen bestimmten Zeitraum aufgelegt werden, meist ein Jahr, sind sie eine ideale Möglichkeit der Langzeitwerbung.

Gemäß der Auflagenart sind zu unterscheiden:

- **Druckauflage,** die Gesamtzahl der gedruckten Exemplare, die durch den Verkauf oder die kostenlose Weitergabe an die Zielgruppe gelangen.

- **Abonnementsauflage,** d.h. die Zahl der festen Abnehmer und der an Lesezirkel gelieferten Exemplare mit der Höhe der jeweiligen Streuung. Abonnenten sind immer die selben Leser, die kontinuierlich durch eine Mehrfachschaltung von Anzeigen erreicht werden.

- **Kaufzeitungen,** d.h. die Exemplare, die im freien Verkauf als Einzelzeitungen angeboten werden.

- **Einzelverkaufsauflage,** Exemplare, die immer wieder neu an Leser verkauft werden müssen.

- **Remittenden,** die nicht verkauften, sondern an den Verlag zurückgeschickten Exemplare.

- **Verbreitete Auflage** ist die Druckauflage abzüglich der Remittenden, Rest- und Archivexemplare, aber einschließlich der unentgeltlich vertriebenen Exemplare.

- **Verkaufte Auflage**, die Abonnements- und Einzelverkaufsauflage abzüglich der Remittenden. Sie ist das wichtigste Auflagenkriterium.

- **Nullnummer**, Einführung eines neuen Printmediums, die erste (und evtl. weitere) Ausgabe, die kostenlos erscheint.

- **Lesezirkel** verleihen Zeitschriften. Durch einen Lesezirkel werden vornehmlich Publikumszeitschriften weitergereicht (Friseure, Ärzte, aber auch Privathaushalte).

XV.5.4.7.3. Hörfunk und Fernsehen

Hörfunk und Fernsehen verzeichnen eine ständig wachsende Bedeutung in puncto Werbung.[190] Je nach Art der Sendung erfolgt eine Selektierung nach Zielgruppen wie Familien, Kinder-, Frauen- oder Sportsendungen. Zu unterscheiden sind Voll- und Spartenprogramme sowie Pay-TV. Eine weitere Unterscheidung erfolgt nach öffentlich-rechtlichem oder privatrechtlichem Fernsehen bzw. Hörfunk. Neben den Werbespots gibt es zusätzliche Möglichkeiten der Produktwerbung, wie die Präsentation von Sendungen (z.B. „Krombacher präsentiert die Fußballbundesliga"), die Laufbandwerbung sowie neuerdings auch der *split screen*, die Teilung des Bildschirms für Werbung und Programm.

Der Werbeanteil von insgesamt zwölf Minuten pro Stunde darf bei öffentlich-rechtlichen Sendeanstalten nicht überschritten werden. Aber auch die indirekte Werbung (Trikotwerbung, Stadionwerbung usw.) bietet weitere Möglichkeiten, große Zielgruppen zu erreichen. Öffentlich-rechtliche Fernsehanstalten dürfen nach 20.00 Uhr und an Sonn- und Feiertagen keine Werbesendungen ausstrahlen. Die Begrenzung an Werktagen liegt je öffentlich-rechtlichem Sender bei 20 Minuten täglich. Bei den privatrechtlichen Sendern darf die Werbezeit insgesamt nicht mehr als 20 Prozent der täglichen Sendezeit betragen. Ein Verbot der Sonntags- und Feiertagswerbung gibt es hier nicht.

Im Hörfunk lassen sich die größten Reichweiten in der so genannten Morgenschiene, also zwischen ca. 6.30 Uhr bis 8.30 Uhr, erzielen. Eine weitere Kernzeit ist die Nachmittagsschiene in der Zeit von 15.30 Uhr bis ca. 18.00 Uhr.

---

[190] Die erste deutsche Fernsehwerbesendung gab es am 3. November 1965 im Bayerischen Fernsehen mit einem Spot über Persil.

XV.5.4.7.4. Richtlinien für das Fernsehen

Die gemeinsame Richtlinien der Landesmedienanstalten für die Werbung, zur Durchführung der Trennung von Werbung und Programm und für das Sponsoring im Fernsehen vom 16. Dezember 1997 regeln Einzelheiten, deren wichtigste Punkte nachfolgend erläutert werden.

Mit Werbung ist ausschließlich die Wirtschaftswerbung gemeint. In diesem Zusammenhang bleibt die Zulässigkeit von sozialen Appellen unberührt. Sie findet ihre rechtliche Begrenzung in den Bestimmungen des Rundfunkstaatsvertrages und der Landesrundfunk-/Mediengesetze.

Werbung darf nicht irreführen, den Interessen der Verbraucher nicht schaden und nicht Verhaltensweisen fördern, welche die Gesundheit oder die Sicherheit der Verbraucher sowie den Schutz der Umwelt gefährden. Spezialgesetzliche Regelungen zur Werbung, zum Verbraucherschutz, zum Schutz der Umwelt sowie zum Wettbewerbsrecht finden Anwendung. Insbesondere sind die in ihnen enthaltenen Werbeverbote oder inhaltlichen Einschränkungen der Werbung zu beachten. Darüber hinaus finden die einschlägigen Verhaltensregeln des Deutschen Werberates in der Fassung von 1992 über die Werbung für alkoholische Getränke Anwendung.

Zu beachten sind insbesondere das Jugendschutzgesetz, die Vorschriften über das Verbot der Tabakwerbung im Lebensmittel- und Bedarfsgegenständegesetz sowie die Werbebeschränkungen für Medikamente und Heilmittel im Heilmittelwerbegesetz. Werbung, die sich auch an Kinder oder Jugendliche richtet oder bei der Kinder oder Jugendliche eingesetzt werden, darf nicht ihren Interessen schaden oder ihre Unerfahrenheit ausnutzen.

Werbung, die sich auch an Kinder und Jugendliche richtet, ist insbesondere unzulässig, wenn

- sie Kinder oder Jugendliche unmittelbar oder mittelbar auffordert, ihre Eltern oder Dritte zum Kauf der beworbenen Ware oder Dienstleistungen zu veranlassen;
- sie das besondere Vertrauen ausnutzt, das Kinder oder Jugendliche Eltern, Lehrern und anderen Vertrauenspersonen gegenüber haben;
- sie Kinder oder Jugendliche ohne berechtigten Grund in gefährlichen Situationen zeigt;
- sie strafbare Handlungen oder sonstiges Fehlverhalten, durch das Personen gefährdet sind oder ihnen geschadet werden kann, als nachahmenswert oder billigenswert darstellt;
- sie aleatorische Werbemittel (z.B. Gratisverlosungen, Preisausschreiben und -rätsel) in einer Art und Weise einsetzt, die geeignet ist, die Umworbenen irre zu führen, durch übermäßige Vorteile anzulocken, deren Spielleidenschaft auszunutzen oder anreißerisch zu belästigen;
- sie Kinder oder Jugendliche als Sexualobjekte darstellt;

- für Produkte, die selbst Gegenstand von Kindersendungen sind, vor oder nach einer Sendung in einem Werbeblock Werbung geschaltet wird,
- sie prägende Elemente enthält, die auch Bestandteil der Kindersendung vor oder nach dem Werbeblock sind.

Werbung, die sich auch an Jugendliche richtet, ist insbesondere unzulässig, wenn sie direkte Kaufaufforderungen an Jugendliche richtet, die deren Unerfahrenheit und Leichtgläubigkeit ausnutzen. Werbung, die sich auch an Kinder richtet, ist insbesondere unzulässig, wenn sie direkte Kaufaufforderungen enthält; ihnen sind solche Kaufaufforderungen gleichzustellen, die lediglich eine Umschreibung direkter Kaufaufforderungen enthalten oder einen Vortrag über besondere Vorteile oder Eigenarten des Produkts enthalten, die nicht den natürlichen Lebensäußerungen von Kindern entsprechen. Für Werbung, bei der Kinder oder Jugendliche eingesetzt werden, gelten die genannten Bestimmungen entsprechend.

Programmbeeinflussung
Werbung oder Werbetreibende dürfen das übrige Programm inhaltlich und redaktionell nicht beeinflussen. Zur Sicherung der Unabhängigkeit der Programmgestaltung darf der Rundfunkveranstalter Werbetreibenden keinen Einfluss auf die Programmgestaltung einräumen. Dies bedeutet insbesondere, dass Einzelheiten des Programms nicht den Vorgaben der Werbetreibenden angepasst werden dürfen. Unzulässig ist auch eine Einflussnahme der Werbetreibenden auf die Platzierung von Sendungen im Umfeld der Werbung.

Trennung und Kennzeichnung der Werbung
Werbung muss als solche klar erkennbar sein. Sie muss im Fernsehen durch optische Mittel eindeutig von anderen Programmteilen getrennt sein. In der Werbung dürfen keine unterschwelligen Techniken eingesetzt werden. Der Beginn der Fernsehwerbung muss durch ein optisches Signal (Werbelogo) eindeutig gekennzeichnet und für den Zuschauer erkennbar sein. Eine Kennzeichnung der Fernsehwerbung am Ende oder zwischen den einzelnen Werbespots ist nicht erforderlich. Die Kennzeichnung des Endes der Werbesendung ist allerdings notwendig, wenn andernfalls die Werbung von dem nachfolgenden Programm nicht eindeutig abgesetzt ist.

Das Werbelogo muss sich vom Senderlogo und von den zur Programmankündigung verwendeten Logos deutlich unterscheiden. Das Werbelogo soll mindestens drei Sekunden den gesamten Bildschirm ausfüllen. Das Logo kann ein Festbild oder bewegte Bilder sein. Das Logo muss den Schriftzug "Werbung" enthalten. Benutzt der Fernsehveranstalter über einen längeren Zeitraum nur ein unverwechselbares und ansonsten im Programm nicht benutztes Logo für die Werbeankündigung, so kann er auf den Schriftzug "Werbung" verzichten. Die laufende Sendung oder Elemente der nachfolgenden Sendung (Bild und/oder Ton) dürfen nicht Bestandteil des Werbelogos sein.

Dauerwerbesendungen
Dauerwerbesendungen sind zulässig, wenn der Werbecharakter erkennbar im Vordergrund steht und die Werbung einen wesentlichen Bestandteil der Sendung darstellt. Sie müssen zu Beginn als Dauerwerbesendung angekündigt und während ihres gesamten Verlaufes als solche gekennzeichnet werden. Dauerwerbesendungen sind Sendungen von mindestens 90 Sekunden Dauer, in denen Werbung redaktionell gestaltet ist, der Werbecharakter erkennbar im Vordergrund steht und die Werbung einen wesentlichen Bestandteil der Sendung darstellt. Sie sind im Fernsehen zulässig, wenn sie unmittelbar vor Beginn als "Dauerwerbesendung" angekündigt und während des gesamten Verlaufs mit dem Schriftzug "Werbesendung" oder "Dauerwerbesendung" gekennzeichnet werden. Der Schriftzug muss sich durch Größe, Form und Farbgebung deutlich lesbar vom Hintergrund der laufenden Sendung abheben. Andere Ankündigungen und Kennzeichnungen sind unzulässig. Werden in einer Dauerwerbesendung Werbespots ausgestrahlt, dürfen sie nicht durch ein Werbelogo von dem übrigen Teil der Sendung getrennt werden. Dauerwerbesendungen für Kinder sind unzulässig.

Schleichwerbung
Schleichwerbung ist unzulässig. Schleichwerbung ist die Erwähnung oder Darstellung von Waren, Dienstleistungen, Namen, Marken oder Tätigkeiten eines Herstellers von Waren oder eines Erbringers von Dienstleistungen in Programmen, wenn sie zu Werbezwecken vorgesehen ist und die Allgemeinheit hinsichtlich des eigentlichen Zweckes dieser Erwähnung oder Darstellung irreführen kann. Eine Erwähnung oder Darstellung gilt insbesondere dann als zu Werbezwecken vorgesehen, wenn sie gegen Entgelt oder eine sonstige Gegenleistung erfolgt. Das Darstellen von gewerblichen Waren oder deren Herstellern, von Dienstleistungen oder deren Anbietern außerhalb von Werbesendungen ist keine Schleichwerbung, wenn es aus überwiegend programmlich-dramaturgischen Gründen sowie zur Wahrnehmung von Informationspflichten erfolgt. Dies gilt sowohl für Eigen- als auch Co-, Auftrags- und Kaufproduktionen. Es bestimmt sich nach objektiven Gesichtspunkten, ob die Erwähnung oder Darstellung von Waren, Dienstleistungen, Namen, Marken oder Tätigkeiten eines Herstellers von Waren oder eines Erbringers von Dienstleistungen im Programm zu Werbezwecken vorgesehen ist und die Allgemeinheit hinsichtlich des eigentlichen Zweckes dieser Erwähnung oder Darstellung irreführen kann. Eine Erwähnung oder Darstellung gilt insbesondere dann als zu Werbezwecken vorgesehen, wenn sie gegen Entgelt oder eine sonstige Gegenleistung erfolgt. Auch bei der zulässigen Darstellung von Produkten und Dienstleistungen ist die Förderung werblicher Interessen nach Möglichkeit durch die redaktionelle Gestaltung zu vermeiden.

Soziale Appelle
Werbung politischer, weltanschaulicher oder religiöser Art ist unzulässig. Nicht darunter fallen Soziale Appelle (*Social Advertising*). Bei Sozialen Appellen handelt es sich um Sendungen oder Beiträge, die einen direkten oder indirekten Aufruf zu verantwortlichem, sozial erwünschtem Verhalten enthalten oder über die Folgen individuellen Verhaltens aufklären. Zulässig sind z.B. Aufrufe, welche die Gesundheit,

die Sicherheit der Verbraucher oder den Schutz der Umwelt fördern sowie Aufrufe für wohltätige Zwecke.

Sponsorsendungen
Sponsoring ist der Beitrag einer natürlichen oder juristischen Person oder einer Personenvereinigung, die an Rundfunktätigkeiten oder an der Produktion audiovisueller Werke nicht beteiligt ist, zur direkten oder indirekten Finanzierung einer Sendung, um den Namen, die Marke, das Erscheinungsbild der Person, ihre Tätigkeit oder ihre Leistungen zu fördern. Bei Sendungen, die ganz oder teilweise gesponsert werden, muss zu Beginn und am Ende auf die Finanzierung durch den Sponsor in vertretbarer Kürze deutlich hingewiesen werden; der Hinweis ist in diesem Rahmen auch durch bewegte Bilder möglich. Neben oder anstelle des Namens des Sponsors kann auch dessen Firmenemblem oder eine Marke eingeblendet werden. Inhalt und Programmplatz einer gesponserten Sendung dürfen vom Sponsor nicht in der Weise beeinflusst werden, dass die Verantwortung und die redaktionelle Unabhängigkeit des Rundfunk- oder Fernsehveranstalters beeinträchtigt werden. Gesponserte Sendungen dürfen nicht zum Verkauf, zum Kauf oder zur Miete oder Pacht von Erzeugnissen oder Dienstleistungen des Sponsors oder eines Dritten, vor allem durch entsprechende besondere Hinweise, anregen. Nachrichtensendungen und Sendungen zum politischen Zeitgeschehen dürfen nicht gesponsert werden. Die vollständige oder teilweise Finanzierung einer Sendung durch einen Sponsor stellt eine eigenständige Finanzierungsform neben den Werbeeinnahmen dar. Das Sponsern von Werbung, wie z.B. Spotwerbung, Dauerwerbesendungen oder Fernseheinkaufssendungen, ist unzulässig.

Neben oder anstelle der Nennung und Einblendung des Sponsors ist auch die Nennung und Einblendung eines Firmenemblems (Produktname) oder einer Marke zulässig. Der Hinweis ist in diesem Rahmen auch durch bewegte Bilder möglich. In Hinweisen auf gesponserte Sendungen dürfen der oder die Sponsoren der gesponserten Sendung erwähnt werden. Programmhinweise dürfen nicht gesponsert werden. Der Hinweis auf den Sponsor darf nur einen solchen Zeitraum beanspruchen, der erforderlich ist, den Hinweis auf die Fremdfinanzierung durch den Sponsor deutlich wahrzunehmen. Der Sponsorhinweis muss zum Anfang und am Ende der Sendung erfolgen. Ein Hinweis auf den Sponsor innerhalb einer Sendung vor und nach jeder Werbeschaltung ist zulässig. Eine gesponserte Sendung regt in der Regel zum Verkauf, zum Kauf oder zur Miete oder Pacht von Erzeugnissen oder Dienstleistungen des Sponsors oder eines Dritten an, wenn in der Sendung Erzeugnisse oder Dienstleistungen vorgestellt, allgemein empfohlen oder sonst als vorzugswürdig herausgestellt werden, die der Sponsor oder ein Dritter der Sendung anbietet oder in einer Fernsehsendung, die aus der Übertragung von Sportveranstaltungen, kulturellen Veranstaltungen oder Ereignissen ähnlicher Art besteht, im Wesentlichen Waren, Dienstleistungen, Namen, Marken oder Tätigkeiten auf Banden, Werbereitern oder sonstigen Gegenständen erkennbar sind, deren Hersteller oder Erbringer der Sponsor oder ein Dritter ist. Politische, weltanschauliche oder religiöse Vereinigungen dürfen Sendungen nicht sponsern.

Werbeschaltungen
Übertragungen von Gottesdiensten sowie Sendungen für Kinder dürfen nicht durch Werbung unterbrochen werden. Fernsehwerbung ist in Blöcken und zwischen einzelnen Sendungen einzufügen; sie kann unter bestimmten Voraussetzungen auch in Sendungen eingefügt werden, sofern der gesamte Zusammenhang und der Charakter der Sendung nicht beeinträchtigt werden. In Fernsehsendungen, die aus eigenständigen Teilen bestehen, oder in Sportsendungen und Übertragungen ähnlich gegliederter Ereignisse und Darbietungen, die Pausen enthalten, darf Werbung nur zwischen den eigenständigen Teilen oder in den Pausen eingefügt werden. Bei anderen Sendungen muss der Abstand zwischen zwei aufeinander folgenden Unterbrechungen innerhalb der Sendung mindestens 20 Minuten betragen.

Werke wie Kinospielfilme und Fernsehfilme mit Ausnahme von Serien, Reihen, leichten Unterhaltungssendungen und Dokumentarsendungen, sofern sie länger als 45 Minuten dauern, dürfen nur einmal je vollständigem 45-Minutenzeitraum unterbrochen werden. Eine weitere Unterbrechung ist zulässig, wenn diese Sendungen mindestens 20 Minuten länger dauern als zwei oder mehr vollständige 45-Minutenzeiträume. Im Fernsehen dürfen Nachrichtensendungen, Sendungen zum politischen Zeitgeschehen, Dokumentarsendungen und Sendungen religiösen Inhalts nicht durch Werbung unterbrochen werden, wenn sie kürzer als 30 Minuten sind. Bei einer Länge von 30 Minuten oder mehr gelten andere Bestimmungen.

Sendungen für Kinder sind solche, die sich nach Inhalt, Form oder Sendezeit überwiegend an unter Vierzehnjährige wenden. Einzelne Sendungen, die durch verbindende Elemente so gestaltet sind, dass sie wie eine einheitliche Kindersendung erscheinen, gelten ebenfalls als Kindersendung. Reihen bestehen aus mehreren Sendungen, die durch gemeinsame thematische, inhaltliche und formale Schwerpunkte ein gemeinsames Konzept aufweisen und in einem zeitlichen Zusammenhang ausgestrahlt werden.

Eine Fernsehblockwerbung setzt grundsätzlich wenigstens zwei unmittelbar hintereinander folgende Werbespots voraus. Sie beeinträchtigt jedenfalls dann nicht den Charakter einer Fernsehsendung, wenn sie in einem natürlichen Einschnitt der Sendung erfolgt, der unabhängig von der Werbeschaltung auch als solcher für sich erkennbar ist. Bei Übertragungen von Sportereignissen und Übertragungen ähnlich gegliederter Ereignisse und Darbietungen, die Pausen enthalten, darf Werbung nur in den Pausen eingefügt werden.

Bei der Übertragung von Sportereignissen werden die jeweiligen Pausen von den spezifischen Regeln dieser Sportart, wie z.B. Halbzeit-, Drittelpausen, Seitenwechsel usw., festgelegt. Zeitversetzte und nicht redaktionell bearbeitete Direktübertragungen sind wie Direktübertragungen zu behandeln. Fernsehsendungen, die weder aus eigenständigen Teilen bestehen noch Pausen enthalten, können nach Maßgabe der nachfolgenden Bestimmungen durch Werbung unterbrochen werden. Enthält das übertragene Ereignis keine Pausen, darf Werbung wie in redaktionell gestalteten Sportsendungen eingefügt werden.

Zwischen dem Ende einer Werbeschaltung und dem Anfang der nächsten Werbeschaltung muss der Abstand innerhalb der Sendung mindestens 20 Minuten betragen. Kinospielfilme und Fernsehfilme dürfen einmal unterbrochen werden, wenn sie länger als 45 Minuten dauern; zweimal bei 90-minütiger Dauer; dreimal bei über 110-minütiger Dauer und ein weiteres Mal je zusätzlicher 45-minütiger Dauer. Bei der Berechnung der Dauer einer eigenständigen Fernsehsendung werden An- und Absagen sowie Erläuterungen, die im Zusammenhang mit der Sendung stehen, mitgerechnet.

Dauer der Werbung
Die Dauer der Werbung darf insgesamt 20 vom Hundert, die der Spotwerbung 15 vom Hundert der täglichen Sendezeit nicht überschreiten. Innerhalb eines Einstundenzeitraums darf die Dauer der Spotwerbung 20 vom Hundert nicht überschreiten. Die Dauer der Werbung bestimmt sich nach der tatsächlichen Sendezeit des jeweiligen Veranstalters, unabhängig davon, welche Sendezeiten in den Programmvorschauen ausgewiesen sind. Zur täglichen Fernsehsendezeit zählen neben dem bewegten Bildangebot auch Programmvorschautafeln im üblichen Umfang und Textangebote, die anstelle des bewegten Bildangebotes ausgestrahlt werden und ohne Decoder zu empfangen sind. Das Fernsehtestbild gehört nicht zur berücksichtigungsfähigen Sendezeit. Der Einstundenzeitraum bemisst sich bei mehrstündigen Programmen nach den vollen Uhrzeitstunden. Reststundenzeiten werden der ersten bzw. der letzten vollen Programmstunde zugeordnet. Der Rundfunkveranstalter kann einen abweichenden Beginn des Einstundenzeitraums festlegen, den er der zuständigen Landesmedienanstalt mitzuteilen hat.

Fernseheinkaufssendungen
Werbeformen wie direkte Angebote an die Öffentlichkeit für den Verkauf, den Kauf oder die Miete oder Pacht von Erzeugnissen oder die Erbringung von Dienstleistungen dürfen eine Stunde pro Tag nicht überschreiten. Rundfunkveranstalter dürfen nicht als Vertragspartner oder Vertreter für die Bestellung von Waren und Dienstleistungen tätig sein. Fernseheinkaufssendungen (Teleshopping-Sendungen) sind Sendungen, in denen der Teilnehmer die Möglichkeit erhält, im Zusammenhang mit der Sendung Bestellungen auf Angebote für den Verkauf, den Kauf oder die Miete oder Pacht von Erzeugnissen oder die Erbringung von Dienstleistungen aufzugeben. Produkte, die nicht beworben werden dürfen, können nicht Gegenstand von Fernseheinkaufssendungen sein. Die Sendungen können informierenden und/oder unterhaltenden Charakter haben. Innerhalb der zulässigen Dauer von 20 vom Hundert der täglichen Sendezeit dürfen Fernseheinkaufssendungen bis zu einer Stunde gesendet werden. Fernseheinkaufssendungen müssen während ihrer gesamten Dauer als "Werbesendung" oder "Verkaufssendung" gekennzeichnet werden. In Fernseheinkaufssendungen darf der Rundfunkveranstalter nicht als Vertragspartner oder Vertreter für die Bestellung von Waren und Dienstleistungen tätig sein. Er darf jedoch als Bote Bestellungen für einen Dritten annehmen und diese an ihn weiterleiten. In Fernseheinkaufssendungen müssen die mit der Bestellung anfallenden Kosten deutlich dargestellt werden. Fernseheinkaufssendungen für Kinder sind unzulässig.

Preisauslobungen
Bei der Auslobung von Geld- und Sachpreisen in Verbindung mit Gewinnspielen und Quizveranstaltungen, die redaktionell gestaltet sind, ist eine zweimalige Nennung der Firma bzw. zur Verdeutlichung des Produkts auch eine zweimalige kurze optische Darstellung des Preises in Form von bewegten Bildern zulässig.

Hinweise auf Begleitmaterial zu Sendungen
Hinweise auf Bezugsmöglichkeiten von Wiedergaben von Fernsehsendungen des Veranstalters auf Audio- und Videokassetten, Schallplatten und ähnlichen Bild- und Tonträger unterliegen nicht den Werbevorschriften. Hinweise auf Bücher, Schallplatten, Videos und andere Publikationen, wie z.B. Spiele, sowie deren Bezugsquellen unterliegen nicht den Werbevorschriften, wenn durch sie der Inhalt erläutert, vertieft oder nachbearbeitet wird. Die Hinweise dürfen nur im Zusammenhang mit der Sendung oder mit Programmankündigungen von einzelnen Sendungen bzw. Sendereihen am jeweiligen Sendetag erscheinen.

XV.5.4.7.5. Weitere Medien

Neben den bereits erwähnten Media-Arten gibt es noch andere Möglichkeiten, die in diesem Zusammenhang kurz erwähnt werden sollten. Dazu gehören

- Kinowerbung,
- Diawerbung,
- Außenwerbung durch Plakate (Anschlagsäulen, -tafeln, City-Light-Poster, Großflächen, Kleintafeln, Spezialstellen usw.),
- Internetwerbung.

XV.5.5. Stadt-Identität

Die im Unternehmensbereich seit vielen Jahren erfolgreich angewandte Corporate Identity (CI) bietet ein erprobtes Instrumentarium, um auch in einer Stadt oder Gemeinde Aktivitäten zu einer einheitlichen Darstellung zusammenzufassen.

Nach der Definition von Birkigt/Stadler/Funck ist Corporate Identity in der wirtschaftlichen Praxis die strategisch geplante und operativ eingesetzte Selbstdarstellung und Verhaltensweise eines Unternehmens nach innen und außen auf der Basis einer festgelegten Unternehmensphilosophie, einer langfristigen Unternehmenszielsetzung und eines definierten (Soll-)Images mit dem Willen, alle Handlungsinstrumente des Unternehmens in einem einheitlichen Rahmen nach innen und außen zur Darstellung zu bringen.

Corporate Identity heißt, einem Unternehmen eine Identität, also eine völlige Übereinstimmung, eine Gleichheit, auch eine Wesensgleichheit zu geben.[191] Corporate Identity (CI) ist ein klassisches Kommunikationsinstrument. Corporate Identity ist aber nicht nur das Erleben der visuellen Ebene. Zu ihr gehören im gleichen Maße auch kommunikative Mittel.

Übertragen auf die Stadt oder Gemeinde, ist Corporate Identity ist ein **langfristiges strategisches** Instrumentarium, dessen Ziele zunächst in der Konzeptualisierung von realistischen Utopien auf der Basis von Wesenszügen des Ortes liegen.

> Corporate Identity ist ein Prozess des **ständigen** Abgleichs zwischen Selbstbild, Selbstdarstellung und Image. Eine CI ist niemals fertig.[192]

Im Rahmen einer speziellen Konzeption für die Identifikation müssen die folgenden Ziele erreicht werden:

- Die Einwohner identifizieren sich stärker mit ihrem Ort.
- Das Vertrauen in die Entwicklung der Kommune wird in der Bevölkerung gefestigt.
- Die Bekanntheit des Ortes und seiner Leistungen wird in der breiten Öffentlichkeit erhöht.
- Das Einzigartige, Charakteristische des Ortes, seine Identität, wird herausgehoben und öffentlichkeitswirksam dargestellt.

Die Ziele einer Kommune mit einer CI-Ausrichtung sind,[193] dass sich die Einwohner mit ihrem Ort identifizieren und aus ihrer Wohnidentität einen positiven Teil für die Selbstidentität schöpfen. Eine CI darf nicht zu einer Uniformität und Gleichschaltung[194] auffordern.

Gefestigt und ausgebaut werden sollen die Glaubwürdigkeit und das eigene Engagement in der Ortsentwicklung. Positive Einstellungen und Emotionen sollen sich nicht nur für die Bewohner, sondern auch bei einer breiten Öffentlichkeit mit dem Ort verbinden und einen hohen Stellenwert haben. Das im Rahmen des Stadtmarketings erarbeitete Identitätskonzept bietet optimale Voraussetzungen, um das Ziel einer einheitlichen Selbstdarstellung auch bei vielfältigen Aktivitäten zu erreichen.

---

[191] Identität von lateinisch *idem*, "derselbe, dasselbe".
[192] Beyrow, Mut zum Profil, S. 101.
[193] Lalli, Marketing, pr-magazin, 4/1991.
[194] Beyrow, a.a.O., S. 89.

Die Identifikationskonzeption umfasst:

Stadt-Kommunikation[195] (vgl. Corporate Communication)
Zu ihr gehören alle Mittel und Maßnahmen der Öffentlichkeitsarbeit, des Marketings und der Werbung;

Stadt-Behavior (vgl. Corporate Behavior)
Dies greift lokale Traditionen und Verhaltensweisen auf, wie das Verhalten der Verwaltung gegenüber den Einwohnern und die typische Lebensphilosophie einer Stadt und ihrer Bewohner;

Stadt-Design (vgl. Corporate Design)
Es beinhaltet alle charakteristischen visuellen Merkmale einer Stadt, die für eine graphische Selbstdarstellung in Form von Logos, Plakaten, Broschüren oder ähnlichem wichtig sind.

Die Realisationsphase des Stadtmarketingprozesses ist der Punkt, in dem nach aussen verstärkt deutlich werden muss, dass sich Neues in dem Ort vollzieht und an gemeinsamen Zielen gearbeitet wird. Eine durchdringende Identifikation der Einwohner mit der Kommune (und auch von Besuchern) muss erfolgen.

Einen Umbruch in den Zielsetzungen der Kommune erleben die Menschen zuerst – noch bevor die ersten Maßnahmen auf der Kommunikationsebene greifen – visuell. Also an einem neuen (vielleicht sogar dem ersten) Stadt-Design. Dazu gehört immer ein Logo.

XV.5.5.1. Stadt-Design

Zum Stadt-Design gehört nicht nur die Entwicklung eines Logos, sondern auch eine darüber hinaus gehende Gestaltung und Positionierung. Das heißt: Zum Design gehören alle Identitätsmerkmale wie Logo, Slogan, Schriftzug des Namens, Farben und Grafikdesign (symbolische Selbstdarstellung), aber auch die Architektur, Baudenkmäler, die Ausgestaltung der Infrastruktur oder Topographie eines Ortes. Ein Stadt-Design muss immer aus der Strategie der Kommune entwickelt werden. Intern bewirkt ein neues Stadt-Design sowohl eine Neuausrichtung als auch neue gemeinsame Identität. In der Außenwirkung unterstützt es entscheidend die Kommunikation.

Unter dem Dach des Designs werden die Konzeptionen der einzelnen Handlungsfelder gebündelt und eine einheitliche Kommunikation für die Stadt/Gemeinde entwickelt. Wie das Corporate Design die visualisierte Unternehmensidentität ist, so ist das Stadt-Design die visualisierte Stadt-Identität. Das Stadt-Design muss überwacht, evtl. genehmigt und kontinuierlich modifiziert werden. Es ist **kein demo-**

---

[195] Benutzt werden auch die Begriffe City Communication, City Design usw.

kratischer Prozess, **kein Lösungsmittel für Probleme**, sondern ein **Absender** für eine Marke, es soll **kommunizieren, richtungsweisend** und **langfristig** angelegt sein.

Je nach der Stadt oder Gemeinde sind die Anforderungsprofile unterschiedlich. Für die visuelle Übertragung von Kommunikationsbotschaften sollten folgende Empfehlungen beachtet werden.[196]

Design ist undemokratisch
In Städten/Gemeinden ist das Design selbst kein demokratischer Prozess, sondern nur der Weg dorthin. Die größtmögliche Integration der Bevölkerung[197] in die Diskussion um das Leitbild erhöht die Akzeptanz des Designs.

Design ist keine Lösung für Probleme
Design ist keine Lösung für Probleme in der Stadt/Gemeinde. Keine Innenstadt wird attraktiver, nur weil man es beherzter behauptet. Probleme sollen im Vorfeld aufgedeckt und benannt werden – dann kann deren Verbesserung avisiert werden.[198]

Idee wäre ideal
Design muss kommunizieren, muss eine Mitteilung machen. Deren Inhalte sollten[199] zuvor hinreichend diskutiert und in einem Leitbild fixiert sein. Über das Layout entscheidet auch das Gefühl, über Inhalte der Kopf – ein emotionaler Mehrwert dringt jedoch bis in die Herzen vor.

Design ist richtungsweisend
Was will die Stadt/Gemeinde in Zukunft? Warum soll man dahin? Design schafft Orientierung, wenn es eine Positionierung schafft. Erst dann bietet es Sicherheit.

Vielfalt ist Programm
Das Design ist Rahmen oder Dach für alle Inhalte des örtlichen Lebens. Es soll Grenzen für Anwendungen ziehen und damit die Identifizierung gewährleisten. Aber Design soll nicht glatt bügeln oder uniformieren. Design will ermöglichen, nicht verbieten.

Der Funktionsmulti
Design repräsentiert, präsentiert und integriert als Hoheitszeichen und als Markenzeichen.

Überraschung
Das Design sollte so offen sein, dass es Neuigkeiten und Interpretationen zulässt, ohne dass dabei die Identifizierung leidet. Design muss ausgelegt sein auf Entwick-

---

[196] Beyrow, Mut zum Profil, S. 23.
[197] Anmerkung des Autors: Ziel und Sinn eines Stadtmarketingprozesses.
[198] Dies ist immer wieder ein großes Problem, da unter einem Stadtmarketingprozess vielfach nur die Schaffung eines Logos und eines Slogans verstanden wird.
[199] Anmerkung des Autors: nicht „sollten", sondern „müssen".

lungen und Veränderungen, denn eine Kommune ist Entwicklung und Veränderung.

Design ist langfristig
Design sollte in seinen Prinzipien langfristig konzipiert sein, d.h. Ziele und Zwecke müssen ebenso langfristig im voraus bedacht sein. Ohne Rücksicht auf Legislaturperioden und Parteibücher.

Versprochen ist versprochen
Design macht eine Aussage über das Unbekannte. Findet dieses Versprechen keine Entsprechung in der Realität, ist der Absender ein Lügner.

Design kann Veränderungen sichtbar machen
Design kann bestenfalls Prozesse initiieren oder auch Veränderungen sichtbar machen, aber nicht verbessern.

XV.5.5.2. Logo

Ein Logo ist für alle am Stadtmarketing Beteiligten verbindlich, d.h., die Kommunalverwaltung, alle Organisationen, Institutionen, Unternehmen usw. in einem Ort sollen es anwenden. Da Wirtschaftsunternehmen, Kultureinrichtungen, wissenschaftliche Einrichtungen usw. in der Regel bereits ein eigenes Logo haben, muss eine ergänzende Anwendung erarbeitet werden. An dieser Stelle muss nicht besonders betont werden, dass gerade Anwendungen im Wirtschaftsbereich eine deutliche Signalwirkung besitzen. Logos auf den Lkws von Spediteuren, auf Trikots von Sportmannschaften oder Briefköpfen von Firmen signalisieren ein Wir-Gefühl, also eine visuelle Identifikation mit dem Ort und haben darüber hinaus eine werbliche Wirkung.

> **Logo** (engl. gekürzt aus Logotype) der oder das (Firmensignet), graf. Symbol für ein Unternehmen, meist verbunden mit einer besonderen >Firmenfarbe< und Schrifttype. Das Logo ist eine Maßnahme der Corporate Identity (Unternehmensidentität) und soll dazu beitragen, dass das Unternehmen nicht nur über Produkte und deren Verpackungen, sondern auch über die Öffentlichkeitsarbeit identifiziert werden kann.[200]

Das **Logo** soll bewirken, dass eine Kommune, genauso wie ein Markenartikel, durch ein visuelles Zeichen sofort erkannt wird. Das Logo (umgangssprachlich auch von "logisch" abgeleitet und mit "Das ist doch ...." übersetzt) macht es möglich, dass ein Ort aufgrund eines bildlichen Zeichens sofort identifiziert wird.

---

[200] Der Brockhaus, a.a.O., 1998.

Abb. 85: Logo-Beispiele

BAYREUTH

Bad Homburg
(Wort-Bild-Marke mit Wappen)

Pforzheim
Goldstadt an der Schwarzwald-Pforte
(Schriftzug mit Wappen und Slogan)

BADEN BADEN

HERFORD

Schwäbisch Gmünd

Adelboden

Stadt Lüdenscheid

Adelboden/Schweiz
Wort-Bild-Marke. Die Linien stehen für die Weite des sich öffnenden Tales und der lieblichen Bergwelt. Die geschwungenen Elemente signalisieren Lebendigkeit und Dynamik.

Vichy/Frankreich
Symbol für heiße Thermen und Wasser

Stadt Sindelfingen

FLENSBURG

Stadt Schweinfurt

WORMS

Das Logo soll die Möglichkeit geben, den Ort im Gedächtnis zu behalten, und soll zusätzlich eine positive Resonanz auslösen. Die strategisch geplante visuelle Identität ist Versinnbildlichung und Inszenierung von Macht.[201] Historisch betrachtet, ist ein visuelles Erscheinungsbild von Städten oder Staaten ein Medium, die Abwesenheit eines Herrschers durch die Präsenz eines Machtsymbols zu ersetzen. Unter diesem Zeichen treffen Repräsentanten im Namen und Sinne des Herrschers Entscheidungen. Das Zeichen ist also Stellvertreter der Macht.[202]

Ein neues Logo signalisiert, dass etwas in dem Ort in Bewegung geraten ist, neue Ziele erreicht werden sollen. So wie Firmen die Veränderung eines Produktes durch eine Veränderung des Schriftbildes, ja der gesamten Verpackung bekannt machen, so stellt sich auch ein Ort visuell verändert dar. Die Akzeptanz und die Nutzung in allen Bereichen signalisiert je nach Intensität den Grad des Wir-Gefühls.

> Das Stadtlogo muss **von allen in der Stadt benutzt** werden, von der Kommunalverwaltung, von Institutionen, Organisationen, Vereinen und Unternehmen.

Ab und zu wird auch der Begriff Signet benutzt. Signet ist im übertragenen Sinn der Begriff für ein Aushängeschild, steht also auch für sofortiges Erkennen: **Signet** (frz.) das, Verlegerzeichen (Druckerzeichen); Firmen-, Markenzeichen (Logo).[203] Der Begriff Logo ist für den Stadtmarketingprozess treffender, da er weitergehender ist.

Das Stadt-Design ist die optische Visitenkarte des Ortes und die emotionale Klammer der Kommunikation. Aussagen, die im Bereich der Stadt-Kommunikation gemacht werden, sollen sich in dem neuen Erscheinungsbild wiederfinden. „Mercedes hat seinen Stern, die Deutsche Bank ihr Quadrat mit aufstrebendem Balken, der Playboy seinen Bunny und Neunkirchen sein rotes Sechseck." So beginnt die Logo-Beschreibung "Eine Stadt setzt Zeichen" der Stadt Neunkirchen. Weiter heißt es darin „Ohne ein Signet ist ein Unternehmen nicht mehr präsentierbar. Und auch eine Stadt muss sich in ihrer Gesamtheit präsentieren."

Wie Neunkirchen haben mittlerweile viele Orte ihr eigenes Logo, wollen sich dadurch von anderen Kommunen unterscheiden, wollen visuell einen Wiedererkennungswert schaffen, den die bisher üblichen Wappen nicht hatten. Oft haben es Städte/Gemeinden nicht oder nur schwer geschafft, das Wappen nicht mehr zu benutzen. Scheinbar ist es äußerst schwierig, sich von diesem der Tradition verbundenen Zeichen zu trennen. So passiert es, dass sie das Wappen in das neue Logo einarbeiten. Eine Anwendungsform, die nicht begrüßenswert ist, da es sich dann

---

[201] Beyrow, Mut zum Profil, S. 22.
[202] Ebenda.
[203] Der Brockhaus, a.a.O.

um eine Kombination von Neuem und Altem handelt und eigentlich um zwei Logos.

Ein Logo kann eine **Wort-Bild-Marke** sein, also eine Zusammensetzung, die aus einem Wort, z.B. dem Ortsnamen, und einem Bild besteht. Ein Logo kann aber auch nur aus einem Bild bestehen. Die Wort-Bild-Marke ist die wohl gebräuchlichste Form des Logos, da sie durch den Namen und das Bild am besten im Gedächtnis haften bleibt.

Abb. 86: Logo als Wort-Bild-Marke und Variationsmöglichkeiten

Quelle: Stadt Bayreuth, Design Manual Bayreuth

Der Vollständigkeit halber muss in diesem Zusammenhang auch auf das **Piktogramm** hingewiesen werden. Dieses ist ein graphisches Symbol mit international festgelegter Bedeutung, wie z.B. das "i" für die Touristeninformation.

Immer mehr Städte/Gemeinden stellen sich durch ein Logo dar. Ziel ist es, sich aus bekannten Mustern zu befreien, um sich von anderen abzuheben. Ein **Logo** sollte, und dies ist eine unabdingbare Forderung, **unverwechselbar, emotional, einfach** und **selbstbewusst** sein.

Das Logo muss vielseitig einsetzbar sein. Es muss universell benutzbar, prägnant und dennoch variabel sein. Auch für den kostengünstigen Schwarzweißdruck, zum Teil als Grau- oder Graurasterdruck, muss es einsetzbar sein, da ansonsten ein grosser Teil der Anwendungsmöglichkeiten verloren gehen kann. Umfangreiche farbliche Kombinationen sind zwar im ersten Augenblick ansprechend, bringen aber Probleme in der praktischen Arbeit mit sich. Zudem muss berücksichtigt werden, dass jede zusätzliche Farbe höhere Druckkosten verursacht.

Die Einwohner müssen sich mit dem Logo inhaltlich auseinandersetzen, müssen sich damit identifizieren. Eine modern ausgerichtete Stadt/Gemeinde braucht ein modernes Logo, also auch eine moderne Schrift und moderne Formen. Die Aufbruchstimmung muss im Logo erkennbar sein. Ein starrer Schriftzug mit konservativen Formen spiegelt keinen Aufbruch wider, wäre also falsch. Eine Stadt/Gemeinde dagegen, die ihre große historische Vergangenheit herausstellen will, benötigt ein Logo, das traditionelle Formen enthält.

XV.5.5.3. Positionierung

Das Logo sollte, gelegentliche Abweichungen ausgenommen, immer an der gleichen Stelle positioniert sein. Dies gilt vor allem für Druckerzeugnisse wie z.B. Broschüren und Plakate. Die genaue Positionierung innerhalb eines Druckwerkes ist die Einbindung in eine Graphik, also in eine Gesamtdarstellung. Die richtige graphische Anwendung wird durch ein Gestaltungshandbuch garantiert. Das Handbuch ist eine verbindliche Arbeitsgrundlage für alle Logo-Anwendungen.

Ein Logo soll Image, Denkweise, Identität und Zusammenarbeit, leichte Erkennbarkeit und Signifikanz zum Ziel haben.[204] Aus dem Logo soll bereits zu erkennen sein, welche Ziele die Stadt/Gemeinde verfolgt. Dies kann in Schrifttyp, Farbe und Gestaltung deutlich werden.

Ein neues Logo signalisiert visuell, dass sich in der Stadt/Gemeinde etwas verändert, die Kommune neue Wege gehen will und eine Vision zur Realität werden lassen will. Das Logo entwickelt sich aus den Kommunikationsinhalten, die für den Ort und seine Handlungsfelder entwickelt wurden; es soll die neuen Ziele widerspiegeln. Die Grundlage für ein Logo ist immer eine Veränderung in den Zielen, d.h. eine veränderte Denkweise, die konzeptionell festgelegt wurde.

---

[204] Meyer, R./Kottisch, A., Das „Unternehmen Stadt" im Wettbewerb, Bremen 1995.

Abb. 87: Das Logo und seine Applikationen

77 mm

45 mm

800 JAHRE
BAYREUTH
immer wieder neu

Rahmen,
(nur bei hellen
Motiven einsetzen)
Linienstärke: o.35 mm

122 mm

Abbildung

Helvetica, bold
VH: 20 point
Zeilenabstand: 24 point
Laufweite: 0.3 point

35 mm

Headline
zweite Zeile

210 mm

105 mm

50 mm

800 JAHRE
BAYREUTH
immer wieder neu

Rahmen,
(nur bei hellen
Motiven einsetzen)
Linienstärke: o.35 mm

112 mm

Abbildung

Helvetica, bold
VH: 20 point
Zeilenabstand: 24 point
Laufweite: 0.3 point

35 mm

Headline
zweite Zeile

210 mm

Quelle: Stadt Bayreuth, Design Manual Bayreuth

Das neue Logo muss einen deutlichen Bruch zum bisherigen Erscheinungsbild darstellen. Es muss von den Einwohnern sofort als neu erkannt werden und darf nicht eine Abart des alten Logos sein. Dies ist wichtig, weil der Übergang zu einer neuen Kommunikation zunächst am visuellen Ausdruck erlebt wird. Die vorhandenen Logos sind graphisch sehr unterschiedlich. Sie existieren als graphisches Symbol, als Wiedergabe eines Ortsnamens in einem besonderen Schrifttyp oder als Zusammensetzung aus Ortsnamen und graphischem Symbol.

In Städten/Gemeinden, die sich bisher nicht mit einem einheitlichen Erscheinungsbild beschäftigten, gab es oftmals verschiedenartige Logos. Jede Dienststelle, Institution oder Organisation versuchte sich selbst als freischaffender Künstler, schuf eigene Logos und entwarf eigene Graphiken. Eine unübersehbare Sammlung von Logos, oft in unterschiedlicher Positionierung, erzeugen so den Eindruck von Amateurhaftigkeit.

Ein neues Logo muss "das Neue" sein und nicht die Vermutung zulassen, bei dem neuen Logo handle es sich nicht um das Neue, sondern um ein weiteres Neues.

Abb. 88: Logo-Anwendung von Wilhelmshaven

Wilhelmshaven
DIN A2

Wilhelmshaven
DIN A3

Wilhelmshaven
DIN A4

Wilhelmshaven
DIN A5   DIN A6

Wilhelmshaven
DIN A7

Quelle: Stadt Wilhelmshaven, Gestaltungshandbuch Wilhelmshaven

Abb. 89: Positionierung des Logos von Dortmund

Quelle: Stadt Dortmund, Gestaltungsrichtlinien Dortmund

XV.5.5.4. Wappen

Bis vor wenigen Jahren hatte ein Stadtwappen eine Art Logofunktion, auch wenn diese Bezeichnung nicht treffend ist. Der Vergleich mit den Anforderungen eines Logos wird die Nähe zu diesem sofort negieren.

Ein Wappen ist auf keinen Fall unverwechselbar. Die äußere Form der Wappen ist immer identisch.

Es ist nicht auf den ersten Blick erkennbar, noch nicht einmal für alle Einwohner der jeweiligen Stadt, ob das Wappen aus Augsburg, Düsseldorf oder Osnabrück stammt. Eventuell sind das Kölner, Hamburger oder Münchner Wappen teilweise oder überwiegend bekannt und können mit der Stadt in Zusammenhang gebracht werden. Aber schon beim Hamburger Wappen ist eine Ähnlichkeit mit dem Bremer Wappen gegeben und somit eine Verwechslung möglich.

Ein Wappen ist in der Form einfach. Aber bereits die Beschäftigung mit dem visuellen Innenteil, mit den zum Teil sehr differenzierten Zeichnungen, macht es kompliziert. Nach einmaligem oder sogar mehrmaligem Hinsehen wird kaum jemand, ausgenommen einige kundige Einwohner, in der Lage sein, es zu beschreiben oder nachzuzeichnen.

Natürlich kann auch ein Wappen Emotionen wecken, die aber in der Vergangenheit und nicht in der Zukunft liegen. Inhalte aus zukunftsträchtigen Konzepten können über ein Wappen nicht visualisiert werden. Daher sind sie unbrauchbar für einen Stadtmarketingprozess. Ein Wappen ist nur eine Brücke zur Geschichte des Ortes.

Die Anforderung "selbstbewusst" ist mit Sicherheit auf einige Wappen anwendbar; bei vielen wird das Selbstbewusstsein jedoch erst bei einer genauen Kenntnis der Heraldik offenkundig.

Es stellt sich die Frage, was mit einem Wappen geschehen soll, wenn ein Logo erarbeitet wurde. Ein Nebeneinander ist nicht möglich, also darf das Wappen nicht mehr in der Selbstdarstellung des Ortes eingesetzt werden.

Das Logo löst das Wappen ab.

In der Bevölkerung wird dieser Vorgang in der Anfangsphase nicht auf große Zustimmung stoßen, da die Menschen an ihrem zum Teil jahrhundertealten Wappen hängen.

Je besser ein neues Logo ist, umso schneller wird es möglich sein, das Wappen zu vergessen. Örtliche Satzungen können den Gebrauch des Wappens für besonders Anlässe vorschreiben. Dies gilt z.B. bei der Anwendung im Dienstsiegel als hoheitliches Zeichen einer Kommunalverwaltung oder bei amtlichen Bekanntmachungen. Hier muss ein genau definierter Kompromiss eingegangen werden, wonach in Ausnahmefällen, und zwar nur in den durch Ortssatzung vorgeschriebenen, das Wappen Anwendung findet.

> Grundsätzlich gilt: Ist ein neues Logo vorhanden, so ist das Wappen nicht mehr anzuwenden.

XV.5.5.5. Gestaltungshandbuch (Design Manual)

Das unverwechselbare Gesicht einer Stadt muss in einem einheitlichen Erscheinungsbild zum Ausdruck kommen. Nur auf diese Weise rundet sich das optische Erscheinungsbild des Ortes zu einem harmonischen Ganzen ab. Hierzu gehört auch, wie eine Stadt oder Gemeinde auf Plakaten, in Briefen, Broschüren u. ä. in Erscheinung tritt.

Das Erscheinungsbild vermittelt dem Außenstehenden schnell, ob sich eine Stadt/ Gemeinde amateurhaft oder professionell darstellt. Jedes Unternehmen legt besonderen Wert auf seine äußere Darstellungsform. Diese muss professionell sein, denn hinter einem professionellen Erscheinungsbild vermutet der Außenstehende auch eine professionelle Arbeit.

Um ein einheitliches Erscheinungsbild zu gewährleisten, ist es erforderlich, dieses in einem Gestaltungshandbuch festzulegen. Das Gestaltungshandbuch gilt grundsätzlich für alle am Stadtmarketingprozess Beteiligten, also für Unternehmen, Organisationen, Institutionen und natürlich auch für die Verwaltung. Es ist in Verbindung und/oder Ergänzung mit dem eigenen Logo eine verbindliche Anwendungshilfe.

Gestaltungshandbücher sollen den unverwechselbaren Charakter einer Kommune beispielhaft für verschiedene Anwendungsmöglichkeiten in Logo und Schriftzug zum Ausdruck bringen. Entsprechende Schriftformen werden verbindlich vorgeschrieben. Inhaltlich wird festgelegt, wie künftig Prospekte, Plakate, Hinweisschilder oder die Beschriftung an Dienstfahrzeugen der Kommunalverwaltung auszusehen haben.

Inhaltliche Voraussetzungen eines Gestaltungshandbuches sind:

- Anwendungsmöglichkeiten des Logos,
- die drucktechnische Umsetzung (sowohl werblich als auch amtlich),
- zum Logo passende Schriftarten,
- farbliche Kombinationsmöglichkeiten,
- die einheitliche Positionierung des Logos,
- Anwendungsmöglichkeiten für "andere".

Durch zentrale Genehmigungsstellen muss Vorsorge getroffen werden, dass es zu einer einheitlichen Anwendung des Logos kommt. Für die Kommunalverwaltung kann die einheitliche Anwendung durch den Fachbereich sichergestellt werden, der für die Öffentlichkeitsarbeit zuständig ist. Für den Bereich der Wirtschaft könnte ein Verband (IHK o.ä.) die Controllingeinheit sein.

Vor einem Logo-Missbrauch kann man sich oft nur durch eine intensive Beobachtung der Anwendungen schützen. Immer wieder sollten falsche oder nicht genehmigte Anwendungen beanstandet werden, um im Laufe der Zeit zu einer einheitlichen Applikation zu gelangen. Dies gilt auch für die Benutzung eines evtl. Slogans.

Abb. 90: Anwendung des Logos der Stadt Dortmund

Anwendung im Format A 3

3-zeilig
Zeilenabstand 11,2 Punkt
Schriftgröße 11,2 Punkt

Höhe B beträgt 20%
der Höhe A (3,5 mm)

2-zeilig
Zeilenabstand 16,8 Punkt
Schriftgröße 16,8 Punkt

Höhe B beträgt 30%
der Höhe A (5,25 mm)

1-zeilig
Schriftgröße 22,4 Punkt

Höhe B beträgt 40%
der Höhe A (7 mm)

Anwendung im Format A 4

3-zeilig
Zeilenabstand 9,8 Punkt
Schriftgröße 9,8 Punkt

Höhe B beträgt 20%
der Höhe A (3,06 mm)

2-zeilig
Zeilenabstand 14,7 Punkt
Schriftgröße 14,7 Punkt

Höhe B beträgt 30%
der Höhe A (4,6 mm)

Quelle: Stadt Dortmund, Gestaltungsrichtlinien Dortmund

XV.5.5.6. Sympathieträger

Ein Sympathieträger hat in der grundlegenden Definition der CI nur am Rande etwas mit dem Corporate Identity-Prozess zu tun. Und doch gehört er mit zu diesen Überlegungen. Sympathieträger, ähnlich einem Maskottchen, können die Identifikationsphase einer Stadt/Gemeinde nachhaltig unterstützen.

Das beste Beispiel hierfür ist die Stadt Cuxhaven. Erfolgreich wirbt die Stadt bereits seit Jahren mit ihrem JAN CUX, einer Figur der Küste. Eine bis heute in der Sparte städtischer Sympathieträger wohl einmalig gute Idee, denn der Name Cux ist zugleich identisch mit dem Autokennzeichen CUX.

Da Cuxhaven ein Urlaubsort ist, war die Idee des Sympathieträgers für diese Stadt ein Glücksgriff. Dies geht allerdings nicht in jedem Ort. Während der Berliner Bär oder der Braunschweiger Löwe noch als Sympathieträger bekannt sind, passt der Hamburger Wasserträger schon nicht mehr in die Reihe der bekannten Sympathieträger.

XV.5.5.7. Neunkirchen – ein Logo mit künstlerischem Ansatz

Die saarländische Stadt Neunkirchen schuf bereits 1977 ein Logo, das sich über die Jahre bewährt hat. Der Unterschied zu anderen Logos liegt in einem sehr ausgeprägten künstlerischen Ansatz, der es erlaubt, mit dem Logo in allen Varianten zu werben und immer wieder neue Möglichkeiten zu finden.

Der Anlass für das neue Logo war die durch eine Gebiets- und Verwaltungsreform 1974 entstandene neue Stadt Neunkirchen. Mehrere Gemeinden, Dörfer und Siedlungen sollten nunmehr den Namen Neunkirchen tragen und sich damit identifizieren. 1977 schuf der Graphiker Hans Huwer das neue Stadtsignet, geometrisch, streng, sechseckig und in rot, der Farbe, die der Stadt zusammen mit dem Stadtwappen verliehen worden war. Zusätzlich zum Bild wurde die Wort-Bild-Marke geschaffen, um nach außen den Namen der Stadt in Verbindung mit dem Logo deutlich zu machen.

Das Logo besteht aus zwei kongruenten Formen, die aus dem Kleinbuchstaben "n" (für Neunkirchen) entwickelt wurden. Mit ihren offenen Seiten stehen sich diese Formen gegenüber und sind so zueinander gestellt, dass sie einen Punkt berühren:

Das Zusammentreffen zweier Elemente im Mittelpunkt visualisiert das Charakteristikum Neunkirchens. Inmitten der Stadt treffen sich Gegensätze – Industrie und Mensch, Technik und Natur, Arbeit und Wohnen. Darüber hinaus ist das Logo räumlich als Würfel wahrnehmbar. Dieser streng geometrische Duktus des Logos deutet auf industrielle Formgebung hin. Assoziationen zu Stahlprofilen, aber auch hoch und tief, entsprechend der Topographie der Stadt sind gewollt.

Das Logo Neunkirchens sollte langfristig einsetzbar und prägnant sein. Das heißt, es sollte in jeder Größe in seinen wesentlichen Formen erkennbar und inhaltlich variabel sein. Über 25 Mal ist das Logo mittlerweile variiert worden. Es erschien als Geburtstagstorte, in zwei Hälften als Musiknoten zum Stadtfest oder als französische und deutsche Flagge aus Anlass einer Städtepartnerschaft. Die Variationsbreite ist nahezu unerschöpflich.

XV.5.5.8. Ludwigsburg - ein Logo entsteht

Das Logo der Stadt Ludwigsburg wurde konsequent und organisch entwickelt. Die Entwicklung vollzog sich, Bezug nehmend auf die Aussagenfestlegung in der Konzeption, in folgenden Denkschritten:

1. Ludwigsburg ist Kreisstadt und der Sitz zahlreicher Behörden, somit ein Verwaltungszentrum. Ein Kreis mit der fokussierten Innenstadt war der erste graphische Schritt:

2. Ludwigsburg ist Mittelpunkt des gesellschaftlichen, wirtschaftlichen und kulturellen Lebens. Der Kreis mit der fokussierten Innenstadt wurde schwarz, also zum Punkt, der einen Mittelpunkt darstellen soll:

3. Ludwigsburg ist eine weltoffene Stadt mit internationaler Ausstrahlung. Der Punkt wurde an den Rändern aufgelöst und erhielt so graphisch die Ausstrahlung:

4. Ludwigsburg ist eine Stadt mit Tradition. Das barocke £ setzt hierfür ein sinnfälliges Zeichen.

5. Als letzter Schritt wurde das barocke £ in den Punkt mit den aufgelösten Rändern gesetzt.

Im Ergebnis entstand ein Logo, dessen Kernelemente die Kreisstadt, der Mittelpunkt, die Weltoffenheit und die besondere Tradition ist. Das Logo war fertig.

XV.5.5.9. Slogan

Ein Slogan muss die inhaltlichen der Ziele des Leitbildes verdeutlichen. Er soll das Stadtmarketinggesamtziel einprägsam und kurz wiedergeben, also das, was in der Konzeption inhaltlich festgelegt wurde. Ist dies nicht oder nur schwer möglich, so sollte auf einen Slogan verzichtet werden. Die Varianten sind folglich:

- kein Slogan,
- bisheriger Slogan, wenn beliebt und bekannt und passend zu den neuen Kommunikationsinhalten,
- neuer Slogan, basierend auf den Kommunikationsinhalten,
- Kombination aus altem und neuem Slogan.

Slogans wie "Berlin – durchgehend geöffnet", "Hamburg – das Tor zur Welt", "Der Pott kocht" oder "Wilhelmshaven setzt Zeichen" sind einfach, glaubwürdig, selbstbewusst und einprägsam. Die folgenden Beispiel belegen, wie schwierig es ist, einen treffenden Slogan zu finden. Oft werden nur Insider den Slogan verstehen. Und oft sind die Slogans überflüssig – eigentlich auch keine Slogans, sondern nur eine geographische Erläuterung.

Slogans mit

Stadtmarketingaussage
Hamm – Stadt mit Spielraum

einseitiger Stadtmarketingaussage
Gießen – Kulturstadt an der Lahn
Gotha – Residenzstadt

Nullaussage
Halle – Die Stadt
Bielefeld – einfach einladend
Eisenach – entdecken und erleben
Detmold – eine wunderschöne Stadt

geographischer Aussage
Duisburg am Rhein
Passau – Leben an drei Flüssen

geschichtlicher Aussage
Lüneburg – jahr1000stark
Speyer – 2000 Jahre.

Viele Städte legen sich Slogans zu. Dies heißt auch, dass es bei gleichartigen Slogans leicht zu Verwechslungen kommen kann. Anfang der 90er Jahre benutzten mehrere Städte und Inseln an der deutschen Nordseeküste den Slogan "...... Meer und mehr". Ob Norderney oder Cuxhaven, der Slogan war gleich oder ähnelte sich. Wer das Urheberrecht besaß, wurde nie geklärt. Negativ und nicht im Sinne der Ansprüche an einen Slogan war, dass dieser zu Verwechslungen führte, also nicht mehr mit einem Ort verbunden wurde.

"Das Tor zur Welt" entspricht den geforderten Grundsätze und ist sowohl für den Wirtschafts-, Kultur- als auch für den Tourismusbereich zu verwenden. Dagegen erfüllt ein Slogan wie "Eine Stadt, so frisch wie das Leben" diese Anforderungen nicht. Mit ihm lässt es sich schwer in wirtschaftlichen Bereichen werben.

Wie schwierig der Umgang mit einem Slogan ist, beweist das Beispiel Wilhelmshaven. Die Agentur hatte vorgeschlagen, den Slogan "Wilhelmshaven setzt Zeichen" auf jeden Briefumschlag zu drucken, der die Kommunalverwaltung, oder weitergehend die Stadt, verlässt. Dabei wurde aber nicht berücksichtigt, dass auch Bußgeldbescheide, also belastende Verwaltungsakte, täglich die Stadt verlassen. Ein Bußgeldbescheid mit dem Aufdruck "Wilhelmshaven setzt Zeichen" hätte wohl negative Folgen gehabt. Es wurde daher nur das Logo, ohne Slogan, für den Aufdruck gewählt. Das gleiche Problem hatte auch der Wirtschaftsbereich in derselben Stadt, als eines Tages ein Ramschladen eine Anzeige veröffentlichte, in der ein

Verkauf von minderwertigen Artikeln aus Versicherungsschäden mit dem Slogan „Wilhelmshaven setzt Zeichen" endete.

Wenn ein Slogan bei den Einwohnern bekannt geworden ist, wird dies auch in der negativen Verwendung sichtbar. Kritische Leserbriefe, die mit der Aussage enden "Da setzte die Stadt wieder einmal Zeichen", belegen eine Eingängigkeit, wenn auch in diesem Zusammenhang in einer negativen Art. Diese Verwendung ist in der Praxis nicht zu verhindern.

Eine gewisse Kontrolle über die Verwendung sollte allerdings vorhanden sein. Wenn es auch im Sinne des Stadtmarketingziels ist, dass ein neues Logo überall und von allen benutzt wird, so sollte die Verwendung des Slogans zielgerichtet erfolgen. Die Billigangebote in dem Prospekt eines Supermarktes dürfen selbstverständlich nicht mit dem Slogan "........ setzt Zeichen" enden. In der Praxis bedeutet dies, dass die Slogananwendung kontrolliert bzw. durch die mit der Umsetzung beauftragte Stelle genehmigt werden muss.

XV.5.5.10. Stadt-Behavior

Stadt-Behavior meint, abgeleitet von englisch *behavior* (= Verhalten, Benehmen) das Stadtverhalten und im weiteren Sinne die Stadtkultur. Sie umfasst alle typischen Verhaltensmuster, die in einem Ort anzutreffen sind, vom kulturellen Angebot bis zum alltäglichen Umgang der Einwohner untereinander und dem Auftreten gegenüber Gästen.

Stadt-Behavior greift lokale Traditionen und Verhaltensweisen auf, wie das Verhalten der Verwaltung gegenüber den Einwohnern und die typische Lebensphilosophie eines Ortes oder seiner Bewohner. **Stadtkultur** meint die Mentalität der Einwohner mit ihren Normen, Sitten und Gebräuchen.

Das Positive und Besondere einer Kommune soll in einem Ortsprofil herausgehoben werden. Dabei bedarf es entsprechender äußerer Bedingungen wie Wohnqualität, Freizeitmöglichkeiten, Dienstleistungsangebote und Einkaufsmöglichkeiten. Kulturelle Angebote sowie eine positive und bevölkerungsnahe Kommunikationsstruktur dürfen nicht fehlen. Die Sicherung eines hohen Niveaus im kulturellen Angebot ist eine weitere Aufgabe, genauso die Förderung des Geschichtsbewusstseins.

Die lokale Tradition ist ein hochrangiges Reservoir für die Weiterentwicklung im Bereich Stadt-Behavior. Damit geht die Selbstdarstellung des Ortes und der Einwohner unter Einbeziehung der Lebensart der Bevölkerung einher. Auch die Pflege internationaler Kontakte, unter anderem zu Partnerstädten und auf anderen internationalen Ebenen, geben dem Ort eine weltoffene und internationale Ausstrahlung, die diesen Bereich positiv beeinflusst.

In der Privatwirtschaft wird unter dem Begriff Corporate Behavior das gesamte Verhalten eines Unternehmens, auch seiner Mitarbeiter, verstanden. Ziel ist die Schaffung eines einheitlichen zielgruppenorientierten Verhaltens aller Organisationsmitglieder und einer entsprechenden Unternehmenskultur.[205]

Bezogen auf Stadtmarketing, ist das Unternehmen die Kommune in ihrer Gesamtheit. Mitarbeiter und Organisationsmitglieder in diesem Sinn sind alle Einwohner einschließlich aller Unternehmen, Organisationen usw.

XV.5.5.11. Stadt-Kommunikation

Die Stadt-Kommunikation umfasst einerseits den systematischen und kombinierten Einsatz der Kommunikationsinstrumente **nach innen**, also die Informations- und Kommunikationsstruktur, und andererseits alle auf den Ort bezogenen verbalen und visuellen Botschaften (kommunikative Äußerungen), die sich **nach außen** an Touristen, Institutionen, Investoren, Unternehmen, Medien usw. wenden und nach innen an die Einwohner, Kommunalpolitiker, einheimische Unternehmer, Einzelhändler usw. richten. Zur Kommunikation gehören Öffentlichkeitsarbeit, Werbung, Sponsoring, neue Medien sowie der Aufbau einer klaren Zielgruppenkommunikation.

Die Stadt-Kommunikation legt die einheitlichen Aussagen der Kommune für alle Handlungsfelder fest. Die unterschiedlichen Zielgruppen sollen mit den Zielen der Stadtmarketingkonzeption vertraut gemacht werden, hinter diesen Zielen stehen und dafür eintreten.

Kommunikation nach innen und außen ist heute eine unternehmenspolitische Disziplin, die im gleichen Umfang und in der gleichen Wertigkeit auch für Kommunen Gültigkeit hat. Jedes Unternehmen im Wechselspiel zwischen Ökonomie und Ökologie braucht auf Dauer die Akzeptanz von Umwelt, Umfeld und Mitarbeitern. Diese Akzeptanz ist nur durch strategisch geplante Informationen auf allen Ebenen zu erreichen.

Die für Kommunen ebenso wie für Unternehmen zum Überleben notwendigen Informationen müssen zur Kommunikation weiterentwickelt werden, und zwar individuell auf das Stadtleitbild abgestimmt. Auf allen Ebenen muss „gesendet" und „empfangen" werden, und zwar nicht nur von innen nach außen und von oben nach unten, sondern auch umgekehrt.[206]

---

[205] Birkigt/Stadler, a.a.O.
[206] Kalmus, M., Produktionsfaktor Kommunikation, Göttingen 1995.

XV.5.5.12. Kommunikationsziele

Die Menschen erleben die Wirklichkeit in kommunikativen Vorgängen. Sie nehmen Informationen wahr, empfangen sie und geben sie weiter. Kommunikation vollzieht sich auf verschiedenen Ebenen, auf der persönlichen Ebene und über Medien.

Kommunikation ist die Voraussetzung für das Funktionieren von Stadtmarketing. Sie muss bereits in der Anfangsphase auf breiter Basis begonnen, ständig gepflegt und forciert werden. Der stetige und intensive Dialog, sowohl kritisch als auch selbstkritisch, macht Stadtmarketing zum Thema und erreicht, dass viele sich damit auseinandersetzen.

Voraussetzung für die Effektivität ist eine aktive und langfristig angelegte kommunikative Strategie. Sie kann nur dort wirksam werden, wo sie eng in den Diskussions- und Entscheidungsprozeß eingebunden ist. Als zentrale Kompetenz im Bereich der Gesamtkommunikation hat sie eine strategische Führungsaufgabe zu erfüllen.

Die Identifikation der Einwohner mit den Stadtmarketingzielen bildet die Grundlage für die Funktionsfähigkeit der strategischen **internen Kommunikation**. Ziel der internen Kommunikation ist es, dass sich die Einwohner mit ihrem Ort aktiv identifizieren. Die Einwohner sollen sich, so die Kommunikationsrichtung, den Ort zu ihrer eigenen Sache machen. Dem Wir-Gefühl folgt das aktive Einwohnerbewusstsein. Ein evtl. negatives Selbstbild wird durch kontinuierliche Informationen, Aktionen und bauliche Maßnahmen schrittweise korrigiert.

Ziel der **externen Kommunikation** ist es, über die Vielfalt des Ortes kontinuierlich zu informieren. Bei festgelegten Zielgruppen sollen Interesse, Neugierde und die Bereitschaft geweckt werden, in dem Ort aktiv zu werden. Unter Kommunikation im Sinne von Stadtmarketing ist sowohl der Dialog als auch die Werbewirksamkeit in Form von Werbemaßnahmen zu verstehen.

Neben den immer wiederkehrenden Einzelgesprächen mit allen Beteiligten sind Diskussionsgruppen zu gründen, die den Stadtmarketingprozess fortwährend begleiten. Wichtig ist, dass die Kommunikation geplant und nicht dem Zufall überlassen wird.

XV.5.5.13. Kommunikationsebenen

Wissenschaftlich gesehen, verfügt der Mensch über verschiedene Kommunikationsebenen. Aus der Forschung ist bekannt, dass die linke Hirnhälfte analytische Fähigkeiten besitzt (wie verbales Denken, Rechnen, Sprechen) sowie die Fähigkeit, logisch, rational und kritisch zu sein. Dagegen ist die rechte Hirnhälfte für die kreativen Fähigkeiten zuständig, das heißt, für bildhaftes Denken, räumliches Vorstellungsvermögen sowie für visuelle, künstlerische und emotionale Eigenschaften.

Während der Kommunikation sind Sender und Empfänger tätig, die auf zwei Kommunikationsebenen, der Sach- und der Gefühlsebene, einen Prozess aufbauen. Kommunikation wird aber nur dann möglich, wenn der Empfänger wiederum zum Sender und der Sender zum Empfänger wird. Die Stadt-Kommunikation wird zuerst versuchen, Menschen gefühlsmäßig für den Ort zu interessieren.

XV.5.5.14. Kommunikationsfehler

Wo es Kommunikation gibt, gibt es auch Konflikte, die für eine Verständigung schädlich sind, die aber beherrscht werden können, wenn die Ursachen bekannt sind. Kommunikation vollzieht sich in verschiedenen Formen. Die Transaktionsanalyse spricht dabei von drei Ich-Formen.

Die erste Ich-Form ist das Eltern-Ich. Die Transaktionsanalyse stellt fest, dass jeder in sich, in seinem Innern handelt und denkt, wie es seine Eltern taten. Dabei sind Ermahnungen, Regeln, Ge- und Verbote Kennzeichen dieser Handlungsweise. Handelt jemand im Eltern-Ich, so ist er derjenige, der beschützen und vor allem erziehen will.

Merkmale des Kindheits-Ichs, der zweiten Ich-Form, sind, dass sich Personen als von den Eltern abhängige, unterlegene, unterdrückte und unreife Menschen sehen.

Es ist nachvollziehbar, dass diese beiden Ich-Formen nicht die idealen Voraussetzungen für eine Kommunikation sind. Die ideale Kommunikationsform ist das Verhalten im Erwachsenen-Ich. Kommunizieren Menschen im Erwachsenen-Ich, so besitzen sie die Fähigkeit, objektive und sachliche Informationen aufzunehmen und zu verwerten. Dabei fällt kein Gesprächsteilnehmer in die Rolle des Über- oder Unterlegenen. Das Gespräch im Erwachsenen-Ich bringt immer eine Problemlösung oder zumindest eine Annäherung. Für die Kommunikation in den einzelnen Handlungsfeldern ist sie von grundlegender Bedeutung.

Diese Hinweise zeigen, dass Kommunikation nicht immer einfach ist und sich die Beteiligten an dem Stadtmarketingprozess intensiv auf die Kommunikation mit den Zielgruppen vorbereiten müssen. Kommt es bei Gesprächen zu einem Aufeinandertreffen verschiedener Ich-Formen, so entsteht eine Überkreuztransaktion, die weder eine Problemlösung noch eine vernünftige Kommunikation zulässt.

Im Stadtmarketing ist Kommunikation einer der Erfolg bringenden Faktoren. Das Sprechen mit anderen, mit den Beteiligten, die Schaffung einer dauernden Kommunikation in allen Bereichen ist die dringlichste Voraussetzung.

> Die **Kommunikation** ist nicht nur der **Erfolgsfaktor** im Stadtmarketing, sondern sie ist die **Basis** des Stadtmarketingprozesses von der Analyse über die Konzeption bis hin zur Realisation.

XV.5.6. Event-Marketing

Event-Marketing ergänzt und unterstützt die klassischen Kommunikationsmittel Werbung und Public Relations. Event-Marketing kann eine Lücke zwischen Unterhaltung und Information schließen, indem es Live-Erlebnisse beim Interessenten auslöst und zum Erreichen von Stadtmarketingzielen beiträgt. Nicht alle Events entsprechen allerdings dem Anspruch eines Ereignisses.

Das Kommunikationsmittel Veranstaltung spricht drei Kommunikationspartner an:[207]

- an der Veranstaltung unmittelbar anwesende Teilnehmer,
- Medien, die von der Veranstaltung berichten,
- die Gesamtzielgruppe, die über die Medien erreichbar ist.

Event-Marketing verfügt über drei Säulen. Dies sind die Information, die Aktion und die Animation. Die Information soll nachvollziehbare Fakten zu der Stadt vermitteln. Dazu gehören Darstellungen durch Bild und Text, aber auch die Herausgabe von Prospekten. Mit einer Aktion sollen die Besucher direkt angesprochen werden, z.B. durch Verlosungen oder Preisausschreiben. Die Animation bezieht die Besucher ein, beispielsweise durch Weinproben bei der Präsentation von Winzerorten. Event-Marketing ist nur dann erfolgreich, wenn es sich kreativ von anderen Event-Marketingformen unterscheidet.

Bei Events werden je nach Planung und Umsetzung verschiedene Typen unterschieden. Nachfolgend wird eine grobe Übersicht gegeben.

- **Kick-off-Veranstaltungen**
  Dabei handelt es sich um Einführungs- und Eröffnungsveranstaltungen. Sie sollen neue bedeutsame oder erklärungsbedürftige Produkte oder Dienstleistungen einführen. Verfolgt werden Informations- und Motivationsziele.

- **Road shows**
  Sie zeichnen sich dadurch aus, dass sie über einen bestimmten Zeitraum an verschiedenen regionalen, nationalen oder internationalen Orten stattfinden. Es sind mobile Ereignisse, die sich in den meisten Fällen an externe Zielgruppen rich-

---

[207] Vgl. Böjme-Köst, P., Tagungen, Incentives, Events gekonnt inszenieren – Mehr erreichen, in Marketing Journal, Marketing-Arbeitsmodelle Nr. 8, Hamburg 1992.

ten. Die Mobilität impliziert jedoch nicht, dass sie nicht auch in Gebäuden stattfinden können. Hotels, Veranstaltungsräume oder Museen eignen sich genauso gut wie die klassische Variante des Promotion Trucks.

- **Messeauftritte**
  Die Messe wird von anderen organisiert und bietet die Möglichkeit der Präsentation bei einem bestimmten Publikum. Ein Messeveranstalter kann Event-Marketing einsetzen, um die Messe sowohl für die Aussteller als auch die Besucher attraktiver zu machen. Ergänzt wird dies durch die Möglichkeit eines Event-Marketings der Aussteller. Dazu gehören Eröffnungsfeiern, Kongresse, Get-together-Parties, Podiumsdiskussionen und Sonderausstellungen. Aussteller können sich so von Mitausstellern abheben. Am Messestand selbst können Erlebnisse organisiert werden. Kunstvolle Auftritte von Künstlern, Zauberern, Pantomimen, Tänzern, Artisten, Akrobaten oder Prominenten verlocken Messebesucher dazu, länger am Stand zu verweilen und sich intensiver mit dem Ort zu beschäftigen.

- **Kongresse, Tagungen, Seminare, Workshops und Symposien**
  Diese Arten von Veranstaltung werden unter dem Begriff Informationsvermittlung zusammengefasst. Sie sind unter dem Zielaspekt der Weiterbildung einzuordnen und können allein oder in Kombination mit einer anderen Veranstaltung inszeniert, punktuell oder permanent eingesetzt, regional, national oder international veranstaltet werden. Während die Kongresse, Tagungen, Foren, Symposien und Workshops primär dem Erfahrungsaustausch dienen, haben Seminare und Vortragsreihen eher einen Schulungscharakter. Die Einordnung derartiger Veranstaltungen in den Event-Bereich ist umstritten, da die klassische Durchführung kein Ereignis vermuten lässt.

- **Jubiläen und Festakte**
  Diese Veranstaltungstypen, die auch gleichzeitig Einführungs- oder Eröffnungsveranstaltungen sein können, sind Aushängeschilder einer Stadt oder Gemeinde. Sie zeichnen sich durch Exklusivität und Erlebnis- bzw. Freizeitcharakter aus. Die Identität des Ortes steht hierbei im Vordergrund der Gestaltung, die sich an interne und externe Zielgruppen wendet. Vor allem Motivation und Imageprofilierung sind die Ziele.

- **Sport- und Kulturveranstaltungen**
  Sportveranstaltungen bieten sich besonders für Zielgruppen im Event-Marketing an. Je nach Art der Veranstaltung können altersmäßig unterschiedliche Zielgruppen erreicht werden.

XV.5.7. Synergieeffekte

Public Relations und Werbung entwickeln eine gemeinsame Strategie. Die Werbezielgruppen, Medienvertreter und Meinungsbildner hören die Stadt oder die Gemeinde mit einer Stimme.

Public Relations stellt den Zweit- und Drittnutzen heraus. Die Werbung konzentriert sich dabei auf eine Botschaft. Public Relations kann unterstützen, indem im Vorfeld das Klima für Werbemaßnahmen gestaltet wird und während bestimmter Aktionen eine Flankierung erfolgt. Public Relations verstärkt die Werbeeffekte. PR kann einen Markt vorbereiten, damit die Werbung ihre Botschaft in ein bestimmtes Umfeld senden kann.

Nachgesagt wird Public Relations und Werbung eine zu geringe Annäherung an die Bedürfnisse der Zielgruppe. Daher gewinnen neue Formen wie Sponsoring und Telefonmarketing an Bedeutung.

XV.5.8. Neue Kommunikationsinstrumente

Neben den bisher bekannten klassischen Kommunikationsinstrumente wurden in den vergangenen Jahren neue Instrumente entwickelt.

XV.5.8.1. Sponsoring

Sponsoring ist ein Instrument, das erst seit Anfang der 70er Jahre zunehmend an Bedeutung gewann. Sponsoring steht in einem starken komplementären Verhältnis zu anderen Instrumenten der Kommunikation, da durch Sponsoring keine eigentliche Werbebotschaft übermittelt wird. Es ist ein Vertrag auf gegenseitige Leistungen. Die Leistung des Sponsors kann in Geld-, Sach- oder Dienstleistungen bestehen. Er erhält dafür eine Gegenleistung, die üblicherweise in der Überlassung von Rechten zur kommunikativen Nutzung durch den Sponsor liegen.

Sponsoring will grundsätzlich die **Erhöhung des Bekanntheitsgrades** und die **positive Beeinflussung des Images**. Weitere Ziele sind:

- **Demonstration der Produktleistung**
  Für Unternehmen wie z.B. Uhrenhersteller lässt sich bei der Zeitnahme im Sport ebenso die Zuverlässigkeit ihrer Produkte herausstellen wie z.B. für Reifenhersteller bei Autorennen.

- **Kontaktpflege**
  Für Unternehmen bieten Sport- und Kulturveranstaltungen gute Möglichkeiten, den Kontakt zu ihren Händlern und Kunden auszubauen. Der Sponsor verfügt häufig über Kartenkontingente, die er entsprechend nutzen kann.

- **Mitarbeitermotivation**
  Der freie Eintritt zu Sport- oder Kulturveranstaltungen lässt sich auch für innerbetriebliche Zwecke nutzen, sei es für die gesamte Belegschaft oder für die Gewinner von Wettbewerben.

- **Demonstration gesellschaftlicher Verantwortung**
  Sponsoring wird häufig auch unter unternehmensstrategischen Aspekten eingesetzt. Unternehmen können damit ihr soziales Engagement beweisen.

Unterschieden wird zwischen Haupt-, Neben- und Kleinsponsoren. **Hauptsponsoren** haben eine Ausschließlichkeit gegenüber anderen Sponsoren in der Gestaltung der kommunikativen Nutzung. Diese erfolgt durch die namentliche Nennung des Sponsors, deren Umfang vertraglich vereinbart wird. **Nebensponsoren** unterscheiden sich in der Höhe der finanziellen Beteiligung deutlich vom Hauptsponsor. Mit ihnen können gewisse Nebennutzungsrechte vertraglich vereinbart, wenn dadurch die Ziele des Hauptsponsors nicht beeinträchtigt werden. **Kleinsponsoren** finanzieren z.B. durch Anzeigen Programmhefte, haben aber keine weiteren Ansprüche in der Gesamtvermarktung.

Das Vermarktungsprodukt des Hauptsponsors schließt in der Regel ähnliche Produkte anderer Sponsoren aus. Ein Sponsoring von anderen Produktherstellern (Nebensponsoren) darf nicht in Konkurrenz zum Premiumprodukt und anderen Erzeugnissen des Hauptsponsors stehen. Ist z.B. eine Biermarke Gegenstand des Sponsorings des Hauptsponsors, so dürfen in der Regel (Ausnahmen werden vertraglich vereinbart, um eine gegenseitige Konkurrenz auszuschließen) keine anderen Biermarken Gegenstand eines weiteren Sponsorings und/oder des Ausschanks, z.B. während einer Veranstaltung, sein.

Aus der Sicht des Sponsors ist seine Beteiligung ein Kommunikationsinstrument, aus der Sicht des Veranstalters ein Finanzierungsinstrument. Folgende **Sponsoringarten** sind möglich:

- Sportsponsoring,
- Kultursponsoring, Sponsoring für
  - den Kulturbereich (bildende Kunst, darstellende Kunst, Literatur, Filmkunst, Musik),
  - eine organisatorische Einheit (Einzelkünstler, Kunstwissenschaftler, Kunstgruppen, Kulturinstitutionen wie Museen, Galerien, Theater, Kunstvereine, Kunstschulen und Kunstobjekte),
  - für eine Maßnahmenkategorie (Beiträge an Künstler wie Stipendien, Zuschüsse für Inszenierungen, Bereitstellung von Arbeitsmaterialien für Künstler, Räumlichkeiten für Ausstellungen, technische und kaufmännische Beratung, Ausschreibung eines Kunstpreises, Förderung von Kunstveranstaltungen, Präsenz im Umfeld von Kulturveranstaltungen – Plakate, Eintrittskarten, Programmhefte u.ä. –, Leihgaben an Kunstinstitutionen, Restauration bedrohter Kunstwerke),
- Sozio-Sponsoring,
- Öko-Sponsoring,
- Wissenschaftssponsoring,

- Bildungssponsoring,
- Programmsponsoring (Fernsehen/Hörfunk).

Dem Programmsponsoring sind folgende Sonderformen zuzuordnen:[208]

- **Bartering**
  Es bezeichnet den Tauschhandel, d.h. Gegenlieferungsgeschäfte, bei denen der Austausch von Gütern mit annähernd gleichem Wert erfolgt, ohne dass es zu einer Geldzahlung kommt. Es werden einem Hörfunk- oder Fernsehveranstalter selbst produzierte Filme zur Verfügung gestellt. Als Gegenleistung stellt der Sender Werbezeit im Werbeprogramm zur Verfügung. Eigene Produkte werden also von Kommunen oder Unternehmen als Product Placement eingebracht.

- **Merchandising**
  Es enthält die umfassende wirtschaftliche Verwertung eines Zeichens oder Logos auch für andere als die ursprünglich gedachten Zwecke mit dem Ziel einer zusätzlichen Emotionalisierung von Produkten (z.B. Mainzelmännchen). Die Gefahr ist in einer Verwässerung der Marke zu sehen, wenn nicht die Marke, sondern das Merchandising-Produkt im Vordergrund steht.

- **Patronatssendungen**
  Hier übernimmt ein Sponsor gegen Zahlung einer bestimmten Summe die Präsentation der Sendung, das Patronat. Kennzeichnend ist, dass der Name oder das Logo für einen bestimmten Zeitraum im Bild erscheint.

- **Ganze Shows**
  Dies sind Sendungen, die rein werbenden Charakter haben, wie z.B. das SAT-1-Glücksrad. Bei diesen Sendungen geht es im Wesentlichen darum, dass Kandidaten um Sachpreise oder sonstige Leistungen wetteifern, die von Unternehmen zur Verfügung gestellt werden.

Verglichen mit der Werbung hat Sponsoring eine Reihe von spezifischen Vorteilen:

- Sponsoring wirkt in **nicht kommerziellen Situationen**, Werbung ist dagegen die klassische Form der kommerziellen Ansprache. Sponsoring spricht Zielgruppen in einer Situation an, in der das kommerzielle Interesse nicht unbedingt offensichtlich ist. Die Sichtbarkeit eines Logos während einer Fernsehübertragung hat nicht den gleichen Charakter wie ein Werbespot.

- Sponsoring erfolgt unter optimalen **Transferbedingungen.** Werbung wird oft als notwendiges Übel beim Medienkonsum betrachtet und daher nur mit geringer Aufmerksamkeit verfolgt. Wird Sponsoring ins Programm integriert, sind

---

[208] Vgl. Hermanns, A., Sponsoring, in Berndt, R./Hermanns, A. (Hrsg.), Handbuch Marketing-Kommunikation, Wiesbaden 1993, S. 627-648.

die Transferbedingungen deutlich besser, da es in der Regel nicht als störend empfunden wird.

- Sponsoring ermöglicht einen **Konkurrenzausschluss.**
Bei der Werbung ist ein Konkurrenzausschluss i.d.R. nicht möglich. Beim Sponsoring ist hingegen ein Ausschluss der Konkurrenz i.d.R. gegeben.

- Sponsoring ermöglicht **kommunikative Wettbewerbsvorteile.**
Die Vielfalt an Sponsoringmöglichkeiten erlaubt es, sich von dem werblichen Auftritt der Konkurrenz zu differenzieren und eigenständige kommunikative Ziele zu verfolgen. Für Sponsoren aus der Wirtschaft bieten touristische Regionen vielfältige Ansatzpunkte, kommunikative Alleinstellungen zu erreichen (z.B. ein Milka-Skilift im Skiort). Insbesondere in der Bierbranche, die schwerpunktmäßig regional orientiert ist, sind erste Ansätze erkennbar.

- Sponsoring erreicht **schwierige Zielgruppen.**
Mit Sponsoring lassen sich Zielgruppen ansprechen, die mit den klassischen Kommunikationsmaßnahmen nur schwer zu erreichen sind. Hierzu zählen Personengruppen, die der Werbung gegenüber besonders kritisch eingestellt sind. Über Kultur-, Sozial- oder Wissenschaftssponsoring lassen sich hier teilweise Hürden der Anprachemöglichkeiten überwinden. Beispielsweise lässt sich die nur schwer erreichbare Zielgruppe der Studenten, die vor allem für Banken und Versicherungen interessant ist, über Wissenschaftssponsoring erreichen.

- Sponsoring überwindet **rechtliche Kommunikationsbarrieren.**
Zigarettenwerbung ist in Deutschland in den elektronischen Medien verboten. Über das Sponsoring der Formel 1 konnten die Tabakkonzerne bisher dieses Verbot umgehen. (Eine Änderung ist geplant.) Bis zur Etablierung der privaten Fernsehanbieter stellte die 20-Uhr-Werbegrenze in den öffentlich-rechtlichen Fernsehanstalten eine weitere Barriere dar, die mit Sponsoring umgangen werden konnte.

- **Multiplikatorfunktion der Medien.**
Stößt Sponsoring auf Interesse der Medien, kann der Sponsor von dem dadurch möglichen Multiplikatoreffekt profitieren, d.h. eine vielfach größere Zielgruppe erreichen als mit dem ursprünglichen Engagement. Es muss allerdings betont werden, dass Sponsoring häufig nur deshalb erfolgt, weil mit einer Übertragung in den Medien zu rechnen ist.

Den Vorteilen des Sponsorings stehen allerdings auch einige Nachteile gegenüber:

- **Überlastung einzelner Sportarten**
Sponsoring konzentriert sich insbesondere auf das Sportsponsoring und hier auf die so genannten telegenen Sportarten wie Fußball, Tennis und Motorsport. Mitt-

lerweile sind hier so viele Sponsoren vertreten, dass eine ähnliche Informationsüberflutung gegeben ist wie in der klassischen Werbung.

- **Begrenzte Informationsübermittlung**
  Die Sponsoringmöglichkeiten erlauben i.d.R. nur kurze visuelle Botschaften wie die Übermittlung des Unternehmenslogos und/oder -namens. Das heißt, die Voraussetzung für das Sponsoring ist ein hinreichender Bekanntheitsgrad des sponsernden Unternehmens.

- **Spezifische Probleme einzelner Sponsoringarten**
  Ein Unternehmen, das im Sportsponsoring engagiert ist, kann z.B. von Dopingaffären oder dem persönlichen negativen Auftreten einzelner Sportler/innen in Mitleidenschaft gezogen werden.

XV.5.8.2. Direktmarketing

Das Direktmarketing ist ein weiteres Instrument der Kommunikationspolitik. Direktmarketing liegt immer dann vor, wenn es sich entweder um Marktaktivitäten handelt, die durch persönliche (adressierte) Ansprache einer Zielgruppe oder -person vollzogen werden, oder um Marktaktivitäten, die sich der mehrstufigen Kommunikation, also des Einsatzes der Medien, bedienen, um so einen direkten Kontakt zwischen dem Anbieter und dem Abnehmer herzustellen.[209] Der direkte Kontakt kann hergestellt werden durch den Versand von Werbebriefen (Direct Mail oder Direct E-Mail), Prospekten oder Katalogen mit Antwortmöglichkeiten, durch Couponanzeigen, Funk- und Fernsehspots mit Antwortmöglichkeiten oder durch Telefonanrufe. Wesentliche Instrumente des Direktmarketings sind:

- Mailings
- Couponanzeigen
- Telefonmarketing
- Katalogmarketing
- Teleshopping.

Mailings sind adressierte Werbesendungen und bestehen aus Kuvert, Anschreiben, Information und Antwortmöglichkeit. Da derartige Sendungen bei einzelnen Verbrauchern bereits zu einer unübersehbaren Flut angewachsen sind, rufen sie häufig Verärgerung hervor. Die Gestaltung muss das Ziel haben, dass ein Mailing auch vom Adressaten gelesen wird. Das Anschreiben in einem Mailing hat die Aufgabe eines Verkaufsgespräches, die Information stellt das Angebot ausführlich dar, eine Antwortkarte ermöglicht die Bestellung. Unterschieden wird zwischen adressierten und unadressierten Mailings.

---

[209] Dallmer H., Handbuch Direktmarketing, 6. Auflage, Wiesbaden 1991, S. 4 ff.

Couponanzeigen sind Instrumente des Direktmarketings und nutzen die klassischen Werbemedien. Dabei handelt es sich um Anzeigen mit einem Response-Element, sei es in der Form einer aufgeklebten Postkarte oder als Coupon zum Ausschneiden. Es reicht aber auch die Angabe einer Telefon- oder Faxnummer oder einer Internet-Adresse. Die avisierte Zielgruppe lässt sich über die Auswahl des Printmediums eingrenzen. Es kann also ein Massenpublikum, aber auch ein Fachpublikum angesprochen werden. Die Resonanz ist durch den Rücklauf der Coupons (Anrufe, Faxe, E-Mails) messbar.

Telefonmarketing[210] ist nur mit dem vorherigen Einverständnis des Angerufenen möglich. Das Ankreuzen einer entsprechenden Option auf einem Mailing gilt als Einverständnis. Zwei Formen werden unterschieden: das aktive und das passive Telefonmarketing. Mit dem aktiven Telefonmarketing werden Zielpersonen angerufen, um Produkte oder Dienstleistungen vorzustellen und anzubieten (Urlaub, Ansiedlungsflächen, Grundstücke usw.). Beim passiven Telefonmarketing ruft der Interessent selbst an. Dadurch entfallen auch die rechtlichen Beschränkungen. Der Interessierte reagiert damit auf ein Mailing oder eine Couponanzeige.

Katalogmarketing präsentiert das Angebot an Produkten, Dienstleistungen, Service und Attraktivität einer Kommune oder eines bestimmten Bereiches (Tourismus, Kultur, Sport, Freizeit usw.). Es enthält Produktbeschreibungen und -abbildungen (Hotels, Ansiedlungsflächen, Fotos vergangener Veranstaltungen), Preisangaben und Informationen über Buchungs- und/oder Zahlungsbedingungen und Serviceleistungen.

Teleshopping gehört zu den neueren Formen des Direktmarketings, bei dem das Fernsehen als Direktmarketing-Instrument eingesetzt wird. Fernsehzuschauer können direkt auf Angebote reagieren bzw. mit dem Anbieter in einen Dialog eintreten. Beim aktiven Teleshopping nimmt der Interessent selbständig über BTX oder Internet am Prozess teil, beim passiven Teleshopping ist es dem Zuschauer nicht möglich, die Produktpräsentation zu steuern. Die Produkte werden angeboten und können direkt bestellt werden.

XV.5.8.3. Verkaufsförderung

Die Verkaufsförderung (Sales Promotion) ist aktionsorientiert. Ziel jeder Verkaufsförderungsaktion ist es, kurzfristig Mehrumsätze zu erzielen, wobei die Aktionsdauer in der Regel begrenzt ist. Es gilt, die Distribution der Leistung zu verbessern und die Nachfrage zu erhöhen. Im Wesentlichen geht es darum, über die jeweiligen Absatzwege mit dem Kunden zu kommunizieren, um ihn zu einem Vertragsabschluss zu bewegen. Unter Verkaufsförderung können alle Maßnahmen zur optimalen Gestaltung des Kontaktes zwischen Angebotsträgern und Kunden subsumiert werden[211] (persönliche Sales Promotion) sowie die Optimierung der äußeren Bedingungen,

---

[210] Vgl. Tourismus Jahrbuch, 1/1999, FBV Medien-Verlags GmbH, S. 198-222.
[211] Anmerkung des Autors: Zielgruppen wie Investoren, Touristen usw.

unter denen diese Kontakte stattfinden und die Angebote präsentiert werden (sachliche Sales Promotion). Die Verkaufsförderung kann auf drei Ebenen erfolgen:

- Die **zielgruppenbezogene Verkaufsförderung** will immer wieder auf das Angebot sowie auf das darüber hinausgehende Leistungs- und Serviceangebot aufmerksam machen. Es handelt sich dabei um Maßnahmen, die am *point of sale* (POS), d.h. direkt am Ort des Verkaufs, erfolgen. Dazu gehören Gewinnspiele, Gutscheine oder Aktionen.

- Die **mitarbeiterbezogene Verkaufsförderung** bezieht sich im allgemeinen auf den Bereich der am Stadtmarketingprozess Beteiligten. Ziel ist es, die Motivation der Beteiligten sowie die Qualifikation zu erhöhen (z.B. Workshops für Mitarbeiter in Hotellerie, Gastronomie, Einzelhandel usw.). Dazu zählen auch Maßnahmen zur Förderung der Verkäuferpromotion wie Außendienst, Messen und Telefonaktionen.

- Die **absatzmittlerbezogene Verkaufsförderung** will mit verschiedenen Aktionen Produkt- und Dienstleistungsmittler stärker binden. Neben professionellen Mittlern (z.B. Reisebüros, Agenturen) ist die Verkaufsförderung auch bei nicht professionellen Absatzmittlern denkbar, (z.B. Taxifahrer, Kontakter für bestimmte Handlungsfelder). Dazu gehören Schulungen und Wettbewerbe.

Zwar ist die Verkaufsförderung ein eigenständiges Instrument, doch es bestehen enge Verbindungen zu Public Relations und Werbung.

Am Verkaufsort ist der Einsatz **materieller Hilfsmittel** erforderlich. Dazu gehören Auslagematerialien sowie Dekorationen, um eine visuelle Aufmerksamkeit zu erreichen und akustische Maßnahmen (Musikgruppe u.ä.). Mit Aktionsmaßnahmen (z.B. eine Kletterwand während der Aktion eines Alpenurlaubsortes oder Weinproben bei Orten aus einem Weingebiet) bieten sich weitere Möglichkeiten. Kleine Geschenke für Interessierte ergänzen die Aktion. Verkaufsfördernde Maßnahmen sollen die Erlebnisorientierung in den Vordergrund stellen und die Zielgruppen auf emotionaler Ebene ansprechen.

XV.5.8.4. Neue Medien

Unter neuen Medien werden die Informations- und Kommunikationstechniken verstanden, die auf der elektronischen Übertragung von Fernsehen, Computern und/ oder Telefon basieren. Neue Medien unterscheiden sich von den konventionellen Medien vor allem durch die Interaktivität. Diese und weitere Eigenschaften müssen eingesetzt werden, damit sie als Instrument im Stadtmarketing erfolgreich sind. Zu den neuen Medien zählen:

- Bildplatte

- Bildschirmtext (BTX)
- Bildtelefon
- CD-ROM
- digitales Fernsehen
- digitales Telefon
- elektronische Post (E-Mail)
- integrierte Informationsverarbeitung
- Internet
- Smart Card
- Video
- Videokonferenz
- Videotext.

Die Vorteile der neuen Medien lassen sich in zwei Aspekten zusammenfassen:

1. Die Kunden und Interessenten können gezielt und unmittelbar Informationen abfragen, ohne die Zeitverzögerung des Postweges.
2. Die Kunden und Interessenten haben eine sehr viel aktivere Rolle als bei den klassischen Medien. Insbesondere dann, wenn die Aktivität von ihrer Seite aus erfolgt, ist ein hohes Involvement vorauszusetzen, so dass sich die Kommunikation nicht nur effizienter, sondern auch effektiver gestalten lässt.

Weitere Medien sind **Online-Verbindungen**, die **von öffentlichen Terminals** kostenlos oder gegen Entgelt genutzt werden können. Dazu gehören unter anderem die **Stadtinformationssysteme (SIS)**. Die angebotenen Informationen sind täglich 24 Stunden abrufbar. Sie eignen sich besonders für die Veröffentlichung von Angeboten in den Bereichen Tourismus, Kultur, Veranstaltungen und Bürgerinformation. Im Rahmen eines Regio-Online kann das Terminal aber auch Promotion für die parallelen Dienste (CD, Online etc.) machen. Der Betrieb von Informationsterminals ist sehr kostenintensiv. Eine Kostendeckung durch Werbung ist jedoch möglich. Der Anbieter kann über ein Terminal auch den Zugang zum Internet zu ermöglichen.

Zu den modernen Kommunikationsinstrumenten gehören auch **CD-ROMs** mit den verschiedensten Informationen. Die auf den CD-ROM gespeicherten Daten sind für die tägliche Arbeit erforderlich und zudem preiswerter als die Nutzung eines Online-Datendienstes. Zur eigenen Informationsvermittlung gehört z.B. eine **Stadt-/Gemeindepräsentation auf CD-ROM**. Der entscheidende Nachteil gegenüber Online-Systemen ist, dass eine tägliche Aktualisierung der Daten nicht ohne große Kosten möglich ist.

Über einen **Faxabruf** können angebotene Daten abgerufen werden. Anwender wählen die Nummer des Informationsanbieters und können danach evtl. noch Informationen selektieren. Die Informationen werden auf dem Faxgerät des Anwenders in der Regel gegen eine Gebühr ausgegeben.

In immer größerer Zahl nutzen Städte, Gemeinden und Unternehmen **Regio-Online-Dienste**. In vielen Bundesländern werden derartige Dienste durch die Länder gefördert. Dieser Dienst einschließlich Pflege und Betreuung wird durch spezielle Firmen oder aber auch durch große Verlage angeboten, die sich dadurch im Stadtmarketing engagieren. Die Anwender wählen per Computer und Modem den Online-Dienst an, über den die verschiedensten Informationen zu erhalten sind. Es entstehen Kommunikationskosten und evtl. Dienst- und Grundgebühren bei dem Anbieter.

Die auf Bundesländerebene meist mit finanzieller Unterstützung gestarteten Projekte sollen die Plattform für einen flächendeckenden Betreiberverbund sein. Es handelt sich dabei um die lokale und regionale Basisversorgung der Online- und Informationsnutzer, z.b. mit allgemeinen Information zu Veranstaltungen, touristischen Angeboten, Hotel- und Gastronomieofferten, zum Straßenverkehr im Nahbereich, zu Verbindungen mit Flugzeugen und Zügen, Behörden, Bildungseinrichtungen und Ratgeberdienste.

Das vorhandene wirtschaftliche Potential sollte im Bereich der Informationsanbieter (Verlage, Banken, Versicherungen und Handel) zur Verbesserung der strategischen Marktposition und Wettbewerbsfähigkeit gebündelt werden. Von entscheidender Bedeutung ist die Aufbereitung und Bereitstellung aktueller regionaler Basisinformationen. Dies soll durch das Zusammenführen aller relevanten Informationen aus Medienhäusern, Unternehmen und bürgernahen Verwaltungen in einer Public Private Partnership realisiert werden.

Neben der informationstechnischen Versorgung sollen neue Formen der Markterschließung und Distribution erprobt und genutzt werden. Ziel ist die Etablierung eines elektronischen Marktplatzes für Industrie, Handel, Handwerk und andere Unternehmen.

Die Marktchancen für Regio-Online-Systeme sind Erfolg versprechend. Neben günstigeren Preisen im Vergleich zum Internet bietet ein Betreiberverbund ein breites Informationsspektrum mit lokalem Fokus. Alle Informationsangebote, die in Printmedien veröffentlicht werden, sollen im Online-Service abrufbar sein. Darüber soll ein Mehrwert durch das gezielte Anbieten und Abfragen von Informationen entstehen. Die Vorteile liegen in der koordinierten Aufbereitung, Darstellung und Navigation. Dadurch ist die Ergonomie gegenüber anderen Informationsangeboten deutlich besser. Darüber hinaus steht das gesamte lokale und regionale Informationsspektrum transparent zur Verfügung. Eine landesweite Online-Grundversorgung mit aktuellen, für das jeweilige Gebiet interessanten Informationen ist gewährleistet und bietet mehr Transparenz in der Region.

Für Anbieter empfiehlt sich die Präsenz auf allen Verteilermedien wie Online, CD, POI (= *point of information*, d.h. Informationsstelle) usw. Auch strukturschwache Gebiete einer Region können problemlos erreicht werden. Es kommt dadurch zu einer Erweiterung des Absatzmarktes durch neue Vertriebskanäle. So ist z.B. das

Buchen von Hotelzimmern oder Veranstaltungen möglich. Die Informationsdienste liefern täglich 24 Stunden aktuelle Informationen.

XV.5.8.4.1. Internet

Das Internet empfiehlt es sich besonders für das Stadtmarketing, da das Stadtprodukt in seiner Gesamtheit mit allen Facetten dargestellt werden kann. Viele Kommunen nutzen mittlerweile intensiv dieses Medium, um weltweit ihre Angebote zu präsentieren. Die Präsentation kann im Sinne des Stadtmarketings alle Handlungsfelder des Ortes berücksichtigen.

Eine besondere Variante bietet die Stadt Münster.[212] Ihre Internet-Präsentation beginnt nicht mit einer Stadtpräsentation, sondern gibt zuerst einem auf die Belange der Einwohner ausgerichteten kommunalen Stadtinformationssystem (SIS) den Vorrang. Die Stadtverwaltung sucht dabei die Zusammenarbeit mit anderen Partnern und Gruppen am Ort. Das Stadtinformationssystem ist darüber hinaus verlagsunabhängig und steht auch der örtlichen Wirtschaft für Werbezwecke zur Verfügung. Der Zugang für die Nutzer ist kostenlos.

Weitere interessante Projekte sind zum Beispiel

- die Wirtschaftsdaten als Informationen für Industrie und Gewerbe in Köln und Düsseldorf.
- der Platzbuchungs- und Ticketservice in Köln.

Besonders für das Stadtmarketing ist die Präsentation der Kommune eine wichtige Informationsgrundlage sowie eine Kommunikationsklammer aller Beteiligten. Daher sollte die Internetpräsentation gemeinsam aufgebaut und finanziert werden. Die Zahl der Internetauftritte wächst ständig. Für einzelne Orte wird es daher immer schwieriger, sich von der Masse abzuheben.

Die Stadt-Domäne hat eine herausragende Bedeutung. Werden Angebote, Unternehmen, Kultureinrichtungen usw. in einer bestimmten Stadt gesucht, so führt der einfachste Weg über die jeweilige Stadt-Domäne. Daher kommt dieser im Rahmen des Stadtmarketings eine besondere Rolle zu.

Einen wichtigen Bereich im Stadtmarketing stellt das Angebot von lokalen und regionalen Veranstaltungen auf der Webseite des Ortes dar. Es werden entweder Links zu den Webseiten der einzelnen Veranstalter geschaltet oder ein Veranstaltungskalender bzw. eine Veranstaltungsdatenbank angeboten. In den meisten Fällen ist derzeit die Buchbarkeit über das Internet, wenn überhaupt, nur bei größeren Veranstaltungen bzw. Veranstaltern gegeben. Ferner ist es für die Interessenten zur Zeit

---

[212] Vgl. I. M. Weineck, Münster goes public, Der Städtetag, 21/1997, S. 97.

noch nicht möglich, aus einer einheitlichen Maske bei verschiedenen Veranstaltern eine Buchung vorzunehmen.

Geht man davon aus, dass der Internetauftritt eines Ortes als Marketinginstrument genutzt und den Interessenten ein attraktives Bild übermittelt werden soll, so muss die Konzeption des Internetauftritts die höchste Priorität haben.

Zunächst stellt sich die Frage nach dem Betreiber des Internetauftritts. Auch in diesem Bereich sollte die Public Private Partnership zum Zuge kommen. Das heißt, dass unter der Stadt-Domäne eine Betreibergemeinschaft aus privatrechtlichen und öffentlich-rechtlichen Organisationen gemeinsam verantwortlich ist. Da es sich hierbei um eine arbeits- und kostenintensive Maßnahme handelt, müssen geeignete Organisationsformen gefunden werden. Denkbar sind dabei Kooperationen von Wirtschaft, Kommunalverwaltung, Hochschulen und weiteren am Stadtmarketingprozess Beteiligten. Auch örtliche Verlage und die Herausgeber von Tageszeitungen können wichtige Partner sein, da sie ihre aktuellen Informationen mit einbringen können. Aufgeteilt werden dabei sowohl die finanziellen als auch die informationellen Zuständigkeiten. Wer trägt die Kosten? Wer pflegt die Daten und überwacht den Auftritt?

Beispiel

In einer größeren Stadt wurde die Internetpräsentation wie folgt gelöst: Die Stadtverwaltung stellte ihre Domäne für alle am Stadtmarketing Beteiligten zur Verfügung. Der größte Verlag vor Ort übernahm die technische und redaktionelle Betreuung. Die örtliche Fachhochschule beteiligte sich innovativ an der Erstellung der Präsentation sowie an der ständigen Weiterentwicklung. Die Stadtverwaltung wurde im Bereich der Basisdatenpflege tätig und baute zusätzlich ein Rathaus-Internet gemeinsam mit der Fachhochschule auf. Ein örtliches Unternehmen, im hundertprozentigen Besitz der Stadt und zuständig für Veranstaltungen, Tourismus und Kultur, trat ebenfalls der Kooperation bei, die sich als loser Zusammenschluss sieht.

XV.5.8.5. Realisationsteams

Da Stadtmarketing ein Kommunikationsprozess ist, muss auch die weitere kommunikative Arbeit innerhalb des Ortes konzeptionell geplant werden. Dazu gehören auch sog. Realisationsteams, welche die Tätigkeit der Arbeitsgruppen übernehmen, um auch in der Realisationsphase den Kommunikationsprozess voranzubringen.

Realisationsteams sollten für alle Handlungsfelder bestehen. Je nach Aufgabenschwerpunkt können mehrere Arbeitsgruppen zusammengefasst werden, wobei jedoch die einzelnen Themen der Handlungsfelder nicht zu kurz kommen dürfen. Die Sitzungen müssen in der ersten Zeit der Realisationsphase häufiger stattfinden. Ihre Zahl müssen die Teilnehmer der Realisationsteams je nach dem Umfang der Aufgabenstellung selbst bestimmen.

XVI. Realisation

In vielen Stadtmarketingprozessen wurde deutlich, dass sich das Bild einer Stadt nicht wandelt, ohne dass sich am Ort etwas, für alle erkennbar, positiv verändert. Die Bevölkerung erlebt an den positiven Veränderungen eine Aufwertung der Lebensqualität und somit eine Imageverbesserung.

Mit der Analyse- und der Konzeptionsphase wird der Stadtmarketingprozess gestartet. Die entscheidende Phase aber ist die Realisation, die Klarheit darüber verschafft, ob die geleistete Arbeit zum Erfolg führt. Stadtmarketing nur als Analyse und Konzeption zu betreiben, sozusagen als Gewissensberuhigung der Verantwortlichen mit der Begründung, "ja etwas getan zu haben", ist eine unnötige Aktion.

Es gibt Beispiele, in denen sich Kommunen nach der Analyse und Konzeption aus dem Stadtmarketingprozess verabschiedeten, weil die Realisation zu große Schwierigkeiten bereitete oder aber die finanziellen und personellen Möglichkeiten überschätzt wurden. Den Einwohnern jedoch in den schönsten Farben zu schildern, wie es werden könnte, und dann die Verwirklichung aufzugeben, ist ein verantwortungsloser Umgang mit den Menschen und zudem eine Verschwendung von privaten und öffentlichen Geldern.

Die Phase der Realisation beginnt mit der öffentlichen Präsentation der Gesamtkonzeption. Danach sind für den Prozess folgende Schritte erforderlich:

- Initialmaßnahmen mit Signalwirkung,
- die schnelle Verwirklichung der ersten Maßnahmen,
- das Erzielen einer Breitenwirkung,
- die schrittweise Umsetzung weiterer Maßnahmen und
  die Weiterentwicklung des Maßnahmenplans sowie
- eine kontinuierliche Öffentlichkeitsarbeit.

XVI.1. Präsentation der Gesamtkonzeption

Die Präsentation der Gesamtkonzeption ist der Höhepunkt der bisherigen Arbeit und zugleich der Startschuss für die Realisation. Mit der Präsentation soll allen bisher am Prozess Beteiligten das geplante Produkt gezeigt und erläutert werden. Mit der öffentlichen Vorstellung ist die grundlegende Arbeit beendet.

In manchen Städten sind gut vorbereitete Stadtmarketingvorhaben daran gescheitert, dass auf die Präsentation ein Stillstand folgte. Es wurde keine Umsetzungsorganisation geschaffen, kein Controlling-Organ eingesetzt und die Realisation nicht gestartet. Gründe dafür waren nicht oder unzureichend festgelegte Zuständigkeiten.

Die Präsentation ist zwar die Veröffentlichung des bisherigen Ergebnisses, primär aber der Startschuss für die Umsetzung der beschlossenen Maßnahmen. Die Präsentation muss eine Motivationswelle auslösen, die den gesamten Ort erfasst und alle Einwohner nach und nach mitreißt.

Die Voraussetzung für den Erfolg in dieser Phase ist eine perfekte öffentliche Präsentation der Gesamtkonzeption. Eine laienhafte und schlechte Präsentation legt bereits den Grundstein für das Nichtgelingen. Daher ist es erforderlich, Präsentatoren zu wählen, die überzeugend und motivierend die Konzeption vorstellen und somit eine positive Welle des Mitmachens auslösen.

Als vor einiger Zeit in einer Region Deutschlands durch einen Wirtschaftsmarketingprozess die Chancen im Wirtschaftsbereich verbessert werden sollten, beauftragten die beteiligten Städte und Landkreise eine Agentur, die sich speziell für diese Aufgabenstellung angeboten hatte.

Mit großer Euphorie und begleitet von einem starken Medieninteresse begann die Arbeit. Von wenigen Ausnahmen abgesehen, standen alle Verantwortlichen hinter der in Auftrag gegebenen Analyse. Doch einige Fehler der angeblich so professionellen Agentur brachten die Aktion bereits nach kurzer Zeit zum Scheitern. Grund waren vor allem amateurhafte Präsentationen durch rhetorisch nicht geschulte Mitarbeitern sowie nicht funktionierende Projektoren und Videogeräte. Es liegt auf der Hand, dass derartige Fehler ein noch so gutes Vorhaben scheitern lassen können.

Die Folge war die vorzeitige Kündigung des Vertrages und – was noch bedauerlicher war – das vorläufige Scheitern von wichtigen wirtschaftsfördernden Maßnahmen für die Region. Das erwähnte Beispiel brachte für den Bereich der Wirtschaftsförderung nicht den erwarteten Ruck nach vorn, sondern eine Stagnation, ja sogar Rückschritte.

Eine professionelle Präsentation muss in einem angenehmen Rahmen veranstaltet werden. Zu einer erfolgreichen Präsentation gehört auch das leibliche Wohl der Teilnehmer. Getränke und ein kleiner Imbiss geben dem Ganzen einen abgerundeten Rahmen. Mit der Agentur oder anderen Akteuren muss im Detail der Ablauf der Veranstaltung festgelegt werden. Besonders wichtig ist die Beteiligung der örtlichen Medien und Meinungsbildner, da diese die Ergebnisse an die Öffentlichkeit vermitteln und so für Akzeptanz und Unterstützung bei den Einwohnern sorgen.

Die Konzeption muss von dafür ausgebildeten Profis präsentiert werden, die alle aktuellen multimedialen Techniken beherrschen und darüber hinaus wortgewandt sind. Eine Präsentation ohne geschulte Vortragstechnik oder mit einer schlechten technischen Ausstattung kann bereits so negativ sein, dass ein Erfolg nur noch schwer zu erreichen ist. Nicht immer ist eine am Verfahren beteiligte Agentur auch in der Lage, vernünftig zu präsentieren. In diesem Fall sollte nach einer anderen Lösung gesucht werden, die nicht an etwaigen Zusatzkosten scheitern darf.

Abb. 91: Realisationsschritte

```
┌─────────────────────────────────────┐
│  Präsentation der Gesamtkonzeption  │
└─────────────────────────────────────┘
                  │
                  ▼
┌─────────────────────────────────────┐
│  Realisations-Organisation          │◄──────┐
└─────────────────────────────────────┘       │
                  │                    ⋰⋰⋱⋱⋱
                  ▼                   ( Controlling )
┌─────────────────────────────────────┐ ⋱⋱⋰⋰⋰
│  Umsetzung des Maßnahmenkatalogs    │◄──────┘
│   • Vorhaben                        │
│   • operative Instrumente           │
└─────────────────────────────────────┘
```

Quelle: eigene Darstellung

Die Präsentation der Gesamtkonzeption gleicht der Uraufführung eines Theaterstückes, also einer Inszenierung, die darüber entscheidet, ob dieses erfolgreich über lange Zeit gespielt wird oder bereits nach kurzer Zeit abgesetzt werden muss.

Inhalte der Präsentation sind:
nochmalige Vorstellung des Leitbildes
Gesamtkonzeption
Konzeptionen der einzelnen Handlungsfelder
Handlungskatalog
Stadt-Identität
Organisation
Public Private Partnership

XVI.2. Organisation

Schon in der Konzeptionsphase muss die Steuergruppe Vorschläge für eine geeignete Organisationsform machen. Die **Steuergruppe**, bisher leitendes Gremium, wird ihre Arbeit mit der Fertigstellung der Konzeption **als Controlling-Organ** fortsetzen. Es muss aber in der Realisationsphase zusätzlich ein Management vorhanden sein, das die Umsetzung der Konzeption gewährleistet.

Auch in der Realisationsphase liegt die Verantwortung bei allen Beteiligten. Alle am Stadtmarketing Beteiligten sind im Rahmen der Vorgaben des Handlungskataloges für die Umsetzung der ihnen zugeteilten Aufgaben zuständig. Es gibt aber Aufgaben, die zentral erledigt werden müssen. Eine **zentrale Stelle** muss die Klammer zwischen allen Bereichen sein und ergänzend zu den bereits genannten Aufgabenbereich eine Lückenfunktion wahrnehmen. Dies heißt, dass die Aufrechterhaltung des ständigen Kontakts zwischen den Beteiligten und Hilfestellungen für andere Bereiche zu den ständigen Aufgaben gehören. Auch neue Ideen und Vorgehensweisen sollten über diese Stelle in den laufenden Realisationsprozess eingebracht werden. Mit anderen Worten: Die zentrale Stelle soll zur immer ansprechbaren und kontinuierlichen Schnittstelle im Stadtmarketingprozess werden.

Die Leitung dieser zentralen Stelle nimmt die Aufgaben eines **Stadt-Managers** wahr. In dieser Funktion soll der/die Stadt-Manager/in Impulse geben und alle Beteiligten aktivieren. Er/sie soll in Stagnationsphasen – auch diese treten ein – aktivieren und neue Kontakte knüpfen, alte pflegen und immer mehr Menschen in den Prozess einbinden. Zu den Aufgaben gehört auch, dass Sitzungen vorbereitet, veranstaltet und nachbereitet werden. Falsch wäre es, die zentrale Stelle als ausführende Körperschaft zu sehen. Dies würde dem Stadtmarketinggedanken zuwider laufen.

Für eine geeignete Organisationsform bieten sich mehrere Möglichkeiten. Dazu bedarf es einer genauen Analyse, wer in der Vergangenheit den Stadtmarketingprozess vorangetrieben hat bzw. welche Institutionen sich während des Prozesses besonders in die Verantwortung eingearbeitet haben.

Stadtmarketing kann als eine kostengünstige Alternative direkt an die Kommunalverwaltung angebunden sein, dann allerdings so autonom von den kommunalen Entscheidungswegen, dass eine unkomplizierte Zusammenarbeit mit allen anderen Institutionen möglich ist. Problematisch ist die einseitige Fixierung auf die Kommunalverwaltung, da hierdurch eine direkte Zuständigkeit des gesamten Prozesses durch diese Stelle signalisiert wird. Da Stadtmarketing auch künftig von allen Kräften am Ort getragen werden muss, ist diejenige organisatorische Ausrichtung ideal, welche diese Zielsetzung verwirklicht, also eine privatrechtliche Organisationsform.

Die Kommunalverwaltung hat in der Realisationsphase eine besondere Bedeutung, da eine genaue Abstimmung der dort geleisteten Arbeit notwendig ist bzw. verschiedene Fachbereiche bei der Realisation eine bedeutende Rolle spielen (Wirtschaftsförderung, Stadtplanung, Kultur, Sport usw.). Aber auch die Einbeziehung der Spitze der Kommunalverwaltung, d.h. (Ober-)Bürgermeister bzw. in Niedersachsen auch (Ober-)Stadtdirektor, sollte genutzt werden.

Unterschiedlich sind die Umsetzungsorganisationen in den verschiedenen Städten und Gemeinden, die sich nach den finanziellen und personellen Möglichkeiten richten. Daher bieten sich verschiedene Formen an, die je nach den spezifischen örtlichen Voraussetzungen zu wählen sind. Eine Idealform gibt es nicht. Die Stadt Solingen wählte z.B. die Form eines "Initiativkreises City-Management" in der Form eines Vereines. Die Stadt Velbert schuf eine Lenkungsgruppe und ließ die Trägerschaft bei der Stadtverwaltung. Dagegen vertrauen Kronach, Mindelheim, Schwandorf und Langenfeld auf eine BGB-Gesellschaft. Frankenthal, Hamm und Wilhelmshaven gründeten einen Arbeitskreis bzw. eine Steuergruppe Stadtmarketing mit der Zuständigkeit bei der Kommunalverwaltung. Essen und Gelsenkirchen gründeten eine GmbH.

In den meisten Fällen wurde die Umsetzung aktiv extern begleitet. Dies geschah durch Stadt- und Regionalplanungsbüros, Institute, Stadtmarketing-GmbHs, Fachhochschulen, Universitäten oder fachkundige Einzelpersonen.

Abb. 92: Realisations-Organisation

Quelle: eigene Darstellung

XVI.2.1. Koordination in der Realisationsphase

Die Leitung der zentralen Organisationseinheit sollte über Integrationstalent, diplomatisches Einfühlungsvermögen, Kommunikationsfreudigkeit und Kritikfähigkeit verfügen. Zur Koordination und Moderation des Stadtmarketingprozesses muss ein ständiger Kontakt mit allen Organisationen, Institutionen, Vereinen etc., kurzum mit allen Beteiligten gepflegt werden. Neben der Moderation der Steuergruppe steht jetzt vor allem die Koordination des Realisationsprozesses im Mittelpunkt. Die Leitung der zentralen Organisationseinheit stimmt den Prozess mit allen Beteiligten gleichwertig ab und ordnet die Aufgaben zu. Es sollte sich hierbei um eine Person handeln, die in dem Ort bekannt ist bzw. bei der davon ausgegangen werden kann, diese Voraussetzung schnell zu erreichen. Zu den Aufgaben gehören unter anderem

- die eigenständige weitere Entwicklung von Ideen und deren Initiierung,
- die Ergebnisverantwortung für die Jahresplanung und die Umsetzung des Handlungskatalogs,
- die Budgetverantwortung,
- die Vorbereitung, Einberufung und Nachbereitung der Sitzungen der Steuergruppe,
- das Sponsormanagement,
- die Bündelung neuer Ideen.

Stadtmarketing ist ein internationales Thema. Auch viele britische Städte setzen im zunehmenden Wettbewerb der Standorte mittlerweile auf einen professionellen City-Manager. Cimadirekt berichtet dazu:

> Rund 100 hauptberufliche City-Manager sind nach Angabe von James May, Generaldirektor des British Retail Consortiums, in Großbritannien derzeit tätig – Tendenz weiter steigend. Wie in keinem anderen europäischen Land hat sich damit in Großbritannien das Instrument des Stadtmarketing/City-Managements auf breiter Ebene durchgesetzt. Die teils von den Kommunen, teils von der Wirtschaft finanzierten City-Manager sollen zur Stärkung der Innenstädte im fortschreitenden Wettbewerb der Standorte beitragen. In Großbritannien gibt es derzeit rund 750 Shopping-Center und 230 Fachmarkt-Zentren, die gerade Klein- und Mittelstädten zunehmend Konkurrenz machen.

> Noch 1993 lagen die klassischen Innenstadtlagen in London, Edinburgh und Newcastle an der Spitze der umsatzstärksten Einkaufsstandorte. In der aktuellen Rangliste haben dagegen die drei regionalen Shopping-Center Meadowhall, MetroCentre und Merry Hill die City-Standorte von den vorderen Plätzen verdrängt. Ihre Attraktivität resultiert nicht nur aus den Verkaufsflächen von jeweils mehr als 100 000 m², sondern auch von der hohen Erlebnisqualität. Aufgrund von Versäumnissen in der Vergangenheit haben gerade in diesem Bereich die Innenstädte wenig entgegenzusetzen. Jahrelang blieben Investitionen in die Verkehrsinfrastruktur, Gebäudesubstanz, Sicherheit und Sauberkeit aus,

nicht zuletzt wegen der mangelhaften Zusammenarbeit zwischen Unternehmen und Kommunen. Das soll sich nun mit Hilfe des City-Managements ändern. Die bisherigen Erfahrungen, so May, sind jedenfalls erfolgversprechend.[213]

XVI.3. Agentur Stadt

Eine "Agentur Stadt" ist die ideale Form für die gemeinsame Entwicklung in der Realisationsphase. Dazu ist allerdings ein Umdenken, ein gedankliches Lösen von bisherigen Strukturen erforderlich. Auch einzelne Personen müssten im Sinne des Ganzen auf subjektive Macht verzichten und sich altruistisch einbringen.

Arbeiteten in der Analyse- und Konzeptionsphase privatrechtliche und öffentlich-rechtliche Institutionen kooperativ zusammen, so kommt es in der Realisationsphase wieder zu einer klaren Trennung. Aufgaben im Kulturbereich werden z.B. von privat- und öffentlich-rechtlichen Beteiligten getrennt wahrgenommen. Im Handlungsfeld Wirtschaft arbeiten wieder IHK, Wirtschaftsförderungsvereine, Wirtschaftsämter o.a. nebeneinander. Die einzige Klammer ist ein funktionierender Arbeitskreis, dessen Mitglieder allerdings im Laufe der Zeit immer mehr Ermüdungserscheinungen aufweisen werden. Dies macht sich bemerkbar durch u.a. ein immer häufigeres Fehlen in den Sitzungen und eine immer größere Ausdehnung der Zeiträume zwischen den Sitzungen.

Um einer derartigen Verflachung des Realisationsprozesses zuvorzukommen, sollten feste Organisationseinheiten für die einzelnen Handlungsfelder geschaffen werden. Durch den Aufbau einer neuen inneren Organisationsstruktur können die Effektivität erhöht sowie Reibungsverluste vermieden werden. Das Gleiche gilt für den Wirtschaftsbereich. Auch hier können alle am Wirtschaftsleben des Ortes strategisch Beteiligten gemeinsam arbeiten. Möglich wäre dies z.B. auch für den Veranstaltungs- und Tourismusbereich. Vorhandene strategische Einheiten der Kommunalverwaltung können eingebunden und Synergien in der Arbeit genutzt werden. Die Pressestelle der Kommune könnte die gesamte Pressearbeit aller Handlungsfelder übernehmen bzw. mit anderen Pressestellen organisatorisch verbunden werden. Damit wäre eine effektive und im Sinne von Stadtmarketing koordinierte Pressearbeit möglich. Schlagkräftige neue Organisationsstrukturen wären die Folge.

Das Dach könnte eine Arbeitsgruppe, bestehend aus Vertretern der einzelnen neuen Organisationseinheiten, sein, die sich wöchentlich regelmäßig zu Teamgesprächen treffen, Planungen bekannt geben, Maßnahmen absprechen und neue Ideen erarbeiten. Der Vorsitz sollte nach einer bestimmten Zeit regelmäßig wechseln. Das Controlling-Organ ist die **Steuergruppe**, sozusagen das Aufsichtsgremium dieser neuen Organisationsform.

---

[213]Cimadirekt, 4/1995. Anmerkung des Autors: Der Begriff Citymanager ist mittlerweile in Deutschland die gebräuchliche Bezeichnung für den Innenstadtmanager.

Abb. 93: Agentur Stadt

```
         ┌─────────────────┐
         │  Steuergruppe   │
         │   Controlling   │
         └─────────────────┘

              Agentur Stadt*

         Stadtmarketing
         - Presse
         - Werbung
         - Public Relations
   ┌────────┬──────────┬───────────┬────────────────┐
   │ Kultur │ Tourismus│ Wirtschaft│ Veranstaltungen│
   └────────┴──────────┴───────────┴────────────────┘
```

* Die Agentur Stadt ist ein paritätisch besetztes Gremium, das sich aus den Leitern der einzelnen Bereiche zusammensetzt. Der Vorsitz wechselt.

Quelle: eigene Darstellung

Zweifellos werden sich nicht alle Handlungsfelder für dieses Verfahren eignen, oft wird es auch an den handelnden Personen liegen, ob sie bereit sind, etwas Macht für die altruistische Weiterentwicklung des Ortes abzugeben. Auf jeden Fall wird eine "Agentur Stadt" aber so effektiv arbeiten können wie keine andere Organisationsform.

XVI.4. Die Steuergruppe in der Realisationsphase

Dieses Gremium setzt sich aus Repräsentanten aller maßgeblichen Institutionen und Organisationen des Ortes zusammen. Dazu gehören z.B. je ein/e Vertreter/in der Wirtschaft, des Einzelhandels, der Wissenschaft, der Kultur, des Sports, des Tourismus, der Kommunalverwaltung, des Militärs, der Hochschule, der Stadtplanung, Hotellerie, Gastronomie u.a. Auf die spezifischen örtlichen Meinungsträger sollte Rücksicht genommen werden. So kann in stark konfessionell geprägten Orten auch ein Vertreter der Kirche/n der Steuergruppe angehören. Große und wichtige Interessenvereine könnten genauso dazu gehören wie wichtige, allgemein anerkannte Meinungsbildner. In der Regel werden diejenigen Mitglieder, die bereits in der Steuergruppe von Anfang an den Prozess begleitet haben, auch in der Realisationsphase in der Steuergruppe ihren Sitz haben. Die personelle Zusammensetzung wäre also derjenigen der Projektgruppe ähnlich.

Die Steuergruppe ist das oberste Gremium im Stadtmarketingprozess. Die Leitung sollte die mit der Realisation der Gesamtkonzeption betraute Person haben. Hat die Steuergruppe allerdings eine Aufsichtsratsfunktion, sollte ein Vorsitzender (bzw. eine Vorsitzende) gewählt oder eine Rotation vereinbart werden. Die Steuergruppe tagt regelmäßig mehrmals jährlich. Ihre Aufgabe ist es, die Realisation zu überwachen, eng mit der entsprechenden Umsetzungsorganisation zusammen zu arbeiten, neue Ideen einzubringen, aber auch ggf. eine Modifizierung der Konzeption bzw. des Handlungskataloges vorzunehmen.

Die Mitgliederzahl der Steuergruppe muss überschaubar, das Gremium handlungsfähig sein. Es muss darauf geachtet werden, dass eine Zahl von maximal 12 Personen,[214] die nach Einfluss und Wichtigkeit ihrer Organisation, Institution etc. ausgesucht werden sollten, nicht überschritten wird. Weitere interessierte Personen können über die Mitarbeit in verschiedenen Arbeitskreisen, die auch während der Realisationsphase als dauernde Einrichtung vorhanden sein sollten, rekrutiert werden. Die Arbeitskreise sollten Kernmitglieder haben, die für die kontinuierliche Arbeit verantwortlich sind. Darüber hinaus könnten flexibel, je abzuarbeitendem Projekt, weitere Fachmitglieder auf Zeit hinzugezogen werden. Arbeitskreise sind Unterorganisationen der Steuergruppe und, sofern es keine spezielle Realisationszuständigkeit für einzelne Vorhaben gibt, für die Realisation der in ihren Fachbereich fallenden Projekte zuständig. Zu den Aufgaben der Steuergruppe gehören u.a.

- Ideenentwicklung
- Ideensammlung
- Ideenkoordination (Realisationsteams)
- Ideenbewertung
- Initiativen
- Auswahl der Mitglieder in den Realisationsteams
  (Berücksichtigung der konzeptionellen Vorgaben)
- Überwachung des Prozessablaufes (sachlich und zeitlich).

---

[214] Laux E., „Teamarbeit", AWV Fachbericht Nr. 24, Frankfurt/Main 1976, und Haidack/Brinkmann, Unternehmenssicherung durch Ideenmanagement, Band 2, 1983.

Abb. 94: Abstimmung und Entscheidung durch die Steuergruppe

```
                    Steuergruppe
     ┌──────────┬───────┼────────┬──────────┐
 AG Wirtschaft                              AG Einzelhandel
           AG Tourismus    AG Innenstadt
                 AG Wissenschaft
     │          │          │          │          │
     ▼          ▼          ▼          ▼          ▼
┌─────────────────────────────────────────────────────┐
│ Ergebnisse zwecks Abstimmung und Einbindung ins Gesamtkonzept │
└─────────────────────────────────────────────────────┘
                          │
                          ▼
         Abstimmung und Entscheidung durch die
                    Steuergruppe
```

Quelle: eigene Darstellung

XVI.5. Realisationsteams

Realisationsteams sind wichtig, um die Gemeinsamkeit aller bisher am Stadtmarketingprozess Beteiligten über den konzeptionellen Abschluss hinaus zu sichern. Spezielle Teams sollten für diejenigen Bereiche gegründet werden, in denen eine ständige Koordination erforderlich ist. Dies könnte z.B. für den Bereich Kultur, Tourismus und für die Wirtschaft oder Wissenschaft erforderlich sein. Aber auch spezielle Themen wie ein Stadtjubiläum oder andere temporär begrenzte große Veranstaltungen können die Einsetzung eines Realisationsteams erforderlich machen.

Abb. 95: Realisationsteams in der Realisationsphase

```
                    ┌─────────────┐
                   ╱  Controlling  ╲
                  ╱─────────────────╲

                 ⎛   Steuergruppe   ⎞

                      ╭─────────╮
                     │ Realisations- │
                     │    teams     │
                     │ zum Beispiel: │
                      ╰─────────╯
                    ↙ ↙ ↓ ↓ ↓ ↘ ↘
```

| Wirtschaft | Handel | Wissenschaft | Kultur | Tourismus | Sport | Veranstaltungen |

Quelle: eigene Darstellung

XVI.5.1. Vorteile und Nachteile von Realisationsteams

Alle bisher Beteiligten bleiben weiter in der Verantwortung, sowohl im Controlling als auch in der Realisation. Es besteht eine direkte Anbindung an alle wichtigen Institutionen. Die Organisation ist überschaubar, die Beteiligten können direkt Einfluss nehmen und haben auch ein starkes Interesse, ihre eigenen Ideen zu realisieren. Die Finanzierung kann über ein gemeinsames Konto oder projektbezogen erfolgen. Der Nachteil ist, dass die Mitglieder wechseln. Die Kontinuität könnte dadurch beeinträchtigt werden. Im Laufe der Jahre wird es zu Motivationsverlusten kommen, da evtl. eine Müdigkeit eintritt.

XVI.6. Kleine Aktiengesellschaft

Noch nicht so bekannt sind die Vorteile der Kleinen Aktiengesellschaft, die im August 1994 vom Gesetzgeber verabschiedet wurde.[215] Die Kleine AG eignet sich für die Realisation eines Stadtmarketingprozesses besser als die GmbH. Die Merkmale der Kleinen Aktiengesellschaft sind:[216]

1. In Aktiengesellschaften mit **weniger als 500 Arbeitnehmern** müssen im Aufsichtsrat **keine Arbeitnehmervertreter** vorhanden sein.

2. Die **notarielle Beurkundungspflicht** der Hauptversammlung ist **aufgehoben**; es genügt die Niederschrift des Aufsichtsratsvorsitzenden. Damit entfällt die bisher obligatorische Anwesenheit eines Notars bei der Hauptversammlung. (Ausnahme: Grundlagenbeschlüsse wie z.B. Kapitalerhöhungen, für die eine Dreiviertelmehrheit erforderlich ist; diese sind aber auch bei einer GmbH beurkundungspflichtig.)

3. Musste bisher die Einberufung zur Hauptversammlung stets in den Gesellschaftsblättern der AG und damit im Bundesanzeiger bekannt gemacht werden, so kann der Vorstand bei nicht börsenorientierten AGs nun die Aktionäre durch eingeschriebenen Brief zur Hauptversammlung einladen, sofern sämtliche Aktionäre namentlich bekannt sind. Ferner gestattet das veränderte Aktiengesetz die Abhaltung von Ad-hoc-Vollversammlungen, was die Flexibilität der AG erhöht.

4 Die **Einpersonengründung** – statt bisher fünf Gründern – wird zulässig (§ 2 AktG neue Fassung).

5 Der **Mindestnennbetrag je Aktie** wurde im Rahmen des 2. Finanzmarktförderungsgesetzes auf 5 DM reduziert.

---

[215] Gesetz für kleine Aktiengesellschaften und zur Deregulierung des Aktienrechts.
[216] Heiderich, K., Die Kleine Aktiengesellschaft als neue Rechtsform im Fremdenverkehr, FBV Medien-Verlags GmbH, Limburgerhof 1997.

6 Die Einzelverbriefung der Aktien kann entfallen. Dadurch entfällt der kostenträchtige Druck von Aktien.

7 Dank des so genannten Nachhaftungsbegrenzungsgesetzes endet bei einer Umwandlung einer Personengesellschaft in eine AG nach 5 Jahren die Haftung für Gesellschaftsschulden (Dauerschulden) aus Mietverträgen, Arbeitsverträgen etc.

Dank dieser Änderungen ist die AG konkurrenzfähig mit der GmbH. GmbH und AG sind in der Frage der Mitbestimmung nun rechtlich gleichgestellt. Erst wenn eine Arbeitnehmerzahl von 500 überschritten wird, sind sowohl bei der GmbH als auch bei der AG die Arbeitnehmer zu einem Drittel in den Aufsichtsrat zu wählen. Die Besteuerung in beiden Rechtsformen ist identisch.

Die AG bietet aber gegenüber anderen Kapitalgesellschaften einige Vorteile:

- Die AG ist ungleich **attraktiver für Fremdmanager**, da die Position des Vorstandsmitglieds als Folge der autonomen Stellung hohes Ansehen genießt. Bei einer GmbH oder GmbH & Co. KG kann die Geschäftsführung leicht zum Spielball der Gesellschafterinteressen werden. Anders bei der AG: Hier kann der Vorstand nicht durch die Aktionäre gewählt oder abberufen werden (da der Aufsichtsrat den Vorstand bestellt).

- Die AG genießt in der Bevölkerung und bei Lieferanten einen guten Ruf. Sie gilt als **finanzstark und seriös**.

- Beim Ausscheiden von Gesellschaftern fließt, anders als bei Personengesellschaften, kein Kapital aus dem Unternehmen ab.

- Der Unternehmer/Inhaber kann stufenweise aus dem Unternehmen ausscheiden, indem er stetig sein Aktienpaket verringert.

- Die Rechtsform der AG beinhaltet die **Option eines Börsenganges**. Über die Ausgabe von (stimmrechtslosen) Vorzugsaktien kann Eigenkapital, durch die Emission von Genuss-Scheinen Fremdkapital aufgenommen werden.

- Die **direkte Aufnahme von Eigenkapital** sichert eine gewisse Unabhängigkeit der AG und ist relativ günstig.

- Die verschiedenen Aktienarten ermöglichen eine **differenzierte Einbindung breiter Personenkreise**.

XVI.7. Kommunalverwaltung

Die Vorteile liegen in der vorhandenen Infrastruktur und im Know-how. Kontinuität, Koordination und Kontrolle, eine straffe Organisation und vorhandene Ansprechpartner sind weitere Pluspunkte. Bei einer Anbindung an die Kommunalverwaltung kann der/die (Ober-)Bürgermeister/in[217] den Stadtmarketingprozess zur Chefsache machen und in die Politik einbinden, d.h. politische Beschlüsse und das tägliche Handeln der Verwaltung würden sich eng an den Vorgaben der Konzeption orientieren.

Nachteile wären eine fehlende Neutralität und die dem Stadtmarketingprozess gegenläufige Fixierung in Richtung Kommunalverwaltung. Darüber hinaus ist die Akzeptanz der Verwaltung in der Privatwirtschaft als eher gering anzusehen. Oft fehlt den Verwaltungsstrukturen noch die Flexibilität, die erst durch Modernisierungsprozesse projektiert wird. Einschränkungen durch die Kommunalverfassung und eine zu starre Konzentrierung auf die Verwaltung würden nach und nach beteiligte Institutionen aus der Verantwortung nehmen.

Fazit: Die direkte Anbindung an die Kommunalverwaltung ist ungeeignet. Die mögliche direkte Einflussnahme durch die Politik und Verwaltung könnte parteipolitische Interessen in den Vordergrund rücken und somit das Grundverständnis von Stadtmarketing ad absurdum führen. Diese Lösung sollte nur dann akzeptiert werden, wenn für die Organisation keine oder nur geringe finanzielle Möglichkeiten vorhanden sind bzw. die vorhandenen Gelder in andere Maßnahmen des Stadtmarketings investiert werden sollen. Nicht uninteressant ist das Modell der österreichischen Stadt Bruck an der Mur.

Abb. 96: Citymanagement der Stadt Bruck an der Mur

Vorstandsgremium[218]

Werbegemeinschaft	Stadtverwaltung Bruck an der Mur	Tourismusverband

Citymanagement

Kultur	Handel Dienstleistungen	Tourismus Image	Administration
50 %	20 %	20 %	10 %

Aufgabenbereiche

---

[217] In Niedersachsen noch vereinzelt bis zum Ablauf der Wahlzeiten der (Ober-)Stadtdirektor.
[218] Es ist identisch mit der Steuergruppe.

XVI.8. Eingetragener Verein (e.V.)

Ein Verein ist die leichteste Möglichkeit, Privatpersonen für eine gemeinsame Arbeit zu binden. Der im Vereinsregister eingetragene Verein hat eine bekannte rechtliche Struktur. Die Mitgliedschaft ist einfach zu erreichen. Ein Verein kann geringe Betriebskosten haben und flexibel und dynamisch sein. Er bietet optimale Voraussetzungen für Kommunikation und Kooperation. Er kann unabhängig von Politik, Fördermitteln und Verwaltungen agieren. Die Hemmschwelle für Interessierte, dem Verein beizutreten, ist niedrig.

Ein Nachteil ist die instabile Konstruktion. Ein eingetragener Verein muss mindestens sieben Mitglieder haben. Es besteht eine Zahlungsverpflichtung durch Beiträge. Die Vereinsstruktur kann den Aufbau von arbeitsfähigen Gruppen behindern. Die Haftung ist auf das Vereinsvermögen begrenzt. Bei einer Gewinnorientierung verliert der Verein seine Gemeinnützigkeit. Zahlreiche Regelungen müssen in Verbindung mit der Vereinsgründung in der Satzung getroffen werden, wie die Festlegung der Vereinsziele, Vertretungsrechte, Zuständigkeiten, Stimmenverhältnisse, Kostenverteilung und Beiträge.

Fazit: Ein eingetragener Verein ist für die Realisation im Stadtmarketing nicht auf Dauer geeignet, sondern nur für eine Übergangszeit.

XVI.9. Loser Arbeitskreis

Beitreten kann diesem Arbeitskreis jeder, der Interesse hat. Die Städte Hamm und Frankenthal wählten diese Form. Der Zusammentritt ist zwanglos, kein Mitglied übernimmt irgendwelche Verpflichtungen. Der Vorteil ist darin zu sehen, dass alle Interessierten mitwirken können. Es gibt keine Eintrittsbarrieren. Eine institutionelle Struktur wird vermieden.

Der Nachteil liegt darin, dass die Gruppe unübersichtlich werden kann. Je größer sie ist, umso weniger wird eine erfolgreiche Arbeit möglich sein. Eine klare Aufgabenverteilung ist nicht möglich. Die Finanzierung ist unverbindlich, es besteht keine Planungssicherheit. Verantwortlichkeiten und Zuständigkeiten sind nicht geregelt, sondern müssen erst gemeinsam beschlossen werden. Die Einsatzfreude lässt ggf. mit der Zeit nach. Ein problemloses Ausscheiden von Personen aus dem Arbeitskreis ist möglich und beeinflusst dadurch die Verantwortung einzelner negativ.

Fazit: Ein loser Arbeitskreis ist für die Realisation im Stadtmarketing nur in kleinen Kommunen geeignet.

XVI.10. Gesellschaft des bürgerlichen Rechts (GbR)

Die Gesellschaft des bürgerlichen Rechts (GbR) bietet eine weitgehende Gestaltungs- und Kontrollmöglichkeit. Der Gesellschaftsvertrag wird auf die speziellen Bedürfnisse ausgerichtet.

Vorteil: Diese Rechtsform ist ideal, solange die Aufgabenstellung und die Strukturen noch nicht endgültig feststehen. Ein Nachteil ist, dass die einzelnen Gesellschafter uneingeschränkt haften.

Fazit: Die Gellschaft des bürgerlichen Rechts hat keine Priorität im Stadtmarketing.

XVI.11. Gesellschaft mit beschränkter Haftung (GmbH)

Die GmbH hat eine stabile Konstruktion. Es besteht ein Kosten- und Ertragsbewusstsein sowie eine Haftungsbeschränkung. Die GmbH hat den Gewinn zum Ziel. Es besteht eine Eigenverantwortlichkeit als Unternehmen. Die GmbH steht für Professionalität und Effizienz.

Eine selbständige Arbeit ist möglich. Die Geschäftsführung besitzt gegenüber den Gesellschaftern eine Eigenständigkeit, kann zielgerichtet arbeiten, ohne jeweils Abstimmungen durchführen zu müssen. Die Kontrolle gewährleistet die Gesellschafterversammlung. Ein Stammkapital von 50.000 DM ist erforderlich sowie eine Stammeinlage von 500 DM pro Gesellschafter.

Die Nachteile liegen in der grundsätzlichen Aufrechterhaltung des Stammkapitals. Dies bedeutet eine unnötige Kapitalbindung. Ferner besteht ein finanzieller und personeller Aufwand durch die Bilanzierung und die Prüfungspflicht der GmbH. Die GmbH ist eine geschlossene Gesellschaft, in der die anderen beteiligten Institutionen über die Gesellschafterversammlung Einfluss nehmen können.

Fazit: Die GmbH ist für die Realisation im Stadtmarketing nicht besonders geeignet, da an dem Prozess Beteiligte sich nach und nach aus der Verantwortung zurückziehen können. Eine GmbH wird sich mit der Gewinnerzielung beschäftigen und dabei ggf. die gemeinsam festgelegten Ziele (Konzeption, Maßnahmenkatalog) vernachlässigen. Beispiele wie in Essen und Gelsenkirchen zeigen, dass sich Stadtmarketing in dieser Organisationsform zur Event-GmbH entwickelt.

Allerdings könnte eine GmbH (oder mehrere für bestimmte Ziele gegründete GmbHs) den Realisationsprozess unterstützen. GmbHs bieten sich an für die Umsetzung der Konzeption im Bereich von Veranstaltungen, Werbung usw. Eine GmbH ist möglich, wenn eine Aufgabe nur durch eine organisatorische Einheit **allein** erfüllt werden kann, die zur Finanzierung dieser Aufgabe auch Gewinne erzielen darf.

Abb. 97: Organisationsformen in der Realisationsphase

Organisationsformen:
- Agentur Stadt
- Kleine AG
- GmbH
- GbR
- Verein
- Steuergruppe Stadtmarketing/AGs
- Arbeitskreis
- Kommunalverwaltung

Quelle: eigene Darstellung

XVI.12. Finanzierung

Die Analyse- und die Konzeptionsphase im Stadtmarketingprozess erfordern erhebliche finanzielle Mittel, die – und daher sind alle gefordert – nicht durch eine Institution allein aufzubringen sind. Mit Kosten, die in einer Stadt kaum unter DM 200.000 liegen, muss gerechnet werden. Bei einem entsprechenden Auftragsumfang kann leicht die Summe von 500.000 DM überschritten werden.

Diese Zahlen sollten aber nicht abschrecken. Es ist auch möglich, Stadtmarketingprozesse mit weit weniger als 200.000 DM zu verwirklichen. In kleinen Kommunen werden die Kosten noch niedriger sein. Dazu bedarf es einer intensiven unterstützenden Arbeit durch Steuer- und Arbeitsgruppen und später einer anderen organisatorischen Einheit, welche die Realisation begleitet. Eine Kostensenkung ist auch durch die Beteiligung von Hochschulen möglich, die über entsprechende wissenschaftliche Möglichkeiten verfügen.

Die Budgetplanungen sollten für einen längeren Zeitraum, mindestens fünf Jahre, ausgerichtet sein. Allein die von der Agentur Springer & Jacoby für die Hansestadt Hamburg durchgeführte Imagekampagne im Rahmen des Stadtmarketingprozesses lief zwei Jahre lang mit einem Etat von etwa 13 Millionen Mark. 1993 wurde die Kampagne wegen finanzieller Probleme eingestellt. Doch das Ziel der Agentur,

Hamburg als bedeutende Stadt mit positiver Ausstrahlung in vielen Bereichen neu zu positionieren, wurde in der kurzen Zeit dank des enormen finanziellen Einsatzes erreicht.

Ein Merkmal der Finanzierung im Stadtmarketing ist die Partnerschaft zwischen öffentlichen und privaten Trägern. Wer finanziert, hat auch ein Interesse daran, dass seine finanziellen Mittel erfolgreich eingesetzt werden mit dem Ziel, später eine Rendite zu erzielen. Aus diesem Grund wird jeder, der sich finanziell eingebracht hat, auch intensiv mitarbeiten.

Für die gemeinsame Finanzierung hat sich der aus den USA stammende Begriff der Public Private Partnership (PPP) durchgesetzt. Im Gegensatz zu den USA wird diese Partnerschaft in Deutschland jedoch nur langsam populär. Hier besteht immer noch die Meinung, dass durch die Zahlung von Steuern, Gebühren und Abgaben der finanzielle Anteil an dem Stadtmarketingprozess bereits erbracht werde.

Die Public Private Partnership definiert sich als die „Bildung von Kommissionen oder Institutionen, denen **gleichberechtigte Vertreter** der **privaten Wirtschaft** und der **öffentlichen Verwaltung** angehören."[219] Die meist langfristig angelegten Projekte werden gemeinsam finanziert, wobei alle Beteiligten ihr Know-how und ihre Finanzierungsmöglichkeiten einbringen. Die zunehmende Bedeutung von Public Private Partnerships bei der Realisation wichtiger Projekte führt notwendigerweise zu einer weiteren Annäherung zwischen den öffentlich-rechtlichen Körperschaften und dem privaten Bereich.

Die Finanzierung kann durch **zusätzliches Sponsoring** ergänzt werden, das auf dem Prinzip des gegenseitigen Leistungsaustausches beruht. Hierbei stellt ein Unternehmen der geförderten Institution oder Person Geld, Sachmittel und/oder Dienstleistungen mit der Intention zur Verfügung, hierfür eine wirtschaftlich relevante oder ideelle Gegenleistung zu erhalten. Sponsoring gewinnt im Stadtmarketing immer mehr an Bedeutung, da sich Firmen oder Personen punktuell an der Finanzierung bestimmter Projekte beteiligen können.

Eine Finanzierung im Rahmen der Private Public Partnership kann auch durch die Kombination unterschiedlicher Methoden gesichert werden. Geprüft werden sollte auch, ob projektbezogen externe Fördermittel der Europäischen Union, des Bundes oder des Landes zur Verfügung stehen.

Eine unumstößliche Voraussetzung für einen Stadtmarketingprozess ist die gemeinsame Finanzierung. Nur wer mitbezahlt, übernimmt auch Verantwortung, fühlt sich für den Gesamtprozess mitverantwortlich. Eine gemeinsame Finanzierung ist die Voraussetzung für ein erfolgreiches Vorgehen. Auf keinen Fall darf die Finanzie-

---

[219] Vgl. Häussermann (Hrsg.), Ökonomie und Politik in Industrieregionen Europas. Probleme der Stadt- und Regionalentwicklung in Deutschland, Frankreich, Großbritannien und Italien, Basel/Boston/Berlin 1992, S. 27.

rung nur durch die Kommunalverwaltung erfolgen, da damit die Stadtmarketingidee konterkariert wird.

Bei der Finanzierung sind mehrere Möglichkeiten gegeben. Die gemeinsame Finanzierung der Analyse und Konzeption (evtl. für Meinungsforschungsinstitute und begleitende Agenturen) erfolgt durch **alle** am Prozess Beteiligten. Auch in der Phase der Konzeption fallen Kosten an (z.B. für externe Moderatoren und Beratung). Sollten einzelne Bereiche wie Kultur, Wissenschaft oder Sport dazu nicht in der Lage sein – Bereiche also, die bereits vorher durch Sponsoring ihre Haupteinnahmen erzielten –, so müssen andere, finanzkräftigere Partner diese Anteile übernehmen. Schon durch eine derartige Einigung werden erste Weichen für eine Public Private Partnership gestellt.

Für einzelne Maßnahmen, die in der Konzeption erarbeitet wurden und in der Zukunft realisiert werden sollen, müssen im Handlungskatalog detaillierte Finanzierungsaussagen getroffen werden. Maßnahmen können durch externe Investoren finanziert werden, die noch gesucht werden müssen oder zu denen es bereits Kontakte gibt. Eine weitere Möglichkeit ist die gemeinsame Finanzierung durch alle am bisherigen Prozess Beteiligten. Es besteht aber auch die Möglichkeit, dass die Kommune die Finanzierung bestimmter Vorhaben sicherstellt oder verschiedene private Beteiligte dies garantieren. Auch über Sponsoring können Maßnahmen umgesetzt werden. Hierbei muss es sich nicht um Unternehmen handeln, die am Stadtmarketingprozess mitwirkten. Auch ein Mix verschiedener Partner ist möglich.

Beispiel

In einer größeren Stadt wurde der Neubau eines Fußballstadions durch den Verkauf des alten Stadions und des dazu gehörenden Geländes an ein Bauunternehmen verwirklicht. Aus dem Erlös wurde das neue Stadion weitgehend finanziert. Die finanzielle Unterdeckung wurde durch Unternehmen ausgeglichen, die sich dem Sport verbunden fühlten, sowie durch Sponsoren, die für sich selbst in der künftigen Nutzung des Stadions Vorteile sahen.

Abb. 98: Finanzierung in den drei Phasen

Finanzierung

A. Verfahrenskosten der Analyse und der Konzeption

anteilig durch alle Prozessbeteiligten

B. Maßnahmen aus den Handlungsfeldern

externe Investoren	private Beteiligte	öffentlich-rechtliche Beteiligte	Mix	Sponsoren

C. Realisations-Instrumentarien

gemeinsame anteilmäßige Finanzierung

Quelle: eigene Darstellung

XVI.13. Controlling

Abschließend ist zu prüfen, ob die angestrebten Ziele des Stadtmarketingprozesses erreicht wurden und/oder Handlungsempfehlungen für den weiteren Verlauf gegeben werden müssen. Im dem Stadtmarketing werden drei Controllingformen unterschieden:

- Prämissenkontrolle (Entscheidungsgrundlagen),
- Ergebniskontrolle (Abweichungen des Soll-Werts vom Ist-Wert),
- Verfahrenskontrolle (Vorgänge und Verhalten).

Controlling ist für die ökonomischen und nicht ökonomischen Bereiche möglich.

ökonomisch	nicht ökonomisch
Steigerung des Einzelhandels Steigerung der Touristenzahl Unternehmensansiedlungen Besuch von Veranstaltungen Steuereinnahmen Investitionen etc.	Image Veröffentlichungen Steigerung des Bekanntheitsgrads Hörfunk-/Fernsehsendungen etc.

XVI.13.1. Controlling der Konzeptionen der Handlungsfelder

Die gerade realisierten Maßnahmen müssen regelmäßig überprüft und bei Abweichungen vom Ziel korrigiert bzw. modifiziert werden. Hierfür ist sowohl die Steuergruppe als Controlling-Organ als auch die spezifische, in dem jeweiligen Bereich tätige Arbeitsgruppe zuständig.

Bewusst wird nicht der Begriff **Kontrolle** gewählt, da hierunter die „Überwachung, Nachprüfung und Aufsicht" [220] verstanden wird. Dagegen wird die Qualitätskontrolle in der wirtschaftlichen Definition als **Controlling** bezeichnet. Controlling ist für den Stadtmarketingprozess treffender, da es als „Teilfunktion der Unternehmensführung, die Planungs-, Kontroll-, Steuerungs-, und Koordinationsaufgaben wahrnimmt, um die Entscheidungsträger mit den notwendigen Informationen zur Steuerung des Unternehmens zu versorgen. Das von Controllern durchgeführte Controlling umfasst u.a. Analysen, betriebswirtschaftliche Methodenwahl, Entscheidungsvorbereitung, Investitions- und Wirtschaftlichkeitsberechnungen."[221]

---

[220] Der Brockhaus, a.a.O., S. 474.
[221] Ebenda, S. 67.

Ein einheitliches Controlling ist immer noch ein besonderes Problem im Stadtmarketing. Teilweise besteht bislang ein großes Defizit in der Auswertung der realisierten Maßnahmen. Nur 4 Prozent der Städte führen umfangreiche Analysen durch, allerdings sprechen 66 Prozent davon, diese zu planen und ansatzweise umzusetzen. Aus der geringen Beachtung des Erfolgscontrollings folgert Töpfer, daß „in vielen Kommunen Stadtmarketing noch kein ganzheitlicher und iterativer Planungs- und Gestaltungsprozess ist."[222]

Zum Erfolgscontrolling gehören einerseits die Überwachung und Anleitung sowie andererseits die Regelung und Steuerung. Im Kern sollte das Controlling ein permanenter Soll-/Ist-Vergleich sein. Dazu bedarf es operationalisierter oder zumindest quantifizierbarer Ziele. Hier können im Rahmen der konzeptionellen Arbeit bereits im Maßnahmenkatalog grundlegende Fakten vereinbart werden. Gemäß der schriftlichen Befragung des Deutschen Instituts für Urbanistik (DifU)[223] nach den häufigsten Zielen des Stadtmarketings, lässt sich feststellen, dass sie nur schwer oder gar nicht mit speziellen, auf die jeweilige Stadt zutreffenden Zahlen als quantifizierbare Zielvorgaben konkretisiert werden können. Darüber hinaus ist festzustellen, dass tendenziell als die wichtigsten Ziele solche angegeben wurden, die allgemeiner formuliert und abstrakter sind.

Abb. 99: Operationalisierte Ziele

Operationalisierte Ziele

Zielinhalt[224]   Zielausmaß[225]   Zieltermin[226]   Zuständigkeitsträger[227]

Quelle: eigene Darstellung

Gemäß den vorliegenden Ergebnissen ist es deshalb erforderlich, über Indikatoren und Meinungsumfragen bei Einwohnern, Unternehmern, Konsumenten oder Gästen jährlich neutrale Bestandsaufnahmen vorzunehmen. Dazu gehört auch eine Erfolgskontrolle, die fest in der Stadtmarketingorganisation zu verankern ist. Nur wenn

---

[222] Töpfer, A. (Hrsg.), Stadtmarketing, S. 124.
[223] Befragung von 325 Städten im Herbst 1995, Rücklaufquote 78 Prozent; vgl. Kaiser, a.a.O., S. 1 ff.
[224] Sachlich erwünschte Zieldimension.
[225] In optimaler oder maximaler Betragsangabe.
[226] Zeitpunkt oder -raum zur Erreichung.
[227] Verantwortliche Person oder Stelle.

Abweichungen von den gesetzten Zielen erkannt werden, sind auch Korrekturen möglich.

XVI.13.2. Controlling der Konzeptionen im operativen Bereich

Sind die Ziele der Konzeptionen durch die Festlegungen des Handlungskataloges leicht auf eine erfolgreiche Verwirklichung zu prüfen, so ist dies im Bereich der operativen Konzeptionen etwas schwieriger. Zu dem Controlling der operativen Konzeptionen gehören die folgenden Aspekte.

XVI.13.2.1. Controlling der Pressearbeit[228]

Die Erfolgskontrolle der Pressearbeit muss eine quantitative und qualitative Auswertung beinhalten. Es muss geklärt werden, ob ein Thema angenommen und ob es positiv, neutral oder negativ in den Medien behandelt wurde. Auch die Akzeptanz in unterschiedlichen Medien muss analysiert und bewertet werden. Akzeptanzunterschiede sind bei einzelnen Journalisten, in Redaktionen, aber auch bei den Publikationsarten festzustellen. Gefragt werden muss, ob das Thema eine Informationslücke darstellte und/oder dadurch sogar weiteres Interesse in der Zukunft zu erwarten ist.

Zur **quantitativen Erfolgskontrolle** gehört es festzuhalten, wie viele Einladungen ausgesprochen, Berichte, Fotos veröffentlicht oder gesendet wurden. Zu berücksichtigen ist auch der Umfang der Veröffentlichung (z.B. als Meldung, Nachricht oder längerer Bericht). Ein weiterer Faktor ist der zeitliche Versatz, d.h. die Beantwortung der Frage, ob nur unmittelbar nach der Pressekonferenz berichtet wurde oder ob das Thema noch einige Zeit später in der Berichterstattung vorhanden war. Auch die Platzierung einer Nachricht (z.B. auf Seite 3 oder 6, rechts oben oder links unten) zeigt qualitative Unterschiede, die aus dem Leserverhalten der Konsumenten abzuleiten sind.

Abb. 100: Erfolgskontrolle der Pressearbeit

```
              Erfolgskontrolle
               /          \
         Qualität        Quantität
```

Quelle: eigene Darstellung

---

[228] Vgl. Konken, M., Pressekonferenz und Medienreise, FBV Medien-Verlags GmbH, Limburgerhof 1999.

Ausschnittdienste ermöglichen eine Übersicht und Kontrolle über die Veröffentlichungen zu dem Thema einer Pressekonferenz. Für Hörfunk und Fernsehen gibt es spezielle Beobachtungsfirmen. Die bekannteste ist die Firma Observer,[229] die mit dem Ausschnittdienst argus media zusammenarbeitet. Beobachtet werden über 70 deutsche TV-Kanäle inklusive aller öffentlich-rechtlichen, privaten und regionalen Programme. Dazu kommen über 600 Tageszeitungen, 1000 Publikums- und Fachzeitschriften sowie Wochenzeitungen, Nachrichtenmagazine und ca. 1000 Anzeigenblätter. Zusätzlich können 450 Internetpublikationen ausgewertet werden. Aber auch die Firma Metropol[230] fertigt Presseausschnitte, macht Presseanalysen und Pressespiegel. Für Pressekonferenzen eignen sich so genannte Event-Reports, die alle inhaltlichen, qualitativen und quantitativen Veröffentlichungen zu einem Event erfassen. Über das Internet lassen sich mittlerweile täglich Berichte aus den größten Printmedien abfragen.

Zu den umfangreichsten Suchmaschinen für Presseartikel gehören www.paperazzi.de oder www.paperboy.de. Darunter zu verstehen sind Informationssuchsysteme für tagesaktuelle Nachrichten. Mit paperazzi oder paperboy[231] kann zum einen in den täglichen Meldungen von mehr als hundert der wichtigsten Nachrichtenanbieter gesucht und zum anderen eine persönliche Tageszeitung erstellt werden, die jeden Morgen als E-mail zugestellt wird. Dieser Service ist kostenlos. Im Suchdienst paperazzi sind zur Zeit über 120.000 Artikel abrufbar. Weitere Suchmaschinen ergänzen laufend das Angebot.

Ist bekannt, wo und wann ein Beitrag gesendet wurde, besteht auch die Möglichkeit, über die entsprechende Archivstelle der einzelnen Medienanstalten einen Mitschnitt zu erhalten. Dieser ist nicht kostenlos, und oft verweisen die Medienanstalten an Auswertungsfirmen. Mitschnitte dürfen in der Regel aufgrund des Urheberrechts nur für Archivzwecke verwendet werden.

Eine Erfolgskontrolle ist mit Kosten verbunden. Es sollte daher vorher in Erfahrung gebracht werden, was eine Medienbeobachtung durch spezielle Firmen kostet, um teure Überraschungen zu vermeiden.

Die Möglichkeiten, **qualitative Analysen** zu nutzen, sind vielfältig. In der Regel ist von Interesse, wie sich eine Kampagne auswirkte, welche Resonanz ein Messeauftritt und eine Pressekonferenz hatten oder zu welchen qualitativen Ergebnissen die kontinuierliche Medienarbeit führt. Agenturen vergleichen auch Konkurrenzorte. Auf diese Weise erhalten Städte und Gemeinden ein zusätzliches Stärken-/Schwächen-Profil, das für die klare Definition von Kommunikationszielen und für deren taktische Umsetzung unerlässlich ist. Auch im Sponsoringbereich lassen sich so verlässliche Daten ermitteln. Sponsoren haben genau wie Unternehmen und Institutio-

---

[229] Observer RTV Medienauswertungen GmbH, Merkurstr. 7, 76530 Baden-Baden.
[230] Metropol Gesellschaft E. Matthes & Co. mbH, Uhlandstr. 184, 10623 Berlin.
[231] Heurics Systemhaus, Leonhardtstraße 8, 30175 Hannover, Telefon (171) 6422550, E-mail: webmaster@paperboy.net.

nen ein großes Interesse daran, zu erfahren, wie und in welchem Umfang ihr Name in der Berichterstattung über die geförderten Ereignisse genannt wurde.

Medienagenturen bieten Leistungen für Analysen, die erprobte Standards und speziell entwickelte Programme beinhalten:

- Analyse der Medienpräsenz: In welchem Umfang berichten die Medien über ein Thema (z.B. über Produkte, Events, Wettbewerber, Personen)?
- Analyse des Medienimage: Welches Bild vermitteln die Medien zu einem Thema?
- Analyse der Medienresonanz: Welchen Erfolg hatten einzelne Pressemitteilungen/-konferenzen etc. und ihre Botschaften?

Im Einzelnen beinhaltet die Medienanalyse:

1. Analyse der Medienpräsenz
 – Anzahl der Meldungen/Beiträge
 – erreichte Auflagen/Reichweiten
 – Durchdringungsnachweis
 – Größe der Meldungen/Länge der Beiträge
 – Anzeigen-/Preis-Äquivalent

1 a. In welchen Medien/Ausgaben?
 – zeitliche Verteilung (z.B. Präsenz nach Tagen, Wochen, Monaten)
 – regionale Verteilung (z.B. Bundesländer, internationale Verteilung)
 – Verteilung der Medienarten (Publikationsarten/Sender)
 – Top Ten (welche Medien berichteten am häufigsten?)
 – Negativlisten (in welchen Medien wurde nicht berichtet?)

1 b. Welche Aufmerksamkeit?
 – Platzierung der Suchbegriffe
 – Deutlichkeit von Platzierungen im Bild
 – Text-/Bild-Relation
 – Gewichtung (von der exklusiven Beachtung bis zur Randerwähnung)
 – Präsenzwert (Kennziffer für die Präsenz von Sponsoren)

2. Analyse des Medienimage
 – Analyse nach inhaltlichen Kategorien und Themen
 – Themenkarrieren und -lebenszyklen
 – Bewertung/Akzeptanzniveau (Kennziffer für die Tendenz der Berichterstattung)
 – journalistische Darstellungsformen
 – Imagefaktoren
 – Meinungen/Kernaussagen
 – Bildinhaltsanalyse/Motive
 – Akteure/Urheber.

3. Analyse der Medienresonanz (Input-/Output-Analyse)
a) Erfolg einzelner Pressemitteilungen oder einzelner Botschaften
b) Grad der Transformation des PR-Materials durch die Redaktionen
   (z.B. Vollständigkeit, Bewertung)
c) Fremd-/Eigeninitiierung (wie viel Prozent der Berichterstattung ist selbst ausgelöst, wie viel fremdbestimmt?)
d) Autorennachweis
e) Agenturnachweis.

XVI.13.2.2. Controlling der Public Relations

Eher nur atmosphärisch kann der Erfolg von PR-Maßnahmen beurteilt werden. Dies geschieht durch subjektive Eindrücke von PR-Praktikern. In die Urteilsbildung können auch Kommentare und Stellungnahmen von Kollegen oder von angesprochenen Zielgruppen einfließen.

Allerdings sollte die Beurteilung von PR-Maßnahmen nicht nur auf subjektiven Eindrücken basieren. Zur richtigen Abschätzung der Reaktionen auf die Botschaften und Aussagen der Public Relations müssen vielmehr objektive Kriterien herangezogen werden. Neben den Reaktionen der Medien sind die Wirkungen bei allen durch die Öffentlichkeitsarbeit angesprochenen Zielpersonen zu ermitteln. Folglich ist eine Wirkungsanalyse bei den Zielgruppen vorzunehmen. Der Bekanntheitsgrad sowie das Image einer Stadt oder Gemeinde können beispielsweise mit Hilfe von Befragungen ermittelt werden. Weitere Möglichkeiten der Wirkungskontrolle bieten die Zahl der Besucher bei Veranstaltungen, der Touristen im Jahresdurchschnitt, der Bettenauslastung in den Hotels, der Neuansiedlungen etc. Auch ein Feedback bei Meinungsbildnern, die bewusst als Zielgruppen in den Prozess einbezogen wurden, zeigt Tendenzen für PR-Maßnahmen.

Problematisch ist die Zurechenbarkeit der Wirkungen bei den Zielgruppen. Ein Erfolg kann auf den PR-Einsatz zurückzuführen sein, aber auch auf den Einsatz anderer kommunikationspolitischer Maßnahmen, z.B. im Rahmen der Werbung oder durch Verkaufsförderungsaktionen.

In Anbetracht der strategischen Bedeutung der PR und der hohen Kosten für aufwendige PR-Kampagnen wird von den Verantwortlichen im Stadtmarketing in zunehmendem Maße der Erfolg der Aktivitäten auf den Prüfstand gestellt. Aufgrund finanzieller Einschränkungen und begrenzter Kommunikationsbudgets wird deshalb immer häufiger der Nachweis des konkreten Nutzens der Public Relations verlangt.

XVI.13.2.3. Controlling von Veranstaltungen

Ein **Veranstaltungscontrolling** bezieht die systematische Überprüfung und Beurteilung der Planung und Realisation ein. Fehler sollen frühzeitig aufgedeckt werden, um eine rechtzeitige Korrektur vorzunehmen. Im allgemeinen werden zwei Formen des Controlling angewandt. Dies ist zum einen das Controlling während des Prozesses (Planung und Realisation) und zum anderen das des Ergebnisses.

Hierbei werden mehrere Wirkungsdimensionen[232] unterschieden, und zwar

- die **kognitive** Dimension (Wissen- und Erinnerungswirkungen),
- die **affektiven** Reaktionen (Einstellungs- und Imagewirkungen),
- die **Breitenwirkung**, die sich auf die Zahl der erreichten Personen durch mittelbare Teilnahme bezieht,
- die **Tiefenwirkung**, die sich auf Einstellungen und Bedürfnisse der Besucher bezieht. Dabei wird nach der zeitlichen Wirkung unterschieden. Momentane Wirkungen sind kurzfristige Reaktionen wie Aufmerksamkeit und Akzeptanz. Dauerhalte Wirkungen zeigen sich im Image und im Zufriedenheitsniveau.

Der **Erfolg** einer Veranstaltung sollte direkt nach ihrem Ende festgestellt werden. Es muss analysiert werden, inwieweit die Ziele erreicht wurden bzw. inwieweit es Abweichungen gab. Viecenz stellt fest, „daß die Messung der ausgelösten Wirkungen eine notwendige Voraussetzung für die Beurteilung des erreichten Erfolgs ist und ein bedeutender Input für zukünftige Maßnahmenplanungen im Event-Marketing."[233]

In der Praxis wird die Erfolgskontrolle, die sehr zeit- und kostenabhängig ist, selten oder sporadisch vorgenommen. Nach den besonderen Belastungen, die eine Veranstaltung zwangsläufig mit sich bringt, kehren die Veranstalter nach dem offiziellen Ende schnell zur Tagesarbeit zurück. Vielfach sind die Besucherzahlen (oft nur Schätzungen) oder Verkehrsstaus das Maß für den Erfolg oder Misserfolg einer Veranstaltung. Zudem werden bei mehrtägigen Veranstaltungen **Besucher**zahlen genannt, die aber nur **Besuche** sein können, da gerade bei kostenfreien Veranstaltungen Personen mehrmals, ja sogar mehrmals am Tag, die Veranstaltungen besuchen (Volksfeste u.ä.). Aus diesem Grund sind in den Besucherzahlen Mehrfachbesuche einzelner Personen enthalten, die ein falsches Bild geben.

Ein weiteres beliebtes Kriterium ist die Auflistung der Kfz-Kennzeichen, um festzustellen, aus welchem Einzugsbereich die Besucher kommen. Auch dies ist eine ungenaue Methode, da sowohl Einzelpersonen als auch mehrere Personen mit einem Pkw anreisen können. Allerdings lässt sich ein Trend erkennen, der aber nur

---

[232] Busch, R./Dögl, R./Unger, F., Integriertes Marketing, Wiesbaden 1995, S. 280.
[233] Viecenz, T., Jubiläumsmarketing, Hallstadt 1995, S. 354.

messbar ist, wenn während des gesamten Veranstaltungszeitraums eine Überprüfung erfolgt. Probleme dürfte die Unüberschaubarkeit mehrerer Parkplätze, Park-and-Ride-Möglichkeiten sowie die Anreise mit öffentlichen Verkehrsmitteln verursachen.

Viele Veranstalter sind der Ansicht, dass eine positive Inszenierung schon einen Erfolg bei allen Beteiligten hervorruft und danach eine weitere Analyse nicht mehr nötig ist. Ein Resümee ist oft die einzige Maßnahme, die nach einer Veranstaltung erfolgt. Wurde aber im Vorfeld eine präzise Zieldefinition vorgenommen, so ist es unabdingbar, auch zu prüfen, inwieweit die Ziele mit der Veranstaltung erreicht wurden.

Bewährt hat sich nach einer Veranstaltung, am besten unmittelbar am Tag danach, auch ein Brainstorming-Verfahren, das Positives und Negatives gegenüberstellt. Hierbei sollten möglichst viele der Organisatoren teilnehmen, und zwar auch diejenigen, die im weitesten Sinne für die Umsetzung verantwortlich waren.

XVI.13.3. Gesamtcontrolling

Ein Erfolgscontrolling des gesamten Stadtmarketingprozesses sollte nach einem bestimmten Zeitraum erfolgen. Dies kann durch eine erneute Imagekampagne geschehen, die auf Vergleichen mit den Ergebnissen der ersten Imageanalyse basiert.

Die Überprüfung der ökonomischen Fakten sollte Hinweise auf Verbesserungen und Erfolge aufzeigen. Dies muss anhand der Zielvorgaben des Handlungskatalogs erfolgen. Durch statistische Erhebungen können so z.B. Steigerungen der Übernachtungszahlen, Neuansiedlungen, Investitionen, Veranstaltungen, neue Baugebiete, kulturelle und sportliche Veranstaltungen verglichen werden.

Da im Stadtmarketing davon ausgegangen wird, dass sich erste Erfolge nach ca. fünf Jahren zeigen, sollten aussagekräftige Untersuchungen erst zehn Jahre nach Beginn der Realisationsphase vorgenommen werden. Unbenommen bleibt es aber, bereits nach fünf Jahren die tendenzielle Entwicklung zu untersuchen.

XVII. Probleme

Die folgenden Ausführungen beschäftigen sich mit der falschen Interpretation und Anwendung des Stadtmarketings, die zu Problemen führen können. In einer Umfrage des Deutschen Instituts für Urbanistik (DifU) vom Herbst 1995 wurden einige Probleme des Stadtmarketingprozesses deutlich. Vertreter der befragten Städte, in denen ein Stadtmarketingprozess lief bzw. die sich schon in der Realisationsphase befanden, sahen als größtes Problem das unterschiedliche Verständnis.

XVII.1. Beteiligte

Stadtmarketing soll einen möglichst großen Teil der Bevölkerung ansprechen. Es stellt sich aber die Frage, wie groß das Verständnis in der Bevölkerung für einen Marketingprozess ist. Das Modifizierte Public Awareness Verfahren kann hierzu als Vorfeldanalyse wichtige Hinweise geben. Es untersucht das öffentliche Bewusstsein und den Grad der vorhandenen Gemeinsamkeit, das Wir-Gefühl. Kommt es hierbei zu negativen Ergebnissen, wird sich ein Stadtmarketingprozess schwierig gestalten, wird länger dauern als in anderen Orten oder kann sogar scheitern. Die Ergebnisse einer derartigen Untersuchung helfen, den Verlauf eines Stadtmarketingprozesses realistisch einzuschätzen.

Die Methode will einen aussagefähigen Handlungsbedarf für Stadtmarketing analysieren. Nach der Untersuchung wird deutlich, wie negativ oder positiv die Einwohner ihre Kommune sehen, ob es dafür begründete Meinungen gibt oder ob einfach nur die allgemeine Einstellung zur eigenen Stadt/Gemeinde positiv oder negativ ist. In den ersten beiden Stufen der Untersuchung werden die jeweiligen Entwicklungen der einzelnen Handlungsfelder in den letzten vier Jahren und für die nächsten vier Jahre positiv oder negativ bewertet.

Ziel ist die aktuelle Einschätzung der Lebenssituation in der jeweiligen Stadt oder Gemeinde. Das Ergebnis gibt Erklärungen für bestimmte Einstellungen und Verhaltensweisen. Ein besonderes Gewicht hat dabei der Aspekt Altruismus, da er für die abschließende Bewertung des Wir-Gefühls von besonderer Bedeutung ist. Je größer die altruistische Einstellung ist, umso größer wird der Erfolg eines Stadtmarketingprozesses sein.

XVII.2. Grundverständnis von Stadtmarketing

Manche Probleme beruhen auf einer falschen Definition des Begriffs Stadtemarketing. Auf diese Fehlerquelle wurde bereits ausführlich in Kapitel IV dieses Buches hingewiesen. Wenn bereits die Idee des Stadtmarketings falsch verstanden wird, hat dies in der Regel negative Folgen für den gesamten Prozess. Deshalb müssen alle an dem Stadtmarketing Beteiligten sich zu allererst mit der Definition des Begriffes auseinandersetzen. Dieses Buch leistet dazu einen Beitrag.

XVII.3. Die Akteure im Stadtmarketing

Die Akteure müssen ein Teil des Ganzen sein. Sie dürfen keine eigenen Interessen in den Vordergrund stellen, sondern müssen altruistisch denken und handeln. Positiv sind **gesellschaftliches Engagement** und **professionelle Interessenwahrnehmung**. Dies wären Idealvorstellungen für die Akteure in einem Stadtmarketingprozess. Doch oft werden diese Erwartungen nicht erfüllt, denn negative Eigenschaften wie persönliches Statusdenken, der Drang nach Anerkennung und Aufmerksamkeit sowie ökonomische Interessen beeinträchtigen nicht selten den Prozessverlauf. Die Akteure in einem Stadtmarketingprozess sind gleichberechtigt. Die Dominanz einzelner Interessengruppen ist schädlich für den Erfolg. Stadtmarketing will alle Strömungen in einem Ort deutlich machen, will ein Netzwerk aufbauen, in dem jeder Verständnis – oder besser gesagt: ein großes Maß an Verständnis – für andere entwickelt.

Im Mittelpunkt des Stadtmarketingprozesses stehen die Menschen. Aus diesem Grund beteiligt Stadtmarketing **alle relevanten Gruppen**. Es will die Einwohner, Institutionen, Verbände, Vereine usw. zusammenführen und aktivieren. Daher muss Stadtmarketing auch Partei übergreifend praktiziert werden. Es dürfen keine politischen Interessen im Mittelpunkt stehen. Natürlich können auch Parteienvertreter mitarbeiten, um so den jeweiligen Partei internen Rückhalt zu garantieren, allerdings defensiv und nachrangig.

XVII.4. Ungeduld

Stadtmarketing benötigt einen langen Atem. Die Analyse- und Konzeptionsphase können unter Umständen einen Zeitraum von drei bis vier Jahren in Anspruch nehmen. Danach, d.h. nach der öffentlichen Präsentation der Gesamtkonzeption, der Einführung eines neuen visuellen Erscheinungsbildes und des ersten großen Events, kann es bis zu fünf Jahre dauern, bis erste Erfolge sichtbar werden. Weitere fünf Jahre können vergehen, bevor sich größere Erfolge zeigen.

XVII.5. Finanzen

Nutznießer eines funktionierenden Stadtmarketings sind **alle**. So ist z.B. jeder zusätzliche auswärtige Besucher ein potentieller Kunde im Einzelhandel, in Museen, Restaurants, Tankstellen, Hotels etc. Aber oft sind es die gleichen Unternehmen, die als finanzielle Partner des Stadtmarketings im Rahmen einer Public Private

Partership auftreten. Sie allein können jedoch die nötige Kontinuität nicht garantieren. Die Verantwortlichen im Stadtmarketing können lange Geschichten erzählen, wenn es um das Akquirieren von finanziellen Mitteln geht. Man habe das Gefühl, sagte der Leiter eines Stadtmarketingbeirates, als ginge es hier um private Geschenke und nicht um die finanzielle Unterstützung gemeinsam entwickelter strategischer Ziele.

Alle am Stadtmarketing Mitwirkenden müssen sich an der Finanzierung beteiligen. Wer gestalten will, muss auch zahlen. Und wer zahlt, der engagiert sich besonders stark, weil er sein Geld sinnvoll, ja vielleicht sogar Gewinn bringend arbeiten sehen will.

In einer größeren Stadt wurde im Rahmen einer Stadtmarketinginitiative eine größere Veranstaltung geplant, die sich über fünf Monate erstreckte. Finanziert wurde sie von einigen wenigen mit einer Bürgschaft der Kommune. Aktionen in jeder Woche und publikumswirksame Events an fast jedem Wochenende sorgten dafür, dass über eine Million Besucher die Stadt zusätzlich besuchten. Hotels, Gastronomie und Einzelhandel freuten sich öffentlich über ausgebuchte Hotels und große Umsatzgewinne. Wäre es nicht selbstverständlich, einen Teil dieser Gewinne, immerhin durch andere mit wirtschaftlichem Risiko finanziert, in eine gemeinsame Kasse zu zahlen? Dies wäre ein Zeichen dafür, dass die Idee des Stadtmarketings verstanden wurde. Gelder, die auch in Zukunft wieder mit Rendite eingesetzt werden können.

XVII.6. Beteiligung

Alle Akteure in dem Stadtmarketing sind bis zum Ende der Konzeptionsphase und auch während der Umsetzung der beschlossenen Maßnahmen gefordert. Dies bedeutet einen großen zeitlichen Aufwand. Stadtmarketing kann es sich nicht leisten, dass während des Prozesses das Interesse erlahmt. Ja sagen zu einem Marketingprozess heißt ja sagen zu vielen Gesprächen, Teilnahme an Arbeitsgruppen und Aktionen – und das über einen langen Zeitraum. Dazu kommt, dass im Lauf des Verfahrens Personen wechseln, die hervorragende Arbeit geleistet haben. Neue Personen müssen sich erst in das Stadtmarketing einarbeiten. Es dauert oft lange, bis neue Funktionsträger ihre Sympathie – und vor allem auch die Vorteile – im Stadtmarketing entdecken. In einer derartigen Phase beweist sich, wie eng die Steuergruppe bzw. die Arbeitsgruppen schon zusammen gewachsen sind, um Schwächungen souverän auszugleichen.

Kann in der Analysephase noch auf wissenschaftliche Untersuchungsmethoden zurückgegriffen werden, so gibt es diese für die Konzeptionsphase nicht. Konzeptionell arbeiten heißt, mit Hilfe moderner Kreativitätstechniken eine Strategie zu entwickeln. Für diese kreative Arbeit gibt es keine Lehrbücher, die zeigen, was in einer Stadt oder Gemeinde gemacht werden muss.

Kreativität in der Konzeptionsphase heißt "Think big". Da Kreativität keine singuläre Eigenschaft ist, müssen unter einer professionellen Moderation im Team Ideen produziert werden. Kommunikationsinstrumente wie Brainstorming. Brainwriting, Mind Mapping, Zukunftswerkstätten etc. müssen zum Einsatz kommen, um Kreativität freizusetzen. Das Ziel muss sein, verschiedene Fähigkeiten, vielseitiges Wissen, Neugierde, Offenheit, kritisches Urteilsvermögen und Flexibilität bei den Mitgliedern der Projekt- und Arbeitsgruppen zu wecken.

Um Kreativität freizusetzen und Killerphasen zu vermeiden, darf keine Sitzung ohne eine professionelle Moderation erfolgen. Zunächst gilt es Quantität vor Qualität zu erzeugen. Viele Ideen sind besser als gar keine. Aus mancher – im ersten Moment – wenig sinnvollen Idee wurde schon oft eine mit großem Erfolg realisierte Maßnahme.

XVII.8. Primäre Problempunkte

Damit das Stadtmarketing zu einem Erfolg wird, muss den folgenden primären Problempunkten eine besondere Aufmerksamkeit geschenkt werden:

- Das Stadtmarketing wird nicht von den Spitzen der Wirtschaft, Politik, Verwaltung, Kultur usw. getragen,
- die Dominanz von Eliten, Einzelpersonen, Meinungsführern,
- die Nichtbeteiligung gesellschaftlicher Gruppen, von Meinungsführern und Entscheidungsträgern,
- erste Erfolge führen zu einer sekundären Rolle des Marketings,
- falsch ausgewählte Agenturen,
- mangelnde Öffentlichkeitsarbeit,
- nachlassendes Interesse,
- ständig wechselnde Beteiligte in der Steuer- und in den Arbeitsgruppen,
- Zeit- und Kapazitätsprobleme.

Sobald einer dieser Problempunkte erkannt wird, müssen sofort entsprechende Maßnahmen getroffen werden, damit Stadtmarketing zum Erfolg wird.

XVIII. Ausblick

Stadtmarketing ist seit vielen Jahren in vielen Städten ein unabdingbarer Prozess. Untersuchungen des Deutschen Instituts für Urbanistik beweisen, dass sich immer etwas in den Orten positiv verändert hat, wenn ein Stadtmarketingprozess eingeleitet wurde. Auch wenn vereinzelt die großen Ziele nicht erreicht wurden, so veränderten sich bestimmte Bereiche positiv. Ein Beweis für den erfolgreichen Einsatz dieses Verfahrens.

Wohl überlegte Zielsetzungen, die Städte und Gemeinden in einem wachsenden Europa wettbewerbsfähig machen, sind nur durch einen professionellen Stadtmarketingprozess möglich. Die Kommunen werden im neuen Jahrtausend einen intensiven Wandlungsprozess vollziehen, der Verwaltungen im bisherigen Verständnis ersetzt und neue Organisationsformen für einzelne Aufgaben erfordert. Darüber hinaus werden die Länder, der Bund und die Europäische Union geringere finanzielle Ressourcen frei zur Verfügung haben, so dass in einem gemeinsamen Akt alle Kräfte einer Kommune die geplanten Ziele verwirklichen müssen.

Die erfolgreiche Zukunft kommunaler Entwicklungen ist nur durch ein alle Stufen umfassendes Miteinander möglich. Die Gewähr hierfür, für liebens- und lebenswerte Städte und Gemeinden, bietet ein professioneller Stadtmarketingprozess.

IXX. Beispiel einer Modifizierten Public Awareness Analyse

Fall:
In der Stadt X soll ein Stadtmarketing begonnen werden. In einer Voruntersuchung soll ermittelt werden, ob in der Bevölkerung ein positives oder negatives Bewusstsein für den Stadtmarketingprozess vorhanden ist.

Basisanalyse
42 Prozent der Einwohner sehen ihre Stadt **positiv**. 7 Prozent kommen zu diesem Urteil aufgrund ihrer guten, begründeten Bewertung der Entwicklung in den vergangenen vier Jahren. 2 Prozent haben positive Erwartungen an die kommenden vier Jahre, und 19 Prozent sehen ihre positive Stellungnahme altruistisch, d.h. sie meinen, dass die Allgemeinheit positiv von der Vergangenheit und der Entwicklung der Stadt profitiert.

58 Prozent der Bevölkerung sehen ihre Stadt **negativ**. Von den Skeptikern haben 51 Prozent eine faktisch nachvollziehbare Begründung in der negativen Vergangenheit. 3 Prozent haben negative Erwartungen für die Zukunft, und 1 Prozent der Befragten sieht Nachteile für die Allgemeinheit.

Modifizierte Basisanalyse
Von den positiv eingestellten Einwohnern nannten 2 Prozent (negativ 3 Prozent) nur Begründungen in der Stufe Bewertung, 4 Prozent (negativ 17 Prozent) davon hatten auch Gründe in der Erwartung, und 1 Prozent (negativ 31 Prozent) auch in der altruistischen Bewertung.

In der Stufe Erwartungen hatten 1 Prozent (negativ ebenfalls 1 Prozent) nur Gründe in der Erwartung, und 1 Prozent (negativ 2 Prozent) auch altruistische Gründe.

Handlungsfeld-Positionierung
Für die einzelnen Handlungsfelder wurden positiv in der Stufe Bewertungen 20 nachvollziehbare Fakten für den Bereich Einzelhandel abgegeben, Freizeit 10, Infrastruktur 10, Kultur 32, Tourismus 121, Veranstaltungen 10, Wirtschaft 44, Wissenschaft 44 und Wohnen 85.

Negativ wurden genannt: 520 nachvollziehbare Fakten für den Bereich Einzelhandel, Freizeit 210, Infrastruktur 220, Kultur 180, Tourismus 80, Veranstaltungen 340, Wirtschaft 220, Wissenschaft 4 und Wohnen 180.

Die **Aufgabe** besteht darin, überprüfbare Ergebnisse in den folgenden Verfahren zu erhalten:

a) Basisanalyse
b) modifizierte Basisanalyse
c) Basis-Differenzanalyse
d) Positionsanalyse
e) Handlungsfeld-Positionierung.

Die nachfolgenden Abbildungen fassen die einzelnen Schritte zusammen und geben die Ergebnisse wieder.

Abb. 101: Basisanalyse

Modifizierte Public Awareness Analyse

Basisanalyse

Positiv		Negativ
42		58

7 → **Bewertung** ← 51

35 → | 7

2 → **Erwartung** ← 3

33 → | 4

19 → **Altruismus** ← 1

14 | 3

positiver Swing — negativer Swing

(8) — **17** — (55)

begründete positive Meinungen — **Gesamt-Swing** — begründete negative Meinungen

Quelle: eigene Darstellung

Abb. 102: Modifizierte Basisanalyse (positiv)

Modifizierte Public Awareness Analyse

Modifizierte Basisanalyse (positiv)

Bewertung — Erwartung — Altruismus

7 | 2 | | 2 | 1 | | 19

| 4 | 1

| | 1

2 | 5 | 21

Bewertung — Erwartung — Altruismus

Quelle. eigene Darstellung

Abb. 103: Modifizierte Basisanalyse (negativ)

Modifizierte Public Awareness Analyse

Modifizierte Basisanalyse (negativ)

Bewertung	Erwartung	Altruismus
51	3	
3	1	1
	17	2
		31
3	18	34
Bewertung	Erwartung	Altruismus

Quelle: eigene Darstellung

Abb. 104: Basis-Differenzanalyse

Modifizierte Public Awareness Analyse

Basis-Differenzanalyse

Dimensionen	POS	NEG	DIFF
Bewertung	2	3	- 1
Erwartung	5	18	- 13
Altruismus	21	34	- 13
Swing	14	3	+ 11
Gesamt	42	58	- 16

Quelle: eigene Darstellung

Abb. 105: Positionsanalyse (positiv)

	Modifizierte Public Awareness Analyse		

Positionsanalyse (positiv)
(Mehrfachnennungen)

	Bewertung	Erwartung	Altruismus*
Basisanalyse	7	2	19
Altruismus-Analyse		4	2
	7	6	21

* nur Ergebnis der Altruismus-Analyse

Quelle: eigene Darstellung

Abb. 106: Positionsanalyse (negativ)

Modifizierte Public Awareness Analyse

Positionsanalyse (negativ)
(Mehrfachnennungen)

	Bewertung	Erwartung	Altruismus*
Basisanalyse	51	3	1
Altruismus-Analyse		17	33
	51	20	34

* nur Ergebnis der Altruismus-Analyse

Quelle: eigene Darstellung

Abb. 107: Handlungsfeld-Positionierung

Modifizierte Public Awareness Analyse

Handlungsfeld-Positionierung

Handlungsfelder: *	positiv	negativ	gesamt	Rang
Einzelhandel	20	520	- 500	9
Freizeit	10	210	- 200	6
Infrastruktur	10	220	- 210	7
Kultur	32	180	- 148	4
Tourismus	121	80	+ 41	1
Veranstaltungen	10	340	- 330	8
Wirtschaft	44	220	- 176	5
Wissenschaft	8	4	+ 4	2
Wohnen	85	180	- 95	3

* Die Handlungsfelder sind hier willkürlich gewählt.

Quelle: eigene Darstellung

Abb. 108: Muster Bewertung

Muster Bewertung

<u>1. Frage</u>: Können Sie für die vergangenen vier Jahren nachvollziehbare Fakten nennen, die Ihre Beurteilung belegen?

○ ja ○ nein

Je Handlungsfeld **ein** nachvollziehbares Beispiel:

Kultur:	Wirtschaft:	Tourismus:
Oper	Ansiedlung EHV	Kurzentrum

Einzelhandel:	Wissenschaft:	Sport:
neue City	neues Institut	neues Stadion

<u>2. Frage</u>: Können Sie für die nächsten vier Jahre nachvollziehbare Fakten nennen, die Ihre Beurteilung belegen?

○ Ja ○ nein

Kurzergebnisse der Auswertung

a) Besonders in den vergangenen vier Jahren wurden in der Stadt X keine Fortschritte gemacht. Es überwiegen die negativen Fakten (58 Prozent). Auch für die kommenden vier Jahre gibt es keine positiven Weichenstellungen. Allerdings sind die negativen Erwartungen (3 Prozent) im Vergleich zu den vergangenen Jahren geringer. Positiv zu werten sind die altruistischen Erwartungen, die Vorteile für die Allgemeinheit (19 Prozent) sehen. Altruistische Nachteile werden nur von 1 Prozent der Befragten gesehen. Es besteht ein positiver Swing von 14 Prozent. Erstaunlicherweise ist die allgemeine positive Einstellung, die keiner Begründung bedarf, größer als die negative.

b) Die Ergebnisse der modifizierten Basisanalyse, die Vorteile für die Gesamtbevölkerung erwarten lassen bzw. vorhanden sehen, haben sich um 2 Prozentpunkte positiv verändert. Negativ haben sie sich um 33 Prozentpunkte verschlechtert. Das heißt, dass die Befragten vermehrt neben den begründeten negativen Fakten auch Nachteile für die Allgemeinheit sehen. Die Prozentzahl signalisiert einerseits ein großes vorhandenes altruistisches Denken, das eventuell in einem vorhandenen Wir-Gefühl begründet ist. Andererseits deutet es aber auf eine schlechte Gesamtstimmungslage hin.

c) Die um die altruistischen Stimmen bereinigte Basis-Differenzanalyse sieht vor allem negative Bewertungen (minus 13 Prozentpunkte) für die kommenden vier Jahre. Die altruistische Erwartung sieht mit minus 13 Prozentpunkten ebenfalls Nachteile. Erfreulich ist der Swing, der mit plus 11 Prozentpunkten auf eine positive Grundeinstellung (aus dem Bauch bewertet, ohne Begründung) hinweist. Zu bedenken ist aber, dass ein Swing sich schnell wieder verändern kann, weil momentane Erlebnisse den Swing sowohl negativ als auch positiv verändern können.

d) Die Gesamtpositionierung mit allen Prozentpunkten hebt auf der positiven Seite den Bereich Altruismus besonders hervor. Negativ fallen weiter die 51 Prozentpunkte in der Bewertung der vergangenen vier Jahre ins Auge. Die 34 Prozentpunkte in der nachteiligen altruistischen Einstellung müssen negativ gesehen werden, zeigen aber auch – und dies kann durchaus positiv gesehen werden –, dass ein hoher Prozentpunktewert Altruismus vorhanden ist.

e) Das einzige positiv herausragende Handlungsfeld ist mit begründeten Fakten der Bereich Tourismus. Alle anderen Felder befinden sich, außer dem Handlungsfeld Wissenschaft, im Minus.

XX. Literaturhinweise

Ahrens, Andrea, Die Wertschöpfung im Fremdenverkehr, Limburgerhof 1997.
Antonoff, R., Wie man seine Stadt verkauft – kommunale Werbung und Öffentlichkeitsarbeit, Düsseldorf 1971.
Avenarius, H., Public Relations, Darmstadt 1995.
Beyrow, M., Mut zum Profil, Stuttgart 1998.
Birkigt, M./Funck, H., Corporate Identity, Landsberg/Lech 1994.
Boulding, K., Die neuen Leitbilder, Düsseldorf 1958.
Braun, G.E./Töpfer, A., Marketing im kommunalen Bereich – Der Bürger als „Kunde" seiner Gemeinde, Stuttgart 1989.
Bruhn, Manfred, Kommunikationspolitik, München 1997.
Bürger, J. H./Joliet, H., Die besten Kampagnen, Öffentlichkeitsarbeit, Landsberg/Lech 1989.
Funke, U., Vom Stadtmarketing zur Stadtkonzeption, Köln 1994.
Gardener, B./Levy, S., The Product and the Brand, Harvard Review 1955.
Grabow, B./Henckel, D./Hollbach-Grömig B., Weiche Standortfaktoren, Stuttgart 1995.
Grabow, B./Hollbach-Grömig, B., Stadtmarketing – eine kritische Zwischenbilanz, Berlin 1998.
Groth., C./Lenz, I., Die Messe als Dreh- und Angelpunkt, Landsberg/Lech 1993.
Gutjahr, G., Psychologie des Interviews in Praxis und Theorie, Heidelberg 1985.
Hammann, P./Erichson, B., Marktforschung, Stuttgart 1994.
Heiderich, K., Die kleine Aktiengesellschaft als neue Rechtsform im Fremdenverkehr, Limburgerhof 1997.
Helbrecht, I., Stadtmarketing – Konturen einer kommunikativen Stadtentwicklungspolitik, Basel/Boston/Berlin 1994.
Huwer, H./Vomwalde, M./Koboldt, U./Nix, N., Geschichte, Anwendung und Akzeptanz des visuellen Erscheinungsbildes der Kreisstadt Neunkirchen, Neunkirchen 1992.
Kalmus, M., Produktionsfaktor Kommunikation, Göttingen 1995.
Kaspar, C., Management im Tourismus, St. Gallen 1994.
König, R., Die GmbH im deutschen Fremdenverkehr, Bestandsaufnahme und Strukturanalyse von GmbHs in der Fremdenverkehrsförderung, Lüneburg 1997.
Konken, Michael, Pressearbeit – Mit den Medien in die Öffentlichkeit, Limburgerhof 1998.
Konken, Michael, Pressekonferenz und Medienreise – Informationen professionell präsentieren, Limburgerhof 1999.
Kotler, Philip, Grundlagen des Marketings, 2. überarbeitete Auflage, München 1999.
Krippendorf, J., Marketing im Fremdenverkehr, 2. erweiterte und überarbeitete Auflage, Bern 1980.
Kroeber-Riehl, W., Strategie und Technik der Werbung, Stuttgart 1993.
Kropf, H. J., Konkrete und abstrakte Bilder in der Werbung, Berlin 1960.

Lalli, M./Plöger, W., Corporate Identity für Städte – Ergebnisse einer bundesweiten Gesamterhebung, in Marketing, Heft 4/1991.

Laux E., Teamarbeit, AWV Fachbericht Nr. 24, Frankfurt/Main 1976.

Lettau, H.-G., Grundwissen Marketing, 8. Auflage, München 1989.

Luft, H., Grundlagen der kommunalen Fremdenverkehrsforschung, 2. Auflage, Limburgerhof 1995.

Meffert, H., Marketing, Einführung in die Absatzpolitik, 6. Auflage, Wiesbaden 1982.

Meffert, H., Städtemarketing – Pflicht oder Kür?, in Planung und Analyse, 8/1989.

Meyer, R./Kottisch, A., Das 'Unternehmen Stadt' im Wettbewerb, Bremen 1995.

Niedenhoff, H.-U./Schuh, H., Versammlungstechniken, Köln 1991.

Nieschlag, R./Dicht, E./Hörschgen, H., Marketing, 18. Auflage, Berlin 1997.

Peter, J., Presse- und Öffentlichkeitsarbeit in der Kommune, München 1992.

Pickert, M., Die Konzeption der Werbung, Heidelberg 1996.

Pink, Ruth, Wege aus der Routine – Kreativitätstechniken für Beruf und Alltag, Stuttgart 1996.

Raffee, H./Fritz, W./Wiedemann, P., Marketing für öffentliche Betriebe, Stuttgart 1994.

Reineke, Wolfgang/Eisele, Hans, Taschenbuch der Öffentlichkeitsarbeit, Heidelberg 1991.

Rolke, L./Rosema, B./Awenarius, H., Unternehmen in der ökologischen Diskussion, Frankfurt 1993.

Spiegel, B., Die Struktur der Meinungsverteilung im sozialen Feld, Bern 1961.

Töpfer, A./Mann, A., Kommunikation als Erfolgsfaktor im Marketing für Städte und Regionen, Hamburg 1995.

Töpfer, A., Stadtmarketing – Herausforderung für Kommunen, Kassel 1993.

Wack, O-G./Dettinger, G./Grothoff, H., Kreativ sein kann jeder, Hamburg 1993.

Weis, Hans Christian, Marketing, 8. Auflage, Ludwigshafen 1993.

Wellek, A., Ganzheitspsychologie und Strukturtheorie, Bern 1995.

Der Autor

Michael Konken hat einen Lehrauftrag für Stadtmarketing an der Fachhochschule Wilhelmshaven und ist regelmäßig Gastdozent an der Managementakademie im Bildungszentrum der Wirtschaft e.V. in Essen. Sein 1996 erschienenes Buch *Stadtmarketing – eine Vision wird Realität* wurde zu einem ersten Standardwerk zu diesem Thema.

Kontaktadresse:

Michael Konken
Potsdamer Str. 51
D-26387 Wilhelmshaven

Telefon (04421) 53679 (privat)
       (04421) 161231 (dienstlich)

Fax (04421) 161222

E-mail: konken@fbw.fh-wilhelmshaven.de

Stichwortverzeichnis

Absatzförderung 76
Agentur 84
Agentur Stadt 367
Akteure 390
all you can afford method 305
Analyse 91
Analyse-Arten 108
Analysebegriff 112
Analysefelder 134
Analyseformen 119
Analyseziel 116
Analysierende 112
Angebote 291
angebotsorientierte Perspektiven 308
Anpassungsfunktion 35
Arbeitsgruppen 173
Assoziationstechniken 195
Attention-Interest-Desire-Action 282
Attraktivität 269
Attraktivitätskriterien 27
aufgabenorientierte Methode 305
Auftaktveranstaltung 82
Außenkommunikation 287
Außenwerbung 322

Bartering 352
Basis 205
Basisanalyse 94, 116
Basis-Differenzanalyse 102
Basisleistungen 269
Bedarfsdeckung 75
Bedarfsdeckung und Absatzpolitik 74
Bedürfnispyramide 221
Begriffsdefinition 64
Berechnung 109
Beteiligte 56, 389
Beteiligung 391
Beteiligungskreislauf 77
Bevölkerungsstruktur 118
Bild- und Analogietechniken 193
Bildung 147, 240
Bildungssprache 111
Botschaft 283

Brainstorming 197
Brainwriting 198
Center Marketing 66
City Marketing 64
City Quarter Marketing 66
competitive method 306
Controlling 381
Controlling Konzeptionen der Handlungsfelder 381
Controlling Konzeptionen im operativen Bereich 381
Controlling Pressearbeit 383
Controlling Public Relations 386
Controlling Veranstaltungen 387
Corporate Behavior 325
Corporate Communication 345
Corporate Design 325, 330
Corporate Identity 328
Couponanzeigen 355

demographische Merkmale 255
desk research 106
Detailkonzeptionen 164
Dialogpyramide 177
Dienstleistende 259
Dienstleistungen 275
Direktmarketing 354
Distributionspolitik 277
Diversifikation 171
Drei-Komponenten-Theorie 25
Drei Stühle des Walt Disney 200

eingetragener Verein (e.V.) 375
Einwohner 249, 257
Einwohnernähe 247
Einzelhandel 229
Einzigartigkeit 61
elektronische Werbung 322
Erfolgskontrolle 382
Events 34, 219
Event-Marketing 348

face to face 108

Fachsprachen 111
Faktoren Krisenbewältigung 286
Fernbild 43
Finanzen 390
Finanzierung 377
Finanzpolitik 131
Fixpunktstrategie 169 f.
Forschung 240
Fragebogen 108 ff.
Fragestellung 110
Fragetypen 109
Freizeit 148, 216

Gastronomie 220
gehobene Leistungen 268 f.
geographische Lage 118
Gesamtcontrolling 388
geschlossene Fragen 112
Gesellschaft des bürgerlichen Rechts 376
Gesichtsprobleme 41
gestaltungsbezogene Produktpolitik 266
Gestaltungshandbuch (Design Manual) 336
Gesundheit 241
globale Trends 123
GmbH 376
Grauzone 121 f.
Grundsatzstrategie 170
Grundverständnis 389
Güter 53, 266

Handlungsfelder 203 f.
Handlungsfeld-Positionierung 103
harte und weiche Standortfaktoren 209
Hauptsponsoren 351
heimische Wirtschaft 258
Historie 117
Hochschule 84
Hörfunk und Fernsehen 316

Image 23 f.
Imageanalyse 124
Imagebegriff 31
Image-Dienstleistungen 267, 271
Imagefaktoren 33

Imagefunktionen 34
Image-Güter 267, 270
Imagekriterien 28
Imagemessung 127
Imagetransport 34
Industriekultur 214
Infrastruktur 149
Innenkommunikation 287
Innenstadt/Ortszentrum 139, 231
Innenstadtmarketing 66
Innenstadtverkehr 239
Input-/Output-System 34, 286
Institutionsanalyse 132
Internet 359
Katalogmarketing 355
Kick-off-Veranstaltungen 348
klassische Kommunikationsinstrumente 281
klassische Positionierungsmodelle 56
Kleine Aktiengesellschaft 372
Kleinsponsoren 351
kognitive Komponente 29
Kommunalverwaltung 247, 374
Kommunikation 189
Kommunikationsebenen 346
Kommunikationsfehler 347
Kommunikationspolitik 280
Kommunikationsprozess 177
Kommunikationsziele 346
Kongresse 349
Konkurrenzanalyse 129
konkurrenzorientierte Methode 320
Konkurrenzstrategie 166, 169 f.
kontinuierliche Pressearbeit 299
Kontrahierung 274
Konzeption 162
Konzeptionspyramide 275
Kooperationen 279 f.
Koordination 49, 175
Koordinator 366
Kreativität 164, 189
Kreativitätsblocker 192
Kreativitätstechniken 193
Krisen-PR 288
Kultur 143, 213
Kulturtourismus 216

künstliche Imagefaktoren 33

Leitbild 154
Leiter/Leiterin 366
Logo 327
loser Arbeitskreis 375

Mailings 354
Marke (Bewertung) 272
Markeneigenschaften 271
Markenmodifizierung 274
Markenpolitik 272
Marktbearbeitung 167
Marktdifferenzierung 171
Marktformen 168
Marktorientierung 167
Marktpenetration 169 f.
Marktpreis 276
marktprozessbezogene Produktpolitik 266
Marktsegmentierung 167, 170
Maslowsche Bedürfnispyramide 144, 220 f.
Maßnahmen 211, 224
Maßnahmenkatalog 250
Mediawerbung 287
Medien 260
Medienkontakte 300
Meinungsbildner 257
Meinungsforschung 105
Meinungstrichter 92
Merchandising 352
Messen 291
Metaplan-Technik 187
Militärangehörige 146, 259
Mind Mapping 199
Moderation 182 ff.
Moderator/in 181
Modifizierte Basisanalyse 100
Modifizierte Public Awareness Analyse 91
Monopolstellung 168

nachfrageorientierte Perspektiven 308
Nahbild 43
natürliche Imagefaktoren 33

Nebensponsoren 351
Nettowertschöpfung 228
neue Einwohner 258
neue Kommunikationsinstrumente 350
neue Medien 356
Nutzenpreis 276

objective and task method 306
offene Fragen 109 f.
Ökologie 243
Oligopol 168
Open Space 200
operationalisierte Ziele 383
Organisation 84
Organisation (Realisation) 364
Organisation während der Krise 290
organisatorische Strukturen 176

Patronatssendungen 352
percentage of .... method 306
Piktogramm 335
point of sale 356
Polaritätenprofil 127
Politiker 85
politische Leitbilder 161
Polypol 168
Positionierung 56, 268, 331
Positionsanalyse 102
Positiv-/Negativ-Abwägung 201
Potentiale 172
Präsentation 361 f.
PR-Budget 288
Preisdifferenzierung 277
Preiseinflussfaktoren 275
Preispolitik 274
Pressearbeit 295
Pressekontakte 293
Primärbedürfnisse 53
primäre Problempunkte
primäre Stadtprodukte 270
Primärforschung 106
Primärumsatz 226
Printmedien 313
Printwerbung 313 f.
PR-Konzept 288
Probleme 389

Produktbreite 269
Produktdiversifikation 268
Produktentwicklung 268
Produktpersönlichkeit 35
Produktpolitik 265
Produkttiefe 269
Pro-/Kontra-Diskussion 191
Propaganda 302
Prozentsatz von ... Methode 306
psychologische Merkmale 255
Public Awareness Verfahren (PAW) 89
Public Private Partnership 77, 358, 378 f., 390 f.
Public Relations 284 f.

Quotenstichprobe 108

Ranking 130
Realisation 361
Realisationsteams 360, 371 f.
rechtliche Einschränkungen 124
regionaler Image-Einfluss 36
Regionalmarketing 67
Regionalmarketing Ruhrgebiet 70
Reizworttechnik 193
Road shows 348

Sekundärbedürfnisse 53
sekundäre Stadtprodukte 270
Sekundärforschung 106
Selbstbestätigungsfunktion 35
Semantisches Differential 127
Seminare 349
Service 270
Shopping Center Marketing 66
Shows 352
Signet 329
Situation des Ortes 124
Situationsanalyse 119
Sitzordnung 188
Sitzungsstruktur 186
Soziales 241
Slogan 342
sozio-ökonomische Merkmale 255
Spannungsfeld 20
Spezialleistungen 268 f.

Sponsorarten 351
Sponsoring 350, 378
Sport 145
Sporttourismus 225
Stadt-Behavior 330, 344
Stadt-Design 325
Städte haben Gesichter 40
Stadtentwicklung 242
Stadt-Identität 323
Stadt-Kommunikation 330, 345
Stadtmarke 271
Stadtmarketing und Pressearbeit 300
Stadtmarketingidee 48
Stadtmarketing-Mix 169, 263 f.
Stadtmarketing-Philosophie 54
Stadtmarketingprozess 79
Stadtplanung 242
Stadtprodukt 266 f.
Stadtteilmarketing 66
Standortmarketing 67
Statistical Package for the Social Science 110
Stellung in der Region 130
Steuergruppe (Realisation) 368
Steuergruppe (Bildung) 83
Steuerung 178
Stichprobe 108
Strategien 168
Studierende 259
SWOT-Analyse 122
Sympathieträger 339
Symposien 349
Synergieeffekte 349
systematische Variationstechnik 193

Tagungen 349
Teamarbeit 178
technische Voraussetzungen 187
Telefonmarketing 355
Teleshopping 355
Topleistungen 264, 269
Tourismus 136, 220

Umfeldanalyse 133
Umfrageergebnisse 47 f.
Umgangssprache 111

Umweltbewältigung 35
Ungeduld 390
unique selling proposition 56, 267

Veranstaltungen 218
Veranstaltungscontrolling 387
Verfahren 173
Verhaltensmerkmale 254
Verkaufsförderung 355
Verkehr 245
Verlauf 86
Verwaltungen 150, 246 f.
Vision 152 f.
Visualisierung 187
vorhandene Konzeptionen 164
Voranalyse 89

Wachstumsstrategie 170
Wappen 335
Werbebudget 305
Werbekonzeption 310
Werbemittel 306 f.
Werbestrategie 306

Werbeträger 308
Werbeziele 303
Werbung 301
Wertschöpfung 226
Wertausdrucksfunktion 35
Wirtschaft 134, 207
Wirtschaft (Organisationsformen) 213
Wissenschaft 147, 240
Wohnen 150, 245
Workshops 349
Wort-Bild-Marke 330

Ziel-und-Aufgaben-Methode 306
Zieldefinition 51
Zielgruppen 252
Zielgruppen (regional) 260
Zielgruppen (überregional) 260
Zielgruppenarten 257
Zielgruppenbotschaft 256
Zielgruppenmerkmale 254
Zielsetzungsanalyse 132
Zukunftswerkstatt 202
Zusatzleistungen 269

st